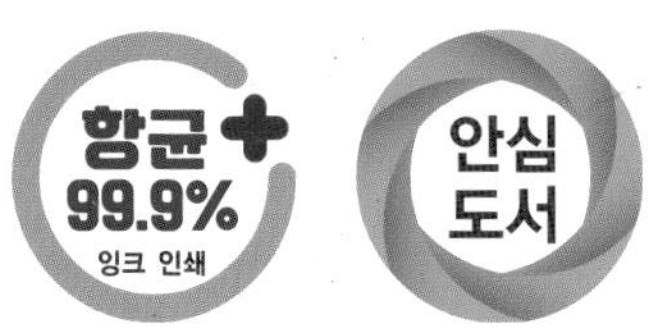

코로나19 바이러스
“친환경 99.9% 항
전격 도

언제 끝날지 모를 코로나19 바이러스
99.9% 항균잉크(V-CLEAN99)를 도입하여 「**안심도서**」로
독자분들의 건강과 안전을 위해 노력하겠습니다.

시대교육그룹

항균잉크(V-CLEAN99)의 특징

- 바이러스, 박테리아, 곰팡이 등에 항균효과가 있는 산화아연을 적용
- 산화아연은 한국의 식약처와 미국의 FDA에서 식품첨가물로 인증받아 **강력한 항균력**을 구현하는 소재
- 황색포도상구균과 대장균에 대한 테스트를 완료하여 **99.9%의 강력한 항균효과** 확인
- 잉크 내 중금속, 잔류성 오염물질 등 **유해 물질 저감**

TEST REPORT

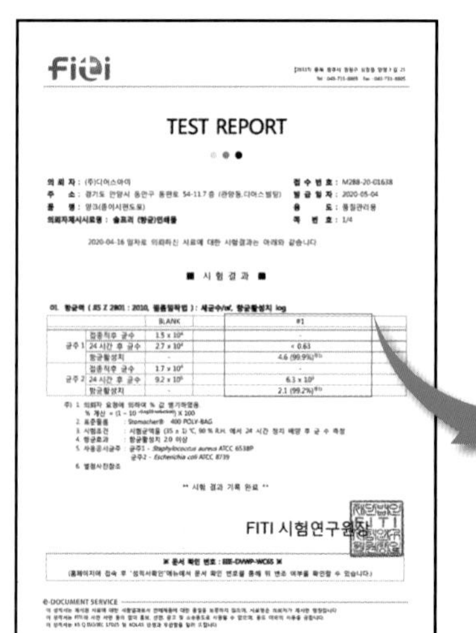

FITI

TEST REPORT

의 뢰 자 : (주)디어스아이
주 소 : 경기도 안양시 동안구 동편로 54-11 7층 (관양동,디어스빌딩)
품 명 : 잉크(종이시편도포)
의뢰자제시시료명 : 솔프리 (항균)인쇄물

접 수 번 호 : M288-20-01638
발 급 일 자 : 2020-05-04
용 도 : 품질관리용
쪽 번 호 : 1/4

2020-04-16 일자로 의뢰하신 시료에 대한 시험결과는 아래와 같습니다.

■ 시 험 결 과 ■

01. 항균력 (JIS Z 2801 : 2010, 필름밀착법) : 세균수/㎠, 항균활성치 log

		BLANK	#1
균주 1	접종직후 균수	1.5 x 10^4	-
	24 시간 후 균수	2.7 x 10^4	< 0.63
	항균활성치	-	4.6 (99.9%)주1)
균주 2	접종직후 균수	1.7 x 10^4	-
	24 시간 후 균수	9.2 x 10^5	6.3 x 10^3
	항균활성치	-	2.1 (99.2%)주1)

주) 1. 의뢰자 요청에 의하여 % 값 병기하였음.
2. 표준필름 : Stomacher® 400 POLY-BAG
5. 사용공시균주 : 균주1 - *Staphylococcus aureus* ATCC 6538P
균주2 - *Escherichia coli* ATCC 8739

** 시험 결과 기록 완료 **

FITI 시험연구원장

e-DOCUMENT SERVICE

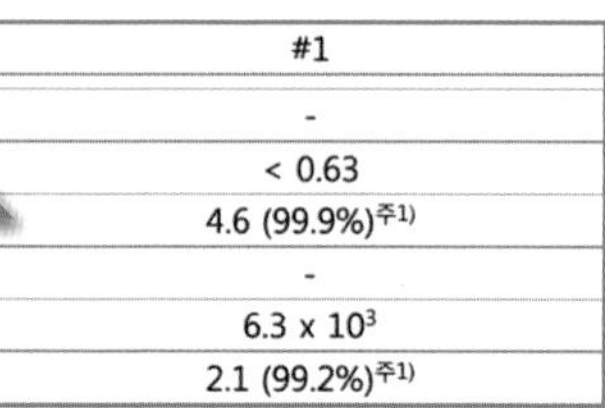

#1
-
< 0.63
4.6 (99.9%)주1)
-
6.3 x 10^3
2.1 (99.2%)주1)

2021 상반기 채용 대비

시대에듀 | www.edusd.co.kr

L-TAB

기출이 답이다

롯데그룹 인문계

조직·직무적합도검사

2020년 하반기 기출 + 6개년 기출

Always **with you**

사람이 길에서 우연하게 만나거나 함께 살아가는 것만이 인연은 아니라고 생각합니다.
책을 펴내는 출판사와 그 책을 읽는 독자의 만남도 소중한 인연입니다.
(주)시대고시기획은 항상 독자의 마음을 헤아리기 위해 노력하고 있습니다.
늘 독자와 함께하겠습니다.

PREFACE

머리말

롯데그룹은 글로벌 기업으로 롯데제과를 설립한 이후 40여 년 동안 식품, 유통, 관광, 화학, 건설, 금융 등으로 꾸준히 사업을 다각화하면서 국가 경제 발전과 고객의 삶의 질 향상에 기여해왔다. 또한 철저한 품질주의와 내실 경영으로 건전한 재무구조를 구축하고 핵심 사업에 역량을 효율적으로 집중하여 세계 곳곳에서 글로벌 경쟁력을 지속적으로 강화함으로써 세계 기업으로 도약을 위한 기반을 다져왔다. 롯데는 미래 50년 동안에도 지속가능한 성장을 이룰 수 있도록 그룹의 성장 방향을 질적 성장으로 전환하고, 이에 맞춰 새로운 비전인 「Lifetime Value Creator」를 선포하여 고객에게 전 생애주기에 걸쳐 최고의 가치를 선사하도록 노력하고 있다.

롯데그룹은 'Beyond Customer Expectation', 'Challenge', 'Respect', 'Originality'라는 핵심가치와 '핵심 역량 강화', '현장 경영', '투명 경영', '가치 경영'이라는 네 가지 경영방침을 바탕으로 적극적으로 세계 시장을 개척하여 아시아를 선도하는 글로벌 기업의 꿈을 반드시 실현해 나갈 수 있도록 우수인재 확보를 위한 롯데그룹만의 인재 선발방식인 L-TAB을 실행하고 있다.

이에 **(주)시대고시기획**에서는 롯데그룹에 입사하길 원하는 훌륭한 인재들을 위해 책 한 권으로 모든 입사 준비를 해결할 수 있도록 본서를 출간하게 되었다.

도서의 특징

첫 째 롯데그룹 조직 · 직무적합도 검사 기출문제의 대표유형들을 분석 · 연구한 기출유형 뜯어보기를 통해 수험생들이 보다 효율적으로 L-TAB 유형을 이해할 수 있도록 하였다.

둘 째 2020년 하반기부터 2015년 상반기까지의 최신기출문제를 수록, 최근 6년간의 출제 경향을 한눈에 파악할 수 있도록 하였다.

셋 째 대한민국 각 주요기업들의 최신기출문제를 수록, 보다 다양한 유형의 문제들을 파악하여 최근 변화하고 있는 인적성검사에 대비할 수 있도록 하였다.

끝으로 이 책으로 L-TAB(롯데그룹 조직 · 직무적합도검사) 시험을 준비하는 여러분 모두에게 합격의 기쁨이 있기를 진심으로 기원한다.

SD적성검사연구소 씀

롯데그룹 이야기

| 핵심가치 |

Beyond Customer Expectation

우리는 고객의 요구를 충족하는 데 머무르지 않고, 고객의 기대를 뛰어넘는 가치를 창출해낸다.

Challenge

우리는 업무의 본질에 집중하며 끊임없는 도전을 통해 더 높은 수준의 목표를 달성해 나간다.

Respect

우리는 다양한 의견을 존중하며 소통하고, 원칙을 준수함으로써 신뢰에 기반한 공동체를 지향한다.

Originality

우리는 변화에 민첩하게 대응하고, 경계를 뛰어넘는 협업과 틀을 깨는 혁신을 통해
쉽게 모방할 수 없는 독창성을 만든다.

INTRODUCE

| 비전 |

Lifetime Value Creator

새로운 50년을 향한 다짐

롯데는 미래 50년 동안에도 지속가능한 성장을 이룰 수 있도록
그룹의 성장 방향을 질적 성장으로 전환하고, 이에 맞춰 새로운 비전을 선포하였다.
「Lifetime Value Creator」에는 롯데의 브랜드를 통해
고객에게 전 생애주기에 걸쳐 최고의 가치를 선사하겠다는 의미가 담겨져 있다.

| 경영방침 |

무엇을, 왜, 어떻게 할 것인가?

롯데다운 성공의 노하우로, '무엇을, 왜, 어떻게 할 것인가?'를 제시하는 롯데만의 사업 중심점을 제시한다.
사업에서 성공의 핵심은 사람과 탁월한 전략에 있다.
롯데 그룹의 경영방침은 바로 이런 사람과 전략의 원칙을 담고 있다.

투명 경영
투명하고 정직한 경영,
사회에 대한 충실한 의무와 책임 수행

핵심 역량 강화
주력 사업 분야에서 최고의
경쟁력 확보 및 연관 사업으로서의 사업 확대

가치 경영
고객 가치 제고,
지속적 수익성과 가치 창출

현장 경영
현장 경영을 통한
정확한 상황판단 및 신속한 의사 결정

신입사원 채용안내

모집시기

연 2회(상반기 3~5월, 하반기 9~11월)

지원방법

롯데 채용 홈페이지(recruit.lotte.co.kr)에서 온라인 지원

지원자격

❶ 해외여행에 결격 사유가 없고, 남자의 경우 병역을 필한 자
❷ 보훈대상 및 장애인 지원자의 경우 관련법에 의거 채용 전형 시 우대

※ 세부 응시자격은 계열사별, 모집분야별로 다르므로 확인해야 함

채용전형 절차

서류전형 ···
- 롯데그룹의 미션과 비전에 공감하고 핵심기회에 부합하는 지원자를 선별
- 입사지원서의 기재사항에 대한 사실 여부 확인

L-TAB 조직 · 직무적합도검사 ···
- 지원자의 기본적인 조직적응 및 직무적합성을 평가하기 위한 기초능력검사

면접전형 ···
- 지원자의 역량, 가치관 및 발전 가능성을 종합적으로 심사
- 다양한 방식의 One-Stop 면접시행(역량면접, 임원면접, PT면접, GD면접, 외국어 평가 등)
- 지원 직무에 따른 별도 면접 전형 방식이 추가될 수 있음

최종 합격자 발표 ···
- 롯데그룹 채용 홈페이지를 통한 결과 확인
- 개별 유선통화 및 E-Mail과 SMS를 통한 결과 안내 발송

INTRODUCE

합격 선배들이 알려주는 롯데그룹 L-TAB 합격기

이야기만큼 쉽지는 않습니다!

롯데그룹 L-TAB은 타 기업 인적성검사보다는 쉽다는 이야기가 많아서 굳이 새 책을 구매하기보다는 다른 인적성검사 도서를 풀면서 같이 공부하자고 생각했다가 큰 낭패를 봤습니다. 생각보다 유형이 많이 달랐기에 푸는 법이 어색해 오히려 타기업 인적성검사를 공부했던 일이 해가 된 기분이었습니다. 그래서 이번에는 독기를 품고 본서와 기출 도서를 모두 구매해 유형을 익히고 많은 문제를 풀며 대비했고 쉽게 합격할 수 있었습니다. 부디 미리 유형을 파악하고 한두 번은 꼭 풀어보시길 권합니다.

문제해결에 익숙해지기!

대기업 인적성검사 중에서 드물다는 4지선다여서 굳이 따로 공부할 필요가 있을까 고민하다가 혹시나 하는 마음으로 구매한 책입니다. 유형만 훑어볼 요량으로 실전편만 따로 구매했는데 연도별로 어떠한 문제가 출제되었는지를 확인할 수 있었다는 사실이 큰 장점이었던 것 같습니다. 특히 4지선다라고 만만하게 보았다가 문제해결 영역에서 고생했는데, 타 기업에서는 보기 힘든 스타일의 문제가 많아서 그런 것 같습니다. 계기판이나 지하철은 푸는 방법을 알고도 요령이 쉽게 붙지 않아 더 고생한 것 같네요. 부디 다른 분들도 문제해결 영역을 많이 준비하셨으면 좋겠습니다.

※ 본 독자 후기는 실제 (주)시대고시기획의 도서를 통해 공부하여 합격한 독자들께서 보내주신 후기를 재구성한 것입니다.

시험장 TIP

| 필수 준비물 |

신분증 : 주민등록증, 외국인등록증, 여권, 운전면허증 중 하나

| 유의사항 |

❶ 찍더라도 감점은 없으므로 포기하지 말고 최대한 풀도록 한다.
❷ 영역별로 시험이 진행되기 때문에 한 과목이라도 과락이 생기지 않도록 한다.
❸ 계산기, 손목시계 등 전자제품을 휴대할 수 없으므로 유의하도록 한다.

| 시험 진행 |

진단영역		문항 수	검사시간
직무적합진단	언어이해	35문항	25분
	문제해결	30문항	30분
	자료해석	35문항	35분
	언어논리	35문항	35분
총 소요시간(운영시간 포함)		2시간 50분	

❶ 정해진 휴식 시간 외에는 화장실을 다녀올 수 없으므로 미리 다녀오도록 한다.
❷ 고사장에서 생수를 나누어주며, 감독관이 볼펜과 컴퓨터용 사인펜, 수정테이프를 배부한다.

| 알아두면 좋은 Tip |

❶ 각 교실의 시험 감독관과 방송에 의해 시험이 진행되므로 안내되는 지시 사항을 잘 준수한다.
❷ 수험장에 도착해서는 화장실에 사람이 몰릴 수 있으므로 미리미리 간다.
❸ 정답을 시험지에 표시하고 답안지에 옮겨 적을 만큼 충분한 시간을 주는 시험이 아니므로 답안지에 바로 바로 마킹한다.

INTRODUCE

시험 전 CHECK LIST

※ 최소 시험 이틀 전에 아래의 리스트를 확인하시면 좋습니다.

체크	리스트
☐	수험표를 출력하고 자신의 수험번호를 확인하였는가?
☐	수험표나 공지사항에 안내된 입실 시간 및 주의사항을 확인하였는가?
☐	신분증을 준비하였는가?
☐	컴퓨터용 사인펜과 수정테이프를 준비하였는가?
☐	여분의 필기구를 준비하였는가?
☐	시험시간에 늦지 않도록 알람을 설정해 놓았는가?
☐	시험 전에 섭취할 물이나 간식을 준비하였는가?
☐	수험장 위치를 파악하고 교통편을 확인하였는가?
☐	시험을 보는 날의 날씨를 확인하였는가?
☐	시험장에서 볼 수 있는 자료집을 준비하였는가?
☐	인성검사에 대비하여 지원한 회사의 인재상을 확인하였는가?
☐	자신이 지원한 회사와 계열사를 정확히 인지하고 있는가?
☐	자신이 취약한 영역을 두 번 이상 학습하였는가?
☐	도서의 모의고사를 통해 자신의 실력을 확인하였는가?

시험 후 CHECK LIST

※ 시험 다음 날부터 아래의 리스트를 확인하며 면접 준비를 미리 하시면 좋습니다.

체크	리스트
☐	인적성 시험 후기를 작성하였는가?
☐	상하의와 구두를 포함한 면접복장이 준비되었는가?
☐	지원한 직무의 직무분석을 하였는가?
☐	단정한 헤어와 손톱 등 용모관리를 깔끔하게 하였는가?
☐	자신의 자소서를 다시 한 번 읽어보았는가?
☐	1분 자기소개를 준비하였는가?
☐	도서 내의 면접 기출 질문을 확인하였는가?
☐	자신이 지원한 직무의 최신 이슈를 정리하였는가?

주요 대기업 적중 문제

롯데

언어이해 - 사실적독해

☑ 오답 Check!

11 다음 글의 내용과 일치하는 것은?

> 제2차 세계대전 중, 태평양의 한 전투에서 일본군은 미군 흑인 병사들에게 자신들은 유색인과 전쟁할 의도가 없으니 투항하라고 선전하였다. 이 선전물을 본 백인 장교들은 그것이 흑인 병사들에게 미칠 영향을 우려하여 급하게 부대를 철수시켰다. 사회학자인 데이비슨은 이 사례에서 아이디어를 얻어서 대중매체가 수용자에게 미치는 영향과 관련한 '제3자 효과(Third-Person Effect)' 이론을 발표하였다.
> 이 이론의 핵심은 대중매체의 영향력을 차별적으로 인식한다는 데에 있다. 곧 사람들은 수용자의 의견과 행동에 미치는 대중 매체의 영향력이 자신보다 다른 사람들에게서 더 크게 나타나리라고 믿는 경향이 있다는 것이다. 예를 들어 선거 때 어떤 후보에게서 탈세 의혹이 있다는 신문보도를 보았다고 하자. 그때 사람들은 후보를 선택하는 데 자신보다 다른 독자들이 더 크게 영향을 받을 것이라고 여긴다.
> 제3자 효과는 대중매체가 전달하는 내용에 따라 다르게 나타난다. 예컨대 대중매체가 건강 캠페인과 같이 사회적으로 바람직한 내용을 전달할 때보다 폭력물이나 음란물처럼 유해한 내용을 전달할 때, 사람들은 자신보다 다른 사람들에게 미치는 영향력을 더욱 크게 인식한다는 것이다. 이러한 인식은 수용자의 구체적인 행동에도 영향을 미쳐, 제3자 효과가 크게 나타나는 사람일수록 내용물의 심의, 검열, 규제와 같은 법적 · 제도적 조치에 찬성하는 성향을

언어논리(인문계) - 어휘유추

제시된 낱말과 동일한 관계가 성립하도록 괄호 안에 들어갈 단어가 순서대로 나열된 것은?

> 매화 : (A)=(B) : 길조

	A	B		A	B
①	꽃	새	②	동백	흉조
③	절개	까치	④	사군자	까마귀

수리공간 -거·시·속

☑ 오답 Check! O X

01 영희는 회사에서 150km 떨어져 있는 지역에 운전을 하여 출장을 가게 되었다. 회사에서 출발하여 일정한 속력으로 가던 중 회사로부터 60km 떨어진 곳에서 차에 고장이 나서, 이후 원래 속력에서 50% 느려졌다. 목적지에 도착하는 데 총 1시간 30분이 걸렸다면, 고장이 나기 전 처음 속력은?

① 140km/h　　② 160km/h
③ 100km/h　　④ 120km/h

TEST CHECK

| 삼성 |

수리논리 - ❶ 자료해석

06 다음은 출생·사망 추이를 나타낸 자료이다. 이에 대한 설명으로 옳지 않은 것은?

〈출생·사망 추이〉

(단위 : 명, 년)

구분		2012년	2013년	2014년	2015년	2016년	2017년	2018년
출생아 수		490,543	472,761	435,031	448,153	493,189	465,892	444,849
사망자 수		244,506	244,217	243,883	242,266	244,874	246,113	246,942
기대수명		77.44	78.04	78.63	79.18	79.56	80.08	80.55
수명	남자	73.86	74.51	75.14	75.74	76.13	76.54	76.99
	여자	80.81	81.35	81.89	82.36	82.73	83.29	83.77

① 출생아 수는 2012년 이후 감소하다가 2015년, 2016년에 증가 이후 다시 감소하고 있다.
② 매년 기대수명은 증가하고 있다.
③ 남자와 여자의 수명은 매년 5년 이상의 차이를 보이고 있다.
④ 매년 출생아 수는 사망자 수보다 20만 명 이상 더 많으므로 매년 총 인구는 20만 명 이상씩 증가한다고 볼 수

수리논리 - ❷ 농도

개의 역에 정차하였는가?

① 4개　② 5개
③ 6개　④ 7개

추리 - 조건추리

16 8개의 좌석이 있는 원탁에 수민, 성찬, 진모, 성표, 영래, 현석 6명이 앉아 있다. 앉아 있는 〈조건〉이 다음과 같다고 할 때, 다음 중 항상 옳은 것은?

조건

• 수민이와 현석이는 서로 옆자리이다.
• 성표의 맞은편에는 진모가, 현석이의 맞은편에는 영래가 앉아 있다.
• 영래와 수민이는 둘 다 한쪽 옆자리만 비어 있다.
• 진모의 양 옆자리에는 항상 누군가가 앉아 있다.

① 성표는 어떤 경우에도 빈자리 옆이 아니다.
② 성찬이는 어떤 경우에도 빈자리 옆이 아니다.
③ 영래의 오른쪽에는 성표가 앉는다.
④ 현석이의 왼쪽에는 진모가 앉는다.
⑤ 진모와 수민이는 한 명을 사이에 두고 앉는다.

주요 대기업 적중 문제

SK

인지역량 I - 수리(검사 B) - 확률

07 A, 2, 5, 6, 9가 하나씩 적힌 5장의 카드가 있다. 이 중 2장의 카드를 골라서 만든 가장 큰 수와 가장 작은 수의 합이 108이 되게 하는 A의 값은?(단, $A \neq 0$)

① 1 ② 3
③ 4 ④ 7
⑤ 8

인지역량 II - 언어(검사 C) - 일치·불일치

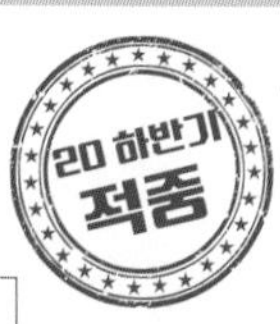

2. 선택지에 체크한 핵심어와 관련된 내용을 지문에서 파악하여 글의 내용과 비교한다.

다음 글의 내용과 일치하지 않는 것은?

> ② 일치
>
> 생물 농약이란 농작물에 피해를 주는 병이나 해충, 잡초를 제거하기 위해 자연에 있는 생물로 만든 천연 농약을 뜻한다. 생물 농약을 개발한 것은 흙 속에 사는 병원균으로부터 식물을 보호할 목적에서였다. 뿌리를 공격하는 병원균은 땅속에 살고 있으므로 병원균을 제거하기에 어려움이 있었다. 게다가 화학 농약의 경우 그 성분이 토양에 달라붙어 제 기능을 발휘하지 못했기 때문에, 식물 성장을 돕고 항균 작용을 할 수 있는 미생물에 주목하기 시작한 것이다.
>
> ① 일치 ③ 일치
>
> 식물 성장을 돕고 항균 작용을 하는 미생물집단을 '근권미생물'이라 하는데, 여러 종류의 근권미생물 중 농약으로 쓰기에 가장 좋은 것은 뿌리에 잘 달라붙는 것들이다. 근권미생물의 입장에서 뿌리 주변은 사막의 오아시스와 비슷한 조건이다. 뿌리 주변은 뿌리에서 공급되는 양분과 안락한 서식 환경을 제공받지만, 뿌리 주변에서 멀리 떨어진 곳은 황량한 지역이어서 먹을 것을 찾기가 어렵기 때문이다. 따라서 뿌리 주변에서는 좋은 위치를 선점하기 위해 미생물 간에 치열한 싸움이 벌어진다. 얼마나 뿌리에 잘 정착하느냐가 생물 농약으로 사용되는 미생물을 결정하는 데 중요한 기준이 되는 셈이다.
>
> 생물 농약으로 쓰이는 미생물은 식물 성장을 돕는 성질을 포함한다. 미생물이 만든 항균물질은 농작물의 뿌리에 침입하려는 곰팡이나 병원균의 성장을 억제하거나 죽게 한다. 그리고 병원균이나 곤충, 선충에 기생하는 종들을 사용한 생물 농약은 유해 병원균이나 해충을 직접 공격하기도 한다. 예를 들자면, 흰가루병은 채소 대부분에 생겨나는 곰팡이 때문에 발생하는데, 흰가

인지역량III - 직무(검사 D) - 조건추리

연속출제

S기업 마케팅팀에는 부장 A, 과장 B·C, 대리 D·E, 신입사원 F·G 총 7명이 근무하고 있다. 마케팅팀 부장은 신입사원 입사 기념으로 팀원을 데리고 영화관에 갔다. 영화를 보기 위해 주어진 조건에 따라 자리에 앉는다고 할 때, 항상 옳은 것을 고르면?

> • 7명은 7자리가 일렬로 붙어 있는 좌석에 앉는다.
> • 양 끝자리 옆에는 비상구가 있다.
> • D와 F는 인접한 자리에 앉는다.
> • A와 B 사이에는 한 명이 앉아 있다.
> • G는 왼쪽에 사람이 있는 것을 싫어한다.

TEST CHECK

| LG |

언어이해 - 추론하기

11 다음 중 등대공장에 대한 설명으로 적절하지 않은 것은?

> 스마트 팩토리란 인공지능(AI) · 빅데이터 · 사물인터넷(IoT) 등 4차 산업혁명의 핵심 기술을 적용해 생산성 · 품질 · 고객만족도를 향상시키는 지능형 생산 공장을 말한다. 지난해 국내 최초로 P기업이 스마트 팩토리를 성공적으로 구축한 공로를 인정받아 세계경제포럼(WEF)으로부터 '등대공장'에 선정됐다. 등대공장은 어두운 밤하늘에 등대가 빛을 밝혀 배를 안내하듯 사물인터넷(IoT), 인공지능(AI) 등 4차 산업혁명의 핵심기술을 도입하여 제조업의 미래를 이끄는 공장을 일컫는 말로, 세계경제포럼이 2018년부터 매년 선정하고 있다. P기업은 딥러닝(Deep Learning)에 기반을 둔 AI기술로 용광로의 가동 상황을 자동 제어함으로써 기존 기술로는 개선이 어려운 원가 절감, 품질 향상 등을 이루어 냈다.
>
> 딥러닝이란 방대한 자료에서 패턴을 감지하고 학습하여 더 복잡한 패턴을 찾아내는 인공신경망으로, 인간의 신경시스템을 모방한 알고리즘을 말한다. 데이터에 기반을 두고 예측하는 기술로, 얼굴 인식, 번역, 추천 알고리즘 등

언어추리 - 명제

☑ 확인 Check! ○ △

02

> • 늦잠을 자지 않으면 부지런하다.
> • 늦잠을 자면 건강하지 않다.
> • 비타민을 챙겨먹으면 건강하다.

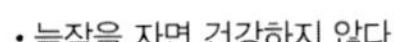

① 비타민을 챙겨먹으면 부지런하다.
② 부지런하면 비타민을 챙겨먹는다.
③ 늦잠을 자면 비타민을 챙겨먹는다.
④ 늦잠을 자면 부지런하지 않다.

창의수리 - 수추리

02

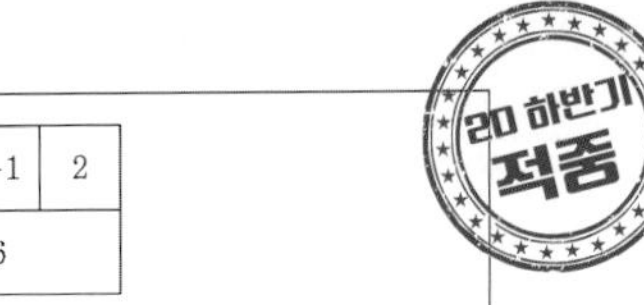

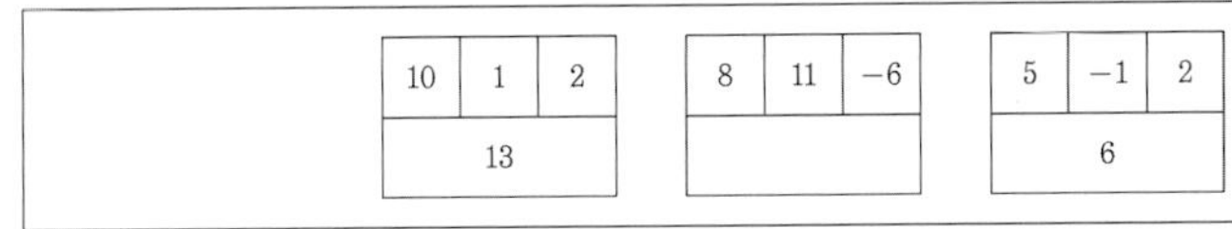

10	1	2
13		

8	11	−6

5	−1	2
6		

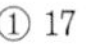

① 17　② 15
③ 13　④ 11
⑤ 9

도서 200% 활용하기

1 2020년 하반기 최신기출문제

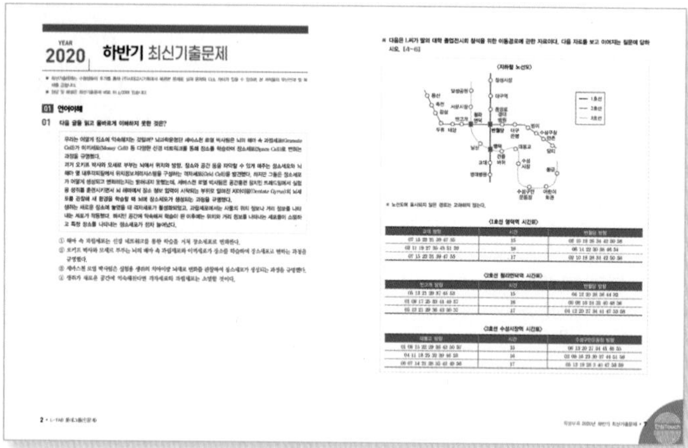

2020년 하반기에 시행된 직무적합도검사 기출문제를 복원 및 수록하여 각 영역별 출제 경향을 파악하는 것은 물론 학습 시작 전에 자신의 실력을 판단할 수 있도록 하였다.

2 기출유형 뜯어보기

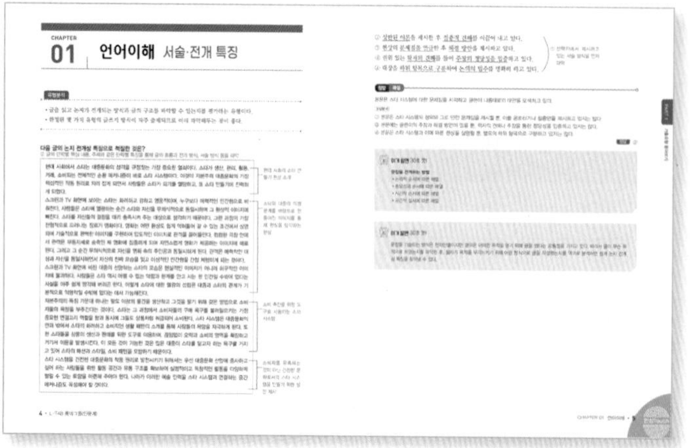

기출문제를 바탕으로 영역별로 대표유형과 상세한 해설을 수록하여 영역별 출제경향과 학습방법을 익히고 확인할 수 있도록 하였다.

FEATURES

3 다년도 최신기출문제

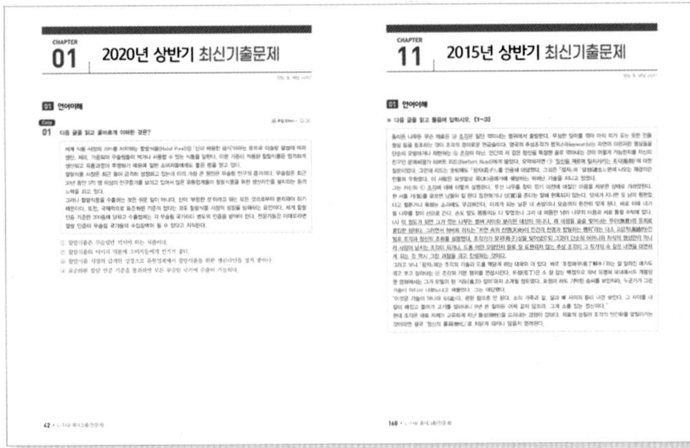

2015년 상반기부터 2020년 상반기까지의 최신기출문제를 수록하여 변화하는 출제 경향을 파악할 수 있도록 하였다.

4 2020~2019년 주요기업 최신기출문제

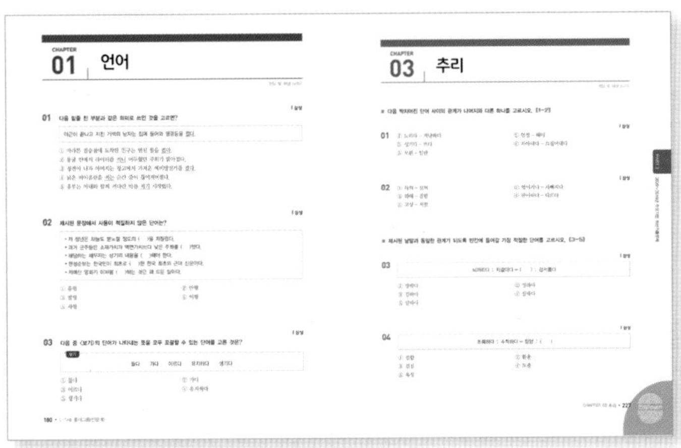

삼성, LG, KT, CJ, 포스코 등의 최신기출문제를 영역별로 수록하여 최근 변화하고 있는 인적성시험에 대비하고, 추가로 연습할 수 있도록 하였다.

이 책의 차례

특별부록

2020년 하반기 최신기출문제

YEAR

2020 하반기 최신기출문제

※ 최신기출문제는 수험생들의 후기를 통해 (주)시대고시기획에서 복원한 문제로 실제 문제와 다소 차이가 있을 수 있으며, 본 저작물의 무단전재 및 복제를 금합니다.

※ 정답 및 해설은 최신기출문제 바로 뒤 p.15에 있습니다.

01 언어이해

01 **다음 글을 읽고 올바르게 이해하지 못한 것은?**

> 우리는 어떻게 장소에 익숙해지는 것일까? 뇌과학운영단 세바스천 로열 박사팀은 뇌의 해마 속 과립세포(Granule Cell)가 이끼세포(Mossy Cell) 등 다양한 신경 네트워크를 통해 장소를 학습하며 장소세포(Space Cell)로 변하는 과정을 규명했다.
> 과거 오키프 박사와 모세르 부부는 뇌에서 위치와 방향, 장소와 공간 등을 파악할 수 있게 해주는 장소세포와 뇌 해마 옆 내후각피질에서 위치정보처리시스템을 구성하는 격자세포(Grid Cell)을 발견했다. 하지만 그들은 장소세포가 어떻게 생성되고 변화하는지는 밝혀내지 못했는데, 세바스천 로열 박사팀은 공간훈련 장치인 트레드밀에서 실험용 생쥐를 훈련시키면서 뇌 해마에서 장소 정보 입력이 시작되는 부위로 알려진 치아이랑(Dentate Gyrus)의 뇌세포를 관찰해 새 환경을 학습할 때 뇌에 장소세포가 생성되는 과정을 규명했다.
> 생쥐는 새로운 장소에 놓였을 때 격자세포가 활성화되었고, 과립세포에서는 사물의 위치 정보나 거리 정보를 나타내는 세포가 작동했다. 하지만 공간에 익숙해져 학습이 된 이후에는 위치와 거리 정보를 나타내는 세포들이 소멸하고 특정 장소를 나타내는 장소세포가 점차 늘어났다.

① 해마 속 과립세포는 신경 네트워크를 통한 학습을 거쳐 장소세포로 변화한다.
② 오키프 박사와 모세르 부부는 뇌의 해마 속 과립세포와 이끼세포가 장소를 학습하며 장소세포로 변하는 과정을 규명했다.
③ 세바스천 로열 박사팀은 실험용 생쥐의 치아이랑 뇌세포 변화를 관찰하여 장소세포가 생성되는 과정을 규명했다.
④ 생쥐가 새로운 공간에 익숙해진다면 격자세포와 과립세포는 소멸할 것이다.

02 다음 주장에 대한 반박으로 가장 적절한 것은?

> 대리모는 허용되어서는 안 된다. 최근의 자료에 의하면 대리모는 대부분 금전적인 대가가 지불되는 상업적인 대리모의 형태로 이루어지고 있다고 한다. 아이를 출산해 주는 대가로 대리모에게 금전을 지불하는 것은 아이를 상품화하는 것이다. 칸트가 말했듯이, 인간은 수단이 아니라 목적으로 대하여야 한다. 대리모는 결국 아이를 목적이 아닌 수단으로 취급하고 있다는 점에서 인간의 존엄과 가치를 침해한다.

① 최근 조사에 따르면 우리나라의 불임부부는 약 100만 쌍으로 불임 여성은 지속적으로 증가하고 있다.
② 경제적 취약 계층이 된 여성들은 대리모를 통해 빈곤을 해결할 수 있다.
③ 대리모의 건강에 문제가 생길 경우 대리모를 보호할 제도적 장치가 부족하다.
④ 대리모는 아이가 아닌 임신・출산 서비스를 매매의 대상으로 삼고 있으므로 아이의 존엄과 가치를 떨어뜨리지 않는다.

※ 다음 글을 읽고 이어지는 물음에 답하시오. [3~4]

자본 구조가 기업의 가치와 무관하다는 명제로 표현되는 ㉠ 모딜리아니 – 밀러 이론은 완전 자본시장 가정, 곧 자본 시장에 불완전성을 가져올 수 있는 모든 마찰 요인이 전혀 없다는 가정에 기초한 자본 구조 이론이다. 이 이론에 따르면, 기업의 영업 이익에 대한 법인세 등의 세금이 없고 거래 비용이 없으며 모든 기업이 완전히 동일한 정도로 위험에 처해 있다면, 기업의 가치는 기업 내부 여유 자금이나 주식 같은 자기 자본을 활용하든지 부채 같은 타인 자본을 활용하든지 간에 어떤 영향도 받지 않는다.

모딜리아니 – 밀러 이론이 제시된 이후, 완전 자본 시장 가정의 비현실성에 주안점을 두어 세금, 기업의 파산에 따른 처리 비용(파산 비용), 경영자와 투자자, 채권자 같은 경제 주체들 사이의 정보량의 차이(정보 비대칭) 등을 감안하는 자본 구조 이론들이 발전해 왔다. 불완전 자본 시장을 가정하는 이러한 이론들 중에는 상충 이론과 자본 조달 순서 이론이 있다.

상충 이론이란 부채의 사용에 따른 편익과 비용을 비교하여 기업의 최적 자본 구조를 결정하는 이론이다. 이러한 편익과 비용을 구성하는 요인들에는 여러 가지가 있지만, 그중 편익으로는 법인세 감세 효과만을, 비용으로는 파산 비용만 있는 경우를 가정하여 이 이론을 설명해 볼 수 있다.

여기서 법인세 감세 효과란 부채에 대한 이자가 비용으로 처리됨으로써 얻게 되는 세금 이득을 가리킨다. 이렇게 가정할 경우 상충 이론은 부채의 사용이 증가함에 따라 법인세 감세 효과에 의해 기업의 가치가 증가하는 반면, 기대 파산 비용도 증가함으로써 기업의 가치가 감소하는 효과도 나타난다고 본다. 이 상반된 효과를 계산하여 기업의 가치를 가장 크게 하는 부채 비율, 곧 최적 부채 비율이 결정되는 것이다.

이와는 달리 자본 조달 순서 이론은 정보 비대칭의 정도가 작은 순서에 따라 자본 조달이 순차적으로 이루어진다고 설명한다. 이 이론에 따르면, 기업들은 투자가 필요할 경우 내부 여유 자금을 우선적으로 쓰며, 그 자금이 투자액에 미달될 경우에 외부 자금을 조달하게 되고, 외부 자금을 조달해야 할 때에도 정보 비대칭의 문제로 주식의 발행보다 부채의 사용을 선호한다는 것이다.

상충 이론과 자본 조달 순서 이론은 기업들의 부채 비율 결정과 관련된 이론적 예측을 제공한다. 기업 규모와 관련하여 상충 이론은 기업 규모가 클 경우 부채 비율이 높을 것이라고 예측한다. 그러나 자본 조달 순서 이론은 기업 규모가 클 경우 부채 비율이 낮을 것이라고 예측한다. 성장성이 높은 기업들에 대하여, 상충 이론은 법인세 감세 효과보다는 기대 파산 비용이 더 크기 때문에 부채 비율이 낮을 것이라고 예측하는 반면, 자본 조달 순서 이론은 성장성이 높을수록 더 많은 투자가 필요할 것이므로 부채 비율이 높을 것이라고 예측한다.

밀러는 모딜리아니 – 밀러 이론을 수정 보완하는 자신의 이론을 제시하였다. 그는 자본 구조의 설명에 있어 파산 비용이 미치는 영향이 미약하여 이를 고려할 필요가 없다고 보았다. 이와 함께 법인세의 감세 효과가 기업의 자본 구조 결정에 크게 반영되지는 않는다는 점에 착안하여 자본 구조 결정에 세금이 미치는 효과에 대한 재정립을 시도하였다. 현실에서는 법인세뿐만 아니라 기업에 투자한 채권자들이 받는 이자 소득에 대해서도 소득세가 부과되는데, 이러한 소득세는 채권자의 자산 투자에 영향을 미침으로써 기업의 자금 조달에도 영향을 미칠 수 있다. 밀러는 이러한 현실을 반영하여 경제 전체의 최적 자본 구조 결정 이론을 제시하였다. ㉡ 밀러의 이론에 의하면, 경제 전체의 자본 구조가 최적일 경우에는 법인세율과 이자 소득세율이 정확히 일치함으로써 개별 기업의 입장에서 보면 타인 자본의 사용으로 인한 기업 가치의 변화는 없다. 결국 기업의 최적 자본 구조는 결정될 수 없고 자본 구조와 기업의 가치는 무관하다는 것이다.

03 ㉠과 ㉡의 관계를 설명한 것 중 가장 적절한 것은?

① 파산 비용이 없다고 가정한 ㉠의 한계를 극복하기 위해 ㉡은 파산 비용을 반영하였다.

② 개별 기업을 분석 단위로 삼은 ㉠과 같은 입장에서 ㉡은 기업의 최적 자본 구조를 분석하였다.

③ 자본 시장의 마찰 요인을 고려한 ㉡은 자본 구조와 기업의 가치가 무관하다는 ㉠의 명제를 재확인하였다.

④ 현실 설명력이 제한적이었던 ㉠의 한계를 극복하기 위해 ㉡은 기업의 가치 산정에 타인 자본의 영향이 크다고 보았다.

04 윗글에 따라 〈보기〉의 상황에 대해 바르게 판단한 것은?

보기

기업 평가 전문가 A씨는 상충 이론에 따라 B기업의 재무 구조를 평가해 주려고 한다. B기업은 자기 자본 대비 타인 자본 비율이 높으며 기업 규모는 작으나 성장성이 높은 기업이다. 최근에 B기업은 신기술을 개발하여 생산 시설을 늘려야 하는 상황이다.

① A씨는 B기업의 규모가 작기 때문에 부채 비율이 높은 것이라고 평가할 것이다.

② A씨는 B기업의 이자 비용에 따른 법인세 감세 효과가 클 것이라고 평가할 것이다.

③ A씨는 B기업의 높은 자기 자본 대비 타인 자본 비율이 그 기업의 가치에 영향을 미칠 것이라고 평가할 것이다.

④ A씨는 B기업이 기대 파산 비용은 낮고 투자로부터 기대되는 수익은 매우 높기 때문에 투자 가치가 높다고 평가할 것이다.

02 문제해결

※ 1~3번 문제는 정답과 해설을 따로 제공하지 않는 유형이니 참고하시기 바랍니다.

01 **지난 L그룹 신입사원 공개채용을 통해 당당히 입사한 B사원은 희망하던 대로 기획부에 소속되었으나 최근 G부장과 사수인 D대리의 사이에서 난처한 일을 겪고 있다. G부장은 업무의 완성도보다는 속도를 중시하는 반면, D대리는 업무 처리 속도보다는 완성도를 중요시하기 때문이다. 평소에는 추가근무를 해서라도 일정을 지켜왔지만 이번에는 도저히 마감에 맞출 수 없는 상황일 경우, 당신이 B사원이라면 어떻게 하겠는가?**

① 사수인 D대리에게 현재 일정으로는 마감에 맞출 수 없을 것 같다고 솔직하게 말한다.
② 타 부서 동기인 C사원에게 사정을 설명한 뒤 도움을 청한다.
③ G부장에게 찾아가 상황을 설명한 뒤 어떻게 해야 할지 조언을 구한다.
④ G부장과 D대리를 한 자리에 모아 상황을 설명하고 해결법을 모색하는 자리를 갖는다.

02 **A사원은 출근하던 중에 교통사고 뺑소니 현장을 목격했다. A사원은 유일한 목격자이지만, 출근 5분 전이고 증언을 하면 무조건 지각인 상황이다. 당신이 A사원이라면 어떻게 행동하겠는가?**

① 지각하지 않는 것이 더 중요하기 때문에 모른 척 지나간다.
② 출근 5분 전이기 때문에, 119에 빨리 신고만 하고 바로 출근한다.
③ 우선은 현장을 정리한 뒤, 회사에 가서 어떠한 상황이었는지 설명한다.
④ 상사에게 전화하여 상황을 설명한 뒤, 현장을 정리하고 출근한다.

03 **최근 입사한 P사원은 회사생활에 대해 고민이 있다. 업무를 잘 수행하고 있는지를 포함한 회사생활 전반적인 부분에 대해 아무런 언급이 없는 K팀장의 행동에 마치 자신이 방치된 느낌을 받기 때문이다. 이 상황에서 당신이 P사원이라면 어떻게 하겠는가?**

① K팀장에게 직접 찾아가 상담 및 조언을 구한다.
② K팀장이 따로 상담을 요구할 때까지 기다린다.
③ 같이 입사한 B사원 팀의 상황은 어떤지 살펴본다.
④ 아무런 언급이 없는 것은 잘하고 있음의 무언의 표시라고 생각하고, 크게 신경 쓰지 않는다.

※ 다음은 L씨가 딸의 대학 졸업전시회 참석을 위한 이동경로에 관한 자료이다. 다음 자료를 보고 이어지는 질문에 답하시오. **[4~6]**

〈지하철 노선도〉

※ 노선도에 표시되지 않은 경로는 고려하지 않는다.

〈1호선 명덕역 시간표〉

교대 방향	시간	반월당 방향
07 15 23 31 39 47 55	15	02 10 18 26 34 42 50 58
03 11 19 27 35 43 51 59	16	06 14 22 30 38 46 54
07 15 23 31 39 47 55	17	02 10 18 26 34 42 50 58

〈2호선 청라언덕역 시간표〉

반고개 방향	시간	반월당 방향
05 13 21 29 37 45 53	15	04 12 20 28 36 44 52
01 09 17 25 33 41 49 57	16	00 08 16 24 32 40 48 56
05 13 21 29 36 43 50 57	17	04 12 20 27 34 41 47 53 58

〈3호선 수성시장역 시간표〉

대봉교 방향	시간	수성구민운동장 방향
01 08 15 22 29 36 43 50 57	15	06 13 20 27 34 41 48 55
04 11 18 25 32 39 46 53	16	02 09 16 23 30 37 44 51 58
00 07 14 21 28 35 42 49 56	17	05 12 19 26 3 40 47 53 59

〈상황〉

- L씨는 자택에서 출발하여 오후 4시 30분에 전시회에 도착할 예정이다.
- L씨의 자택은 수성시장역에서 도보로 10분 거리에 위치한다.
- 전시회장은 용산역에서 도보로 12분 거리에 있다.
- 모든 환승에 소요되는 시간은 4분이다.
- 역과 역 사이의 이동시간은 2호선은 3분, 1호선과 3호선은 4분이다.
- L씨가 출발 후 도착할 때까지 이동시간 외에 소요하는 시간은 없으며, 최소한의 이동시간으로 움직인다.

04 L씨는 지하철로 이동하는 시간을 비교하여 딸의 전시회 장소로 이동할 경로를 선택하려고 한다. 3호선 수성시장역에서 2호선 용산역까지의 환승시간 및 지하철 탑승시간만을 고려할 때, 〈상황〉을 참고하여 다음 중 L씨가 선택할 가장 빠른 경로와 소요시간이 바르게 연결된 것은?(단, 지하철 시간표에 관계없이 소요시간만 계산한다)

	경로	소요시간
①	3호선 수성시장역 → 2호선 청라언덕역 → 2호선 용산역	44분
②	3호선 수성시장역 → 1호선 명덕역 → 2호선 반월당역 → 2호선 용산역	43분
③	3호선 수성시장역 → 2호선 청라언덕역 → 2호선 용산역	42분
④	3호선 수성시장역 → 1호선 명덕역 → 2호선 반월당역 → 2호선 용산역	41분

05 L씨는 가족들과 함께 딸의 대학 졸업 전시회에 가려고 한다. 〈상황〉에 따를 때, L씨의 가족들은 약속시간까지 도착하기 위해 늦어도 몇 시에 자택에서 출발해야 하는가?(단, 1호선은 타지 않는다)

① 오후 3시 15분
② 오후 3시 19분
③ 오후 3시 21분
④ 오후 3시 25분

06 위 〈상황〉에서 L씨가 오후 3시 50분에 자택에서 출발하여 **05**번 문제와 같은 경로를 이용한다면, L씨가 전시회에 도착하는 가장 빠른 시각으로 알맞은 것은?

① 오후 4시 51분
② 오후 4시 58분
③ 오후 5시 00분
④ 오후 5시 03분

03 자료해석

01 다음은 자동차 판매현황이다. 표를 보고 〈보기〉에서 옳지 않은 것을 모두 고른 것은?

〈자동차 판매현황〉

(단위 : 천 대)

구분	2018년	2019년	2020년
소형	27.8	32.4	30.2
준중형	181.3	179.2	180.4
중형	209.3	202.5	205.7
대형	186.1	185.0	177.6
SUV	452.2	455.7	450.8

보기

ㄱ. 2018년 대비 2019년 판매량 감소율이 가장 낮은 차종은 대형이다.
ㄴ. 2020년 준중형 자동차 판매량은 전년 대비 1% 이상 증가했다.
ㄷ. 2018 ~ 2020년 동안 매년 자동차 판매 순위는 동일하다.
ㄹ. 2018년 모든 종류의 자동차 각각의 판매량은 2019년보다 모두 높다.

① ㄱ, ㄴ
② ㄷ, ㄹ
③ ㄱ, ㄹ
④ ㄴ, ㄷ, ㄹ

02 다음은 산업통상자원부의 지난 3년간 기업규모별 지원액을 나타낸 자료이다. 이에 대한 설명으로 적절하지 않은 것은?

〈연간 기업규모별 산업통상자원부 지원액〉

(단위 : 개)

구분 \ 지원액		5억 미만	5억 이상 10억 미만	10억 이상 20억 미만	20억 이상 50억 미만	50억 이상 100억 미만
2020년	대기업	4	11	58	38	22
	중견기업	11	88	124	32	2
	중소기업	244	1,138	787	252	4
2019년	대기업	8	12	62	42	25
	중견기업	22	99	184	28	1
	중소기업	223	982	669	227	3
2018년	대기업	9	25	66	54	28
	중견기업	18	111	155	29	2
	중소기업	188	774	552	201	1

① 매년 산업통상자원부 지원금을 지급받는 대기업 수는 감소하는 반면, 중소기업의 수는 증가하고 있다.
② 2020년 중소기업 총지원액은 대기업 총지원액보다 많다.
③ 대기업과 중견기업은 지원액 규모가 10억 이상 20억 미만에서, 중소기업은 5억 이상 10억 미만에서 가장 많은 기업이 산업통상자원부 지원금을 지급받는다.
④ 2020년 산업통상자원부 지원금을 지급받는 총 기업수가 2,815개라면 그 중 중소기업이 차지하는 비율은 85% 미만이다.

03 다음은 지난 3년간 한국 출발 항공노선의 이용객 수를 나타낸 자료이다. 이에 대해 〈보기〉에서 옳은 것을 모두 고른 것은?(단, 소수점 이하 둘째 자리에서 반올림한다)

〈연간 한국 출발 항공노선의 이용객 수〉

(단위 : 천 명)

구분	2018년	2019년	2020년	전체
한국 → 제주	128	134	154	416
한국 → 중국	252	235	256	743
한국 → 일본	118	122	102	342
한국 → 싱가폴	88	102	133	323
한국 → 독일	75	81	88	244
한국 → 영국	123	111	108	342
한국 → 스페인	288	270	302	860
한국 → 미국	102	145	153	400
한국 → 캐나다	210	198	222	630
한국 → 브라질	23	21	17	61
전체	1,407	1,419	1,535	4,361

보기

ㄱ. 2018년 대비 2019년 이용객 수가 증가한 항공노선 개수와 감소한 항공노선 개수는 동일하다.
ㄴ. 2018년부터 2020년까지의 총 이용객 수는 아시아행 – 유럽행 – 아메리카행 순으로 많다.
ㄷ. 전체 이용객 중 제주행노선 이용객 비율의 전년대비 차이는 2019년이 2020년보다 높다.
ㄹ. 2018년부터 2020년 동안 이용객 수가 적은 하위 2개의 항공노선은 동일하다.

① ㄱ, ㄴ
② ㄴ, ㄹ
③ ㄱ, ㄴ, ㄷ
④ ㄱ, ㄴ, ㄹ

04 다음은 엔화 대비 원화 환율과 달러화 대비 원화 환율 추이 자료이다. 〈보기〉 중 다음 자료에 대한 설명으로 옳은 것을 모두 고른 것은?

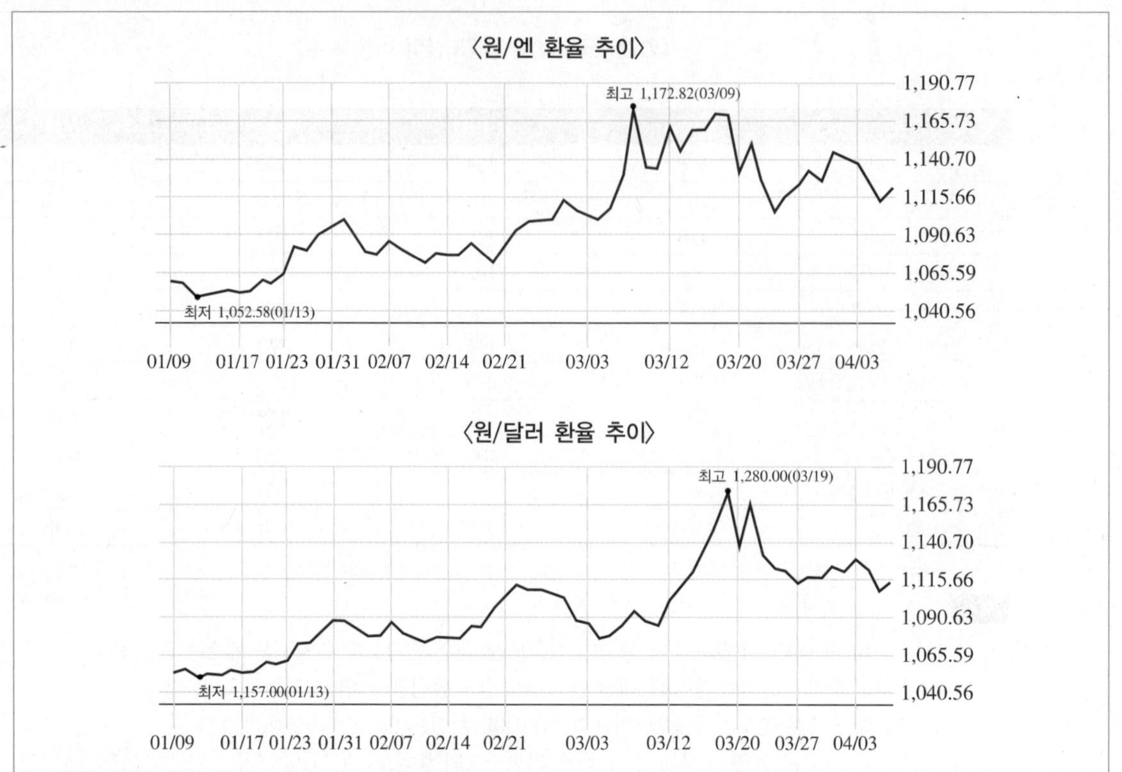

보기

ㄱ. 원/엔 환율은 3월 한 달 동안 1,200원을 상회하는 수준에서 등락을 반복했다.
ㄴ. 2월 21일의 원/달러 환율은 지난주보다 상승하였다.
ㄷ. 3월 12일부터 3월 19일까지 달러화의 강세가 심화되는 추세를 보였다.
ㄹ. 3월 27일의 달러/엔 환율은 3월 12일보다 상승하였다.

① ㄱ, ㄴ　　② ㄱ, ㄷ
③ ㄴ, ㄷ　　④ ㄴ, ㄹ

04 언어논리

※ 다음 제시된 단어의 대응 관계가 동일하도록 괄호 안에 들어갈 가장 적절한 단어를 고르시오. **[1~3]**

01

유명스타 : 무명=용 : (　　)

① 백호　　② 이무기
③ 도마뱀　　④ 불사조

02

화살 : 촉=포도 : (　　)

① 가시　　② 식물
③ 씨　　④ 과일

03

(　　) : 시들하다=성기다 : 빽빽하다

① 마뜩하다　　② 하잘것없다
③ 시쁘다　　④ 아니꼽다

04 **L사의 영업팀 팀장은 팀원들의 근태를 평가하기 위하여 영업팀 직원 A ~ F의 출근 시각을 확인하였다. 확인한 결과가 다음과 같을 때 항상 옳은 것은?(단, A ~ F의 출근 시각은 모두 다르며, 먼저 출근한 사람만 늦게 출근한 사람의 시간을 알 수 있다)**

- C는 E보다 먼저 출근하였다.
- D는 A와 B보다 먼저 출근하였다.
- E는 A가 도착하기 직전 또는 직후에 출근하였다.
- E는 F보다 늦게 출근하였지만, 꼴찌는 아니다.
- F는 B가 도착하기 바로 직전에 출근하였다.

① A는 B의 출근 시각을 알 수 있다.
② B는 C의 출근 시각을 알 수 있다.
③ C는 A ~ F의 출근 순서를 알 수 있다.
④ D가 C보다 먼저 출근했다면, A ~ F의 출근 순서를 알 수 있다.

05 L사에서 근무하고 있는 직원 갑, 을, 병, 정은 서로의 세미나 참석 여부에 관하여 다음과 같이 진술하였고, 이들 중 단 1명만이 진실을 말하였다. 이들 가운데 반드시 세미나에 참석하는 사람은 누구인가?(단, 진술한 사람은 거짓만 말하거나 진실만 말한다)

> 갑 : 나는 세미나에 참석하고, 을은 세미나에 참석하지 않는다.
> 을 : 갑과 병 중 적어도 한 명은 세미나에 참석한다.
> 병 : 나와 을 중 적어도 한 명은 세미나에 참석하지 않는다.
> 정 : 을과 병 중 한 명이라도 세미나에 참석한다면, 나도 세미나에 참석한다.

① 갑
② 을
③ 병
④ 정

06 필라테스 센터에서 평일에는 바렐, 체어, 리포머의 세 가지 수업이 동시에 진행되며, 토요일에는 리포머 수업만 진행된다. 센터 회원은 전용 어플을 통해 자신이 원하는 수업을 선택하여 1주일간의 운동 스케줄을 등록할 수 있다. 센터 회원인 L씨가 월요일부터 토요일까지 다음과 같이 운동 스케줄을 등록할 때, 다음 중 옳지 않은 것은?

> • 바렐 수업은 일주일에 1회 참여한다.
> • 체어 수업은 일주일에 2회 참여하되, 금요일에 1회 참여한다.
> • 리포머 수업은 일주일에 3회 참여한다.
> • 동일한 수업은 연달아 참여하지 않는다.
> • 월요일부터 토요일까지 하루에 1개의 수업을 듣는다.
> • 하루에 1개의 수업만 들을 수 있다.

① 월요일에 리포머 수업을 선택한다면, 화요일에는 체어 수업을 선택할 수 있다.
② 월요일에 체어 수업을 선택한다면, 수요일에는 바렐 수업을 선택할 수 있다.
③ 화요일에 체어 수업을 선택한다면, 수요일에는 바렐 수업을 선택할 수 있다.
④ 화요일에 바렐 수업을 선택한다면, 수요일에는 리포머 수업을 선택할 수 있다.

YEAR 2020 | 하반기 최신기출문제 정답 및 해설

01 언어이해

01	02	03	04						
②	④	③	③						

01 정답 ②

오키프 박사와 모세르 부부는 장소세포와 격자세포를 발견했으나 장소세포가 어떻게 생성되고 변화하는지는 밝혀내지 못했다. 이를 밝혀낸 것은 뇌과학운영단의 세바스천 로열 박사팀이다.

02 정답 ④

제시문에서는 대리모가 아이를 금전적인 대가를 받는 수단으로 취급하여 인간의 존엄과 가치를 침해한다는 것을 전제로 대리모의 허용을 반대한다. 이러한 주장을 반박하기 위해서는 근거로 제시하고 있는 전제를 부정하는 것이 효과적이므로 대리모는 아이가 아닌 임신·출산 서비스를 매매의 대상으로 삼는다는 ④를 통해 반박하는 것이 가장 적절하다.

오답분석

①·② 대리모를 찬성하는 입장에 해당하나, 제시문의 주장과는 전혀 다른 관점에서 반박하고 있으므로 적절하지 않다.
③ 대리모를 통해 발생할 수 있는 문제에 대한 해결책을 촉구하는 것에 해당하므로 제시문의 주장에 대한 반박으로는 적절하지 않다.

03 정답 ③

모딜리아니 – 밀러 이론은 이상적 시장 상태를 가정했을 때 기업의 자본 구조와 가치는 연관이 없다는 이론이고, 이에 반대하여 현실적 요소들을 고려한 상충 이론과 자본 조달 순서 이론이 등장하였다. 반박에 직면하여, 밀러는 다양한 현실적 요소들을 고려하였고, 그럼에도 불구하고 기업의 자본 구조와 가치는 연관이 없다는 결론을 도출하였다.

오답분석

① 밀러의 기존 이론이 고려하지 않은 것을 고려하였으나 파산 비용은 고려할 필요가 없다고 보았다.
② 개량된 이론에서는 개별 기업을 고려하였지만, 기존 이론에서 밀러가 개별 기업을 분석 단위로 삼았다고 볼 근거는 없다.
④ 기업의 자본 조달에는 타인의 자본이 소득세를 통해 영향을 준다고 하나, 결국 기업의 가치와는 무관하다는 결론을 재확인했다.

04 정답 ③

다섯 번째 문단에 나타난 내용을 요건에 따라, 이론이 부채와 요건 간의 관계를 어떻게 보고 있는지를 나타내면 다음과 같다.

구분	기업 규모	성장성
상충 이론	비례	반비례
자본 조달 순서 이론	반비례	비례

문제에서 A씨는 상충 이론에 따르므로 2행만 참조하면 된다. B기업은 성장성이 높은 작은 기업이므로, A씨는 B기업에게 부채 비율을 낮출 것을 권고하는 것이 타당하다. 기업 규모가 작은 경우에는 법인세 감세 효과로 얻는 편익보다 기대 파산 비용이 높다고 판단하고, 성장성이 높은 경우에도 기대 파산 비용이 높다고 보기 때문이다. 이를 통해서 ①, ②, ④가 옳지 않은 것을 쉽게 판단할 수 있다.
상충 이론은 부채 발생 시의 편익 – 비용의 비율이 기업 가치에 영향을 끼친다고 주장하므로 이 의견을 표현하고 있는 ③이 바르게 판단한 것이다.

02 문제해결

01	02	03	04	05	06				
–	–	–	③	②	④				

01~03

별도 해설 없음

04 정답 ③

선택지에 제시된 경로는 두 가지로 각각의 소요시간을 계산하면 다음과 같다.

- 3호선 수성시장역 → 2호선 청라언덕역 → 2호선 용산역
  3호선 수성시장역 탑승 청라언덕역 도착(5정거장, 4×5=20분) → 3호선에서 2호선으로 청라언덕역에서 환승(4분) → 2호선 용산역 도착(6정거장, 3×6=18분)
  ∴ 총 소요시간은 20+4+18=42분
- 3호선 수성시장역 → 1호선 명덕역 → 2호선 반월당역 → 2호선 용산역
  3호선 수성시장역 탑승 명덕역 도착(3정거장, 4×3=12분) → 3호선에서 1호선으로 명덕역에서 환승(4분) → 1호선 반월당역 도착(1정거장 4×1=4분) → 1호선에서 2호선으로 반월당역에서 환승(4분) → 2호선 용산역 도착(7정거장, 3×7=21분)
  ∴ 총 소요시간 12+4+4+4+21=45분

따라서 두 가지 경로 중 더 빠른 경로는 '3호선 수성시장역 → 2호선 청라언덕역 → 2호선 용산역'이며, 총 소요시간은 42분이다.

05 정답 ②

L씨가 이용하는 지하철 노선은 2호선과 3호선으로 3호선 수성시장역에서 2호선 용산역까지 가는 방법은 '3호선 수성시장역 → 2호선 청라언덕역 → 2호선 용산역'의 경로이며, 환승은 한 번이다. L씨와 가족들이 오후 4시 30분(=16시 30분)에 전시회에 도착하기 위해 늦어도 집에서 출발할 시각은 역으로 계산하면 쉽게 구할 수 있다.
2호선 용산역 16시 18분 도착(도보 12분) → 2호선 청라언덕역에서 16시 전 출발(6정거장, 3×6=18분) → 2호선 청라언덕역 반고개 방향 15시 53분 지하철 탑승 → 3호선 청라언덕역 15시 49분(환승 4분) 도착 → 3호선 수성시장역에서 15시 29분까지 출발(5정거장, 4×5=20분) → 3호선 수성시장역 대봉교 방향 15시 29분 지하철 탑승
따라서 L씨와 가족들은 15시 29분 지하철 탑승을 위해 집에서 늦어도 15시 19분(도보 10분)에는 출발해야 한다.

06 정답 ④

시간표에 따라 L씨의 이동경로를 정리하면 다음과 같다.
오후 3시 50분에 자택에서 출발 → 16시 (10분 도보 이동) 3호선 수성시장역 도착 → 16시 04분 3호선 수성시장역에서 대봉교 방향 지하철 탑승 → 16시 24분(5정거장, 4×5=20분) 청라언덕역 도착 → 16시 28분 3호선에서 2호선으로 청라언덕역에서 환승(4분) → 16시 33분 반고개 방향 2호선 지하철 탑승 → 16시 51분(6정거장, 3×6=18분) 2호선 용산역 도착 → 17시 03분 전시회 도착(도보 12분)
따라서 L씨는 딸의 전시회에 오후 5시 03분에 도착할 예정이다.

03 자료해석

01	02	03	04						
④	④	④	③						

01 정답 ④

ㄴ. 2020년 준중형 자동차 판매량은 전년 대비 $\frac{180.4-179.2}{179.2}\times100≒0.67\%$로 1% 미만 증가했다.

ㄷ. 2018 ~ 2019년까지 자동차 판매 순위는 'SUV – 중형 – 대형 – 준중형 – 소형' 순서지만 2020년에는 'SUV – 중형 – 준중형 – 대형 – 소형' 순서이다.

ㄹ. 'ㄱ'의 해설에서 준중형, 중형, 대형은 2018년 대비 2019년에 판매량이 감소했음을 알 수 있으며, 소형과 SUV는 판매량이 증가했다.

오답분석

ㄱ. 2018년 대비 2019년 판매량이 감소한 자동차 종류는 준중형, 중형, 대형으로 세 종류의 감소율을 구하면 다음과 같다.

구분	2018년 대비 2019년 판매량 감소율
준중형	$\frac{179.2-181.3}{181.3}\times100≒-1.16\%$
중형	$\frac{202.5-209.3}{209.3}\times100≒-3.25\%$
대형	$\frac{185-186.1}{186.1}\times100≒-0.59\%$

따라서 2018년 대비 2019년 판매량 감소율이 가장 낮은 차종은 '대형'이다.

02 정답 ④

2020년 산업통상자원부 지원금을 지급받는 중소기업 수는 총 244+1,138+787+252+4=2,425개이므로 2020년 산업통상자원부 지원금을 지급받는 총 기업 수 2,815개의 약 $\frac{2,425}{2,815}\times100≒86.1\%$로 85% 이상이다.

오답분석

① 매년 대기업 수는 감소하고, 중소기업 수는 증가하고 있다.

② 중소기업 총지원액의 최소금액과 대기업 총지원액의 최대금액을 비교를 통해 확인할 수 있다. 먼저 최소금액을 구하기 위해 지원액 규모를 각각 0원, 5억 원, 10억 원, 20억 원, 50억 원이라고 가정하고 지원액 규모별 중소기업의 수를 곱해 총 지원액을 구하면 (0×244)+(5×1,138)+(10×787)+(20×252)+(50×4)=18,800억 원이다.
반대로 최대금액을 구하기 위해 지원액 규모를 각각 5억 원, 10억 원, 20억 원, 50억 원, 100억 원으로 가정하고 지원액 규모별 대기업의 수를 곱해 총 지원액을 구하면 (5×4)+(10×11)+(20×58)+(50×38)+(100×22)=5,390억 원이다. 이를 통해 지원액 규모가 얼마인지 정확하게 알 수는 없지만, 2020년 중소기업 총지원액은 대기업 총지원액보다 많다는 것을 알 수 있다.

③ 매년 대기업과 중견기업은 지원액 규모가 10억 이상 20억 미만에서, 중소기업은 5억 이상 10억 미만에서 가장 많은 기업이 산업통상자원부 지원금을 지급받는다.

03 정답 ④

ㄱ. 2018년 대비 2019년 이용객 수가 증가한 항공노선은 제주행, 일본행, 싱가폴행, 독일행, 미국행으로 총 다섯 개이며, 감소한 항공노선 역시 중국행, 영국행, 스페인행, 캐나다행, 브라질행으로 총 다섯 개로 동일하다.

ㄴ. 2018년부터 2020년까지의 총 이용객 수는 아시아행(제주, 중국, 일본, 싱가폴)이 416+743+342+323=1,824명, 유럽행(독일, 영국, 스페인)이 244+342+860=1,446명, 아메리카행(미국, 캐나다, 브라질)이 400+630+61=1,091명으로 아시아행 – 유럽행 – 아메리카행 순으로 많다.

ㄹ. 2018년 이용객 수가 적은 하위 2개의 항공노선은 브라질행(23), 독일행(75)이고 2019년도 브라질행(21), 독일행(81)이며 2020년도 브라질행(17), 독일행(88)으로 동일하다.

오답분석

ㄷ. 전체 이용객 중 제주행노선 이용객 비율은 2018년 약 $\frac{128}{1,407}\times100=9.1\%$, 2019년 $\frac{134}{1,419}\times100=9.4\%$, 2020년 $\frac{154}{1,535}\times100=10.0\%$이다. 따라서 전년대비 차이는 2019년이 9.4−9.1=0.3%p, 2020년이 10.0−9.4=0.6%p로 2019년이 2020년보다 낮다.

04 정답 ③

ㄴ. 그래프를 통해 2월 21일의 원/달러 환율이 지난주 2월 14일보다 상승하였음을 알 수 있다.
ㄷ. 달러화의 강세란 원/달러 환율이 상승하여 원화가 평가절하되면서 달러의 가치가 높아지는 것을 의미한다. 3월 12일부터 3월 19일까지는 원/달러 환율이 계속해서 상승하는 추세이므로 옳은 설명이다.

오답분석

ㄱ. 3월 원/엔 환율의 경우 최고 환율은 3월 9일의 1172.82원으로, 3월 한 달 동안 1,100원을 상회하는 수준에서 등락을 반복하고 있다.
ㄹ. 달러/엔 환율은 $\frac{(\text{원/엔 환율})}{(\text{원/달러 환율})}$로 도출할 수 있다. 그래프에 따르면 3월 27일 원/달러 환율은 3월 12일에 비해 상승하였고, 반대로 원/엔 환율은 하락하였다. 즉, 분모는 증가하고 분자는 감소하였으므로 3월 27일의 달러/엔 환율은 3월 12일보다 하락하였음을 알 수 있다.

04 언어논리

01	02	03	04	05	06				
②	③	①	④	②	④				

01 정답 ②

제시된 단어의 대응 관계는 반의 관계이다.
'이름이 널리 알려져 있지 않음'을 뜻하는 '무명'은 '이름이 널리 알려져 있음'이라는 뜻의 유명이 포함된 '유명스타'와 반의 관계이고, '전설상의 동물인 뿔이 없는 용으로, 어떤 저주에 의하여 용이 되지 못하고 물속에 산다는, 여러 해 묵은 큰 구렁이'를 이르는 단어인 '이무기'는 '용'과 반의 관계이다.

02 정답 ③

제시된 단어의 대응 관계는 전체와 부분의 관계이다.
'촉'은 '화살'을 구성하는 일부이고, '씨'는 '포도'를 구성하는 일부이다.

03 정답 ①

제시된 단어의 대응 관계는 반의 관계이다.
'물건의 사이가 뜨다.'를 의미하는 '성기다'는 '여유가 없어서 조금 빠듯하다.'는 뜻의 '빡빡하다'와 반의 관계이며 '제법 마음에 들 만하다.'를 뜻하는 '마뜩하다'는 '마음에 차지 않아 내키지 않다.'라는 뜻의 '시들하다'와 반의 관계이다.

04 정답 ④

먼저 C는 첫 번째, 세 번째 결과에 따라 A 바로 전 또는 바로 뒤의 순서로 출근한 E보다 먼저 출근하였으므로 A보다도 먼저 출근한 것을 알 수 있다. 마찬가지로 D 역시 두 번째, 다섯 번째 결과에 따라 F 바로 뒤에 출근한 B보다 먼저 출근하였으므로 F보다도 먼저 출근한 것을 알 수 있다. 또한 E는 네 번째 결과에 따라 F보다 늦게 출근하였으므로 결국 C, D, B보다도 늦게 출근하였음을 알 수 있다. 따라서 E가 다섯 번째 또는 마지막 순서로 출근하였음을 알 수 있으나, 꼴찌에는 해당하지 않으므로 결국 E는 다섯 번째로 출근하였고, A가 마지막 여섯 번째로 출근하였음을 알 수 있다.

이때 주어진 결과만으로는 C와 D의 순서를 비교할 수 없으므로 A~F의 출근 순서는 다음과 같이 나타낼 수 있다.

구분	첫 번째	두 번째	세 번째	네 번째	다섯 번째	여섯 번째
경우 1	D	F	B	C	E	A
경우 2	D	C	F	B	E	A
경우 3	C	D	F	B	E	A

따라서 D가 C보다 먼저 출근했다면, D는 반드시 첫 번째로 출근하므로 자신을 포함한 A~F의 출근 순서를 알 수 있다.

오답분석

① A는 마지막에 출근하므로 B의 출근 시각을 알 수 없다.
② 경우 2와 경우 3에서 B가 C보다 나중에 출근하므로 C의 출근 시각을 알 수 없다.
③ 경우 1에서 C는 자신과 E, A의 출근 순서를 알 수 있으나, D, F, B의 출근 순서는 알 수 없다.

05 정답 ②

먼저 을의 진술이 거짓일 경우 갑과 병은 모두 세미나에 참석하지 않으며, 병의 진술이 거짓일 경우 을과 병은 모두 세미나에 참여한다. 따라서 을과 병의 진술은 동시에 거짓이 될 수 없으므로 둘 중 한 명의 진술은 반드시 참이 된다.

1) 을의 진술이 참인 경우
   갑은 세미나에 참석하지 않으며, 을과 병은 모두 세미나에 참석한다. 을과 병 모두 세미나에 참석하므로 정은 세미나에 참석하지 않는다.
2) 병의 진술이 참인 경우
   갑의 진술은 거짓이므로 갑은 세미나에 참석하지 않으며, 을은 세미나에 참석한다. 병은 세미나에 참석하지 않으나, 을이 세미나에 참석하므로 정은 세미나에 참석하지 않는다.

따라서 반드시 세미나에 참석하는 사람은 을이다.

06 정답 ④

먼저 L씨가 월요일부터 토요일까지 운동 스케줄을 등록할 때, 토요일에는 리포머 수업만 진행되므로 L씨는 토요일에 리포머 수업을 선택해야 한다. 금요일에는 체어 수업에 참여하므로 네 번째 조건에 따라 목요일에는 바렐 또는 리포머 수업만 선택할 수 있다. 그런데 L씨가 화요일에 바렐 수업을 선택한다면, 목요일에는 리포머 수업만 선택할 수 있다. 따라서 수요일에는 리포머 수업을 선택할 수 없으며, 반드시 체어 수업을 선택해야 한다.

월	화	수	목	금	토
리포머	바렐	체어	리포머	체어	리포머

오답분석

L씨가 등록할 수 있는 월~토요일까지의 운동 스케줄은 다음과 같다.

구분	월	화	수	목	금	토
경우 1	리포머	바렐	체어	리포머	체어	리포머
경우 2	리포머	체어	바렐	리포머	체어	리포머
경우 3	리포머	체어	리포머	바렐	체어	리포머
경우 4	체어	리포머	바렐	리포머	체어	리포머
경우 5	바렐	리포머	체어	리포머	체어	리포머

① 경우 2와 경우 3에 따라 옳은 내용이다.
② 경우 4에 따라 옳은 내용이다.
③ 경우 2에 따라 옳은 내용이다.

I wish you the best of luck!

PART 01

기출유형 뜯어보기

CHAPTER

01 언어이해 주제·제목 찾기

유형분석

- 제시된 글을 읽고 말하고자 하는 주제를 파악할 수 있는지를 평가하는 유형이다.
- 단순한 설명문부터 주장, 반박문까지 다양한 형태의 지문이 제시되는 유형이므로 글이 말하고자 하는 바를 잘 구분할 수 있어야 한다.

다음 글의 주제로 가장 적절한 것은? ① 글 전체의 흐름보다는 중심화제 및 주제를 파악하는 것이 우선이므로, 글 또는 각 문단의 앞과 뒤를 읽어 중심내용을 파악

우유니 사막은 세계 최대의 소금 사막이자 남아메리카 중앙부 볼리비아의 포토시주(州)에 위치한 소금 호수로, '우유니 소금 사막' 혹은 '우유니 염지' 등으로 불린다. 지각변동으로 솟아오른 바다가 빙하기를 거쳐 녹기 시작하면서 거대한 호수가 생겨났다. 면적은 1만 2,000km^{2}이며 해발고도 3,680m의 고지대에 위치한다. 물이 배수되지 않은 지형적 특성 때문에 물이 고여 얕은 호수가 되었으며, 소금으로 덮인 수면 위에 푸른 하늘과 흰 구름이 거울처럼 투명하게 반사되어 관광지로도 이름이 높다. 소금층 두께는 30cm부터 깊은 곳은 100m 이상이며 호수의 소금 매장량은 약 100억 톤 이상이다. 우기인 12월에서 3월 사이에는 20 ~ 30cm의 물이 고여 얕은 염호를 형성하는 반면, 긴 건기 동안에는 표면뿐만 아니라 사막의 아래까지 증발한다. 특이한 점은 지역에 따라 호수의 색이 흰색, 적색, 녹색 등의 다른 빛깔을 띤다는 점이다. 이는 호수마다 쌓인 침전물의 색깔과 조류의 색깔이 다르기 때문이다. 또한 소금 사막 곳곳에서는 커다란 바위부터 작은 모래까지 한꺼번에 섞인 빙하성 퇴적물들과 같은 빙하의 흔적들을 볼 수 있다.

우유니 사막의 지리와 호칭

우유니 사막의 면적과 위치

우유니 사막의 소금층 두께와 소금 매장량

지역에 따라 다른 빛깔을 띠는 우유니 사막

① 우유니 사막의 기후와 식생
② 우유니 사막의 주민 생활
③ 우유니 사막의 자연지리적 특징
④ 우유니 사막 이름의 유래

② 선택지 중 세부적인 내용을 다루고 있는 것은 정답에서 제외한다.
③ 글의 중심내용에 적합한 선택지를 체크

정답 해설

제시문은 우유니 사막의 위치와 형성, 특징 등 우유니 사막의 자연지리적 특징에 관해 서술하고 있다.

오답분석

① 우유니 사막에 우기와 건기가 있다는 정보가 제시되어 있기는 하나 구체적인 기후 정보와 식생에 대해서는 언급되어 있지 않다.
② 우유니 사막이 관광지로 유명하다는 정보 이외에 주민 생활의 단서가 될 정보는 제시되지 않았다.
④ 우유니 사막이 세계 최대의 소금 사막이자 소금 호수이기 때문에 '우유니 소금 사막'이나 '우유니 염지'로 불린다고는 했지만 이는 우유니 사막 이름의 유래라고 보기엔 빈약하며, 글의 중심이 되는 내용이라고 볼 수 없다.

정답 ③

이거 알면 30초 컷!

글 또는 각 문단의 앞과 뒤에 핵심어가 오는 경우가 많으므로 이들을 먼저 읽어 핵심어를 캐치한 뒤 중심내용을 파악할 수 있도록 한다. 또한 선택지 중 세부적인 내용을 다루고 있는 것은 정답에서 제외시킨다.

CHAPTER

01 언어이해 서술·전개 특징

유형분석

- 글을 읽고 논지가 전개되는 방식과 글의 구조를 파악할 수 있는지를 평가하는 유형이다.
- 한정된 몇 가지 유형의 글쓰기 방식이 자주 출제되므로 미리 파악해두는 것이 좋다.

다음 글의 논지 전개상 특징으로 적절한 것은?

② 글의 단락별 핵심 내용, 주제와 같은 단락별 특징을 통해 글의 흐름과 전개 방식, 서술 방식 등을 파악

현대 사회에서 스타는 대중문화의 성격을 규정짓는 가장 중요한 열쇠이다. 스타가 생산, 관리, 활용, 거래, 소비되는 전체적인 순환 메커니즘이 바로 스타 시스템이다. 이것이 자본주의 대중문화의 가장 핵심적인 작동 원리로 자리 잡게 되면서 사람들은 스타가 되기를 열망하고, 또 스타 만들기에 진력하게 되었다.

→ 현대 사회의 스타 만들기 현상 소개

스크린과 TV 화면에 보이는 스타는 화려하고 강하고 영웅적이며, 누구보다 매력적인 인간형으로 비춰진다. 사람들은 스타에 열광하는 순간 스타와 자신을 무의식적으로 동일시하며 그 환상적 이미지에 빠진다. 스타를 자신들의 결점을 대리 충족시켜 주는 대상으로 생각하기 때문이다. 그런 과정이 가장 전형적으로 드러나는 장르가 영화이다. 영화는 어떤 환상도 쉽게 먹혀들어 갈 수 있는 조건에서 상영되며 기술적으로 완벽한 이미지를 구현하여 압도적인 이미지로 관객을 끌어들인다. 컴컴한 극장 안에서 관객은 부동자세로 숨죽인 채 영화에 집중하게 되며 자연스럽게 영화가 제공하는 이미지에 매료된다. 그리고 그 순간 무의식적으로 자신을 영화 속의 주인공과 동일시하게 된다. 관객은 매력적인 대상과 자신을 동일시하면서 자신의 진짜 모습을 잊고 이상적인 인간형을 간접 체험하게 되는 것이다. 스크린과 TV 화면에 비친 대중이 선망하는 스타의 모습은 현실적인 이미지가 아니라 허구적인 이미지에 불과하다. 사람들은 스타 역시 어쩔 수 없는 약점과 한계를 안고 사는 한 인간일 수밖에 없다는 사실을 아주 쉽게 망각해 버리곤 한다. 이렇게 스타에 대한 열광의 성립은 대중과 스타의 관계가 기본적으로 익명적일 수밖에 없다는 데서 가능해진다.

→ 스타와 대중의 익명 관계를 바탕으로 만들어진 이미지를 통해 현실을 망각하는 현상

자본주의의 특징 가운데 하나는 필요 이상의 물건을 생산하고 그것을 팔기 위해 갖은 방법으로 소비자들의 욕망을 부추긴다는 것이다. 스타는 그 과정에서 소비자들의 구매 욕구를 불러일으키는 가장 중요한 연결고리 역할을 함과 동시에 그들도 상품처럼 취급되어 소비된다. 스타 시스템은 대중문화의 안과 밖에서 스타의 화려하고 소비적인 생활 패턴의 소개를 통해 사람들의 욕망을 자극하게 된다. 또한 스타들을 상품의 생산과 판매를 위한 도구로 이용하며, 끊임없이 오락과 소비의 영역을 확장하고 거기서 이윤을 발생시킨다. 이 모든 것이 가능한 것은 많은 대중이 스타를 닮고자 하는 욕구를 가지고 있어 스타의 패션과 스타일, 소비 패턴을 모방하기 때문이다.

→ 소비 촉진을 위한 도구로 사용되는 스타 시스템

스타 시스템을 건전한 대중문화의 작동 원리로 발전시키기 위해서는 우선 대중문화 산업에 종사하고 싶어 하는 사람들을 위한 활동 공간과 유통 구조를 확보하여 실험적이고 독창적인 활동을 다양하게 벌일 수 있는 토양을 마련해 주어야 한다. 나아가 이러한 예술 인력을 스타 시스템과 연결하는 중간 메커니즘도 육성해야 할 것이다.

→ 소비자를 유혹하는 것이 아닌 건전한 문화로서의 스타 시스템을 만들기 위한 방안 제시

① 상반된 이론을 제시한 후 절충적 견해를 이끌어 내고 있다.
② 현상의 문제점을 언급한 후 해결 방안을 제시하고 있다.
③ 권위 있는 학자의 견해를 들어 주장의 정당성을 입증하고 있다.
④ 대상을 하위 항목으로 구분하여 논의의 범주를 명확히 하고 있다.

① 선택지에서 제시하고 있는 서술 방식을 먼저 파악

정답 해설

본문은 스타 시스템에 대한 문제점을 지적하고 글쓴이 나름대로의 대안을 모색하고 있다.

오답분석

① 본문은 스타 시스템의 정의와 그로 인한 문제점을 제시할 뿐, 이를 옹호하거나 절충안을 제시하고 있지는 않다.
③ 본문에는 글쓴이의 주장과 해결 방안이 있을 뿐, 학자의 견해나 주장을 통한 정당성을 입증하고 있지는 않다.
④ 본문은 스타 시스템과 이에 따른 현상을 설명할 뿐, 별도의 하위 항목으로 구분하고 있지는 않다.

 ②

이거 알면 30초 컷!

문장을 전개하는 방법

- 논리적 순서에 따른 배열
- 중요성의 순서에 따른 배열
- 시간적 순서에 따른 배열
- 공간적 질서에 따른 배열

이거 알면 30초 컷!

문장을 기술하는 방식은 천차만별이지만 결국은 어떠한 목적을 얻기 위해 글을 썼다는 공통점을 가지고 있다. 따라서 글이 무슨 목적으로 쓰였는지를 파악한 후, 필자가 목적을 부각시키기 위해 어떤 방식으로 글을 작성했는지를 역으로 분석하면 쉽게 논지 전개상 특징을 찾아낼 수 있다.

CHAPTER

01 언어이해 사실적 독해

유형분석

- 글의 세부적인 내용을 이해할 수 있는지를 평가하는 유형이다.
- 경제 · 경영 · 철학 · 역사 · 예술 · 과학 등 다양한 분야에 관련된 지문이 제시되므로 폭넓은 독서를 해야 한다.

다음 글의 내용과 일치하지 않는 것은? 2. 선택지에 체크한 핵심어와 관련된 내용을 지문에서 파악하며 글의 내용과 비교

② 일치

생물 농약이란 농작물에 피해를 주는 병이나 해충, 잡초를 제거하기 위해 자연에 있는 생물로 만든 천연 농약을 뜻한다. 생물 농약을 개발한 것은 흙 속에 사는 병원균으로부터 식물을 보호할 목적에서였다. 뿌리를 공격하는 병원균은 땅속에 살고 있으므로 병원균을 제거하기에 어려움이 있었다. 게다가 화학 농약의 경우 그 성분이 토양에 달라붙어 제 기능을 발휘하지 못했기 때문에 식물 성장을 돕고 항균 작용을 할 수 있는 미생물에 주목하기 시작한 것이다. ① 일치 ③ 일치

식물 성장을 돕고 항균 작용을 하는 미생물집단을 '근권미생물'이라 하는데, 여러 종류의 근권미생물 중 농약으로 쓰기에 가장 좋은 것은 뿌리에 잘 달라붙는 것들이다. 근권미생물의 입장에서 뿌리 주변은 사막의 오아시스와 비슷한 조건이다. 뿌리 주변은 뿌리에서 공급되는 양분과 안락한 서식 환경을 제공받지만, 뿌리 주변에서 멀리 떨어진 곳은 황량한 지역이어서 먹을 것을 찾기가 어렵기 때문이다. 따라서 뿌리 주변에서는 좋은 위치를 선점하기 위해 미생물 간에 치열한 싸움이 벌어진다. 얼마나 뿌리에 잘 정착하느냐가 생물 농약으로 사용되는 미생물을 결정하는 데 중요한 기준이 되는 셈이다.

생물 농약으로 쓰이는 미생물은 식물 성장을 돕는 성질을 포함한다. 미생물이 만든 항균물질은 농작물의 뿌리에 침입하려는 곰팡이나 병원균의 성장을 억제하거나 죽게 한다. 그리고 병원균이나 곤충, 선충에 기생하는 종들을 사용한 생물 농약은 유해 병원균이나 해충을 직접 공격하기도 한다. 예를 들자면, 흰가루병은 채소 대부분에 생겨나는 곰팡이 때문에 발생하는데, 흰가루병을 일으키는 곰팡이의 영양분을 흡수해 죽이는 천적 곰팡이(암펠로마이세스 귀스콸리스)를 이용한 생물 농약이 만들어졌다.

④ 불일치

① 화학 농약은 화학 성분이 토양에 달라붙어 제 기능을 발휘하지 못한다.

1. 지문에서 접할 수 있는 핵심어 중심으로 선택지를 체크

② 생물 농약은 식물을 흙 속에 사는 병원균으로부터 보호하기 위해서 만들어졌다.

③ '근권미생물'이란 식물의 성장에 도움을 주는 미생물이다.

④ 생물 농약으로 쓰이는 미생물들은 유해 병원균이나 해충을 직접 공격하지는 못한다.

정답 해설

마지막 문단에서 '그리고 병원균이나 곤충, 선충에 기생하는 종들을 사용한 생물 농약은 유해 병원균이나 해충을 직접 공격하기도 한다.'라고 설명했다.

오답분석

① 첫 번째 문단 '화학 농약의 경우 그 성분이 토양에 달라붙어 제 기능을 발휘하지 못했기 때문'이라는 문장을 통해 확인 가능하다.
② 첫 번째 문단 '생물 농약을 개발한 것은 흙 속에 사는 병원균으로부터 식물을 보호할 목적'이라는 문장을 통해 확인 가능하다.
③ 두 번째 문단 '식물 성장을 돕고 항균 작용을 하는 미생물집단'이라는 문장을 통해 확인 가능하다.

정답 ④

이거 알면 30초 컷!

주어진 글의 내용과 일치하는 것 또는 일치하지 않는 것을 고르는 문제의 경우, 지문을 읽기 전에 문제와 선택지를 먼저 읽어보는 것이 좋다. 이를 통해 지문 속에서 알아내야 할 정보가 무엇인지를 먼저 인지한 다음 글을 읽어야 문제 푸는 시간을 단축할 수 있다.

CHAPTER

01 언어이해 추론적 독해

유형분석

- 글에 명시적으로 드러나지 않은 부분을 추론하여 답을 도출해야 하는 유형이다.
- 자신의 주관적인 판단보다는 글의 세부적 내용에 대한 이해를 기반으로 문제를 풀어야 한다.

다음 글을 통해 추론할 수 있는 내용으로 적절하지 않은 것은? 1. 문제에서 제시하는 추론 유형을 확인 → 세부적인 내용을 추론하는 유형

①의 근거

제약 연구원이란 제약 회사에서 약을 만드는 과정에 참여하는 사람을 말한다. 제약 연구원은 이러한 모든 단계에 참여하지만, 특히 신약 개발 단계와 임상 시험 단계에서 가장 중점적인 역할을 한다. 일반적으로 약을 만드는 과정은 새로운 약품을 개발하는 신약 개발 단계, 임상 시험을 통해 개발된 신약의 약효를 확인하는 임상 시험 단계, 식약처에 신약이 판매될 수 있도록 허가를 요청하는 약품 허가 요청 단계, 마지막으로 의료진과 환자를 대상으로 신약에 대해 홍보하는 영업 및 마케팅의 단계로 나눈다. — 제약 연구원의 하는 일과 약을 만드는 과정

②의 근거

제약 연구원이 되기 위해서는 일반적으로 약학을 전공해야 한다고 생각하기 쉽지만, 약학 전공자 이외에도 생명 공학, 화학 공학, 유전 공학 전공자들이 제약 연구원으로 활발하게 참여하고 있다. 만일 신약 개발의 전문가가 되고 싶다면 해당 분야에서 오랫동안 연구한 경험이 필요하기 때문에 대학원에서 석사나 박사 학위를 취득하는 것이 유리하다. — 제약 연구원이 되기 위한 방법

③의 근거

제약 연구원이 되기 위해서는 전문적인 지식도 중요하지만, 사람의 생명과 관련된 일인 만큼, 무엇보다도 꼼꼼함과 신중함, 책임 의식이 필요하다. 또한 제약 회사라는 공동체 안에서 일을 하는 것이므로 원만한 일의 진행을 위해서 의사소통 능력도 필수적으로 요구된다. 오늘날 제약 분야가 빠르게 성장하고 있다는 점을 고려할 때, 일에 대한 도전 의식, 호기심과 탐구심 등도 제약 연구원에게 필요한 능력으로 꼽을 수 있다. — 제약 연구원에게 필요한 능력과 마음가짐

2. 문단을 읽으면서 선택지의 근거가 되는 부분을 확인

① 제약 연구원은 약품 허가 요청 단계에 참여한다. — 첫 번째 문단
② 제약 연구원과 관련된 정보가 부족하다면 약학을 전공해야만 제약 연구원이 될 수 있다고 생각할 수 있다.
③ 생명이나 유전 공학 전공자도 제약 연구원으로 일할 수 있다.
④ 신약 개발 전문가가 되려면 반드시 석사나 박사를 취득해야 한다.

— 두 번째 문단 (②~④)

정답 해설

제시문에 따르면 신약 개발의 전문가가 되기 위해서는 해당 분야에서 오랫동안 연구한 경험이 필요하므로 석사나 박사 학위를 취득하는 것이 유리하다고 하였다. 그러나 석사나 박사 학위가 신약 개발 전문가가 되는 데 도움을 준다는 것일 뿐이므로 반드시 필요한 필수 조건인지는 알 수 없다. 따라서 ④는 제시문을 통해 추론할 수 없다.

오답분석

① 제약 연구원은 약을 만드는 모든 단계에 참여한다고 하였으므로 일반적으로 약을 만드는 과정에 포함되는 약품 허가 요청 단계에도 제약 연구원이 참여하는 것을 알 수 있다.
② 일반적으로 제약 연구원이 되기 위해서는 약학을 전공해야 한다고 생각하기 쉽다고 하였으므로, 제약 연구원에 대한 정보가 부족한 사람이라면 약학을 전공해야만 제약 연구원이 될 수 있다고 생각할 수 있다.
③ 약학 전공자 이외에도 생명 공학 · 화학 공학 · 유전 공학 전공자들도 제약 연구원으로 활발하게 참여하고 있다고 하였다.

정답 ④

이거 알면 30초 컷!

문제에서 제시하는 추론 유형이 어떤 형태인지 파악한다.

- 글쓴이의 주장/의도를 추론하는 유형 : 글에 나타난 주장, 근거, 논증 방식을 파악하는 유형으로, 주장의 타당성을 평가하여 글쓴이의 관점을 이해하며 읽는다.
- 세부적인 내용을 추론하는 유형 : 주어진 선택지를 먼저 읽고 제시문을 읽으면서 답이 아닌 선택지를 지워나가는 방법이 효율적이다.

이거 알면 30초 컷!

세부적인 내용을 추론하는 유형의 경우 글의 의도나 주장보다는 사실이나 수치에 근거한 자료에서 정답이 주로 출제되는 편이다. 뚜렷한 수치나 단계가 언급된 경우 선택지와의 대조에 유의하도록 한다.

CHAPTER

01 언어이해 비판적 독해

유형분석

- 글을 읽고 비판적 의견이나 반박을 생각할 수 있는지를 평가하는 유형이다.
- 제시된 지문의 '주장'에 대한 반박을 찾는 것이므로, '근거'에 대한 반박이나 논점에서 벗어난 것을 고르지 않도록 주의해야 한다.

다음 글의 주장에 대한 반대 의견의 근거로 가장 적절하지 않은 것은? 1. 문제를 풀기 위해 글의 주장, 관점, 의도, 근거 등 글의 핵심을 파악

> 소년법은 반사회성이 있는 소년의 환경 조정과 품행 교정을 위한 보호처분 등의 필요한 조치를 하고, 형사처분에 관한 특별조치를 적용하는 법이다. 만 14세 이상부터 만 19세 미만의 사람을 대상으로 하며, 인격 형성 도중에 있어 그 개선가능성이 풍부하고 심신의 발육에 따르는 특수한 정신적 동요상태에 놓여 있으므로 현재의 상태를 중시하여 소년의 건전한 육성을 기하려는 것이 본래의 목적이다. 하지만 청소년이 강력범죄를 저지르더라도 소년법의 도움으로 처벌이 경미한 점을 이용해 성인이 저지른 범죄를 뒤집어쓰거나 일정한 대가를 제시하고 대신 자수하도록 하는 등 악용사례가 있으며, 최근에는 미성년자들 스스로가 모의하여 발생한 강력범죄가 날로 수위를 높여가고 있다. 무엇보다 이러한 죄를 저지른 이들이 범죄나 처벌을 대수롭지 않게 여기는 태도를 보이는 경우가 많아 법의 존재 자체를 의심받는 상황에 이르고 있다. 따라서 해당 법을 폐지하고 저지른 죄에 걸맞은 높은 형량을 부여하는 것이 옳다.

소년법의 사전적 정의와 목적

소년법의 악용 사례와 실효성에 대한 의문 제기를 통한 소년법 폐지 및 형량 강화 주장

① 성인이 저지른 범죄를 뒤집어쓰는 경우는 소년법의 문제라고 볼 수 없으며 해당 범죄를 악용한 범죄자를 처벌하는 것이 옳다.

② 소년법 대상의 대부분이 불우한 가정환경을 가지고 있기 때문에 소년법 폐지보다는 범죄예방이 급선무이다.

③ 소년법을 폐지하면 형법의 주요한 목적 중 하나인 응보의 의미가 퇴색된다.

＝되갚음 → 소년법은 소년의 보호를 목적으로 하므로 어색함

④ 세간에 알려진 것과 달리 강력범죄의 경우에는 미성년자라고 할지라도 실형을 선고받는 사례가 더 많으므로 성급한 처사라고 볼 수 있다.

2. 글의 주장 및 근거의 어색한 부분을 찾아 반박 근거와 사례를 생각

정답 해설

형법의 주요한 목적 중 하나인 응보는 '어떤 행위에 대하여 받는 갚음'을 뜻한다. 제시문의 주장에 따르면 소년법을 악용하여 범죄 수준에 비해 처벌을 경미하게 받는 등 악용사례가 있으므로, 소년법을 폐지하면 응보의 의미가 퇴색된다는 것은 필자의 주장을 반박하는 근거로 적절하지 않다.

오답분석

① 소년법의 악용사례가 소년법 자체의 문제에 의한 것이 아니라고 주장하는 반대 의견이다.
② 소년법 본래의 취지를 상기시키며 필자의 주장이 지나치다고 반박하고 있다.
④ 필자의 주장의 근거 중 하나인 경미한 처벌이 사실과 다르다고 반박하고 있다.

정답 ③

이거 알면 30초 컷!

주장, 관점, 의도, 근거 등 문제를 풀기 위한 글의 핵심을 파악한다.

이거 알면 30초 컷!

글의 주장 및 근거의 어색한 부분을 찾아 반박할 주장과 근거를 생각해본 후, 문제의 조건에 맞게 해결한다.

이거 알면 30초 컷!

제시된 지문이 지나치게 길 경우, 선택지를 먼저 확인하여 홀로 글의 주장이 어색하거나 다른 의견을 제시하고 있는 답은 없는지 먼저 파악하는 것도 하나의 요령이다.

CHAPTER

01 언어이해 빈칸추론

유형분석

- 글의 흐름과 내용을 잘 파악할 수 있는지를 평가하는 유형이다.
- 주어진 선택지와 빈칸의 앞뒤 문장을 읽으며 각각 어떤 내용이 들어갈지 유추해 본다.

다음 글을 읽고 빈칸에 들어갈 말로 가장 적절한 것은?

② 첫 번째 문장을 통해 정답과 관련 없는 선택지는 제외

발전은 항상 변화를 내포하고 있다. 그러나 모든 형태의 변화가 전부 발전에 해당하는 것은 아니다. 이를테면 교통신호등이 빨강에서 파랑으로, 파랑에서 빨강으로 바뀌는 변화를 발전으로 생각할 수는 없다. 즉, [빈칸] 좀 더 구체적으로 말해, 사태의 진전 과정에서 나중에 나타나는 것은 적어도 그 이전 단계에 내재적으로나마 존재했던 것의 전개에 해당한다는 것이다. 이렇게 볼 때, 발전은 선적(線的)인 특성이 있다. 순전한 반복의 과정으로 보이는 것을 발전이라고 규정하지 않는 이유는 그 때문이다. 반복과정에서는 최후에 명백히 나타나는 것이 처음에 존재했던 것과 거의 다르지 않다. 그러나 또 한편으로 우리는 비록 반복의 경우라도 때때로 그 과정 중의 특정 단계를 따로 떼 그것을 발견이라고 생각하기도 한다. 즉, 전체 과정에서 어떤 종류의 질이 그 시기에 특정의 수준까지 진전된 경우이다.

① 빈칸의 앞, 뒤 문장을 통해 글의 흐름을 파악

① 발전은 어떤 특정한 방향으로 일어나는 변화라는 의미를 내포하고 있다.
② 변화는 특정한 방향으로 발전하는 것을 의미한다.
③ 발전은 불특정 방향으로 일어나는 변모라는 의미이다.
④ 발전은 어떤 특정한 반복으로 일어나는 변화라는 의미로 사용된다.

정답 해설

빈칸 앞에는 '발전'에 대해 '모든 형태의 변화가 전부 발전에 해당하는 것은 아니다.'라고 하면서 '교통신호등'을 예로 들고 있고, 빈칸 뒤에는 '사태의 진전 과정에서 나중에 나타나는 것은 적어도 그 이전 단계에 내재적으로나마 존재했던 것의 전개에 해당한다.'라고 상술하고 있다. 여기에 제시문의 첫 번째 문장까지 고려한다면, ①의 내용이 빈칸에 들어가는 것이 자연스럽다.

오답분석

② '모든 형태의 변화가 전부 발전에 해당하는 것은 아니다.'라고 언급하고 있으므로 ②가 빈칸에 들어가는 것은 적절하지 않다.
③ 빈칸 뒤에서 '적어도 그 이전 단계에 내재적으로나마 존재했던 것의 전개에 해당한다.'고 언급하고 있으므로 ③이 빈칸에 들어가는 것은 적절하지 않다.
④ 빈칸 앞에서 '교통신호등이 빨강에서 파랑으로, 파랑에서 빨강으로 바뀌는 변화를 발전으로 생각할 수는 없다.'고 언급하고 있으므로 ④가 빈칸에 들어가는 것은 적절하지 않다.

정답 ①

이거 알면 30초 컷!

주어진 지문을 모두 읽고 풀기에 시간이 부족할 수 있다. 따라서 빈칸의 전후 문장만을 통해 내용을 파악할 수 있어야 한다. 주어진 문장을 하나하나 빈칸에 넣었을 때 그 흐름이 어색하진 않은지 살펴보는 것도 좋은 방법이다.

CHAPTER

01 언어이해 문장 삽입

유형분석

- 글의 내용과 흐름을 잘 파악할 수 있는지를 평가하는 유형이다.
- 제시문을 처음부터 끝까지 읽기보다는 <보기>와 빈칸의 앞뒤 문장을 읽고 어디에 들어갈지 유추해 본다.

다음 중 〈보기〉의 문장이 들어갈 위치로 가장 적절한 것은?

④ 제시된 전체 지문을 읽으며, 각 문단의 표지를 파악하기 쉽도록 핵심어를 표시

우리나라의 4대강에서 녹조 현상이 두드러지게 나타나고 있다. 지난여름 낙동강에서 심한 녹조 현상이 나타남에 따라 '녹조라테'라는 말이 등장했다. 녹조라테란 녹조 현상을 녹차라테에 빗대어, 녹색으로 변한 강을 비꼬아 이르는 말이다.

(가) 녹조는 부영양화된 호수나 유속이 느린 하천이나 정체된 바다에서 부유성의 조류가 대량 증식하여 물색을 녹색으로 변화시키는 현상을 말한다. (나) 부영양화는 물에 탄소, 질소 및 인과 같은 플랑크톤의 번식에 양분이 되는 물질들이 쌓여 일어난다. 이런 물질들은 주로 공장폐수나 가정하수 등에 많이 들어 있고, 연못처럼 고여 있는 물에서 빠른 속도로 부영양화가 진행된다. (다) 대량으로 증식된 조류는 물속의 산소량을 줄여 수중생물들의 생명을 위협하고, 독성물질을 생성하면서 악취를 풍긴다.

⑤ 앞 문단과 뒤 문단의 연결이 자연스러운지 확인

⑥ <보기>가 들어갈 자리의 앞, 뒤 문단의 연결이 자연스러운지 확인

(라) 사실 조류는 물속에 있어서 꼭 필요한 존재이다. 조류는 먹이사슬의 1차 생산자로 수생태계 유지에 중요한 역할을 담당하기 때문이다. 단지 인간에 의해 과도한 조류로 발생한 녹조가 문제일 뿐, 적당한 녹조는 생태계에 꼭 필요한 존재이다.

보기

물론 녹조라고 해서 무조건 나쁜 것은 아니다.

① 전체 지문을 읽기 전 <보기>를 먼저 확인

② 내용의 핵심어에 표시 – 이후 지문에서 핵심어의 흐름을 통해 자연스럽게 연결이 되는지 확인하기 편리하다.

③ 〈보기〉의 적절한 위치를 유추
→ 〈보기〉는 녹조의 이로운 점을 언급하려 한다.

① (가) ② (나)
③ (다) ④ (라)

정답 해설

(라)의 앞부분에서는 녹조 현상에 따른 조류의 문제점을 설명하였으나, (라)의 뒷부분에서는 녹조의 원인이 되는 조류가 생태계 유지에 중요한 역할을 담당하고 있다고 설명한다. 즉, (라)의 뒤에서는 앞의 내용과 달리 녹조의 긍정적인 면을 설명하고 있으므로 '녹조가 무조건 나쁜 것은 아니다.'라는 〈보기〉의 문장은 (라)에 들어가는 것이 가장 적절하다.

정답 ④

이거 알면 30초 컷!

〈보기〉를 먼저 읽고, 선택지로 주어진 빈칸 앞뒤의 문장을 읽어 본다. 그리고 빈칸에 〈보기〉를 넣었을 때 그 흐름이 어색하지 않은 위치를 찾아 시간을 단축하도록 한다.

CHAPTER

01 언어이해 문장배열

유형분석

- 글의 내용과 흐름을 잘 파악할 수 있는지를 평가하는 유형이다.
- 문단 순서 배열에서 가장 중요한 것은 지시어와 접속어이므로, 접속어의 쓰임에 대해 정확히 알고 있어야 하며, 지시어가 가리키는 것이 무엇인지 잘 파악해야 한다.

① 먼저 접속사 및 지시대명사를 찾아 확인

다음 제시된 문장을 알맞게 배열한 것은?

④ (가)에서 핵심어 찾기 : 글쓴이가 하고 싶은 말은 첫 문장에 있기 마련이므로 첫 문장에서 글의 핵심이 되는 단어 또는 내용을 확인

(가) 상품의 가격은 기본적으로 수요와 공급의 힘으로 결정된다. 시장에 참여하고 있는 경제 주체들은 자신이 가진 정보를 기초로 하여 수요와 공급을 결정한다.

(나) 이런 경우에는 상품의 가격이 우리의 상식으로는 도저히 이해하기 힘든 수준까지 일시적으로 뛰어오르는 현상이 나타날 가능성이 있다. 이런 현상은 특히 투기의 대상이 되는 자산의 경우 자주 나타나는데, 우리는 이를 '거품 현상'이라고 부른다.

② 정의된 단어를 확인 : '거품 현상'이라는 단어가 들어간 문장은 (나) 외에 (라)밖에 없으므로 (나) 뒤에 (라)가 위치해야 옳다.

(다) 그러나 현실에서는 사람들이 서로 다른 정보를 갖고 시장에 참여하는 경우가 많다. 어떤 사람은 특정한 정보를 갖고 있는데 거래 상대방은 그 정보를 갖고 있지 못한 경우도 있다.

(라) 일반적으로 거품 현상이란 것은 어떤 상품 – 특히 자산 – 의 가격이 지속해서 급격히 상승하는 현상을 가리킨다. 이와 같은 지속적인 가격 상승이 일어나는 이유는 애초에 발생한 가격 상승이 추가적인 가격 상승의 기대로 이어져 투기 바람이 형성되기 때문이다.

(마) 이들이 똑같은 정보를 함께 갖고 있으며 이 정보가 아주 틀린 것이 아닌 한, 상품의 가격은 어떤 기본적인 수준에서 크게 벗어나지 않을 것이라고 예상할 수 있다.

① (마) – (가) – (다) – (라) – (나) ③ 첫 문장으로 적합하지 않는 선택지를 삭제
② (라) – (가) – (다) – (나) – (마)
③ (가) – (다) – (나) – (라) – (마)
④ (가) – (마) – (다) – (나) – (라)

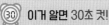

정답 해설

먼저 (가)~(마) 문단의 맨 앞 글자만 빠르게 보면서 접속사나 지시대명사가 있는지 확인하여 (나) 문단의 '이런 경우', (다) 문단의 '그러나'와 (마) 문단의 '이들이', '이 정보'에 표시를 해놓는다. 또한 따옴표로 거품 현상을 정의한 (나)의 마지막 문장은 큰 힌트가 된다.
(나) 문단을 제외하고 거품 현상에 대해서 설명한 문단은 (라)밖에 없으므로 (나) 문단 다음에 (라) 문단을 배치하는 것이 자연스럽다. 이를 종합해보면 접속어 및 지시어가 있는 문단을 제외하면 (가) 문단과 (라) 문단이 첫 문단이 될 수 있는데 (라) 문단은 (나) 문단 뒤에 연결되므로 (가) 문단이 이 글의 첫 문단이 된다.
(가) 문단이 맨 앞에 배치된 선택지는 ③과 ④로, (가) 문단 다음으로 (다) 문단 또는 (마) 문단임을 알 수 있다. 연결되는 문단을 찾기 위해서 (가) 문단의 핵심어를 찾아보면 (가) 문단에서 상품의 가격은 경제 주체들이 자신이 가진 정보를 기초로 하여 정한 수요와 공급으로 결정된다고 하였으므로 궁극적으로 '상품의 가격'이 핵심어가 된다. 연결되는 문단 후보인 (다) 문단부터 살펴보면, 접속어 '그러나'로 시작하며 앞의 내용을 뒤집고 있다.
반면 (마) 문단은 (가) 문단의 '경제 주체들'과 '자신이 가진 정보'를 각각 '이들이'와 '이 정보'로 지시하면서 부연 설명을 하고 있다. 따라서 내용을 뒤집기 전에 부연 설명을 하는 것이 적절하므로 (가) 문단 뒤에 (마) 문단이 오는 ④가 정답이다.

정답 ④

이거 알면 30초 컷!

우선 각 문장에 자리한 지시어와 접속어를 살펴본다. 문두에 접속어가 오거나 문장 중간에 지시어가 나오는 경우 글의 첫 번째 문장이 될 수 없다. 따라서 이러한 문장들을 하나씩 소거해 나가다 보면 첫 문장이 될 수 있는 것을 찾을 수 있다.

이거 알면 30초 컷!

시간이 상대적으로 부족하다고 느낄 때는 선택지를 참고하여 문장의 순서를 생각해보는 것이 시간을 단축하는 좋은 방법이 될 수 있다.

CHAPTER

02 문제해결 실무능력

유형분석

- 특정 업무 상황에서 주어진 조건이나 수치를 고려하여 가격 계산, 경로 계산이나 스케줄 관리, 고객 응대, 시스템 관리 등의 문제를 해결할 수 있는지 평가하는 유형이다.
- 제시된 자료를 모두 읽기보다는 필요한 정보만을 빠르게 찾아내는 것이 시간 관리에 도움이 된다.

L그룹 직원들은 네덜란드로 해외연수를 가게 되었다. 해외연수 첫째 날 네덜란드 현지시각으로 2019년 5월 10일 오후 5시에 네덜란드 농민과의 만찬이 예정되어 있다면 다음 중 어떤 항공편을 이용해야 하는가?(단, 가능한 항공편 중 경유시간이 짧은 항공편을 선택하며, 네덜란드 공항에서 만찬 장소까지 5분 소요된다) ① 문제에서 구하고자 하는 답과 요구 조건을 확인

〈이용가능 항공편 세부사항〉 ② 제시된 문제를 푸는 데 필수적인 정보를 확인

항공편	출발시간(한국시각)	경유시간	소요시간	편도 가격	할인행사
SP-340	2019년 5월 10일 오후 2시		11시간 50분	87만 원	왕복 구매 시 10% 할인
GE-023	2019년 5월 10일 오전 9시	5시간	10시간 30분	70만 원	
NL-110	2019년 5월 10일 오후 2시 10분		11시간 10분	85만 원	왕복 구매 시 5% 할인
KR-730	2019년 5월 10일 오후 12시		12시간 55분	88만 원	
AR-018	2019년 5월 10일 오후 1시		12시간 50분	90만 원	10인 이상 구매 시 총 금액에서 15% 할인
OL-038	2019년 5월 10일 오전 10시 30분	3시간	10시간 30분	80만 원	

보기

- 해외연수를 떠나는 직원은 총 10명이다.
- 네덜란드와 한국의 시차는 8시간이며 한국이 더 빠르다. ③ ①과 ②의 정보를 바탕으로 <표>에서 필요한 정보를 확인한 후 간단한 사칙연산이나 순서 나열을 통해 답을 선택
- 왕복 항공권 가격은 편도 가격의 2배와 같다.
- 소요시간에 경유시간은 포함되지 않는다.

① SP－340
② GE－023
③ NL－110
④ KR－730

정답 해설

네덜란드와 한국의 시차는 8시간이며 한국이 더 빠르다고 명시되어 있으므로, 한국시각으로 2019년 5월 11일 오전 1시에 네덜란드 농민과의 만찬이 예정되어 있다. 만찬 장소까지 소요되는 5분을 고려하여 네덜란드 공항에는 2019년 5월 11일 오전 12시 55분까지 도착해야 한다.

① SP－340 : 한국시각 2019년 5월 10일 14시＋11시간 50분
　＝2019년 5월 11일 오전 1시 50분

② GE－023 : 한국시각 2019년 5월 10일 9시＋5시간(경유시간)＋10시간 30분
　＝2019년 5월 11일 오전 12시 30분

③ NL－110 : 한국시각 2019년 5월 10일 14시 10분＋11시간 10분
　＝2019년 5월 11일 오전 1시 20분

④ KR－730 : 한국시각 2019년 5월 10일 12시＋12시간 55분
　＝2019년 5월 11일 오전 12시 55분

이 시간까지 도착할 수 있는 항공편 ②, ④ 중에서 경유시간이 없는 ④KR－730을 선택한다.

정답 ④

이거 알면 30초 컷!

실제 업무 상황과 유사할 뿐, 본질은 언어이해 영역의 독해 문제나 자료해석 영역의 자료계산과 크게 다르지 않다. 따라서 주어진 조건과 해당 문제가 요구하는 바를 재빠르게 파악하여 문제를 풀어나가야 한다.

CHAPTER

02 문제해결 지하철 노선도

유형분석

- 제시된 지하철 노선도를 통해 조건에 알맞은 경로를 찾아낼 수 있는지 평가하는 유형이다.
- 각 역에 지하철이 도착하는 시간이나, 환승역에서 소요되는 시간, 각 역마다 걸리는 시간 등의 조건을 먼저 확인해두어야 한다.

다음은 서울 지하철 노선도와 일부 역들의 시간표, 역 간 소요시간 및 환승시간표이다. 동묘앞역에서 19시 32분에 출발한다고 했을 때 을지로3가역에 가장 빠르게 도착할 수 있는 경로와 도착시각으로 옳은 것은?(단, 역 시간표는 을지로3가역 방향 열차 시간표이다) ① 문제에서 구하고자 하는 답과 요구 조건을 확인

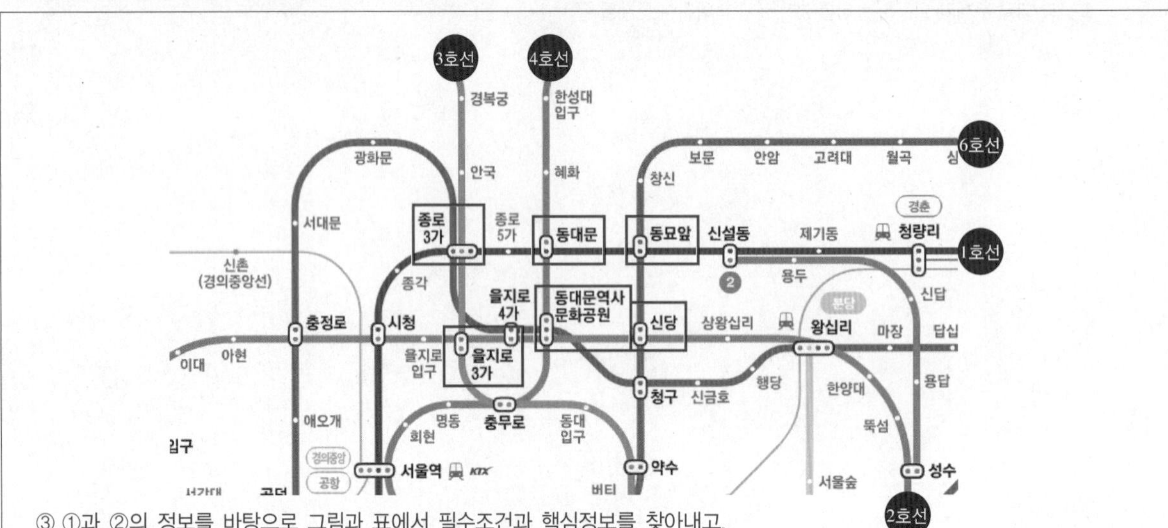

③ ①과 ②의 정보를 바탕으로 그림과 표에서 필수조건과 핵심정보를 찾아내고, 이를 토대로 선택지의 경로 순서에 따른 경과시각을 비교 · 확인

〈서울 지하철 노선도〉

동묘앞		동대문	동대문역사문화공원	신당	종로3가
1호선	6호선	4호선	2호선	2호선	3호선
19:00	19:05	19:05	19:08	19:08	19:04
19:04	19:11	19:08	19:11	19:11	19:09
19:07	19:17	19:12	19:14	19:15	19:13
19:10	19:23	19:15	19:18	19:19	19:18
19:13	19:30	19:19	19:22	19:23	19:23
19:16	19:37	19:22	19:25	19:26	19:28

19:22	19:44	19:26	19:29	19:30	19:33
19:25	19:51	19:30	19:33	19:35	19:38
19:29	19:58	19:34	19:38	19:39	19:43
19:33	20:05	19:38	19:42	19:43	19:48
19:37	20:13	19:42	19:45	19:46	19:53
19:41	20:21	19:46	19:49	19:50	19:58
19:44	20:29	19:50	19:53	19:54	20:03

〈지하철 역 간 소요시간 및 환승시간표〉

동묘앞 → 종로3가	5분	동대문역사문화공원 → 을지로3가	3분
동묘앞 → 신당	2분	동대문 환승	5분
동묘앞 → 동대문	1분	동대문역사문화공원 환승	2분
동대문 → 동대문역사문화공원	1분	신당 환승	4분
신당 → 을지로3가	6분	종로3가 환승	3분
종로3가 → 을지로3가	1분		

	경로	도착시각
①	동묘앞 → 신당 → 을지로3가	19:44
②	동묘앞 → 동대문 → 동대문역사문화공원 → 을지로3가	19:45
③	동묘앞 → 종로3가 → 을지로3가	19:44
④	동묘앞 → 신당 → 을지로3가	19:45

② 선택지를 통해 제시된 경로와 도착시각을 확인

정답 해설

• 동묘앞 → 종로3가 → 을지로3가
19시 33분(1호선 출발시각)+5분(소요시간)+3분(환승시간)=19시 41분 → 19시 43분(3호선 출발시각)+1분(소요시간)=19시 44분

오답분석

①·④ 동묘앞 → 신당 → 을지로3가
19시 37분(6호선 출발시각)+2분(소요시간)+4분(환승시간)=19시 43분 → 19시 43분(2호선 출발시각)+6분(소요시간)=19시 49분

② 동묘앞 → 동대문 → 동대문역사문화공원 → 을지로3가
19시 33분(1호선 출발시각)+1분(소요시간)+5분(환승시간)=19시 39분 → 19시 42분(4호선 출발시각)+1분(소요시간)+2분(환승시간)=19시 45분 → 19시 45분(2호선 출발시각)+3분(소요시간)=19시 48분

정답 ③

이거 알면 30초 컷!

가장 먼저 해야 할 것은 노선도를 통해 출발역에서 도착역까지 환승을 통해 갈 수 있는 경우의 수를 뽑아내는 것이다. 이후 가장 긴 시간대와 많은 경유지를 보유한 경로를 제외해나가도록 한다.

CHAPTER

02 문제해결 계기판

※ 다음은 L공장에서 안전을 위해 정기적으로 실시하는 검침에 대한 안내 사항이다. 이어지는 물음에 답하시오. [1~2]

〈계기판 검침 안내 사항〉

정기적으로 매일 오전 9시에 다음의 안내 사항에 따라 검침을 하고 그에 따른 조치를 취하도록 한다.

〈계기판 A · B · C의 표준 수치〉

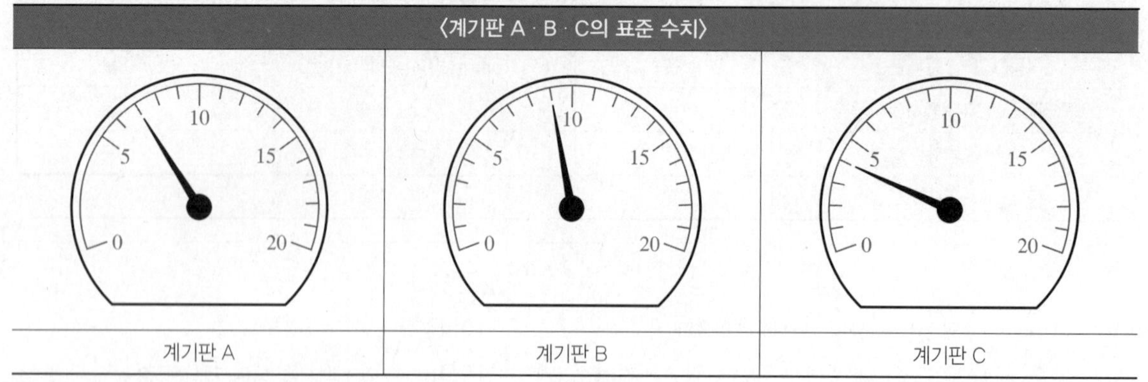

[기계조작실]

1. 계기판을 확인하여 PSD 수치를 구한다.
   - 1 ~ 3월, 10 ~ 12월인 경우
     ※ 검침하는 시각에 실외 온도계의 온도가 10℃ 이상이면 계기판 B는 고려하지 않는다.
     ※ 검침하는 시각에 실내 온도계의 온도가 5℃ 미만이면 Parallel Mode를, 5℃ 이상이면 Serial Mode를 적용한다(전날 강수량이 60mm 이상이면 Parallel Mode를 적용한다).
   - 4 ~ 9월인 경우
     ※ 검침하는 시각에 실외 온도계의 온도가 28℃ 이상이면 계기판 B는 고려하지 않는다.— ×
     ※ 검침하는 시각에 실내 온도계의 온도가 13℃ 미만이면 Parallel Mode를, 13℃ 이상이면 Serial Mode를 적용한다(전날 강수량이 60mm 이상이면 Parallel Mode를 적용한다).
     └ × └ ○
   - Parallel Mode
     PSD = 검침 시각 각 계기판 수치의 평균
   - Serial Mode
     PSD = 검침 시각 각 계기판 수치의 합

② ①의 조건에 맞는 정보를 추려낸 후 그에 따라 문제의 계기판 수치와 안내 사항에서 제시된 표준 수치를 비교, 결과에 따른 지시사항을 확인

2. PSD 수치에 따라서 알맞은 버튼을 누른다(전날 강수량이 40mm 미만).

수치	버튼
PSD≤기준치-1	정상
기준치-1<PSD<기준치+6	경계
기준치+6≤PSD	비정상

※ 주중에는 세 계기판의 표준 수치의 합을 기준치로 삼고, 토요일은 세 계기판의 표준 수치 합의 $\frac{1}{2}$을 기준치로 삼는다(단, 온도에 영향을 받지 않는다).

3. PSD 수치에 따라서 알맞은 버튼을 누른다(전날 강수량이 40mm 이상).

수치	버튼
PSD≤기준치-2	정상
기준치-2<PSD<기준치+3	경계
기준치+3≤PSD	비정상

※ 기준치는 2번과 동일하게 설정한다.

4. 기계조작실에서 버튼을 누르면 버튼에 따라 상황통제실의 경고등에 불이 들어온다.

버튼	경고등
정상	녹색
경계	노란색
비정상	빨간색

[상황통제실]

들어온 경고등의 색을 보고 필요한 조치를 취한다.

경고등	조치
녹색	정상 가동
노란색	안전요원 배치
빨간색	접근 제한 및 점검

01

L공장의 기계조작실에서 8월 둘째 주 금요일에 근무하는 F사원은 아침 9시 정각에 계기판 점검을 하며 검침 일지를 쓰고 있다. 실외 온도계 수치는 27℃이고, 실내 온도계 수치는 13℃였으며, 계기판 수치는 〈보기〉와 같았다. 전날 날씨는 맑음이었을 때, F사원이 눌러야 하는 버튼은 무엇이며, 이를 본 상황통제실에서는 어떤 조치를 취해야 하는가?

① 문제에서 기간 및 요일 · 실외 온도 · 실내 온도 · 계기판 수치 · 날씨 등 조건을 확인

보기

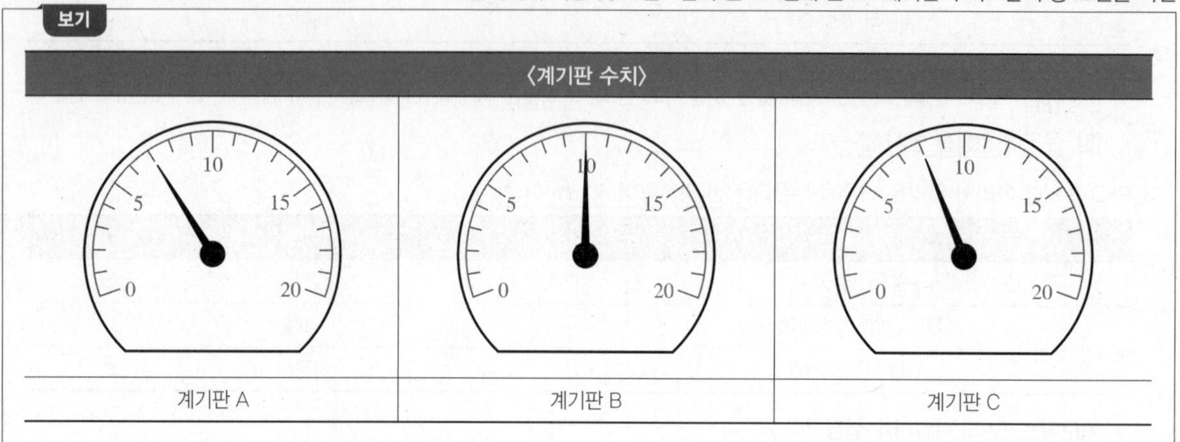

	버튼	조치
①	정상	정상 가동
②	정상	안전요원 배치
③	경계	안전요원 배치
④	비정상	접근 제한 및 점검

02

01번 문제에서 F사원이 전날 날씨를 잘못 확인하여 버튼을 잘못 눌렀다고 한다. 실제 전날 강수량이 45mm였을 때, F사원이 눌러야 하는 버튼과 이를 본 상황통제실에서는 어떤 조치를 취해야 하는가?

③ 앞선 문제와 대조하여 변경된 조건을 확인

	버튼	조치
①	정상	정상 가동
②	정상	안전요원 배치
③	경계	안전요원 배치
④	비정상	접근 제한 및 점검

정답 해설

01

실외 온도계 수치는 28℃ 미만으로 계기판 B의 수치를 포함하고, 실내 온도계 수치는 13℃ 이상으로 Serial Mode로 PSD 수치를 구하면 7+10+8=25가 나온다. 기준치는 주중으로 세 계기판을 모두 더한 값인 7+9+4=20이며, PSD 수치 25는 '경계' 버튼 범위인 20−1=19 초과 20+6=26 미만에 속한다. 따라서 F사원이 눌러야하는 버튼은 '경계'이고, 조치는 '안전요원 배치'이다.

정답 ③

02

강수량에 따른 각 버튼의 기준치 범위가 달라지므로 전날 강수량이 45mm일 때 **01**번에서 구한 PSD 수치가 속하는 버튼을 구하면 '비정상'범위인 20+3=23 이상에 해당한다. 따라서 F사원이 눌러야 하는 버튼은 '비정상'이며, 조치는 '접근 제한 및 점검'임을 알 수 있다.

정답 ④

이거 알면 30초 컷!

계기판 문제는 매년 조금씩 유형이 변형되어 출제되고 있으나 본질적으로는 표나 그래프의 수치가 계기판 그림으로, 언어논리 문제의 조건이 안내 사항으로 바뀐 것에 지나지 않는다. 각 부분별 기본 난이도는 낮은 편이기 때문에 겉모습에 현혹되지 않도록 한다.

이거 알면 30초 컷!

계기판 문제의 경우 2 ~ 4개의 묶음 문제로 제시되는 경우가 많다. 따라서 처음 제시되는 안내 사항에서 시간이나 계절, 온도 등과 같은 변수들을 파악해 따로 요약해두면 문제를 푸는 시간을 한결 절약할 수 있다.

CHAPTER

03 자료해석 자료추론

유형분석

- $(\text{백분율})=\frac{(\text{비교하는 양})}{(\text{기준량})}\times 100$
- $(\text{증감률})=\frac{(\text{비교대상의 값})-(\text{기준값})}{(\text{기준값})}$
- (증감량)=(비교대상의 값 A)−(또 다른 비교대상의 값 B)

다음은 은행별 금융민원감축 노력수준 평가를 위한 금융감독원의 〈금융민원 발생 현황〉 공시자료이다. 이에 대한 설명 중 옳지 않은 것은?

① 표 제목 확인
표 제목은 표의 내용을 요약한 것으로 표를 보기 전 확인하면 표 해석에 도움이 됨

〈금융민원 발생 현황〉

② 단위 확인
함정이 생길 수 있는 부분이므로 확인 필수

③ 표의 항목 확인

(단위 : 건)

은행명	민원 건수(고객 십만 명당)		민원 건수	
	2018년	2019년	2018년	2019년
A	5.62	4.64	1,170	1,009
B	5.83	4.46	1,695	1,332
C	4.19	3.92	980	950
D	5.53	3.75	1,530	1,078

감소

↑ 제일 많음
↓ 제일 적음

① 금융민원 발생 건수는 전반적으로 전년 대비 감소했다고 평가할 수 있다.

(○○○○년 대비 □□□□년 증감률) $= \frac{(\text{□□□□년 데이터}) - (\text{○○○○년 데이터})}{(\text{○○○○년 데이터})} \times 100$

② 2019년을 기준으로 C은행은 금융민원 건수가 가장 적지만, 전년 대비 민원 감축률은 약 3.1%로 가장 낮았다.

A를 A은행의 전년 대비 민원 감축률, B를 B은행의 전년 대비 민원 감축률, C를 C은행의 전년 대비 민원 감축률, D를 D은행의 전년 대비 민원 감축률이라 하자.

C와 A, B, D 배수 비교

$C : \frac{30}{980} \times 100 < (A : \frac{161}{1,170} \times 100,\ B : \frac{363}{1,695} \times 100,\ D : \frac{452}{1,530} \times 100)$

(∵ 분자는 5배 이상 차이가 나지만 분모는 2배 미만)

③ 가장 많은 고객을 보유하고 있는 은행은 2019년에 금융민원 건수가 가장 많다.

→ (고객 십만 명당 민원 건수) $= \frac{(\text{전체 민원 건수})}{\frac{(\text{전체 고객 수})}{(\text{십만 명})}}$

→ (전체 고객 수) = (전체 민원 건수) ÷ (고객 십만 명당 민원 건수) × (십만 명)

④ 금융민원 건수 감축률을 기준으로 금융소비자보호 수준을 평가했을 때 D → A → B → C은행 순서로 우수하다.

→ **A와 B 배수 비교**

$A : \frac{161}{1,170} \times 100 < B : \frac{363}{1,695} \times 100$

(∵ $363 = 161 \times n$, $1,695 = 1,170 \times m$

이라고 하면, $n > 2$이고 $0 < m < 2$이므로 $\frac{n}{m} > 1$)

B와 D 분수 비교

$B : \frac{363}{1,695} \times 100 < D : \frac{452}{1,530} \times 100$ (∵ $452 > 363$, $1,530 < 1,695$)

정답 해설

은행별 감축률을 구하면 다음과 같다.

- 전년 대비 2019년 A은행 금융민원 건수 감축률 : $(|1{,}009-1{,}170|)\div1{,}170\times100=\frac{161}{1{,}170}\times100\fallingdotseq13.8\%$
- 전년 대비 2019년 B은행 금융민원 건수 감축률 : $(|1{,}332-1{,}695|)\div1{,}695\times100=\frac{363}{1{,}695}\times100\fallingdotseq21.4\%$
- 전년 대비 2019년 C은행 금융민원 건수 감축률 : $(|950-980|)\div980\times100=\frac{30}{980}\times100\fallingdotseq3.1\%$
- 전년 대비 2019년 D은행 금융민원 건수 감축률 : $(|1{,}078-1{,}530|)\div1{,}530\times100=\frac{452}{1{,}530}\times100\fallingdotseq29.5\%$

따라서 D → B → A → C은행 순서로 우수하다.

오답분석

① 제시된 자료의 민원 건수를 살펴보면, 2018년 대비 2019년에 모든 은행의 민원 건수가 감소한 것을 확인할 수 있다.

② C은행의 2019년 금융민원 건수는 950건으로 가장 적지만, 전년 대비 약 3%로 가장 낮은 수준의 감축률을 달성하였다.

- 전년 대비 2019년 A은행 금융민원 건수 감축률 : $(|1{,}009-1{,}170|)\div1{,}170\times100=\frac{161}{1{,}170}\times100\fallingdotseq13.8\%$
- 전년 대비 2019년 B은행 금융민원 건수 감축률 : $(|1{,}332-1{,}695|)\div1{,}695\times100=\frac{363}{1{,}695}\times100\fallingdotseq21.4\%$
- 전년 대비 2019년 C은행 금융민원 건수 감축률 : $(|950-980|)\div980\times100=\frac{30}{980}\times100\fallingdotseq3.1\%$
- 전년 대비 2019년 D은행 금융민원 건수 감축률 : $(|1{,}078-1{,}530|)\div1{,}530\times100=\frac{452}{1{,}530}\times100\fallingdotseq29.5\%$

③ 각 은행의 고객 수는 '(전체 민원 건수)÷(고객 십만 명당 민원 건수)×(십만 명)'으로 구할 수 있다. B은행이 약 29,865,471명으로 가장 많으며, 2019년 금융민원 건수도 1,332건으로 가장 많다.

- A은행 고객 수 : $1{,}009\div4.64\times$(십만 명)$=\frac{1{,}009}{4.64}\times$(십만 명)$\fallingdotseq21{,}745{,}690$명
- B은행 고객 수 : $1{,}332\div4.46\times$(십만 명)$=\frac{1{,}332}{4.46}\times$(십만 명)$\fallingdotseq29{,}865{,}471$명
- C은행 고객 수 : $950\div3.92\times$(십만 명)$=\frac{950}{3.92}\times$(십만 명)$\fallingdotseq24{,}234{,}694$명
- D은행 고객 수 : $1{,}078\div3.75\times$(십만 명)$=\frac{1{,}078}{3.75}\times$(십만 명)$\fallingdotseq28{,}746{,}667$명

십만 명이 곱해지는 것은 모두 같기 때문에 앞의 분수만으로 비교를 해보면, 먼저 A은행과 B은행의 고객 수는 $4.64>4.46$이고 $1{,}009<1{,}332$이므로 분모가 작고 분자가 큰 B은행 고객 수가 A은행 고객 수보다 많다. 또한 C은행 고객 수와 D은행 고객 수를 비교해보면 $3.92>3.75$이고 $950<1{,}078$이므로 분모가 작고 분자가 큰 D은행 고객 수가 C은행 고객 수보다 많다. 마지막으로 D은행 고객 수와 B은행 고객 수를 직접 계산으로 비교를 하면 B은행이 D은행보다 고객 수가 많은 것을 알 수 있다.

정답 ④

이거 알면 30초 컷!

계산이 필요 없는 선택지를 먼저 해결한다.

예 ②와 ④의 풀이방법은 동일하므로 한 번만 계산하면 된다.

이거 알면 30초 컷!

정확한 값을 비교하기보다 어림값을 활용한다.

배수 비교

- $D=mB$, $C=nA$(단, n, $m \geq 0$)일 때,

  $n>m$이면 $\frac{n}{m}>1$이므로 $\frac{A}{B}<\frac{C}{D}$

  $n=m$이면 $\frac{n}{m}=1$이므로 $\frac{A}{B}=\frac{C}{D}$

  $n<m$이면 $0<\frac{n}{m}<1$이므로 $\frac{A}{B}>\frac{C}{D}$

- $A=mB$, $C=nD$(단, n, $m \geq 0$)일 때,

  $\frac{A}{B}=\frac{mB}{B}=m$, $\frac{C}{D}=\frac{mD}{D}=n$이므로

  $n>m$이면 $\frac{A}{B}<\frac{C}{D}$

  $n=m$이면 $\frac{A}{B}=\frac{C}{D}$

  $n<m$이면 $\frac{A}{B}>\frac{C}{D}$

CHAPTER

03 자료해석 자료계산

유형분석

- 자료상에 주어진 공식을 활용하는 계산 문제와 증감률, 비율, 합, 차 등을 활용한 문제가 출제된다.
- 많은 문제가 출제되지는 않지만, 숫자가 큰 경우가 많으므로 정확한 수치와 제시된 조건을 꼼꼼히 확인하여 실수하지 않는 것이 중요하다.
- 단위는 반드시 확인하도록 한다.

다음은 2013년부터 2019년까지 개방형 공무원 임용 현황에 대한 표인데, 일부가 삭제되었다. (가), (나)에 들어갈 수를 순서대로 짝지은 것은?[단, (나)는 소수점 아래 둘째 자리에서 반올림한다]

〈개방형 공무원 임용 현황〉

(단위 : 천 명)

구분	2013년	2014년	2015년	2016년	2017년	2018년	2019년
충원 수	136	146	166	196	136	149	157
내부임용 수	75	79	(가)	86	64	82	86
외부임용 수	61	67	72	110	72	67	71
외부임용률(%)	44.9	45.9	43.4	56.1	52.9	(나)	45.2

② 표 분석 (충원 수 = 내부임용 수 + 외부임용 수)

③ 주석 확인

※ (외부임용률)$=\frac{(\text{외부임용 수})}{(\text{충원 수})}\times 100$

① 빈칸 위치 확인

① 94, 45.0

② 94, 55.0

③ 84, 45.0

④ 84, 55.0

④ 보기 확인
- (가) : 94 or 84
- (나) : 45.0 or 55.0

⑤ (가) 계산

⑥ (나) 계산(45.0이거나 55.0이므로 대략적으로 계산)

정답 해설

(충원 수)=(내부임용 수)+(외부임용 수)이므로, 166=(가)+72이다.
② ⑤
∴ (가)=94

$(\text{외부임용률})=\frac{(\text{외부임용 수})}{(\text{충원 수})}\times 100$이므로, $\frac{67}{149}\times 100=(\text{나})$이다.
③ ⑥
∴ (나)≒45.0

정답 ①

이거 알면 30초 컷!

기준 값이 동일한 경우에는 정확한 수치를 계산하지 않고, 비율로 계산해도 동일한 결과를 얻을 수 있다.

CHAPTER

04 언어논리 명제추리

유형분석

- **연역 추론**

  이미 알고 있는 판단(전제)을 근거로 새로운 판단(결론)을 유도하는 추론이다. 연역 추론은 진리일 가능성을 따지는 귀납 추론과는 달리, 명제 간의 관계와 논리적 타당성을 따진다. 즉, 연역 추론은 전제들로부터 절대적인 필연성을 가진 결론을 이끌어 내는 추론이다.

- **귀납 추론**

  특수한 또는 개별적인 사실로부터 일반적인 결론을 이끌어 내는 추론을 말한다. 귀납 추론은 구체적 사실들을 기반으로 하여 결론을 이끌어 내기 때문에 필연성을 따지기보다는 개연성과 유관성, 표본성 등을 중시하게 된다.

- **유비 추론**

  두 개의 대상 사이에 일련의 속성이 동일하다는 사실에 근거하여 그것들의 나머지 속성도 동일하리라는 결론을 이끌어 내는 추론, 즉 이미 알고 있는 것에서 다른 유사한 점을 찾아내는 추론을 말한다.

다음 명제가 참일 때, 항상 옳은 것은?

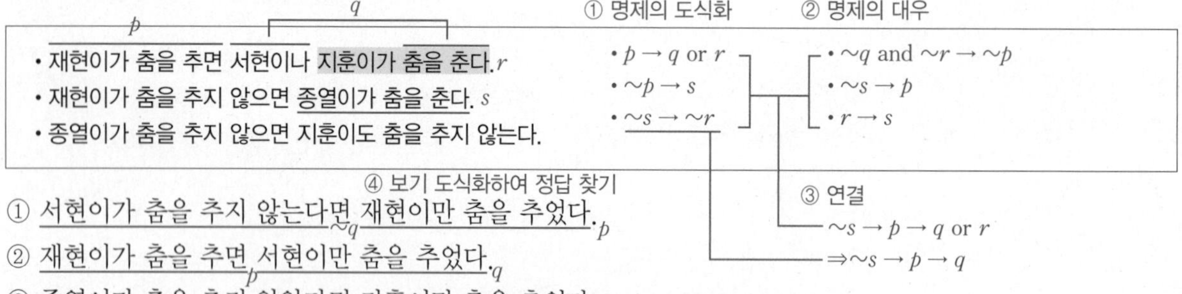

- 재현이가 춤을 추면 서현이나 지훈이가 춤을 춘다.
- 재현이가 춤을 추지 않으면 종열이가 춤을 춘다.
- 종열이가 춤을 추지 않으면 지훈이도 춤을 추지 않는다.

① 서현이가 춤을 추지 않는다면 재현이만 춤을 추었다.

② 재현이가 춤을 추면 서현이만 춤을 추었다.

③ 종열이가 춤을 추지 않았다면 지훈이만 춤을 추었다.

④ 종열이가 춤을 추지 않았다면 재현이와 서현이는 춤을 추었다.

정답 해설

'재현이가 춤을 추다.'를 p, '서현이가 춤을 추다.'를 q, '지훈이가 춤을 추다.'를 r, '종열이가 춤을 추다.'를 s라고 하면 주어진 명제는 순서대로 $p \rightarrow q$ or r, $\sim p \rightarrow s$, $\sim s \rightarrow \sim r$이다. 두 번째 명제의 대우는 $\sim s \rightarrow p$이고 이를 첫 번째 명제와 연결하면 $\sim s \rightarrow p \rightarrow q$ or r이다. 세 번째 명제에서 $\sim s \rightarrow \sim r$라고 하였으므로 $\sim s \rightarrow p \rightarrow q$임을 알 수 있다. 따라서 ④가 적절하다.

정답 ④

CHAPTER

04 언어논리 배열하기·묶기·연결하기

유형분석

- 제시된 여러 조건 · 상황 · 규칙들을 정리하여 경우의 수를 구한 후 문제를 해결해야 한다.
- 고정 조건을 중심으로 표나 도식으로 정리하여 확실한 조건과 배제해야 할 조건들을 정리해 나간다.

① 문제에서 요구하는 조건을 표시

7층 건물에 A, B, C, D, E, F, G가 살고, 각자 좋아하는 스포츠는 축구, 야구, 농구이다. 이들이 기르는 애완동물로는 개, 고양이, 새가 있다고 할 때, 다음 〈조건〉을 바탕으로 항상 옳은 것은?

조건

- 한 층에 한 명이 산다.
- 이웃한 사람끼리는 서로 다른 스포츠를 좋아하고 다른 애완동물을 기른다.
- G는 맨 위층에 산다.
- 짝수 층 사람들은 축구를 좋아한다.
- B는 유일하게 개를 기르는 사람이다.
- 2층에 사는 사람은 고양이를 키운다.
- E는 농구를 좋아하며, D는 새를 키운다.
- A는 E의 아래층에 살며, B의 위층에 산다.
- 개는 1층에서만 키울 수 있다.

B = 1층

② 주어진 조건 중 고정 조건을 찾아 기준을 정립

3층 / 2층은 A

① C와 E는 이웃한다. — 4층에 사는 사람은 C 또는 F로 알 수 없다.

② G는 야구를 좋아하며 고양이를 키운다.
농구 또는 야구 / 새

③ 홀수 층에 사는 사람은 모두 새를 키운다. — 1층의 B는 개를 키운다.

④ D는 5층에 산다. — 새를 키우는 층은 3(E) · 5 · 7(G)층 ⇒ 5층 = D

③ 고정 조건을 중심으로 표나 도식으로 정리하여 확실한 조건과 배제해야 할 조건들을 정리

층	사람	애완동물	스포츠
7층	G	새	농구 또는 야구
6층	C 또는 F	고양이	축구
5층	D	새	농구 또는 야구
4층	C 또는 F	고양이	축구
3층	E	새	농구
2층	A	고양이	축구
1층	B	개	농구 또는 야구

④ 정리한 표를 바탕으로 문제를 해결

정답 해설

7층	( ), G, 새
6층	축구, ( ), 고양이
5층	( ), D, 새
4층	축구, ( ), 고양이
3층	농구, E, 새
2층	축구, A, 고양이
1층	( ), B, 개

〈조건〉으로 표를 만들면 위와 같으며, 항상 옳은 것은 '④ D는 5층에 산다.'이다.

오답분석

① C와 E가 이웃하려면 C가 4층에 살아야 하는데 조건만으로는 정확히 알 수 없다.

② G는 7층에 살며 새를 키우지만, 무슨 스포츠를 좋아하는지 알 수 없다.

③ B는 유일하게 개를 키우고 개를 키우는 사람은 1층에 산다. 그러므로 홀수 층에 사는 사람이 모두 새를 키운다고 할 수는 없다.

④

이거 알면 30초 컷!

1. 문제 혹은 선택지를 먼저 읽은 후 문제에서 요구하는 규칙과 조건을 파악한다.
2. 서로 관련 있는 조건을 연결하여 나올 수 있는 경우의 수를 정리한다.

CHAPTER

04 언어논리 진실게임

유형분석

- 일반적으로 4 ~ 5명의 진술이 제시되며, 각 진술의 진실 및 거짓 여부를 확인하여 범인을 찾는 유형이다.
- 추리 영역 중에서도 체감난이도가 상대적으로 높은 유형으로 알려져 있으나, 문제풀이 패턴을 익히면 시간 절약이 가능하다.
- 각 진술 사이의 모순을 찾아 성립하지 않는 경우의 수를 제거하거나, 경우의 수를 나누어 모든 조건이 들어맞는지를 확인해야 한다.

① 거짓말하는 인원수 및 다른 조건이 무엇인지 숙지

C기업 개발 1팀은 새해를 맞아 신제품 개발 관련으로 회의를 하기로 정했다. 하지만 협력업체에서 발생한 문제 때문에 A, B, C, D 중 한명이 회의에서 빠지게 되었다. 다음의 진술을 한 이들 중에서 두 명이 거짓말을 한다고 했을 때, 다음 중 협력업체로 출장을 간 사람은 누구인가?

A : C사원은 회의에서 신제품 프레젠테이션을 했다. B사원의 말은 모두 사실이다. ② 서로 모순되는 조건이 무엇인지 확인
B : 나와 D사원은 같이 작성한 기획안 샘플을 나눠주었다. 나는 누가 출장을 갔는지 모르겠다.
C : 출장을 가게 된 사원이 사무실을 나서는 것을 세 사람이 보았다. 그리고 E사원은 회의에서 새 기획안을 발표했다.
D : 나와 B사원만 출장을 다녀온 직원의 뒷모습을 보았다. 그리고 E사원은 진실만을 말한다.
E : 출장을 간 사원은 C이다. C사원이 전화를 받고 급히 나가게 된 것을 B사원에게 직접 전달했다.

③ 모순이 되는 조건을 발견한다면 각 조건을 기준으로 두 가지의 경우를 작성

① A사원 ② B사원
③ C사원 ④ D사원

정답 해설

A사원과 E사원의 진술이 서로 모순되고 있기 때문에 A사원이 진실을 말한 경우와 E사원이 진실을 말한 경우 두 가지 경우로 나누어 생각하면 된다.

1) A사원의 진술이 진실일 경우

A사원이 진실을 말함에 따라 B사원의 말도 자연스레 진실이 된다. 그리고 A사원의 진술이 진실이 됨에 따라 D사원과 E사원의 진술이 거짓이 된다. 따라서 회의에 참석한 사원은 B, C, D, E사원이며 출장을 간 사원은 A사원이 된다.

2) E사원의 진술이 진실인 경우

E사원의 진술이 진실이 됨에 따라 D사원의 진술도 진실이 되며, 자연스레 A사원의 진술이 거짓이 된다. 하지만 D사원의 진술이 진실일 경우에는 세 사람이 출장을 가는 사원을 보았다는 C사원의 진술이 거짓이 된다. 즉, A, B, C사원의 진술이 거짓이 되어 두 명이 거짓말을 한다는 조건이 성립하지 않으므로 모순이 된다.

따라서 출장을 간 것은 A사원임을 알 수 있다.

①

이거 알면 30초 컷!

진실게임 유형 중 90% 이상은 다음 두 가지 방법으로 풀 수 있다. 주어진 진술을 빠르게 훑으며 다음 두 가지 중 어떤 경우에 해당되는지 확인한 후 문제를 풀어나간다.

두 명 이상의 발언 중 한쪽이 진실이면 다른 한쪽이 거짓인 경우

1) A가 진실이고 B가 거짓인 경우, B가 진실이고 A가 거짓인 경우 두 가지로 나눌 수 있다.
2) 두 가지 경우에서 각 발언의 진위 여부를 판단한다.
3) 주어진 조건과 비교한다(범인의 숫자가 맞는지, 진실 또는 거짓을 말한 인원수가 조건과 맞는지 등).

두 명 이상의 발언 중 한쪽이 진실이면 다른 한쪽도 진실인 경우

1) A와 B가 모두 진실인 경우, A와 B가 모두 거짓인 경우 두 가지로 나눌 수 있다.
2) 두 가지 경우에서 각 발언의 진위 여부를 판단하여 범인을 찾는다.
3) 주어진 조건과 비교한다(범인의 숫자가 맞는지, 진실 또는 거짓을 말한 인원수가 조건과 맞는지 등).

CHAPTER

04 언어논리 어휘유추

유형분석

• 유의 관계

두 개 이상의 어휘가 서로 소리는 다르나 의미가 비슷한 경우를 유의 관계라고 하고, 유의 관계에 있는 어휘를 유의어(類義語)라고 한다. 유의 관계의 대부분은 개념적 의미의 동일성을 전제로 한다.

• 반의 관계

반의어(反意語)는 둘 이상의 단어에서 의미가 서로 짝을 이루어 대립하는 경우를 말한다. 즉, 반의어는 어휘의 의미가 서로 대립하는 단어를 말하며, 이러한 어휘들의 관계를 반의 관계라고 한다. 한 쌍의 단어가 반의어가 되려면, 두 어휘 사이에 공통적인 의미 요소가 있으면서도 동시에 서로 다른 하나의 의미 요소가 있어야 한다.

• 상하 관계

상하 관계는 단어의 의미적 계층 구조에서 한쪽이 의미상 다른 쪽을 포함하거나 다른 쪽에 포섭되는 관계를 말한다. 상하 관계를 형성하는 단어들은 상위어(上位語)일수록 일반적이고 포괄적인 의미를 지니며, 하위어(下位語)일수록 개별적이고 한정적인 의미를 지닌다.

• 부분 관계

부분 관계는 한 단어가 다른 단어의 부분이 되는 관계를 말하며, 전체－부분 관계라고도 한다. 부분 관계에서 부분을 가리키는 단어를 부분어(部分語), 전체를 가리키는 단어를 전체어(全體語)라고 한다. 예를 들면, '머리, 팔, 몸통, 다리'는 '몸'의 부분어이며, 이러한 부분어들에 의해 이루어진 '몸'은 전체어이다.

① 제시된 단어 뜻 파악
자기의 손이나 발처럼 마음대로 부리는 사람을 비유적으로 이르는 말

다음 제시된 단어의 대응 관계로 볼 때 빈칸에 들어가기에 알맞은 것은?

② 관계 유추

유의어 ③ 유의 관계에 맞는 단어 유추

유의 관계 손발 : 하수인=바지저고리 : ( )

주견이나 능력이 전혀 없는 사람을 놀림조로 이르는 말

① 비협조자
② 불평분자
③ 의류업자
④ 무능력자

＝무능력

남의 밑에서 졸개 노릇을 하는 사람

정답 해설

제시문은 유의 관계이다. '손발'의 유의어는 '하수인'이고 '바지저고리'의 유의어는 '무능력자'이다.

• 바지저고리 : 주견이나 능력이 전혀 없는 사람을 놀림조로 이르는 말

오답분석

② 불평분자 : 어떤 조직체의 시책에 불만을 품고 투덜거리는 사람

정답 ④

이거 알면 30초 컷!

최근에 출제되는 어휘유추 유형 문제는 선뜻 답을 고르기 쉽지 않은 경우가 많다. 이 경우 먼저 ①~④의 단어를 모두 빈칸에 넣어보고, 제시된 단어와 관계 자체가 없는 보기 → 관계가 있지만 빈칸에 들어갔을 때 옆의 단어 관계와 등가 관계를 이룰 수 없는 보기 순서로 소거하면 좀 더 쉽게 답을 찾을 수 있다.

PART 02 최신기출문제

※ 최신기출문제는 수험생들의 후기를 통해 (주)시대고시기획에서 복원한 문제로 실제 문제와 다소 차이가 있을 수 있으며,

CHAPTER

01 2020년 상반기 최신기출문제

정답 및 해설 p.002

01 언어이해

Easy

오답 Check! ○ ×

01 다음 글을 읽고 올바르게 이해한 것은?

> 세계 식품 시장의 20%를 차지하는 할랄식품(Halal Food)은 '신이 허용한 음식'이라는 뜻으로 이슬람 율법에 따라 생산, 처리, 가공되어 무슬림들이 먹거나 사용할 수 있는 식품을 말한다. 이런 기준이 적용된 할랄식품은 엄격하게 생산되고 유통과정이 투명하기 때문에 일반 소비자들에게도 좋은 평을 얻고 있다.
>
> 할랄식품 시장은 최근 들어 급격히 성장하고 있는데 이의 가장 큰 원인은 무슬림 인구의 증가이다. 무슬림은 최근 20년 동안 5억 명 이상의 인구증가를 보이고 있어서 많은 유통업계들이 할랄식품을 위한 생산라인을 설치하는 등의 노력을 하고 있다.
>
> 그러나 할랄식품을 수출하는 것은 쉬운 일이 아니다. 신이 '부정한 것'이라고 하는 모든 것으로부터 분리돼야 하기 때문이다. 또한, 국제적으로 표준화된 기준이 없다는 것도 할랄식품 시장의 성장을 방해하는 요인이다. 세계 할랄 인증 기준만 200종에 달하고 수출업체는 각 무슬림 국가마다 별도의 인증을 받아야 한다. 전문가들은 이대로라면 할랄 인증이 무슬림 국가들의 수입장벽이 될 수 있다고 지적한다.

① 할랄식품은 무슬림만 먹어야 하는 식품이다.

② 할랄식품의 이미지 덕분에 소비자들에게 인기가 좋다.

③ 할랄식품 시장의 급격한 성장으로 유통업계에서 할랄식품을 위한 생산라인을 설치 중이다.

④ 표준화된 할랄 인증 기준을 통과하면 모든 무슬림 국가에 수출이 가능하다.

☑ 오답 Check! ○ ✕

02 다음 빈칸에 들어갈 말로 알맞은 것은?

> 만약 어떤 사람에게 다가온 신비적 경험이 그가 살아갈 수 있는 힘으로 밝혀진다면, 그가 다른 방식으로 살아야 한다고 다수인 우리가 주장할 근거는 어디에도 없다. 사실상 신비적 경험은 우리의 모든 노력을 조롱할 뿐 아니라, 논리라는 관점에서 볼 때 우리의 관할 구역을 절대적으로 벗어나 있다. 우리 자신의 더 합리적인 신념은 신비주의자가 자신의 신념을 위해서 제시하는 증거와 그 본성에 있어서 유사한 증거에 기초해 있다. 우리의 감각이 우리의 신념에 강력한 증거가 되는 것과 마찬가지로, 신비적 경험도 그것을 겪은 사람의 신념에 강력한 증거가 된다. 우리가 지닌 합리적 신념의 증거와 유사한 증거에 해당되는 경험은, 그러한 경험을 한 사람에게 살아갈 힘을 제공해 줄 것이다. 신비적 경험은 신비주의자들에게는 살아갈 힘이 되는 것이다. 따라서 [   ]

① 모든 합리적 신념의 증거는 사실상 신비적 경험에서 나오는 것이다.
② 신비주의자들의 삶의 방식이 수정되어야 할 불합리한 것이라고 주장할 수는 없다.
③ 논리적 사고와 신비주의적 사고를 상반된 개념으로 보는 견해는 수정되어야 한다.
④ 신비주의자들은 그렇지 않은 사람들보다 더 나은 삶을 살아간다고 할 수 있다.

☑ 오답 Check! ○ ✕

03 다음 글의 주제로 올바른 것은?

> 누구나 깜빡 잊어버리는 증상을 겪을 수 있다. 나이가 들어서 자꾸 이런 증상이 나타난다면 치매가 아닐까 걱정하게 마련인데 이 중 정말 치매인 경우와 단순 건망증을 어떻게 구분해 낼 수 있을까?
> 치매란 기억력 장애와 함께 실행증, 집행기능의 장애 등의 증상이 나타나며 이런 증상이 사회적, 직업적 기능에 중대한 지장을 주는 경우라고 정의한다. 증상은 원인 질환의 종류 및 정도에 따라 다른데 아주 가벼운 기억장애부터 매우 심한 행동장애까지 다양하게 나타난다. 일상생활은 비교적 정상적으로 수행하지만 뚜렷한 건망증이 있는 상태를 '경도인지장애'라고 하는데 경도인지장애는 매년 10 ~ 15%가 치매로 진행되기 때문에 치매의 위험인자로 불린다. 모든 치매 환자에게서 공통으로 보이는 증상은 기억장애와 사고력, 추리력, 언어능력 등의 영역에서 동시에 장애를 보이는 것이며 인격 장애, 공격성, 성격의 변화와 비정상적인 행동들도 치매가 진행됨에 따라 나타날 수 있는 증상들이다. 국민건강보험 일산병원 신경과 교수는 "치매를 예방하기 위해서는 대뇌(Cerebrum) 활동 참여, 운동, 뇌졸중 예방, 식습관 개선 및 음주, 흡연을 자제해야 한다."고 말했다.
> 한편 치매는 시간이 지나면 악화가 되고 여러 행동이상(공격성, 안절부절 못함, 수면장애, 배회 등)을 보이며 시간이 지나면서 기억력 저하 등의 증상보다는 이런 행동이상에 의한 문제가 더 크기 때문에 행동이상에 대한 조사도 적절히 시행돼야 한다.

① 치매의 종류
② 인지장애단계 구분
③ 치매의 의미
④ 건망증의 분류

☑ 오답Check! ○ ×

04 다음 제시문으로부터 추론할 수 있는 것은?

> 미국 사회에서 동양계 미국인 학생들은 '모범적 소수 인종(Model Minority)'으로, 즉 미국의 교육체계 속에서 뚜렷하게 성공한 소수 인종의 전형으로 간주되어 왔다. 그리고 그들은 성공적인 학교생활을 통해 주류 사회에 동화되고 이것에 의해 사회적 삶에서 인종주의의 영향을 약화시킨다는 주장으로 이어졌다. 하지만 동양계 미국인 학생들이 이렇게 정형화된 이미지처럼 인종주의의 장벽을 넘어 미국 사회의 구성원으로 참여하고 있는가는 의문이다. 미국 사회에서 동양계 미국인 학생들의 인종적 정체성은 다수자인 '백인'의 특성이 장점이라고 생각하는 것과 소수자인 동양인의 특성이 단점이라고 생각하는 것의 사이에서 구성된다. 그리고 이것은 그들에게 두 가지 보이지 않는 결과를 제공한다. 하나는 대부분의 동양계 미국인 학생들이 인종적인 차이에 대한 그들의 불만을 해소하고 인종 차이에서 발생하는 차별을 피하고자 백인이 되기를 원하는 것이다. 다른 하나는 다른 사람들이 자신을 동양인으로 연상하지 않도록 자신 스스로 동양인들의 전형적인 모습에서 벗어나려고 하는 것이다. 그러므로 모범적 소수 인종으로서의 동양계 미국인 학생은 백인에 가까운 또는 동양인에서 먼 '미국인'으로 성장할 위험 속에 있다.

① '모범적 소수 인종'은 특유의 인종적 정체성을 내면화하고 있다.
② '동양계 미국인 학생들'의 성공은 일시적이고 허구적인 것이다.
③ 모든 소수 인종 집단은 인종 차이가 초래할 부정적인 효과에 대해 의식하고 있다.
④ 여러 집단의 인종은 사회에서 한정된 자원의 배분을 놓고 갈등하고 있다.

02 문제해결

※ 1～2번 문제는 정답과 해설을 따로 제공하지 않는 유형이니 참고하시기 바랍니다.

01 **C사원은 최근 인사이동에 따라 A부서로 옮겨오게 되었다. 그런데 인수인계를 하는 과정에서 몇 가지 업무를 제대로 전달받지 못했다. 하지만 상사는 C사원이 당연히 모든 업무를 다 알고 있으리라 생각하고 기한을 정해준 후 업무를 지시하고 있다. C사원은 상사가 지시한 업무를 하겠다고 대답은 했지만, 막상 업무를 하려니 어떻게 해야 할지 당황스러운 상황이다. 이 상황에서 당신이 C사원이라면 어떻게 하겠는가?**

① 팀 공유 폴더의 지난 업무 파일들을 참고하여 업무를 수행한다.
② 상사에게 현재 상황을 솔직하게 이야기하고 모르는 부분에 대해 다시 설명을 듣는다.
③ 옆에 앉은 다른 팀원에게 이야기해 자신의 업무를 대신 해달라고 부탁한다.
④ 자신이 할 수 있는 데까지 방법을 찾다가 그래도 안 되겠으면 다시 설명을 듣는다.

02 **평소에 B사원은 남들보다 업무를 빨리 끝내는 편이다. 하지만 은근슬쩍 야근을 압박하는 팀 분위기 때문에 B사원은 매번 정시에 퇴근하는 것이 눈치가 보인다. 하지만 B사원으로선 주어진 업무가 다 끝났는데 눈치를 보며 회사에 남아 있는 것이 시간을 허비하는 느낌이다. 이 상황에서 당신이 B사원이라면 어떻게 하겠는가?**

① 상사에게 현재 상황의 비효율성을 이야기하며 불만을 호소한다.
② 회사 익명 게시판에 야근을 강요하는 분위기에 대한 불만의 글을 올린다.
③ 어차피 야근해야 하니 업무를 느긋하게 수행한다.
④ 사원인 자신이 할 수 있는 일이 없으니 비효율적이지만 참고 야근을 한다.

☑ 오답Check! ○ ×

03 J대리는 세미나에 참석하기 위해 11월 17일부터 19일까지 경주로 출장을 갈 예정이다. 다음 〈조건〉에 따라 출장 기간에 이용할 숙소를 예약하고자 할 때, J대리가 예약 가능한 숙소로만 짝지어진 것은?

〈호텔 예약정보〉

호텔명	가격 (원/1박)	숙박 기준인원	세미나실 대여비용 (원/1일)	비고
글래드 경주	78,000	1명	4인실(25,000) 8인실(48,000)	숙박 기준인원 초과 시 초과인원 1인당 10,000원 추가지급
호텔 아뜰리에	81,000	2명	4인실(40,000) 10인실(70,000)	보수공사로 인해 10인 세미나실 이용불가 (9월 30일부터 10월 23일까지)
스카이뷰 호텔	80,000	2명	6인실(50,000)	연박 시 1박당 10% 할인
경주 베일리쉬	92,000	1명	4인실(32,000)	10주년 기념 1박당 8% 할인 (10월 22일부터 11월 2일까지)
이데아 호텔	85,000	1명	6인실(30,000) 8인실(45,000)	출장목적 투숙객 1박당 5% 할인
경주 하운드	80,000	2명	10인실(80,000)	세미나실 대여 시 대여료 40% 할인 (2박 이상 투숙객 대상)

조건

- J대리가 숙소 예약 및 세미나실 대여에 사용가능한 총경비는 200,000원이다.
- 11월 18일에는 A팀장과 B주임, C주임, D책임연구원이 방문하여 J대리로부터 중간보고를 받을 예정이므로 세미나실이 필요하다.
- J대리의 숙소는 J대리 혼자 이용한다.
- 숙소 예약과 세미나실 대여는 동일한 호텔에서 한다.

① 글래드 경주, 호텔 아뜰리에
② 글래드 경주, 스카이뷰 호텔
③ 스카이뷰 호텔, 이데아 호텔
④ 경주 베일리쉬, 경주 하운드

※ 다음은 L공장에서 전기 사용량을 줄이기 위해 정기적으로 실시하는 검침에 대한 안내사항이다. 이어지는 물음에 답하시오. **[4~6]**

〈계기판 검침 안내사항〉

정기적으로 매일 오전 8시에 다음의 안내사항에 따라 검침을 하고 그에 따른 조치를 취한다.

〈계기판 A · B · C의 표준수치〉

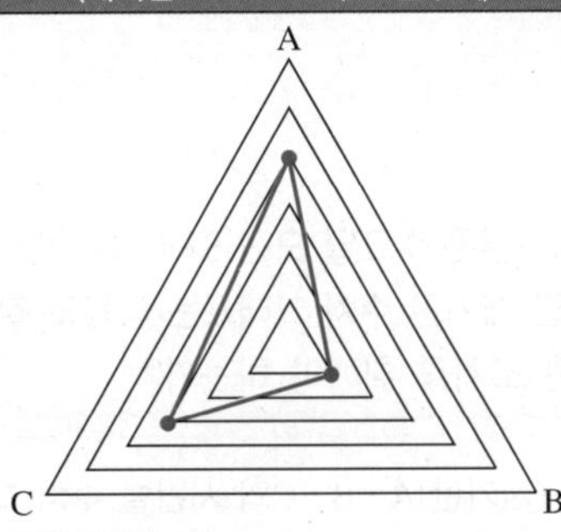

※ 가장 안쪽 삼각형의 수치는 2이며, 수치는 2씩 커진다.

계기판 A (8)	계기판 B (2)	계기판 C (6)

[기계조작실]

1. 계기판을 확인하여 PSD 수치를 구한다.
   ※ 검침하는 시각에 실내 온도가 16℃ 이상이면 B계기판은 고려하지 않는다.
   ※ 검침하는 시각에 실내 온도가 10℃ 미만이면 Parallel Mode를, 10℃ 이상이면 Serial Mode를 적용한다.
   - Parallel Mode
     PSD=전날 오후 1시부터 5시까지 매 정각의 각 계기판 수치 중 가장 높은 수치의 평균
   - Serial Mode
     PSD=전날 오후 6시 정각 각 계기판 수치의 합

2. PSD 수치에 따라서 알맞은 버튼을 누른다.

수치	버튼
PSD≤기준치−3	정상
기준치−3<PSD<기준치+5	주의
기준치+5≤PSD	비정상

※ 화요일과 금요일은 세 계기판의 표준수치 합의 $\frac{1}{2}$을 기준치로 삼고, 나머지 요일은 세 계기판의 표준수치의 합을 기준치로 삼는다(단, 온도에 영향을 받지 않는다).

3. 기계조작실에서 버튼을 누르면 버튼에 따라 상황통제실의 경고등에 불이 들어온다.

버튼	경고등
정상	파란색
주의	노란색
비정상	빨간색

PART 2 최신기출문제

[상황통제실]
들어온 경고등의 색을 보고 필요한 조치를 취한다.

경고등	조치
파란색	정상가동
노란색	공장 가동속도 조절
빨간색	부품 교체 후 오후에 정상가동

☑ 오답 Check! ○ ✕

04 L공장의 기계조작실에서 근무하는 K사원은 수요일 오전 8시에 계기판 점검을 시작하였다. 검침 일지에 실내 온도는 9℃이고, 전날 오후 업무시간 동안 계기판 수치 그래프는 다음과 같았다. K사원이 눌러야 하는 버튼은 무엇이며, 이를 본 상황통제실에서는 어떤 조치를 취해야 하는가?

〈계기판 A · B · C의 시간별 수치 그래프〉

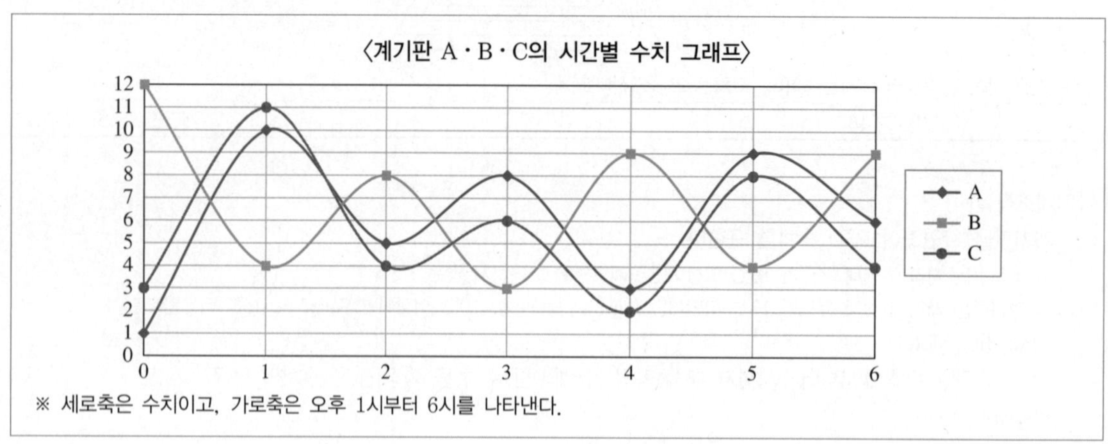

※ 세로축은 수치이고, 가로축은 오후 1시부터 6시를 나타낸다.

	버튼	조치
①	정상	정상가동
②	정상	공장 가동속도 조절
③	주의	공장 가동속도 조절
④	비정상	부품 교체 후 오후에 정상가동

☑ 오답 Check! ○ ✕

05 L공장의 기계조작실에서 근무하는 K사원은 수요일에 작성한 검침일지에서 실내 온도가 잘못된 사실을 발견하였다. 올바른 실내 온도가 16℃일 때, **04**번 문제를 참고하여 K사원이 눌러야 하는 버튼의 경고등은 무엇이며, 이를 본 상황통제실에서는 어떤 조치를 취해야 하는가?

	경고등	조치
①	파란색	공장 가동속도 조절
②	노란색	공장 가동속도 조절
③	파란색	정상 가동
④	빨간색	부품 교체 후 오후에 정상가동

Hard

☑ 오답Check! ○ ✕

06 L공장의 기계교체로 Mode별 PSD 수치의 계산방법이 수정되었고, 이에 따라 T대리는 검침 일지를 작성하였다. 검침 일지가 아래와 같이 작성되었을 경우, 다음 중 실내 온도로 적절한 것은?

〈계기판 A・B・C의 시간별 수치 그래프〉

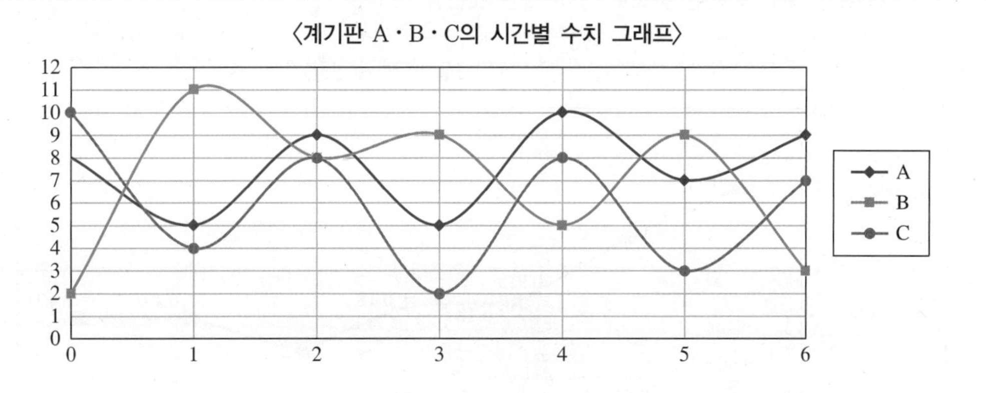

〈검침 일지〉

검침 일자 : 2020년 7월 3일 금요일
검침 시각 : AM 08:00
점검자 : 기계조작실 K, 상황통제실 H
실내 온도 : (　　)℃

PSD 수치 : (　　)
버튼 : 비정상
경고등 : 빨간색
조치 : 부품 교체 후 오후에 정상가동

관리자 서명 ＿＿＿＿＿＿

〈수정된 Mode별 PSD 수치 계산방법〉

- Parallel Mode
  PSD=전날 오후 6시 정각 각 계기판 수치의 평균
- Serial Mode
  PSD=전날 오후 1시부터 5시까지 매 정각의 B계기판 수치가 가장 높은 시각의 각 계기판 수치의 합

① 8℃　　② 10℃

③ 16℃　　④ 17℃

03 자료해석

Easy

☑ 오답Check! ○ ✕

01 다음 그래프를 보고 이해한 것으로 옳지 않은 것은?

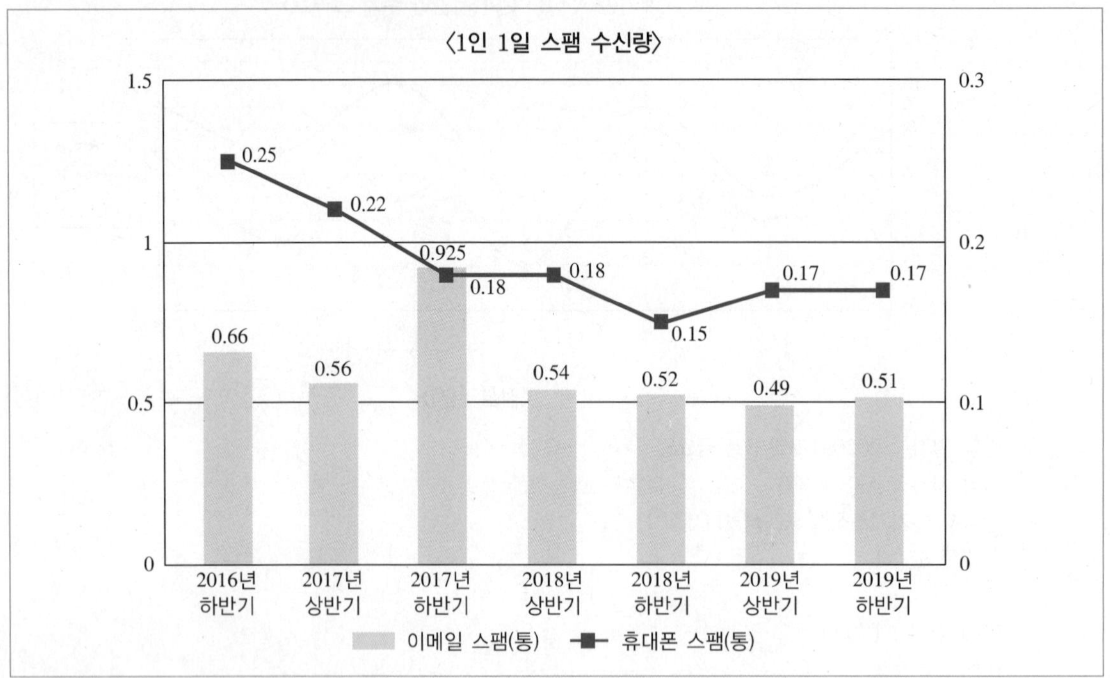

① 이메일과 휴대폰 모두 스팸 수신량이 가장 높은 시기는 2017년 하반기이다.

② 이메일 스팸 수신량이 휴대폰 스팸 수신량보다 항상 많다.

③ 이메일과 휴대폰 스팸 수신량 사이에 밀접한 관련이 있다고 보기 어렵다.

④ 이메일 스팸 총수신량의 평균은 휴대폰 스팸 총수신량 평균의 3배 이상이다.

☑ 오답Check! ○ ✕

02 다음은 우편매출액에 관한 자료이다. 자료에 대한 해석으로 올바르지 않은 것은?

〈우편매출액〉

(단위 : 만 원)

구분	2015년	2016년	2017년	2018년	2019년				
					소계	1분기	2분기	3분기	4분기
일반통상	11,373	11,152	10,793	11,107	10,899	2,665	2,581	2,641	3,012
특수통상	5,418	5,766	6,081	6,023	5,946	1,406	1,556	1,461	1,523
소포우편	3,390	3,869	4,254	4,592	5,017	1,283	1,070	1,292	1,372
합계	20,181	20,787	21,128	21,722	21,862	5,354	5,207	5,394	5,907

① 매년 매출액이 가장 높은 분야는 일반통상 분야이다.

② 1년 집계를 기준으로 매년 매출액이 꾸준히 증가하고 있는 분야는 소포우편 분야뿐이다.

③ 2019년 1분기 우편매출액에서 특수통상 분야의 매출액이 차지하고 있는 비율은 20% 이상이다.

④ 2019년 소포우편 분야의 2015년 대비 매출액 증가율은 70% 이상이다.

※ 다음은 2019년도 국가별 교통서비스 수입 현황을 나타낸 자료이다. 이어지는 질문에 답하시오. **[3~4]**

〈국가별 교통서비스 수입 현황〉

(단위 : 백만 달러)

구분	합계	해상	항공	기타
한국	31,571	25,160	5,635	776
인도	77,256	63,835	13,163	258
터키	10,157	5,632	4,003	522
멕시코	14,686	8,550	6,136	–
미국	94,344	36,246	53,830	4,268
브라질	14,904	9,633	4,966	305
이탈리아	26,574	7,598	10,295	8,681

Easy

☑ 오답 Check! ○ ×

03 **해상 교통서비스 수입액이 많은 국가부터 차례대로 나열한 것은?**

① 인도 – 미국 – 한국 – 브라질 – 멕시코 – 이탈리아 – 터키
② 인도 – 미국 – 한국 – 멕시코 –브라질 – 터키 – 이탈리아
③ 인도 – 한국 – 미국 – 브라질 – 멕시코 – 이탈리아 – 터키
④ 인도 – 미국 – 한국 – 브라질 – 이탈리아 – 터키 – 멕시코

☑ 오답 Check! ○ ×

04 **다음 중 자료에 대한 설명으로 옳지 않은 것은?**

① 터키의 교통서비스 수입에서 항공 수입이 차지하는 비중은 45% 미만이다.
② 전체 교통서비스 수입 금액이 첫 번째와 두 번째로 높은 국가의 차이는 17,088백만 달러이다.
③ 해상 교통서비스 수입보다 항공 교통서비스 수입이 더 높은 국가는 미국과 터키이다.
④ 멕시코는 해상과 항공 교통서비스만 수입하였다.

04 언어논리

☑ 오답Check! ○ ✕

01 원형 탁자에 번호 순서대로 앉아 있는 다섯 명의 여자 1, 2, 3, 4, 5가 있다. 이 사이에 다섯 명의 남자 A, B, C, D, E가 한 명씩 앉아야 한다. 다음 〈조건〉을 따르면서 자리를 배치할 때 적절하지 않은 것은?

> **조건**
> - A는 짝수번호의 여자 옆에 앉아야 하고, 5 옆에는 앉을 수 없다.
> - B는 짝수번호의 여자 옆에 앉을 수 없다.
> - C가 3 옆에 앉으면 D는 1 옆에 앉는다.
> - E는 3 옆에 앉을 수 없다.

① A는 1과 2 사이에 앉을 수 없다.
② D는 4와 5 사이에 앉을 수 없다.
③ C가 2와 3 사이에 앉으면 A는 반드시 3과 4 사이에 앉는다.
④ E가 4와 5 사이에 앉으면 A는 반드시 2와 3 사이에 앉는다.

Hard

☑ 오답Check! ○ ✕

02 A팀과 B팀은 보안등급 상에 해당하는 문서를 나누어 보관하고 있다. 이에 따라 두 팀은 보안을 위해 아래와 같은 규칙에 따라 각 팀의 비밀번호를 지정하였다. 다음 중 A팀과 B팀에 들어갈 수 있는 암호배열은?

> 〈규칙〉
> - 1 ~ 9까지의 숫자로 (한 자리 수)×(두 자리 수)=(세 자리 수)=(두 자리 수)×(한 자리 수) 형식의 비밀번호로 구성한다.
> - 가운데에 들어갈 세 자리 수의 숫자는 156이며 숫자는 중복 사용할 수 없다. 즉, 각 팀의 비밀번호에 1, 5, 6이란 숫자가 들어가지 않는다.

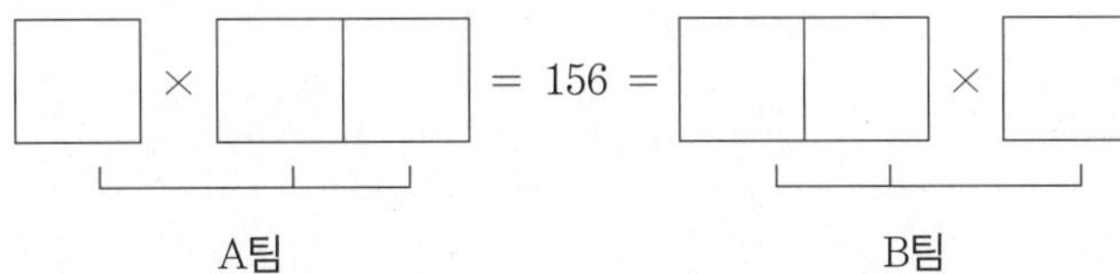

① 23
② 27
③ 37
④ 39

안심Touch

☑ 오답 Check! ○ ×

03 다음 명제를 통해 얻을 수 있는 결론으로 타당한 것은?

- 액션영화를 보면 팝콘을 먹는다.
- 커피를 마시지 않으면 콜라를 마시지 않는다.
- 콜라를 마시지 않으면 액션영화를 본다.
- 팝콘을 먹으면 나쵸를 먹지 않는다.
- 애니메이션을 보면 커피를 마시지 않는다.

① 커피를 마시면 액션영화를 본다.
② 액션영화를 보면 애니메이션을 본다.
③ 나쵸를 먹으면 액션영화를 본다.
④ 애니메이션을 보면 팝콘을 먹는다.

☑ 오답 Check! ○ ×

04 다음 제시된 낱말의 대응 관계로 볼 때, 빈칸에 들어가기에 알맞은 것은?

세균 : 소독 = (　　) : 탈취

① 향수　　② 냄새
③ 먼지　　④ 멸균

☑ 오답 Check! ○ ×

05 다음 중 소녀와 늑대의 관계로 가장 적절한 것은?

언제나 두건이 달린 빨간 망토를 입는 어린 소녀가 살고 있었다. 소녀는 아픈 할머니에게 음식을 가져다 드리기 위해 숲속을 지나갔다. 늑대는 이 소녀를 보고 잡아먹고 싶었지만 근처에 나무꾼들이 있었기 때문에 선뜻 그러지 못했다. 그러다 꾀를 내어 점잖은 모습으로 소녀에게 다가가 지금 어디로 가고 있는지 물었다. 순진한 소녀는 할머니에게 음식을 가져다 드리러 간다며 할머니 댁이 어디인지 이야기해주었다. 소녀가 숲에서 꽃을 따는 사이 늑대는 지름길을 통해 소녀보다 먼저 할머니 댁에 도착했다. 그리고는 집에 들어가 손녀를 기다리는 할머니를 통째로 삼킨 다음 할머니로 변장하고 침대에 누워 소녀를 기다렸다. 마침내 소녀가 할머니 댁으로 들어오자 늑대는 소녀마저 통째로 삼켜 버렸다.

	소녀	늑대
①	아름다움	추함
②	책임	자유
③	내부인	외부인
④	초식	육식

☑ 오답 Check! ○ ×

06 다음 중 a다리와 b다리의 관계에 대응되는 것은?

게의 ‘a다리’는 집게발과 걷는 ‘b다리’로 나눌 수 있다.

	a	b
①	매체	신문
②	밀봉	밀폐
③	선발	발탁
④	긴축	절약

CHAPTER

02 2019년 하반기 최신기출문제

정답 및 해설 p.007

01 언어이해

Easy

☑ 오답 Check! ○ ×

01 다음 글의 주제로 가장 적절한 것은?

임신 중 고지방식 섭취가 태어날 자식의 생식기에서 종양의 발생 가능성을 높일 수 있다는 것이 밝혀졌다. 이 결과는 임신한 암쥐 261마리 중 130마리의 암쥐에게는 고지방식을, 131마리의 암쥐에게는 저지방식을 제공한 연구를 통해 얻었다. 실험 결과, 고지방식을 섭취한 암쥐에게서 태어난 새끼 가운데 54%가 생식기에 종양이 생겼지만 저지방식을 섭취한 암쥐가 낳은 새끼 중에서 그러한 종양이 생긴 것은 21%였다.

한편, 사지 중 하나 이상의 절단 수술이 심장병으로 사망할 가능성을 증가시킬 수 있다는 것이 밝혀졌다. 이것은 제2차 세계대전 중에 부상을 당한 9,000명의 군인에 대한 진료 기록을 조사한 결과이다. 이들 중 4,000명은 사지 중 하나 이상의 절단 수술을 받은 사람이었고, 5,000명은 사지 절단 수술을 받지 않았지만 중상을 입은 사람이었다. 이들에 대한 기록을 추적 조사한 결과, 사지 중 하나 이상의 절단 수술을 받은 사람이 심장병으로 사망한 비율은 그렇지 않은 사람의 1.5배였다. 즉 사지 중 하나 이상의 절단 수술을 받은 사람 중 600명은 심장병으로 사망하였고, 그렇지 않은 사람 중 500명이 심장병으로 사망하였다.

① 발생 부위에 따른 뇌종양 증상
② 염색체 이상 유전병의 위험을 높이는 요인
③ 절단 수술과 종양의 상관관계
④ 의외의 질병 원인과 질병 사이의 상관관계

02 다음 글의 내용과 일치하지 않는 것은?

『북학의』는 18세기 후반 사회적 위기에 직면한 조선을 개혁하려는 의도로 쓰인 책이다. 당시까지 조선 사회는 외국 문물에 대해 굳게 문을 닫고 있었고 지식인은 자아도취에 빠져 백성들의 현실을 외면한 채 성리학 이론에만 깊이 매몰되어 있었다. 북경 사행길에서 새로운 세계를 접한 박제가는 후진 상태에 머물러 있는 조선 사회와 백성의 빈곤을 해결할 수 있는 대책을 정리하여 『북학의』를 완성했다.

『북학의』는 이후 '북학'이라는 학문이 조선의 시대사상으로 자리 잡는 데 기반이 되는 역할을 하였다. 박제가 외에도 박지원, 홍대용, 이덕무 등 북학의 중요성을 강조하는 학자그룹이 나타나면서 북학은 시대사상으로 자리 잡았다. 폐쇄적인 사회의 문을 활짝 열고 이용후생(利用厚生)을 통한 백성들의 생활 안정과 부국을 강조했기 때문에 북학파 학자들을 일컬어 '이용후생 학파'라고도 부른다.

이들은 청나라 사행에서 견문한 내용을 국가 정책으로 발전시키고자 하였다. 건축 자재로서 벽돌의 이용, 교통수단으로서 선박과 수레의 적극적 활용, 비활동적인 한복의 개량, 대외무역 확대 등이 이들이 제시한 주요 정책들이었다. 그 바탕에는 사농공상으로 서열화된 직업의 귀천을 최대한 배제하고 상공업의 중흥을 강조해야 한다는 생각이 자리 잡고 있었다.

① 18세기 후반 조선 사회는 외국 문화에 대해 폐쇄적이었다.
② 『북학의』의 저자는 박제가이다.
③ 이용후생 학파는 농업의 중요성을 강조하였다.
④ 이용후생 학파는 청나라에서 보고 들은 내용을 국가 정책으로 발전시키고자 했다.

※ 다음 글을 읽고 이어지는 물음에 답하시오. [3~4]

인류 역사는 끊임없이 변화를 거듭해 왔다. 그 변화의 굽이들 속에서 사람들의 세계관이나 가치관 또한 다양하게 바뀌었다. 어느 세기에는 종교적 믿음이 모든 것을 지배하기도 했고, 어느 때는 이성이 가장 중요한 위치를 차지했으며, 또 어느 시점에서는 전 인류가 기계 문명을 근간으로 한 산업화를 지향하기도 했다. 그리고 21세기가 되었다. 이 세기는 첨단 과학과 정보 통신 기술의 ㉠ 비약적인 발달로 과거 그 어느 때보다 변화의 진폭이 클 것으로 예상되었으며 변화된 모습이 실로 드러나고 있다. 이러한 지속적인 변화의 배경에는 늘 인간의 열망과 상상력이 가로놓여 있었다.
과학 기술의 진보와 이에 발맞춘 눈부신 문명의 진전 과정에서 인간의 열망과 상상력이 우선하였다. 과연 인간이 욕망하지 않고 상상하지 않았다면 이 문명 세계의 많은 것들을 창조하고 혁신할 수 있었을까? 하늘을 날고 싶어 하는 욕망이 없었다면 비행기는 발명되지 못했을 것이며, 좀 더 빠른 이동 수단을 원하지 않았다면 자동차는 나오지 않았을 것이다. 이제껏 상상력은 인류 문명을 가동시켜 온 원동력이었으며 현재 또한 그러하다.
그런 가운데 21세기 디지털 테크놀로지와 신과학들은 이러한 상상력의 위상을 다시 생각하게 한다. 사람들이 실현이 불가능하다고 여겨 공상 수준에 그쳤던 일들이 실로 구현되는 상황이 펼쳐지곤 한다. 3D, 아바타, 사이보그, 가상현실, 인공 생명, 유전 공학, 나노 공학 등 21세기 최첨단 과학 기술에 힘입어 상상력의 지평이 넓어졌다. 과거 시대들이 무엇인가를 상상하고 그것을 만들어 가는 기술을 개발하는 시간들이었다면, 21세기는 상상하는 것을 곧 이루어 낼 수 있는 시대가 된 것이다.

☑ 오답 Check! ○ ×

03 문맥상 ㉠과 바꿔 쓸 수 있는 말로 가장 적절한 것은?

① 급진적인
② 체계적인
③ 규칙적인
④ 지속적인

☑ 오답 Check! ○ ×

04 윗글의 내용과 일치하지 않는 것은?

① 인류 역사의 변화 속에서 사람들의 세계관이나 가치관도 변화하였다.
② 21세기는 그 어느 때보다 변화의 진폭이 클 것으로 예상되었다.
③ 상상력은 인류 문명 세계에 많은 것을 창조하고 혁신시킨 원동력이다.
④ 21세기는 무엇인가를 상상하고 그것을 만들어 가는 기술을 개발하는 시대이다.

02 문제해결

※ L기업에서 송년회를 개최하려고 한다. 다음을 보고 이어지는 질문에 답하시오. **[1~2]**

〈송년회 후보지별 평가점수〉

구분	가격	거리	맛	음식 구성	평판
A호텔	★★★☆	★★☆	★★★	★★★☆	★★★
B호텔	★★	★★★☆	★★☆	★★★	★★☆
C호텔	★☆	★★	★★	★★★☆	★★★☆
D호텔	★★★	★★☆	★★★☆	★★☆	★★★☆

※ ★은 하나당 5점이며, ☆은 하나당 3점이다.

☑ 오답Check! ○ ✕

01 L기업 임직원들은 맛과 음식 구성을 기준으로 송년회 장소를 결정하기로 하였다. 어느 호텔에서 송년회를 진행하겠는가?(단, 맛과 음식 구성의 합산 점수가 1위인 곳과 2위인 곳의 점수 차가 3점 이하일 경우 가격 점수로 결정한다)

① A호텔
② B호텔
③ C호텔
④ D호텔

☑ 오답Check! ○ ✕

02 A～D호텔의 1인당 식대가 다음과 같고, 예산 200만 원이라면 어느 호텔로 결정하겠는가?(단, L기업의 임직원은 총 25명이다)

〈호텔별 1인당 식대〉

A호텔	B호텔	C호텔	D호텔
73,000원	82,000원	85,000원	75,000원

※ 총 식사비용이 가장 저렴한 곳의 차이가 10만 원 이하일 경우, 맛 점수가 높은 곳으로 선정한다.

① A호텔
② B호텔
③ C호텔
④ D호텔

※ 다음은 골프 점수를 계산하는 방법을 나타낸 자료이다. 이어지는 물음에 답하시오. **[3~4]**

〈골프 타수별 점수〉

타수	파3		파4		파5	
	용어	점수	용어	점수	용어	점수
1타	홀인원/이글	−2	홀인원/알바트로스	−3	홀인원	−4
2타	버디	−1	이글	−2	알바트로스	−3
3타	파	0	버디	−1	이글	−2
4타	보기	+1	파	0	버디	−1
5타	더블보기	+2	보기	+1	파	0
6타	트리플보기/더블 파	+3	더블보기	+2	보기	+1
7타	give up		트리플보기	+3	더블보기	+2
8타			쿼드루플보기/더블 파	+4	트리플보기	+3
9타			give up		쿼드루플보기	+4
10타					더블 파	+5
11타					give up	

※ 파 : 각 홀에 정해진 기준 타수(18홀 파의 합은 72타)
  예 파4 : 홀에 4타 이내로 공을 넣어야 함
※ (최종 점수)=(72타)+(18홀의 타수 합)
  예 모든 코스를 보기로 끝낸 경우의 최종 점수는 72+1×18=90타이다.
※ 오버 파 : (72타)<(점수), 이븐 파 : (72타)=(점수), 언더 파 : (72타)>(점수)
  예 최종 점수가 100점인 경우 18오버 파이다.
※ 싱글 : 9오버 파 이하

☑ 오답Check! ○ ✕

03 다음 주어진 자료에 대한 설명으로 옳은 것은?

① 파4인 홀에서는 8타 이상 칠 수 없다.
② 모든 홀을 버디로 끝냈다면 54타가 되고 이를 이븐 파라고 한다.
③ 80타는 싱글에 해당한다.
④ 홀인원은 2타를 쳐서 홀에 공을 넣은 경우를 의미한다.

Hard

☑ 오답 Check! ○ ✕

04 다음은 A과장이 18홀을 모두 돌았을 때의 골프 점수를 나타낸 것이다. A과장의 골프 점수로 적절한 것은?

HOLE	1	2	3	4	5	6	7	8	9
PAR	4	4	3	4	5	3	5	4	4
타수	5	3	1	4	5	6	3	2	3
HOLE	10	11	12	13	14	15	16	17	18
PAR	5	4	4	3	4	4	4	3	5
타수	5	2	2	3	4	4	2	6	8

① 4오버 파

② 1오버 파

③ 3언더 파

④ 4언더 파

PART 2 최신기출문제

안심Touch

03 자료해석

☑ 오답Check! ○ ×

01 황 대리는 자동차업계 매출현황에 대한 보고서를 작성 중이었다. 그런데 실수로 커피를 쏟아 매출평균 부분이 얼룩지게 되었다. 황 대리가 기억하는 총 매출은 246억 원이고, 3분기까지의 평균은 22억 원이었다. 남아있는 매출현황을 보고 4분기의 평균을 올바르게 구한 것은?

〈월별 매출현황〉

(단위 : 억 원)

1월	2월	3월	4월	5월	6월	7월	8월	9월	10월	11월	12월
–	–	–	16	–	–	12	–	18	–	20	–

① 14억 원
② 16억 원
③ 18억 원
④ 20억 원

☑ 오답Check! ○ ×

02 다음 표는 농구 경기에서 갑, 을, 병, 정 4개 팀의 월별 득점에 관한 자료이다. 빈칸에 들어갈 수치로 가장 적절한 것은?(단, 각 수치는 매월 일정한 규칙으로 변화한다)

〈월별 득점 현황〉

(단위 : 경기)

구분	1월	2월	3월	4월	5월	6월	7월	8월	9월	10월
갑	1,024	1,266	1,156	1,245	1,410	1,545	1,205	1,365	1,875	2,012
을	1,352	1,702	2,000	1,655	1,320	1,307	1,232	1,786	1,745	2,100
병	1,078	1,423		1,298	1,188	1,241	1,357	1,693	2,041	1,988
정	1,298	1,545	1,658	1,602	1,542	1,611	1,080	1,458	1,579	2,124

① 1,358
② 1,397
③ 1,450
④ 1,498

※ 다음은 대북지원금에 대한 자료이다. 이어지는 물음에 답하시오. **[3~4]**

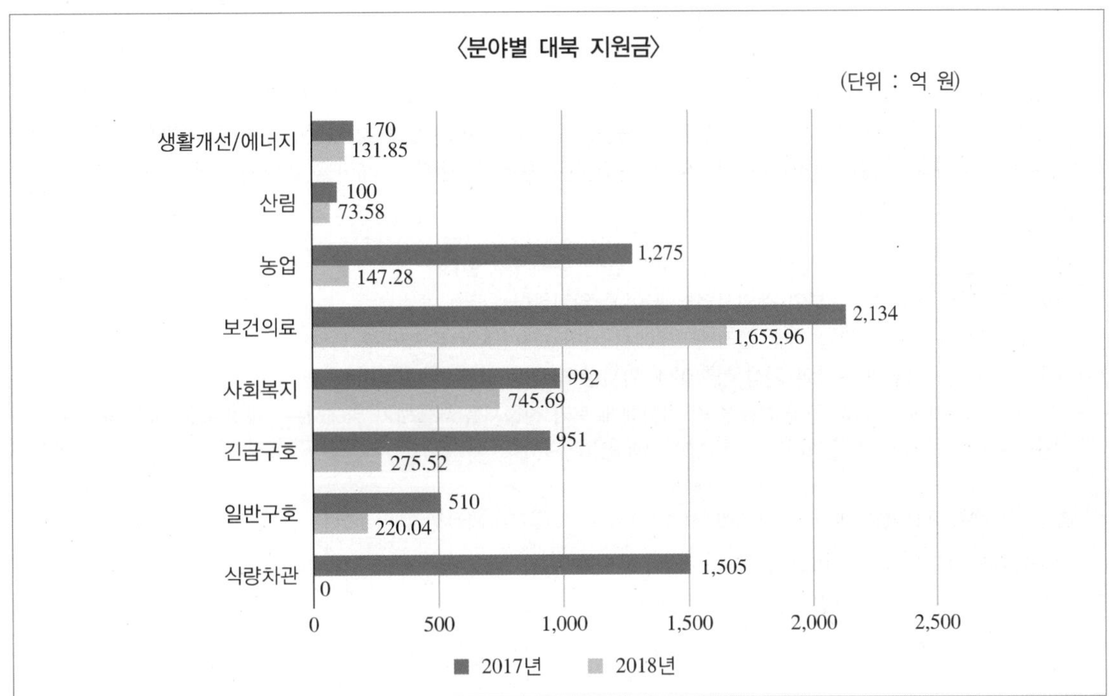

오답Check! ○ ✕

03 다음 제시된 자료에 대한 설명으로 적절하지 않은 것은?

① 2018년의 대북 지원금은 전년 대비 모든 분야에서 감소하였다.
② 2017 ~ 2018년 동안 지원한 금액은 농업 분야보다 긴급구호 분야가 많다.
③ 2017 ~ 2018년 동안 가장 많은 금액을 지원한 분야는 동일하다.
④ 산림 분야의 지원금은 2017년 대비 2018년에 25억 원 이상 감소하였다.

오답Check! ○ ✕

04 2017년에 각각 가장 많은 금액을 지원한 3가지 분야 지원금의 차는?

① 약 2,237억 원
② 약 2,344억 원
③ 약 2,401억 원
④ 약 2,432억 원

04 언어논리

☑ 오답 Check! ○ ×

01 L사는 6층 건물의 모든 층을 사용하고 있으며, 건물에는 기획부, 인사 교육부, 서비스개선부, 연구·개발부, 해외사업부, 디자인부가 각 층별로 위치하고 있다. 다음 〈조건〉을 참고할 때 항상 옳은 것은?(단, 6개의 부서는 서로 다른 층에 위치하며, 3층 이하에 위치한 부서의 직원은 출근 시 반드시 계단을 이용해야 한다)

조건

- 기획부의 문 대리는 해외사업부의 이 주임보다 높은 층에 근무한다.
- 인사 교육부는 서비스개선부와 해외사업부 사이에 위치한다.
- 디자인부의 김 대리는 오늘 아침 엘리베이터에서 서비스개선부의 조 대리를 만났다.
- 6개의 부서 중 건물의 옥상과 가장 가까이에 위치한 부서는 연구·개발부이다.
- 연구·개발부의 오 사원이 인사 교육부 박 차장에게 휴가 신청서를 제출하기 위해서는 4개의 층을 내려와야 한다.
- 건물 1층에는 회사에서 운영하는 커피숍이 함께 있다.

① 출근 시 엘리베이터를 탄 디자인부의 김 대리는 5층에서 내린다.
② 디자인부의 김 대리가 서비스개선부의 조 대리보다 먼저 엘리베이터에서 내린다.
③ 인사 교육부와 커피숍은 같은 층에 위치한다.
④ 기획부의 문 대리는 출근 시 반드시 계단을 이용해야 한다.

☑ 오답 Check! ○ ×

02 다음과 동일한 오류를 저지른 사례는?

> 노사 간의 갈등이 있는 사업장에 노조파괴 컨설팅을 제공한 혐의를 받고 있는 C대표는 아들의 건강 문제로 자신의 공판기일을 연기해 줄 것을 재판부에 요청했다. 최근 급격히 나빠진 아들의 건강 상태로 인해 예정 공판기일에 자신이 참석할 수 없다는 것이었다.

① 이번엔 반드시 복권에 당첨될 것 같아. 어젯밤 꿈속에서 할머니가 번호를 불러줬거든.
② 너 지난번에 쌀국수는 좋아하지 않는다고 했잖아. 그런데 오늘 점심에 왜 싫어하는 쌀국수를 먹었어?
③ 진희의 말은 믿을 수 없다. 그녀는 단 한 번도 약속을 지킨 적이 없기 때문이다.
④ 죄 없는 많은 생명이 죽어가고 있습니다. 우리 모두 기부 행사에 참여합시다.

☑ 오답 Check! ○ ×

03 다음 제시문의 논리적 오류로 올바른 것은?

> 촉망받던 농구 선수 K는 많은 연봉을 제시한 구단으로 이적했지만, 별다른 활약을 펼치지 못했다. 반면, 전보다 낮은 연봉을 받고 이적한 농구 선수 L은 경기에 몰두하기 시작하면서 높은 성적을 거두었다. 결국 고액의 연봉이 오히려 선수의 동기를 낮아지게 하므로 선수들의 연봉을 낮춰야 한다.

① 성급한 일반화의 오류
② 무지에 호소하는 오류
③ 인신공격의 오류
④ 대중에 호소하는 오류

※ 다음 제시된 단어의 관계와 동일한 것을 고르시오. [4~5]

Easy

☑ 오답Check! ○ ×

04

구리 – 전선

① 바람 – 태양열
② 밀 – 쌀
③ 도토리 – 솔방울
④ 계란 – 마요네즈

Easy

☑ 오답Check! ○ ×

05

음주 – 건강악화

① 감기 – 멀미
② 추위 – 동상
③ 동의 – 거부
④ 운동 – 수영

☑ 오답Check! ○ ×

06 다음 제시된 낱말의 대응 관계로 볼 때, 빈칸에 들어가기에 알맞은 것으로 짝지어진 것은?

옹기 : 자기 = ( ) : ( )

① 눈 : 코
② 언어 : 한국어
③ 밀가루 : 면
④ 포유류 : 원숭이

CHAPTER 03 2019년 상반기 최신기출문제

정답 및 해설 p.011

01 언어이해

☑ 오답Check! ○ ×

01 다음 글을 읽고 유추할 수 있는 것은?

> 1895년 을미개혁 당시 일제의 억압 아래 강제로 시행된 단발령으로부터 우리 조상들이 목숨을 걸고 지키려고 했던 상투는 과연 그들에게 어떤 의미였을까? 상투는 관례나 결혼 후 자신의 머리카락을 끌어올려, 정수리 위에서 틀어 감아 높이 세우는 성인 남자의 대표적인 머리모양이었다. 상투의 존재는 고구려 고분벽화에서도 확인할 수 있는데, 그 크기와 형태 또한 다양함은 물론 신라에서 도기로 만들어진 기마인물에서도 나타나는 것으로 보아 삼국 공통의 풍습이었을 것으로 추정되고 있다.
>
> 전통사회에서는 혼인 여부를 통해 기혼자와 미혼자 사이에 엄한 차별을 두었기 때문에 어린아이라도 장가를 들면 상투를 틀고 존대를 했으며, 나이가 아무리 많아도 장가를 들지 않은 이들에게는 하댓말을 썼다고 한다. 이러한 대접을 면하고자 미혼자가 장가를 들지 않고 상투를 틀기도 했는데 이를 건상투라 불렀으며, 사정을 아는 동네 사람들은 건상투를 틀었다고 하더라도 여전히 하댓말로 대하였다고 전해진다.

① 일제의 단발령이 없었다고 하더라도 언젠가 상투는 사라질 문화였겠구나.
② 신라 기마인물의 형상을 보아하니 신라의 상투는 모양이 비슷했겠구나.
③ 장가를 들지 않은 이가 상투를 틀었다가는 자칫 큰 벌을 받았겠구나.
④ '상투를 틀었다.'는 말은 장가를 들었거나 제대로 성인취급을 받을 만하다는 뜻이겠구나.

☑ 오답 Check! ○ ×

02 다음 글에 드러난 글쓴이의 생각과 거리가 먼 것은?

내 주변에는 나처럼 생기고 나와 비슷하게 행동하는 수많은 사람들이 있다. 나는 그들과 경험을 공유하며 살아간다. 그렇다면 그들도 나와 같은 느낌을 가지고 있을까? 가령, 나는 손가락을 베이면 아프다는 것을 다른 무엇으로부터도 추리하지 않고 직접 느낀다. 하지만 다른 사람의 경우에는 '아야!'라는 말과 움츠리는 행동을 통해 그가 아픔을 느꼈으리라고 추측할 수밖에 없다. 이때 그가 느낀 아픔은 내가 느낀 아픔과 같은 것일까?

물론 이 물음은 다른 사람이 실제로는 아프지 않은데 거짓으로 아픈 척했다거나, 그가 아픔을 느꼈을 것이라는 나의 추측이 잘못되었다는 것과는 관계가 없다. '아프냐? 나도 아프다.'라는 말에서처럼, 나는 다른 사람이 아픔을 느낀다는 것을 그의 말이나 행동으로 알고, 그 아픔을 함께 나눌 수도 있다. 하지만 그의 아픔이 정말로 나의 아픔과 같은 것인지 묻는 것은 다른 문제이다.

이 문제에 대한 고전적인 해결책은 유추의 방법을 사용하는 것이다. 나는 손가락을 베었을 때 느끼는 아픔을 '아야!'라는 말이나 움츠리는 행동을 통해 나타낸다. 그래서 다른 사람도 그러하리라 전제하고는, 다른 사람이 나와 같은 말이나 행동을 하면 '저 친구도 나와 같은 아픔을 느꼈겠군.'하고 추론한다. 말이나 행동의 동일성이 느낌의 동일성을 보장한다는 것이다. 그러나 이 논증의 결정적인 단점은 내가 아는 단 하나의 사례, 곧 나의 경험에만 의지하여 다른 사람도 나와 같은 아픔을 느낀다고 판단한다는 것이다.

이런 문제는 우리가 다른 사람의 느낌을 직접 관찰할 수 없기 때문에 생긴다. 만일 다른 사람의 느낌 자체를 관찰할 방법이 있다면 이 문제는 해결될 수 있을 것이다. 기술이 놀랍게 발달하여 두뇌 속 뉴런의 발화(發火)를 통해 인간의 모든 심리 변화를 관찰할 수 있다고 치자. 그러면 제삼자가 나와 다른 사람의 뉴런 변화를 비교하여 그것이 같은지 다른지 판단할 수 있다. 그러나 이때에도 나는 특정한 뉴런 변화가 나의 '이런' 느낌과 관련된다는 것은 분명히 알 수 있지만, 그 관련이 다른 사람의 경우에도 똑같이 적용되는가 하는 것까지는 알 수 없다.

일부 철학자와 심리학자는 아예 '느낌'을 '관찰할 수 있는 모습과 행동 바로 그것'이라고 정의하는 방식으로 해결책을 찾기도 한다. 그러나 이것은 분명히 행동 너머에 있는 것처럼 생각되는 느낌을 행동과 같다고 정의해버렸다는 점에서 문제의 해결이라기보다는 단순한 해소인 것처럼 보인다. 그보다는 다양한 가설을 설정하고 그들 간의 경쟁을 통해 최선의 해결책으로 범위를 좁혀가는 방법이 합리적일 것이다.

① 나의 경험이 다른 사람의 느낌을 파악하는 데 무엇보다 중요한 요소이다.
② 우리는 추측을 통해서만 다른 사람의 아픔을 느낄 수 있다.
③ 뉴런의 발화만으로는 인간의 모든 심리 변화를 이해할 수 없다.
④ 일부 철학자와 심리학자가 느낌을 정의한 방식에서 벗어나 새로운 가설을 설정해야 한다.

03 다음 글을 통해 확인할 수 없는 것은?

흔히들 『삼국지』에서 가장 인기 있는 장수를 고르라 할 때 먼저 손꼽히는 인물인 관우는, 사실 중국에서 신으로 추앙받고 있기도 하다. 본래 관우는 삼국시대 촉나라 유비의 심복이자 의형제로서 유능한 장수로 활약한 인물이다. 그런 관우에 대한 신격화가 시작된 것은 수, 당대부터라는 견해가 일반적이나 몇몇 학자들은 수, 당대 이전의 위진 남북조 시대에서 그 기원을 찾기도 한다. 위진남북조 시대 때 촌락의 공동체 정신이 약해지며 기존 촌락에서 믿던 수호신을 대신해 개인의 신적인 경향이 강한 성황신이나 토지신이 중심이 되면서 자연스레 관우가 신으로 모셔지게 되었다는 것이다.
한편 관우는 불교와 도교와 만나 새로운 신앙을 만들기도 하였는데, 당대 불교가 민간 포교활동의 일환으로 관우의 전설을 이용했기 때문이다. 도교의 경우 전란을 피해 전국 각지로 흩어지던 중 관우의 민간신앙과 결합하면서 보다 대중적으로 변했고, 이 과정에서 도교의 한 신으로 수용되었다.
관우는 또한 높은 의리와 충의의 이미지 때문에 재물의 신으로써 알려지기도 하는데, 송, 원대 이후 교역에 있어 상인들이 법의 보호 없이 서로의 도덕성에 의존해야 되는 상황에 직면하게 되면서 상호 간의 신뢰를 만드는 데 관우의 이미지가 중요한 역할을 했기 때문이다.

① 관우가 신으로 추앙받기 시작한 시대에 대해서는 몇몇 학자들의 의견이 엇갈리고 있다.
② 관우는 민간신앙 외의 종교와도 연관이 있는 신이다.
③ 관우는 지배층에서 특히 인기를 얻은 신이었다.
④ 관우가 재물의 신으로 알려진 것은 그가 생전에 의리와 충의를 지킨 인물이었기 때문이다.

☑ 오답 Check! ○ ✕

04 다음 글의 제목과 부제로 적절한 것은?

대개 우리는 그림을 볼 때 당연히 '무엇을 그린 것인가?'라고 묻게 된다. 우리의 일상적인 언어 습관에 따르면, '그리다'라는 동사 자체가 이미 그려지는 대상을 함축하고 있기 때문이다. 이어서 우리는 그림을 현실 혹은 허구 속의 대상과 동일시한다. 아리스토텔레스는 이것만으로도 '재인식'의 기쁨을 맛볼 수 있다고 했다. 하지만 미로의 「회화」와 같은 작품에는 우리가 그림을 볼 때 당연히 기대하는 것, 즉 식별 가능한 대상이 빠져 있다. 도대체 무엇을 그린 것인지 아무리 찾아봐도 알 수가 없다.

'대상성의 파괴'로 지칭되는 이러한 예술 행위는 형태와 색채의 해방을 가져온다. 이제 형태와 색채는 대상을 재현할 의무에서 해방되어 자유로워진다. 대상성에서 해방되어 형태와 색채의 자유로운 배열이 이루어질수록 회화는 점점 더 음악을 닮아간다. 왜냐하면, 음악 역시 전혀 현실을 묘사하지 않는 음표들의 자유로운 배열이기 때문이다. 실제로 「지저귀는 기계」와 같은 클레의 작품은 음악성을 띠고 있어, 섬세한 감성을 가진 사람은 그림의 형태와 색채에서 미묘한 음조를 느낄 수 있다고 한다. 시인 릴케는 어느 편지에서 "그가 바이올린을 연주한다고 얘기하지 않았더라도, 나는 여러 가지 점에서 클레의 그림들이 음악을 옮겨 적은 것임을 알 수 있었다."라고 말한 바 있다.

대상을 재현하려 했던 고전적 회화는 재현 대상을 가리키는 일종의 '기호'였지만 재현을 포기한 현대 미술은 더 이상 그 무언가의 '기호'이기를 거부한다. 기호의 성격을 잃은 작품이 논리적으로 일상적 사물과 구별되지 않고 그 자체가 하나의 아름다운 사물이 되어 버리는 경우도 존재하며, 여기서 현대 예술의 오브제화가 시작된다. '오브제'란 예술에 일상적 사물을 그대로 끌어들이는 것을 말한다. 예술 자체가 하나의 사물이 되어 작품과 일상적 사물의 구별은 이제 사라지게 된 것이다.

현대 미술은 그림 밖의 어떤 사물을 지시하지 않는다. 지시하는 게 있다면 오직 자기 자신뿐이다. 여기서 의미 정보에서 미적 정보로의 전환이 시작된다. 미술 작품의 정보 구조를 둘로 나눌 수 있는데, 미술 작품의 내용이나 주제에 관련된 것이 '의미 정보'에 해당한다면 색과 형태라는 형식 요소 자체가 가진 아름다움은 '미적 정보'에 해당한다. 고전 회화에서는 의미 정보를 중시하는 데 반해, 현대 회화에서는 미적 정보를 중시한다. 현대 미술 작품을 보고 '저게 뭘 그린 거야?'라고 물으면 실례가 되는 것은 이 때문이다.

① 현대 회화가 지닌 특징 – 구체적 대상의 재현에서 벗어나
② 현대 미술의 동향 – 음악이 그림에 미친 영향, 헤아릴 수 없어
③ 현대 미술의 철학적 의미 – 가상현실에 몰입하는 경향을 보여
④ 현대 미술의 모든 것 – 새로운 실험 정신, 아직 더 검증받아야

02 문제해결

※ L기업은 새로 출시할 화장품과 관련하여 회의를 하였다. 다음 자료를 읽고 이어지는 질문에 답하시오. [1~2]

〈신제품 홍보 콘셉트 기획 1차 미팅〉

참여자	• 제품 개발팀 : A과장, B대리 • 기획팀 : C과장, D대리, E사원 • 온라인 홍보팀 : F대리, G사원		
회의 목적	• 신제품 홍보 방안 수립 • 제품명 개발	회의 날짜	2019.5.1.(수)

〈제품 특성〉

1. 여드름 치료에 적합한 화장품
2. 성분이 순하고, 향이 없음
3. 이용하기 좋은 튜브형 용기로 제작
4. 타사 여드름 관련 화장품보다 가격이 저렴함

〈회의 결과〉

• 제품 개발팀 : 제품의 특성을 분석
• 기획팀 : 특성에 맞고 소비자의 흥미를 유발하는 제품명 개발
• 온라인 홍보팀 : 현재 출시된 타사 제품에 대한 소비자 반응 확인, 온라인 설문조사 실시

오답 Check! ○ ×

01 다음 회의까지 해야 할 일로 적절하지 않은 것은?

① B대리 : 우리 제품이 피부자극이 적은 성분을 사용했다는 것을 성분표로 작성해 확인해봐야겠어.
② C과장 : 여드름 치료 화장품이니 주로 청소년층이 우리 제품을 구매할 가능성이 커. 그러니 청소년층에게 흥미를 일으킬 수 있는 이름을 고려해야겠어.
③ D대리 : 현재 판매되고 있는 타사 여드름 제품의 이름을 조사해야지.
④ F대리 : 화장품과 관련된 커뮤니티에서 타사의 여드름 제품에 대한 반응을 확인해야겠다.

오답 Check! ○ ×

02 온라인 홍보팀 G사원은 온라인에서 타사의 여드름 화장품에 대한 소비자의 반응을 조사해 추후 회의에 가져갈 생각이다. 다음 중 회의에 가져갈 반응으로 적절하지 않은 것은?

① A응답자 : 여드름용 화장품에 들어간 알코올 성분 때문에 얼굴이 화끈거리고 따가워요.
② B응답자 : 화장품이 유리용기에 담겨있어 쓰기에 불편해요.
③ C응답자 : 향이 강한 제품이 많아 거부감이 들어요.
④ D응답자 : 여드름용 화장품을 판매하는 매장이 적어 구입하기가 불편해요.

Hard

오답 Check! O X

03 다음은 L사에서 근무하는 K사원의 업무일지이다. K사원이 출근 후 해야 할 일 중 두 번째로 해야 할 일은 무엇인가?

날짜	2019년 4월 17일 수요일
내용	[오늘 할 일] • 팀 회의 준비 – 회의실 예약 후 마이크 및 프로젝터 체크 • 외주업체로부터 판촉 행사 브로슈어 샘플 디자인 받기 • 지난 주 외근 지출결의서 총무부 제출(늦어도 퇴근 전까지) • 회사 홈페이지, 관리자 페이지 및 업무용 메일 확인(출근하자마자 확인) • 14시 브로슈어 샘플 디자인 피드백 팀 회의 [주요 행사 확인] • 5월 2일 화요일 – 5월 데이행사(오이데이) • 5월 12일 금요일 – 또 하나의 마을(충북 제천 흑선동 본동마을) • 5월 15일 월요일 – 성년의 날(장미꽃 소비촉진 행사)

① 회의실 예약 후 마이크 및 프로젝터 체크

② 외주업체로부터 브로슈어 샘플 디자인 받기

③ 외근 관련 지출결의서 총무부 제출

④ 회사 홈페이지, 관리자 페이지 및 업무용 메일 확인

Hard

04 L회사에서는 자사의 제품을 효과적으로 홍보하기 위하여 미디어 이용률을 조사하였으며, 다음과 같은 결과를 얻었다. 다음의 자료를 참고하여 직원들이 대화를 나눌 때, 다음 중 올바르지 않은 발언을 한 사람은 누구인가?

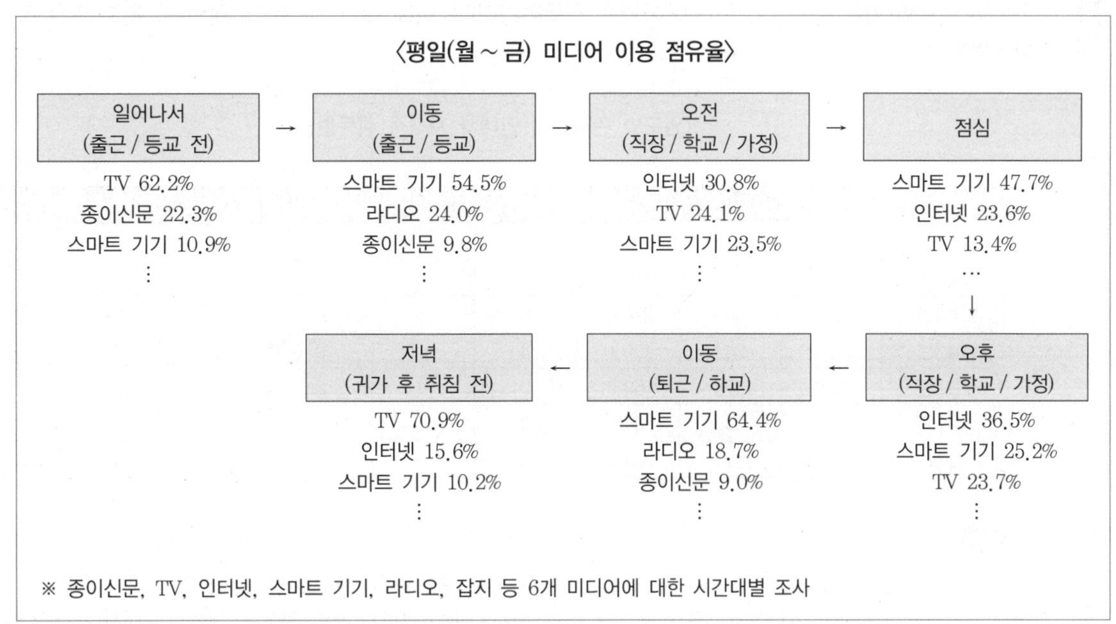

① A : 평일에는 일어나서 잠들기까지 'TV(출근 / 등교 전) → 스마트 기기(출근 / 등교 중) → 인터넷(직장 / 학교 / 가정) → 스마트 기기(퇴근 / 하교 중) → TV(귀가 후 취침 전)'를 주로 이용합니다.

② B : 저번 달에 자사 제품을 잡지에 실어 홍보했었는데, 각 시간대별 이용률이 10% 미만인 것을 보니 다른 홍보채널을 재검토하는 것이 좋을 것 같습니다.

③ C : 만약 자사 제품을 TV 광고로 노출시킨다면 저녁 시간대를 가장 먼저 고려하여야 할 것 같습니다.

④ D : 출퇴근 및 등하교 시에는 절반 이상이 스마트 기기를 이용하고 있습니다. 스마트 기기에 노출할 수 있는 홍보 전략을 수립해야겠습니다.

03 자료해석

☑ 오답 Check! ○ ✕

01 다음은 연도별 기준 관광통역 안내사 자격증 취득현황이다. 이에 대한 〈보기〉의 설명 중 옳지 않은 것을 모두 고르면?

〈연도별 관광통역 안내사 자격증 취득현황〉

(단위 : 명)

구분	영어	일어	중국어	불어	독어	스페인어	러시아어	베트남어	태국어
2016년	464	153	1,418	6	3	3	6	5	15
2015년	344	137	1,963	7	3	4	5	5	17
2014년	379	266	2,468	3	1	4	6	15	35
2013년	238	244	1,160	3	4	3	4	4	8
2012년	166	278	698	2	3	2	3	–	12
2011년	156	357	370	2	2	1	5	1	4
합계	1,747	1,435	8,077	23	16	17	29	30	91

보기

ㄱ. 영어와 스페인어 관광통역 안내사 자격증 취득자는 2012년부터 2016년까지 매년 전년 대비 증가하였다.
ㄴ. 중국어 관광통역 안내사 자격증 취득자는 2014년부터 2016년까지 매년 일어 관광통역 안내사 자격증 취득자의 8배 이상이다.
ㄷ. 태국어 관광통역 안내사 자격증 취득자 수 대비 베트남어 취득자 수 비율은 2013년부터 2015년까지 매년 증가하였다.
ㄹ. 불어 관광통역 안내사 자격증 취득자 수와 스페인어 관광통역 안내사 자격증 취득자 수는 2012년부터 2016년까지 전년 대비 증감추이가 동일하다.

① ㄱ
② ㄴ, ㄹ
③ ㄱ, ㄷ
④ ㄱ, ㄷ, ㄹ

※ 다음은 각 국가별 활동 의사 수에 대한 자료이다. 이어지는 물음에 답하시오. **[2~3]**

〈국가별 활동 의사 수〉

(단위 : 천 명/십만 명당)

구분	2000년	2006년	2010년	2011년	2012년	2013년	2014년	2015년	2016년
캐나다	2.1	2.1	2.1	2.1	2.1	2.1	2.1	2.1	2.2
덴마크	–	2.5	2.7	2.7	2.8	2.9	3.0	3.1	3.2
프랑스	3.1	3.3	3.3	3.3	3.4	3.4	3.4	3.4	3.4
독일	–	3.1	3.3	3.3	3.3	3.4	3.4	3.4	3.5
그리스	3.4	3.9	4.3	4.4	4.6	4.8	4.9	5.0	5.4
헝가리	2.8	3.0	3.1	3.2	3.2	3.3	3.3	2.8	3.0
이탈리아	–	3.9	4.1	4.3	4.4	4.1	4.2	3.8	3.7
일본	1.7	–	1.9	–	2.0	–	2.0	–	2.1
한국	0.8	1.1	1.3	1.4	1.5	1.6	1.6	1.6	1.7
멕시코	1.0	1.7	1.6	1.5	1.5	1.6	1.7	1.8	1.9
네덜란드	2.5	–	3.2	3.3	3.4	3.5	3.6	3.7	3.8
뉴질랜드	1.9	2.1	2.2	2.2	2.1	2.2	2.2	2.1	2.3
노르웨이	–	2.8	2.9	3.0	3.4	3.4	3.5	3.7	3.8
미국	–	2.2	2.3	2.4	2.3	2.4	2.4	2.4	2.4

오답Check! ○ ×

02 〈보기〉 중 자료를 보고 판단한 내용으로 적절하지 않은 것을 모두 고르면?

보기

ㄱ. 2011년의 활동 의사 수는 그리스가 한국의 4배 이상이다.
ㄴ. 이 추이대로라면 활동 의사 수는 앞으로 10년 이내에 한국이 캐나다를 넘어설 것이다.
ㄷ. 2016년 활동 의사 수가 가장 많은 나라의 활동 의사 수는 가장 적은 나라의 3배 이상이다.

① ㄱ
② ㄴ
③ ㄱ, ㄴ
④ ㄴ, ㄷ

오답Check! ○ ×

03 다음 중 주어진 자료에 대한 설명으로 옳은 것은?

① 네덜란드의 2015년 활동 의사 수는 같은 해 활동 의사 수가 가장 많은 나라에 비해 1.7천 명 적다.
② 활동 의사 수가 의료환경과 비례한다면, 의료환경이 가장 열악한 나라는 멕시코이다.
③ 그리스의 활동 의사 수는 미국보다 매년 두 배 이상 높은 수치를 보인다.
④ 2014년 활동 의사 수가 가장 적은 나라는 한국이며, 가장 많은 나라는 그리스이다.

04 언어논리

☑ 오답Check! ○ ✕

01 갑, 을, 병, 정이 함께 중식당에서 음식을 주문했는데 각자 주문한 음식이 다르다. 그런데 짜장면을 주문한 사람은 언제나 진실을 말하고 볶음밥을 주문한 사람은 언제나 거짓을 말하며, 짬뽕과 우동을 주문한 사람은 진실과 거짓을 한 개씩 말한다. 이들이 다음과 같이 진술했을 때 주문한 사람과 음식이 일치하는 것은?

> 갑 : 병은 짜장면, 을은 짬뽕을 시켰다.
> 을 : 병은 짬뽕, 정은 우동을 시켰다.
> 병 : 갑은 짜장면, 정은 우동을 시켰다.
> 정 : 을은 짬뽕, 갑은 볶음밥을 주문했다.

① 갑 – 짬뽕　　② 을 – 볶음밥
③ 병 – 짜장면　　④ 정 – 우동

☑ 오답Check! ○ ✕

02 마지막 명제가 참일 때, 다음 빈칸에 들어갈 명제로 가장 적절한 것은?

> 승용차를 탄다면 서울에 거주한다는 것이다.
> ________________
> 연봉이 높아졌다는 것은 야근을 많이 했다는 것이다.
> 그러므로 연봉이 높다는 것은 서울에 거주한다는 것이다.

① 서울에 거주한다면 연봉이 높다는 것이다.
② 야근을 많이 해도 서울에 거주하는 것은 아니다.
③ 승용차를 타지 않는다면 야근을 많이 하지 않는 것이다.
④ 승용차를 탄다고 해도 야근을 많이 하지는 않는다.

☑ 오답Check! ○ ✕

03 다음 문장을 읽고 유추할 수 없는 것은?

> • 예술가는 조각상을 좋아한다.
> • 철학자는 조각상을 좋아하지 않는다.
> • 조각상을 좋아하는 사람은 귀족이다.
> • 예술가가 아닌 사람은 부유하다.

① 예술가는 철학자가 아니다.　　② 예술가는 귀족이다.
③ 철학자는 부유하다.　　④ 부유하면 귀족이다.

※ 다음 제시된 낱말의 대응 관계로 볼 때, 빈칸에 들어가기에 알맞은 것으로 짝지어진 것을 고르시오. [4~6]

Easy

오답 Check! ○ ×

04

커피 : 카페인 = ( ) : ( )

① 레몬 : 비타민
② 나무 : 책
③ 얼음 : 물
④ 녹차 : 홍차

오답 Check! ○ ×

05

소리 : ( ) = ( ) : 켜다

① 울리다, 잠
② 말다, 줄
③ 듣다, 불
④ 기지개, 연주

Hard

오답 Check! ○ ×

06

목불식정 : 문일지십 = 세한송백 : ( )

① 상전벽해
② 만고불변
③ 일편단심
④ 초지일관

CHAPTER

04 2018년 하반기 최신기출문제

정답 및 해설 p.016

01 언어이해

※ 다음 글을 읽고 이어지는 질문에 답하시오. [1~2]

보험은 같은 위험을 보유한 다수인이 위험 공동체를 형성하여 보험료를 납부하고, 보험 사고가 발생하면 보험금을 지급받는 제도이다. 보험 상품을 구입한 사람은 장래의 우연한 사고로 인한 경제적 손실에 ㉠ 대비할 수 있다. 보험금 지급은 사고 발생이라는 우연적 조건에 따라 결정되는데, 이처럼 보험은 조건의 실현 여부에 따라 받을 수 있는 재화나 서비스가 달라지는 조건부 상품이다.

위험 공동체의 구성원이 납부하는 보험료와 지급받는 보험금은 그 위험 공동체의 사고 발생 확률을 근거로 산정된다. 특정 사고가 발생할 확률은 정확히 알 수 없지만 그동안 발생된 사고를 바탕으로 그 확률을 예측한다면, 관찰 대상이 많아짐에 따라 실제 사고 발생 확률에 ㉡ 근접하게 된다.

본래 보험 가입의 목적은 금전적 이득을 취하는 데 있는 것이 아니라 장래의 경제적 손실을 보상받는 데 있으므로 위험 공동체의 구성원은 자신이 속한 위험 공동체의 위험에 상응하는 보험료를 납부하는 것이 공정할 것이다. 따라서 공정한 보험에서는 구성원 각자가 납부하는 보험료와 그가 지급받을 보험금에 대한 기댓값이 일치해야 하며 구성원 전체의 보험료 총액과 보험금 총액이 일치해야 한다. 이때 보험금에 대한 기댓값은 사고가 발생할 확률에 사고 발생 시 수령할 보험금을 곱한 값이다.

보험금에 대한 보험료의 비율(보험료/보험금)을 보험료율이라 하는데, 보험료율이 사고 발생 확률보다 높으면 구성원 전체의 보험료 총액이 보험금 총액보다 더 많고, 그 반대의 경우에는 구성원 전체의 보험료 총액이 보험금 총액보다 더 적게 된다. 따라서 공정한 보험에서는 보험료율과 사고 발생 확률이 같아야 한다. 물론 현실에서 보험사는 영업 활동에 소요되는 비용 등을 보험료에 반영하기 때문에 공정한 보험이 적용되기 어렵지만, 기본적으로 위와 같은 원리를 바탕으로 보험료와 보험금을 산정한다.

그런데 보험 가입자들이 자신이 가진 위험의 정도에 대해 진실한 정보를 알려 주지 않는 한, 보험사는 보험 가입자 개개인이 가진 위험의 정도를 정확히 파악하여 거기에 ㉢ 상응하는 보험료를 책정하기 어렵다. 이러한 이유로 사고 발생 확률이 비슷하다고 예상되는 사람들로 구성된 어떤 위험 공동체에 사고 발생 확률이 더 높은 사람들이 동일한 보험료를 납부하고 진입하게 되면, 그 위험 공동체의 사고 발생 빈도가 높아져 보험사가 지급하는 보험금의 총액이 증가한다. 보험사는 이를 ㉣ 보전하기 위해 구성원이 납부해야 할 보험료를 인상할 수밖에 없다. 결국 자신의 위험 정도에 상응하는 보험료보다 더 높은 보험료를 납부하는 사람이 생기게 되는 것이다.

이러한 문제는 정보의 비대칭성에서 비롯되는데 보험 가입자의 위험 정도에 대한 정보는 보험 가입자가 보험사보다 더 많이 갖고 있기 때문이다. 이를 해결하기 위해 보험사는 보험 가입자의 감춰진 특성을 파악할 수 있는 수단이 필요하다. 우리 상법에 규정되어 있는 고지 의무는 이러한 수단이 법적으로 구현된 제도이다. 보험 계약은 보험 가입자의 청약과 보험사의 승낙으로 성립된다. 보험 가입자는 반드시 계약을 체결하기 전에 '중요한 사항'을 알려야 하고, 이를 사실과 다르게 진술해서는 안 된다. 여기서 '중요한 사항'은 보험사가 보험 가입자의 청약에 대한 승낙을 결정하거나 차등적인 보험료를 책정하는 근거가 된다. 따라서 고지 의무는 결과적으로 다수의 사람들이 자신의 위험 정도에 상응하는 보험료보다 더 높은 보험료를 납부해야 하거나, 이를 이유로 아예 보험에 가입할 동기를 상실하게 되는 것을 방지한다.

☑ 오답Check! ○ ×

01 윗글의 내용과 일치하지 않는 것은?

① 보험은 조건부 상품으로, 제공되는 재화나 서비스가 달라질 수 있다.
② 현실에서 공정한 보험이 적용되기 어려운 이유는 보험사의 영업 활동 비용 등이 보험료에 반영되기 때문이다.
③ 사고 발생 확률이 보험료율보다 높으면 구성원 전체의 보험료 총액이 보험금 총액보다 더 많게 된다.
④ 보험 가입자는 보험사보다 보험 가입자의 위험 정도에 대한 정보를 많이 가지고 있다.

Easy

☑ 오답Check! ○ ×

02 다음 중 밑줄 친 ㉠~㉣을 대체할 수 있는 단어로 적절하지 않은 것은?

① ㉠ – 대처
② ㉡ – 인접
③ ㉢ – 상당
④ ㉣ – 보존

※ 다음 글을 읽고 물음에 답하시오. **[3~4]**

흔히 지방은 비만의 주범으로 지목된다. 대부분의 영양학자들은 지방이 단백질이나 탄수화물보다 단위 질량당 더 많은 칼로리를 내기 때문에 과체중을 유발하는 것으로 보았다. 그래서 저지방 식단이 비만을 막는 것으로 여겨지기도 했다. 하지만 저지방 식단의 다이어트 효과는 오래 가지 않는 것으로 밝혀졌다. 최근의 연구에 따르면 비만을 피하는 최선의 방법은 섭취하는 지방의 양을 제한하는 것이 아니라 섭취하는 총열량을 제한하는 것이다.

또한 '지방'이라 하면 여러 질병의 원인으로서 인체에 해로운 것으로 인식되기도 한다. 문제가 되는 것은 '전이지방'이다. 전이지방은 천연 상태의 기름에 수소를 첨가하여 경화시키는 특수한 물리・화학적 처리에 따라 생성되는 것으로서, 몸에 해로운 포화지방의 비율이 자연 상태의 기름보다 높다. 전이지방은 '부분경화유'나 '야채쇼트닝' 등의 형태로 치킨, 케이크, 라면, 쿠키 등 각종 식품에 첨가된다. 전이지방은 각종 신선 식품의 신선도를 유지하고 과자류를 잘 부서지지 않게 하기 때문에 그 유해성에도 불구하고 식품 첨가물로 흔히 쓰인다. 전이지방을 섭취하면 동맥경화, 협심증, 심근경색 등 심혈관계 질환이나 유방암 등이 발병할 수 있다. 이러한 전이지방이 지방을 대표하는 것으로 여겨지면서 지방이 심장 질환을 비롯한 여러 질병의 원인으로 지목됐던 것이다.

그렇다면 지방의 누명을 어떻게 벗겨줄 것인가? 중요한 것은 지방이라고 모두 같은 지방은 아니라는 사실을 일깨우는 것이다. 지방은 인체에서 비타민이나 미네랄만큼 유익한 작용을 많이 한다. 견과류와 채소기름, 생선 등에서 얻는 필수 지방산은 면역계와 피부, 신경 섬유 등에 이로운 구실을 하고 정신 건강을 유지시켜 준다. 불포화지방의 섭취는 오히려 각종 질병의 위험을 감소시키며, 체내의 지방 세포는 장수에 도움을 주기도 한다. 그렇다고 해서 불포화지방을 무턱대고 많이 섭취하라는 것은 아니다. 인체의 필수 영양소가 균형을 이루는 선에서 섭취하는 것이 바람직하다.

사람들 중에는 지방을 제거하기 위해 체내의 지방 흡수를 인위적으로 차단하는 비만치료제를 이용하는 이도 있는데, 이러한 비만치료제는 인체 시스템에 악영향을 끼치기도 한다. 만일 이 비만 치료제가 몸에 좋은 지방과 그렇지 않은 지방을 구별하는 눈을 가졌다면 권장할 만하다. 하지만 모든 유형의 지방이 우리 몸에 흡수되는 것을 막는 것이 문제다. 게다가 이 비만치료제는 지방질만 제거하는 것이 아니라 지방질과 함께 소화 흡수되어 시력보호나 노화 방지를 돕는 지용성 비타민까지 걸러내게 마련이다. 시력을 떨어뜨리고 노화를 촉진하는 약품을 먹을 이유는 없다. 그것도 만만찮은 비용까지 부담하면서 말이다.

지방이 각종 건강상의 문제를 야기하는 것은 지방 그 자체의 속성 때문이라기보다는 지방을 섭취하는 인간의 '자기 관리'가 허술했기 때문이다. 체지방의 경우 과다하게 축적되면 비만한 체형을 형성하는 주요인이 되기도 하고 건강을 위협할 수도 있지만, 적당히 신체에 고루 분포된 체지방은 균형 잡힌 체형의 필수 조건이다. 그러므로 지방과 다른 영양소와의 조화를 염두에 두고, 좋고 나쁜 지방을 분별력 있게 가려 섭취한다면 지방 걱정은 한낱 기우에 불과할 수도 있다.

☑ 오답 Check! ○ ×

03 윗글의 내용과 일치하지 않는 것은?

① 지용성 비타민은 시력을 보호하고 노화를 방지하는 데 도움을 준다.
② 전이지방은 신선 식품의 신선도를 유지하고 과자류를 잘 부서지지 않게 하는 기능이 있다.
③ 지방이 단백질과 탄수화물보다 단위 질량당 칼로리가 높다는 것은 최근에 오류로 밝혀졌다.
④ 지방을 섭취함에 있어서 자기 관리가 철저하면 지방이 야기하는 여러 질병을 피할 수 있다.

☑ 오답 Check! ○ ×

04 윗글의 논지 전개 방식으로 가장 적절한 것은?

① 새로운 용어를 소개하고 그 유래를 밝히고 있다.
② 대상에 대한 다양한 견해들의 장단점을 분석하고 있다.
③ 서로 대립하는 견해를 비교하고 이를 절충하여 통합하고 있다.
④ 대상에 대한 통념의 문제점을 지적하고 올바른 이해를 유도하고 있다.

02 문제해결

※ 다음은 스케줄 조정을 위한 마케팅부의 대화내용이다. C차장 입장에서 본 메신저일 때, 이어지는 질문에 답하시오. **[1~2]**

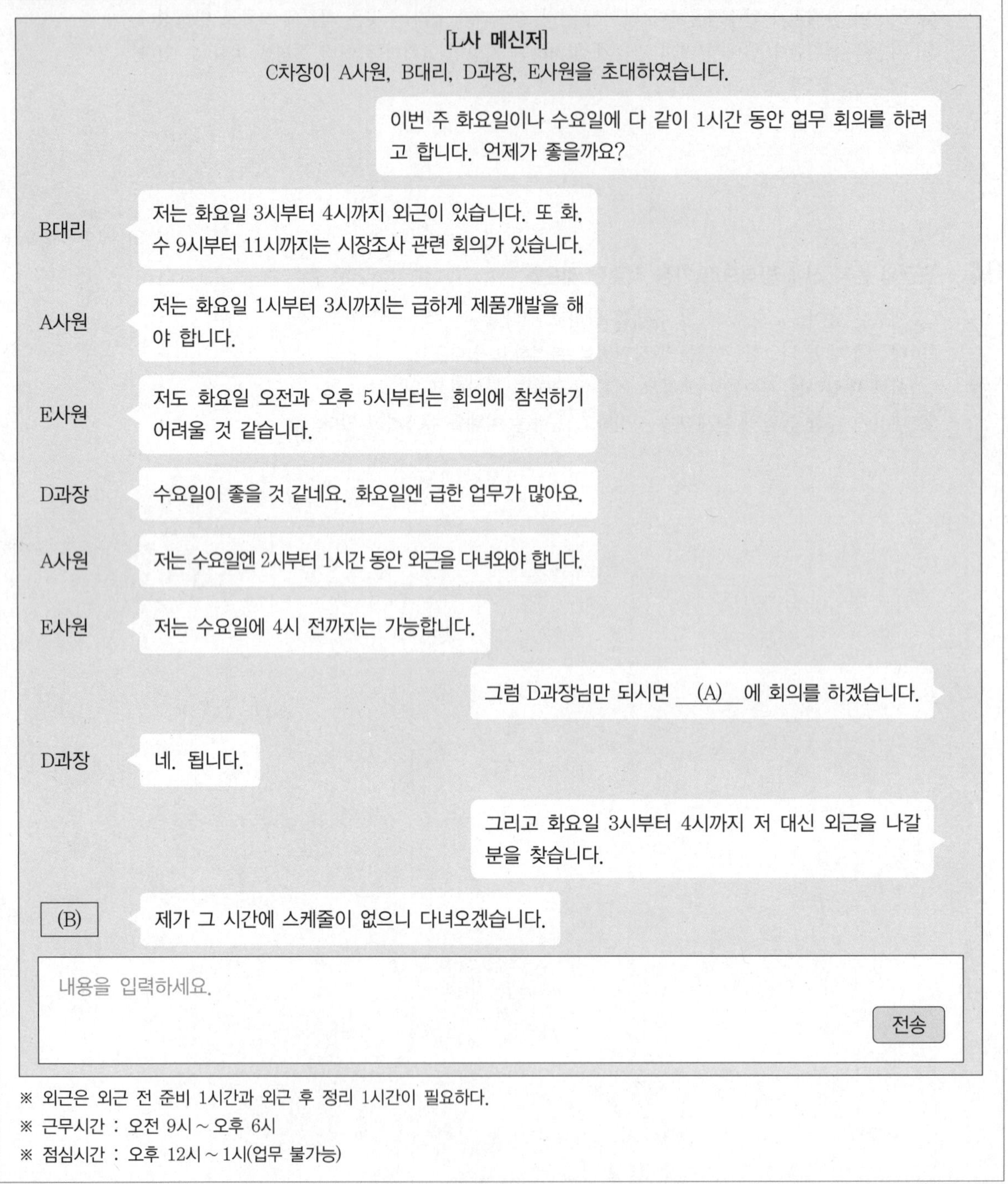

[L사 메신저]
C차장이 A사원, B대리, D과장, E사원을 초대하였습니다.
이번 주 화요일이나 수요일에 다 같이 1시간 동안 업무 회의를 하려고 합니다. 언제가 좋을까요?
B대리
저는 화요일 3시부터 4시까지 외근이 있습니다. 또 화, 수 9시부터 11시까지는 시장조사 관련 회의가 있습니다.
A사원
저는 화요일 1시부터 3시까지는 급하게 제품개발을 해야 합니다.
E사원
저도 화요일 오전과 오후 5시부터는 회의에 참석하기 어려울 것 같습니다.
D과장
수요일이 좋을 것 같네요. 화요일엔 급한 업무가 많아요.
A사원
저는 수요일엔 2시부터 1시간 동안 외근을 다녀와야 합니다.
E사원
저는 수요일에 4시 전까지는 가능합니다.
그럼 D과장님만 되시면 (A) 에 회의를 하겠습니다.
D과장
네. 됩니다.
그리고 화요일 3시부터 4시까지 저 대신 외근을 나갈 분을 찾습니다.
(B)
제가 그 시간에 스케줄이 없으니 다녀오겠습니다.
내용을 입력하세요.
전송

※ 외근은 외근 전 준비 1시간과 외근 후 정리 1시간이 필요하다.
※ 근무시간 : 오전 9시 ~ 오후 6시
※ 점심시간 : 오후 12시 ~ 1시(업무 불가능)

☑ 오답Check! ○ ✕

01 위의 대화내용에 따라 판단할 때, (A)에 들어갈 회의시간은 언제인가?

① 수요일 오전 10시
② 수요일 오전 11시
③ 수요일 오후 1시
④ 수요일 오후 3시

Easy

☑ 오답Check! ○ ✕

02 위의 대화내용에 따라 판단할 때, (B)에 들어갈 직원을 고르면?

① A사원
② B대리
③ D과장
④ E사원

※ 다음은 호텔별 연회장 대여 현황에 대한 자료이다. 이를 참고하여 질문에 답하시오. [3~4]

〈호텔별 연회장 대여 현황〉

건물	연회장	대여료	수용 가능 인원	회사로부터 거리	비고
A호텔	연꽃실	140만 원	200명	6km	2시간 이상 대여 시 추가비용 40만 원
B호텔	백합실	150만 원	300명	2.5km	1시간 초과 대여 불가능
C호텔	매화실	150만 원	200명	4km	이동수단 제공
	튤립실	180만 원	300명	4km	이동수단 제공
D호텔	장미실	150만 원	250명	4km	–

☑ 오답 Check! ○ ✕

03 총무팀에 근무하고 있는 이 대리는 김 부장에게 다음과 같은 지시를 받았다. 이 대리가 연회장 예약을 위해 지불해야 하는 예약금은 얼마인가?

> 다음 주에 있을 회사창립 20주년 기념행사를 위해 준비해야 할 것들 알려줄게요. 먼저 다음 주 금요일 오후 6시부터 8시까지 사용 가능한 연회장 리스트를 뽑아서 행사에 적합한 연회장을 예약해주세요. 연회장 대여를 위한 예산은 160만 원이고, 회사에서의 거리가 가까워야 임직원들이 이동하기에 좋을 것 같아요. 행사 참석 인원은 240명이고, 이동수단을 제공해준다면 우선적으로 고려하도록 하세요. 예약금은 대여료의 10%라고 하니 예약 완료하고 지불하도록 하세요.

① 14만 원
② 15만 원
③ 16만 원
④ 18만 원

☑ 오답 Check! ○ ✕

04 회사창립 20주년 기념행사의 연회장 대여 예산이 200만 원으로 증액된다면, 이 대리는 어떤 연회장을 예약하겠는가?

① A호텔 연꽃실
② B호텔 백합실
③ C호텔 튤립실
④ D호텔 장미실

03 자료해석

☑ 오답Check! ○ ×

01 다음은 15 ~ 24세의 청년들을 대상으로 가장 선호하는 직장에 대해 조사한 통계자료이다. 자료를 해석한 것으로 옳지 않은 것은?

〈15 ~ 24세가 가장 선호하는 직장〉

(단위 : %)

구분		국가기관	공기업	대기업	벤처기업	외국계기업	전문직기업	중소기업	해외취업	자영업	기타
성별	남성	32.2	11.1	19.5	5	2.8	11.9	2.9	1.8	11.9	0.9
	여성	34.7	10.9	14.8	1.8	4.5	18.5	2	3.7	7.9	1.2
연령	청소년(15 ~ 18세)	35.9	8.1	18.4	4.1	3.1	17.2	2.2	2.7	7.1	1.2
	청소년(19 ~ 24세)	31.7	13.2	16	2.7	4.2	14	2.6	2.8	11.9	0.9
학력	중학교 재학	35.3	10.3	17.6	3.5	3.9	16.5	2	3.1	6.7	1.1
	고등학교 재학	35.9	7.8	18.5	4.3	3	17.5	2.1	2.8	6.8	1.3
	대학교 재학	34.3	14.4	15.9	2.3	5.4	14.6	1.9	3.8	6.5	0.9
	기타	30.4	12.1	16.1	3	3.3	13.5	3.1	2.3	15.3	0.9
가구소득	100만 원 미만	31.9	9.5	18.5	3.9	2.8	15	3	2.5	11.3	1.6
	100 ~ 200만 원 미만	32.6	10.4	19.1	3.5	3.1	14.2	2.6	2.2	11.4	0.9
	200 ~ 300만 원 미만	34.7	11.2	15.9	3.1	3.1	16.1	2.5	2.5	9.8	1.1
	300 ~ 400만 원 미만	36.5	12	15.3	3.6	4	14.5	2.1	3	8.2	0.8
	400 ~ 600만 원 미만	31.9	12	17	2.4	6.4	16.5	1.9	4.6	6.5	0.8
	600만 원 이상	29.1	11.1	15.5	2.8	6.1	18	1.7	3.5	10.5	1.7

① 가구소득이 많을수록 중소기업을 선호하는 비율은 줄어들고 있다.
② 연령을 기준으로 3번째로 선호하는 직장은 15 ~ 18세의 경우와 19 ~ 24세의 경우가 같다.
③ 국가기관은 모든 기준에서 가장 선호하는 비율이 높은 직장이다.
④ 남성과 여성 모두 국가기관에 대한 선호 비율은 공기업에 대한 선호 비율의 3배 이상이다.

※ 다음은 2010년과 2015년의 해수면어업부문 종사 가구 및 성별 인구에 대한 자료이다. 다음 자료를 읽고 이어지는 질문에 답하시오. **[2~3]**

〈해수면어업부문 종사 가구 및 성별 인구 현황〉

(단위 : 가구, 명)

구분	2010년				2015년			
	어가	어가인구			어가	어가인구		
			남자	여자			남자	여자
전국	65,775	171,191	85,590	85,601	54,793	128,352	64,443	63,909
서울특별시	7	25	10	15	9	26	15	11
부산광역시	2,469	7,408	3,716	3,692	2,203	5,733	2,875	2,858
대구광역시	8	29	18	11	3	10	5	5
인천광역시	2,678	6,983	3,563	3,420	2,172	5,069	2,552	2,517
광주광역시	12	37	24	13	8	24	14	10
대전광역시	4	17	7	10	–	–	–	–
울산광역시	1,021	2,932	1,445	1,487	905	2,292	1,125	1,167
경기도	844	2,475	1,278	1,197	762	1,843	955	888
강원도	3,039	8,320	4,302	4,018	2,292	5,669	2,961	2,708
충청남도	11,021	27,302	13,238	14,064	8,162	18,076	8,641	9,435
전라북도	2,633	6,771	3,418	3,353	2,908	6,434	3,259	3,175
전라남도	21,809	54,981	27,668	27,313	18,819	43,818	22,434	21,384
경상북도	4,069	10,422	5,245	5,177	3,017	6,865	3,430	3,435
경상남도	10,768	28,916	14,571	14,345	9,417	22,609	11,543	11,066
제주특별자치도	5,393	14,573	7,087	7,486	4,116	9,884	4,634	5,250

☑ 오답 Check! ○ ✕

02 위 자료에 대한 설명으로 옳은 것은?

① 2015년에 모든 지역에서 어가인구 중 남성이 여성보다 많았다.
② 부산광역시와 인천광역시는 2015년에 2010년 대비 어가인구가 10% 이상 감소하였다.
③ 강원도의 어가 수는 2010년과 2015년 모두 경기도의 어가 수의 4배 이상이다.
④ 2010년에 어가 수가 두 번째로 많은 지역과 어가인구가 두 번째로 많은 지역은 동일하다.

☑ 오답 Check! ○ ✕

03 다음은 위 자료를 토대로 작성한 보고서이다. 다음 내용 중 잘못된 내용을 모두 고른 것은?

> 통계청은 2010년과 2015년의 해수면어업부문에 종사하는 가구 수와 인구에 대한 통계자료를 공개하였다. 자료는 광역자치단체를 기준으로 행정구역별로 구분되어 있다. 자료에 따르면, ㉠ 2010년에 해수면어업에 종사하는 가구가 가장 많은 행정구역은 전라남도였다. ㉡ 반면, 해수면어업 종사 가구 수가 가장 적은 행정구역은 대전광역시로, 가구와 인구 측면에서 모두 최저를 기록하였다. 내륙에 위치한 지리적 특성과 행정도시라는 특성상 어업에 종사하는 가구 및 인구가 적은 것으로 추정된다.
> ㉢ 2015년 해수면어업부문 종사 가구 및 성별 인구 현황을 보면, 어가 수의 경우 부산광역시, 인천광역시 등 3개 이상의 행정구역에서 감소하였지만, 어가가 소멸한 지역은 없었다. 전반적으로 2010년에 비해 어업 종사 가구와 인구가 줄어드는 것은 지속적인 산업구조 변화에 따른 것으로 해석할 수 있다. ㉣ 서울특별시와 강원도만 2010년 대비 2015년에 어가인구가 증가하였다.

① ㉠, ㉡　　② ㉠, ㉢
③ ㉡, ㉢　　④ ㉢, ㉣

04 언어논리

오답 Check! ○ ×

※ 다음 문장을 읽고 유추할 수 있는 것을 고르시오. [1~2]

01

- 사과를 먹으면 볼이 빨갛다.
- 나무에 잘 매달리지 않으면 원숭이가 아니다.
- 볼이 빨가면 원숭이가 아니다.

① 나무에 잘 매달리면 볼이 빨갛다.
② 사과를 먹으면 나무에 잘 매달린다.
③ 원숭이이면 사과를 먹지 않는다.
④ 사과를 먹으면 원숭이이다.

오답 Check! ○ ×

02

- 갑각류가 아니면 가재가 아니다.
- 갑각류는 게 편이다.
- 소라는 게 편이 아니다.

① 소라는 가재가 아니다.
② 소라는 갑각류이다.
③ 게 편이 아니면 소라이다.
④ 소라가 아니면 가재가 아니다.

Hard

오답 Check! ○ ×

03 L기업에서 이번에 새로 구성된 프로젝트 팀 구성원 4명이 대화를 나누고 있다. 팀장과 부팀장은 각각 1명이고, 나머지는 일반 팀원이다. 모든 사람은 진실 혹은 거짓만을 말하며, 2명은 진실, 2명은 거짓을 말하고 있다고 할 때 다음 중 항상 옳은 것은?

준민 : 저는 팀장입니다.
슬비 : 정현 씨는 팀장이거나 부팀장이에요.
정현 : 슬비 씨가 부팀장이에요.
서경 : 준민 씨는 팀장이거나 부팀장이에요. 저는 일반 팀원입니다.

① 서경이는 거짓을 말한다.
② 팀장은 정현이다.
③ 부팀장은 슬비이다.
④ 준민이는 팀장도 부팀장도 아니다.

※ 다음 제시된 낱말의 대응 관계로 볼 때, 빈칸에 들어가기에 알맞은 것으로 짝지어진 것을 고르시오. [4~5]

☑ 오답 Check! ○ ×

04

포도당 : 글리코겐 = (   ) : (   )

① 수소, 산소
② 종이, 책
③ 단백질, 탄수화물
④ 물, 얼음

Easy

☑ 오답 Check! ○ ×

05

핵가족 : 1인가구 = (   ) : (   )

① 소나무, 메타세쿼이아
② 과학, 기술
③ 실, 옷감
④ 학용품, 학교

CHAPTER

05 2018년 상반기 최신기출문제

정답 및 해설 p.020

01 언어이해

※ 다음 글을 읽고 이어지는 물음에 답하시오. [1~3]

(가) 과학과 예술이 무관하다는 주장의 첫 번째 근거는 과학과 예술이 인간의 지적 능력의 상이한 측면을 반영한다는 것이다. 즉 과학은 주로 분석 · 추론 · 합리적 판단과 같은 지적 능력에 기인하는 반면에, 예술은 종합 · 상상력 · 직관과 같은 지적 능력에 기인한다고 생각한다.

(나) 두 번째 근거는 과학과 예술이 상이한 대상을 다룬다는 것이다. 과학은 인간 외부에 실재하는 자연의 사실과 법칙을 다루기에 과학자는 사실과 법칙을 발견하지만, 예술은 인간의 내면에 존재하는 심성을 탐구하며, 미적 가치를 창작하고 구성하는 활동이라고 본다.

(다) 그러나 이렇게 과학과 예술을 대립시키는 태도는 과학과 예술의 특성을 지나치게 단순화하는 것이다. (ⓐ)이(가) 단순한 (ⓑ)의 과정이 아니듯이 (ⓒ)도 순수한 (ⓓ)와(과) 구성의 과정이 아니기 때문이다. 과학에는 상상력을 이용하는 주체의 창의적 과정이 개입하며, 예술 활동은 전적으로 임의적인 창작이 아니라 논리적 요소를 포함하는 창작이다.

(라) 과학 이론이 만들어지기 위해 필요한 것은 냉철한 이성과 객관적 관찰만이 아니다. 새로운 과학 이론의 발견을 위해서는 상상력과 예술적 감수성이 필요하다. 반대로 최근의 예술적 성과 중에는 과학기술의 발달에 의해 뒷받침된 것이 많다.

☑ 오답Check! ○ ×

01 다음 글의 논지를 지지하는 진술로 적절하지 않은 것은?

① 과학자 왓슨과 크릭이 없었더라도 누군가 DNA 이중 나선 구조를 발견하였겠지만, 셰익스피어가 없었다면 『오셀로』는 결코 창작되지 못하였을 것이다.

② 물리학자 파인만이 주장했듯이 과학에서 이론을 정립하는 과정은 가장 아름다운 그림을 그려나가는 예술가의 창작 작업과 흡사하다.

③ 입체파 화가들은 수학자 푸앵카레의 기하학 연구를 자신들의 그림에 적용하고자 하였으며, 이런 의미에서 피카소는 "내 그림은 모두 연구와 실험의 산물이다."라고 말하였다.

④ 천문학자 칼 세이건이 "수학은 시만큼이나 인간적이다."라고 말한 것처럼 과학 또한 인간의 내면에 존재하는 예술적 감수성을 필요로 한다.

☑ 오답 Check! ○ ×

02 **(가) ~ (라)에 대한 설명으로 적절하지 않은 것은?**

① (가) : 기존의 관점에 대해 근거를 제시하며 설명하고 있다.
② (나) : 문제에 대한 대립적인 두 견해를 제시하고 있다.
③ (다) : 기존의 관점을 뒤집는 새로운 관점을 제시하고 있다.
④ (라) : 앞의 문단의 관점을 재차 되풀이하며 주장을 강화하고 있다.

☑ 오답 Check! ○ ×

03 **(다)의 내용으로 볼 때 ⓐ ~ ⓓ에 들어갈 내용으로 각각 적절한 것은?**

	ⓐ	ⓑ	ⓒ	ⓓ
①	예술	창조	과학	발견
②	과학	발견	예술	창조
③	과학	창조	예술	발견
④	예술	발견	과학	창조

※ 다음 글을 읽고 물음에 답하시오. [4~5]

(가) 메디치 가문은 15세기 유럽 문화의 부흥을 일으킨 이탈리아 피렌체의 명문 가문으로, 금융업을 통해 축적한 부와 권력을 통해 100년의 세월 동안 서로 다른 분야의 지식에 통달한 철학자와 시인, 예술가와 시인들을 후원해왔다. 이렇게 모인 서로 다른 분야의 전문가들이 자연스럽게 교류하고 발전하면서 15세기 유럽은 문화적 전성기인 르네상스 시대를 맞이하게 된다.

(나) 메디치 효과(Medici Effect)는 유럽의 르네상스 시대에서 나타난 사례와 같이 서로 다른 영역의 지식인들이 아이디어를 공유하며 모인 교차점에서 예상치 못한 혁신이 일어나는 현상을 의미한다. 메디치 효과는 개별 학문의 탐구 결과를 통해 자칫 단편적이고 일면적인 현상으로 이해하기 쉬운 사회 문화 현상을 복합적으로 파악함은 물론 기존에 없던 전혀 새로운 결과물을 탄생시키기도 한다.

(다) 아프리카 짐바브웨의 수도인 하라레에 있는 이스트 게이트 센터는 메디치 효과를 설명할 때 빠지지 않고 등장하는 대표적인 사례다. 건축가 마이크 피어스는 에어컨이 없는 건물을 만들어달라는 주문을 받고 생물학자로부터 자문을 구해 흰개미가 개미집을 일정한 온도로 유지하는 방법을 건축물에 적용해 냉난방 장치가 없는 건물을 만들었다. 이렇게 만들어진 건물이 바로 이스트 게이트 센터이며, 메디치 효과를 잘 보여주고 있다.

(라) 또한 메디치 효과는 지나치게 복잡하고 다양해진 오늘날의 사회문제를 해결할 수 있는 실마리로 언급되고 있다. 전문가의 맹점은 세분화되고 복잡해진 전반적인 시스템에 대한 몰이해로 인해 문제가 발생했을 시 대응하기 어려워지는 현상을 뜻한다. 메디치 효과는 이러한 문제를 보다 [   ]으로 파악해 적합한 해결책을 제시할 가능성을 내포하고 있다.

오답 Check! ○ ×

04 윗글의 주제로 가장 적절한 것은?

① 메디치 효과의 장단점
② 건축학과 메디치 효과
③ 메디치 효과의 적용 사례
④ 메디치 효과의 특징

Hard

오답 Check! ○ ×

05 (라) 문단의 빈칸에 들어가기에 가장 적절한 것은?

① 거시적
② 미시적
③ 세부적
④ 논리적

※ 다음 글을 읽고 물음에 답하시오. [6~8]

제주도 서귀포시 구억마을에 있는 대정향교에는 이 고장에 유배를 왔던 추사 김정희가 대정현의 훈장인 강사공에게 요청받아 써주었으며 오재복이 글자를 새겨 향교의 동재에 걸었던 의문당(疑問堂)이라는 현판에 관한 이야기가 전해 내려오고 있다. 유생들의 기숙사인 동재에 걸려있던 이 현판은 김정희가 유배생활을 하면서 대정향교에 머물며 제주 지역 유생들을 가르치기도 하고 예술 활동에 전념하기도 했던 흔적을 품고 있다. ⓐ 실제로 추사 김정희는 제주도에서의 유배생활 중에도 삼국시대로부터 조선까지 내려오는 한국의 서법은 물론 한국의 비문과 중국의 비문의 필체를 연구하는 과정을 통해 추사체를 만들기도 했다.
한편 의문당은 김정희의 스승인 완원의 호이기도 하다. 완원은 중국 청나라의 학자로 경학과 금석학 등 여러 분야에 뛰어난 인물로, 김정희의 실사구시설을 비롯한 고증학의 학문적 체계수립에 영향을 끼친 것으로 알려져 있다.
실사구시설은 과학적이며 객관적인 방법으로 진리를 탐구해야 한다는 글로 실사에 대한 바른 인식을 바탕으로 참으로 올바른 행위가 무엇인지 인식하여 실천할 것을 주장하고 있다. 이렇듯, 추사 김정희가 쓴 ⓑ 의문당의 현판은 학문에 뜻을 둔 이들이 어떠한 자세로 공부에 임해야 하는지를 시사하고 있다.

☑ 오답 Check! ○ ✕

06 윗글과 일치하지 않는 것을 고르면?

① 추사 김정희는 유배생활 도중 제주 지역 유생들과 교류했다.
② 추사 김정희의 스승인 완원은 고증학의 학문적 체계수립에 영향을 주었다.
③ 추사 김정희는 제주도에서의 유배생활 도중 추사체를 만들었다.
④ 추사 김정희는 스승인 완원을 기리며 의문당의 현판을 썼다.

☑ 오답 Check! ○ ✕

07 윗글에서 밑줄 친 ⓐ와 가장 거리가 먼 속담은?

① 구르는 돌에는 이끼가 끼지 않는다.
② 공든 탑이 무너지랴.
③ 매는 굶겨야 사냥을 한다.
④ 명필은 붓을 가리지 않는다.

☑ 오답 Check! ○ ✕

08 윗글에서 밑줄 친 ⓑ의 의미로 가장 적절한 것은?

① 언제나 스승을 존경하며 학문에 임해야 한다.
② 언제나 올바른 학문이 무엇인지 의문을 품고 학문에 정진해야 한다.
③ 언제나 의문의 중요성을 기억하고 있어야 한다.
④ 언제나 상황에 개의치 않고 학문에 매진해야 한다.

02 문제해결

※ 다음은 L회사에서 신입사원에게 배포한 행동강령의 일부와 디자인팀에서 일어난 사건이다. 이어지는 물음에 답하시오. [1~3]

〈행동강령〉

– 공과 사의 구별은 철저하게, 기회는 공정하게

- 성별, 연령, 인종, 국적이나 출신지역, 세대, 종교, 장애 등 개인이 노력해서 바꿀 수 없는 고유한 특성과 관련된 차별을 조직에서 추방하십시오. 채용, 승진, 배치, 급여, 보상, 복리후생 및 교육 등에서 개인 고유의 특성을 이유로 차별하지 마십시오.
- 특정한 성별, 연령, 배경을 지닌 사람만이 해당업무를 잘 수행할 수 있다고 주장하는 사람이 있다면 경계하십시오.
- 어떠한 인사 청탁도 거부하십시오. 당장은 이익이 될 수 있으나 장기적으로 우리 공동체에 치명적인 위해가 됩니다.
- 오직 역량과 성과만으로 평가하십시오. 타인으로부터 채용이나 승진을 청탁 받았다면 거부하십시오. 그리고 우리의 원칙에 대하여 적극적으로 설명하십시오.
- 개개인의 고유한 특성을 이유로 특정인을 기피하거나, 조롱, 따돌림 또는 차별이 없는 공동체를 만드십시오.
- 국가마다 근무조건에 관한 법규나 정책이 다를 수 있습니다. 그로 인해 현지 법인의 인사규정이나 정책이 그룹의 방침과 차이가 생긴다면, 그 규정과 정책은 반드시 명문화하고 현지 법규에 위배되지 않는지 확인하십시오.
- 불공정한 대우를 받았거나 혹은 목격, 그에 대한 고충을 들었다면 조직 책임자, 인사 또는 윤리담당과 바로 상의하십시오.

– 정직한 보고는 우리의 땀과 열정을 더 빛나게 해줍니다.

- 공인된 회계 기준에 따라 회계 기록을 작성하고 관리하십시오.
- 국제 회계 및 국가별 회계 기준은 각기 다를 뿐 아니라, 수시로 개정되고 있습니다. 항상 최신 기준을 확인하십시오.
- 관련 데이터는 적정한 회계 기간 내에 기록하십시오. 단기 실적을 과장하거나 일시적으로 질책을 모면하기 위하여 수익이나 비용의 기록을 지연시키거나 앞당기지 마십시오.
- 발생하는 모든 비용은 일정한 문서에 의해 증명되어야 합니다. 비용과 관련된 시간 및 경비를 상세히 기록하여 보고서로 제출하십시오.
- 상사의 지시에 따라 담당자가 회계 문서를 조작하였을 경우, 사문서 위조죄 등으로 상사와 담당자 모두에게 민·형사상의 책임이 따르게 됩니다. 상사가 문서 위조 등을 지시할 경우 담당자는 바로 윤리담당과 상의하십시오.
- 문서 위조 등의 혐의가 있거나 거래 관행이 투명하지 않은 개인, 기업 및 국가와의 거래 관계는 조직 책임자와 문제점을 상의하고 거래를 재고하십시오.
- 관리자는 바르고 투명한 회계 정보를 제공하기 위하여 모든 것을 원칙에 따라 철저하게 점검하고, 회계 문서의 위조 및 변조를 예방하기 위하여 주기적으로 모니터링 하십시오.
- 회계 문서 작성 과정에 있어 의문이 생겼을 경우나 문제가 있다고 생각될 경우 조직 책임자, 재무 또는 윤리담당과 바로 상의하십시오.

– 사회에서 받은 것을 사회와 나누는 일, 우리에겐 가장 큰 기쁨입니다.

- L사인에게는 더 높은 수준의 사회적 책임이 따릅니다. 임직원 각자가 지역사회의 일원으로 책임과 의무를 다하여, 회사에 대한 지역사회의 신뢰를 높이도록 노력하십시오.
- 임직원 각자가 지역사회의 일원으로 책임과 의무를 다하여 회사에 대한 지역사회의 신뢰를 높이도록 노력하십시오.
- 지역사회의 법, 문화와 가치관을 존중하여 지역사회의 삶의 질 향상에 기여하십시오.
- 학문과 예술, 문화, 체육 등 인류사회를 정신적으로 풍요롭게 하는 공익활동을 적극 지원함으로써 사회발전에 긍정적인 영향을 주십시오.
- 회사를 대표해서 또는 개인적으로 사회봉사 활동에 활발히 참여하는 것은 L사인의 의무이자 책임감 있는 행동입니다. 자원봉사, 재난구호 등 사회봉사 활동에 적극적으로 참여하십시오.

S#1. L회사 디자인팀 사무실 – 1월 19일 금요일

사무실에서 신입사원인 A사원은 디자인팀 B대리와 공동으로 회사 창립 51주년을 기념해 협력업체에게 보낼 카드 디자인을 작업하고 있다. 대략적인 디자인 작업을 끝내고 마지막으로 카드의 바탕색을 고르는 작업이 남은 상황에서 지나가던 C과장이 업무 중인 둘을 향해 다가왔다. 평소 C과장의 언행을 못마땅해 하는 B대리는 작게 한숨을 내쉬었다.

C과장 : 그래, 이번 발송용 카드 디자인이 이건가?
A사원 : 네, 맞습니다!
C과장 : 음~ 전반적으로 디자인은 마음에 드는데, 색깔이 좀 화사했으면 좋겠군.
B대리 : (다소 시큰둥하게) 어떤 색 말씀이십니까?

C과장은 주위를 둘러보다 사무실 한편에 놓인 연분홍색 화분을 가리킨다.

C과장 : 맞아! 바로 저 색이야. 이제 봄기운도 완연한데 화사한 색으로 가지!
B대리 : (이마를 손으로 짚으며) 과장님, 이 카드를 받는 분들의 연령대가 꽤 높은 편입니다. 연분홍색처럼 화사한 색보다는 차분한 색이 낫다고 생각하는데요?
C과장 : (다소 당황하면서도 큰소리로) 아니, 화사한 색이 어때서? 연령대가 높다고 화사한 색을 싫어할 거라는 건 편견이지.
B대리 : 각 협력 업체 중역들에게 보낼 감사카드인데 무슨 청첩장도 아니고…. (작게 중얼거리며) ㉠ <u>나이만 많으신 분이 아는 척은 진짜</u>. (A사원을 바라보며) A씨는 어떻게 생각해? 연분홍색이 괜찮아?
C과장 : 그래, 그래! 젊은 A씨가 보기엔 어때? 연분홍색도 괜찮지?

A사원은 어찌할 바를 모르며 C과장과 B대리를 번갈아 바라본다.

S#2. L회사 주최 V시 행사장 – 10월 31일 목요일

어둠이 내려앉은 V시의 한 행사장. 행사장을 중심으로 현란한 조명과 큰 음악소리가 요란하다. V시에서 개최된 기념행사 진행을 돕기 위해 C과장과 함께 파견된 A사원은 C과장이 급한 용무로 잠시 자리를 비운 사이 문의 전화를 받았다. A사원이 쥔 수화기 너머로 격양된 중년 여성의 목소리가 들렸다.

주민 : (화난 목소리로) 도대체가 잠을 잘 수가 없네. 내일 아침 일찍 일어나야 되는데 어떡할 거야? 나 내일 운전하다 사고라도 나면 책임질 거야? 당장 담당자 바꿔!

급히 주위를 둘러보는 A사원. 하지만 C과장은 물론이고 주최 인원도 행사 진행을 위해 자리를 비운 상황이다.

A사원 : 죄송합니다. 현재 담당자가 자리를 비운 상황이라 잠시 기다려주시면….
주민 : (수화기가 터질 것처럼) 아니 지금 나랑 장난해? 당장 행사 취소해!

심장을 울리는 행사장 소음과 귀를 때리는 주민의 날카로운 목소리 사이에서 A사원의 등줄기에 식은 땀 한 줄이 흘러내렸다.

☑ 오답 Check! ○ ×

01 S#1의 상황에서 A사원의 행동으로 가장 적절하지 않은 것은?

① 연분홍색이 어울린다고 생각하기 때문에 B대리에게 연분홍색을 추천한다.
② 고민을 해보았지만 마땅히 어울리는 색이 생각나지 않으므로 선택을 보류한다.
③ B대리와 함께 일할 상황이 많기 때문에 B대리의 편을 든다.
④ 연분홍색이 어울리지 않는다고 생각하기 때문에 C과장에게 이유를 정중하게 밝힌다.

☑ 오답 Check! ○ ×

02 S#1의 상황에서 B대리의 ㉠ 언행은 어떤 항목에 위배되는가?

① '공과 사의 구별은 철저하게, 기회는 공정하게' 부문의 두 번째 항목
② '공과 사의 구별은 철저하게, 기회는 공정하게' 부문의 세 번째 항목
③ '공과 사의 구별은 철저하게, 기회는 공정하게' 부문의 네 번째 항목
④ '공과 사의 구별은 철저하게, 기회는 공정하게' 부문의 다섯 번째 항목

☑ 오답 Check! ○ ×

03 S#2에서 A사원의 행동으로 가장 적절한 것은?

① 주민들에게 사전에 통보 및 허가가 난 행사이기 때문에 문제없다고 말한다.
② C과장이 자리에 돌아올 때까지 최대한 시간을 끈다.
③ 정중히 사과하며 권한 내에서 행사로 인한 소음을 개선할 것을 약속한다.
④ 급히 행사 관계자에게 소음을 줄이라고 연락한다.

※ E본사에 근무하고 있는 신입사원 L은 금일 외근에서 지하철을 타고 아래 목록의 업체를 모두 방문해야 한다. 지하철 한 정거장을 이동할 때 3분이 소요되며 환승에는 6분이 소요된다. 각각의 업체에 방문하는 시간은 고려하지 않을 때 다음 자료들을 참고하여 질문에 답하시오. **[4~5]**

〈지하철 노선도〉

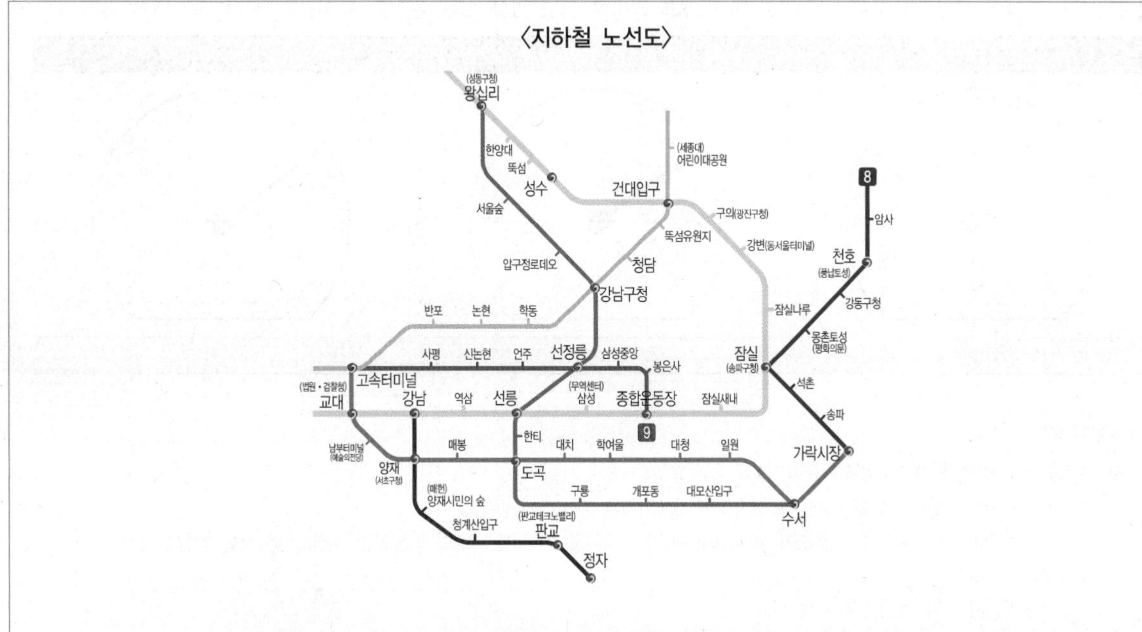

〈신입사원 L의 방문 업체〉

방문 업체	지하철역
A출판사	강남역
B증권	삼성역
C백화점	양재역
D상사	천호역
E본사	건대입구역

☑ 오답 Check! ○ ×

04 신입사원 L이 E본사에서 출발했을 시 가장 효율적으로 이동할 수 있는 순서는?

① E－C－A－B－D
② E－D－B－A－C
③ E－B－A－C－D
④ E－A－C－B－D

Hard

☑ 오답 Check! ○ ×

05 04에서 구한 순서로 이동할 때 최소 몇 분의 이동시간이 소요되는가?

① 56분
② 63분
③ 69분
④ 72분

※ 다음은 L공장에서 안전을 위해 정기적으로 실시하는 검침에 대한 안내사항이다. 이어지는 물음에 답하시오. **[6~7]**

〈계기판 검침 안내사항〉

정기적으로 매일 오전 9시에 다음의 안내사항에 따라 검침을 하고 그에 따른 조치를 취하도록 한다.

〈계기판 A · B · C의 표준 수치〉

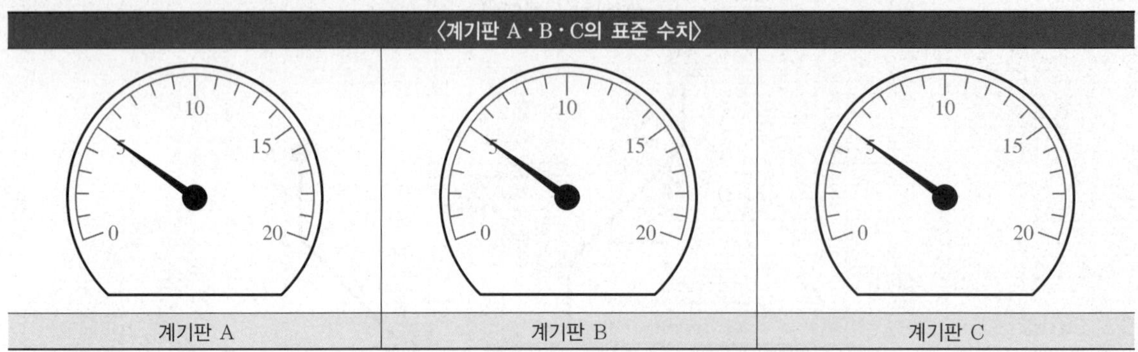

계기판 A	계기판 B	계기판 C

[기계조작실]

1. 계기판을 확인하여 PSD 수치를 구한다.
   ※ 검침하는 시각에 실외 온도계의 온도가 영상이면 B계기판은 고려하지 않는다.
   ※ 검침하는 시각에 실내 온도계의 온도가 20℃ 미만이면 Parallel Mode를, 20℃ 이상이면 Serial Mode를 적용한다.
   - Parallel Mode
     PSD=검침 시각 각 계기판 수치의 평균
   - Serial Mode
     PSD=검침 시각 각 계기판 수치의 합
2. PSD 수치에 따라서 알맞은 버튼을 누른다.

수치	버튼
PSD ≤ 기준치	정상
기준치 < PSD < 기준치+5	경계
기준치+5 ≤ PSD	비정상

   ※ 화요일과 금요일은 세 계기판의 표준 수치의 합의 1/2을 기준치로 삼고, 나머지 요일은 세 계기판의 표준 수치의 합을 기준치로 삼는다(단, 온도에 영향을 받지 않는다).

3. 기계조작실에서 버튼을 누르면 버튼에 따라 상황통제실의 경고등에 불이 들어온다.

버튼	경고등
정상	녹색
경계	노란색
비정상	빨간색

[상황통제실]

들어온 경고등의 색을 보고 필요한 조치를 취한다.

경고등	조치
녹색	정상 가동
노란색	안전요원 배치
빨간색	접근제한 및 점검

☑ 오답 Check! ○ ×

06 L공장의 기계조작실에서 근무하는 B사원은 월요일 아침 9시가 되자 계기판을 점검하여 검침일지를 쓰려고 한다. 오늘 실외 온도계 수치는 −4℃이고, 실내 온도계의 수치는 22℃였으며, 계기판의 수치는 다음과 같았다. B사원이 눌러야 하는 버튼은 무엇이며, 이를 본 상황통제실에서는 어떤 조치를 취해야 하는가?

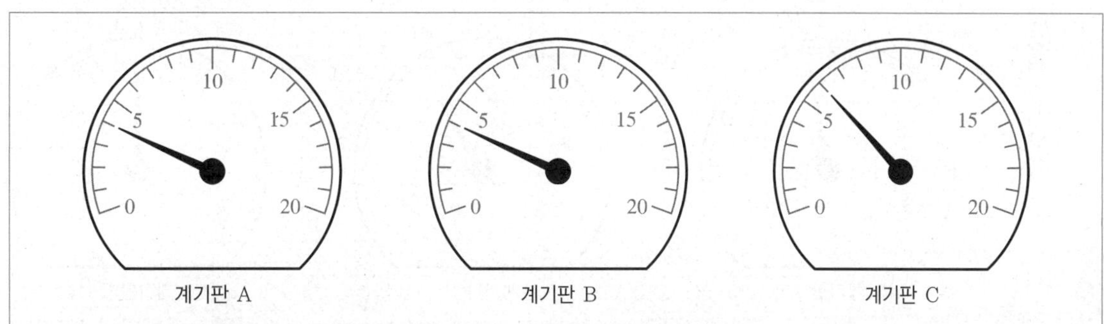

	버튼	조치
①	정상	정상 가동
②	정상	안전요원 배치
③	경계	안전요원 배치
④	비정상	접근제한 및 점검

☑ 오답 Check! ○ ×

07 오늘 L공장의 계기판 수치가 불안정하여 바쁜 하루를 보낸 B사원은 검침 일지를 제출하려고 검토하던 중 실내용 온도계 수치와 PSD 수치가 누락된 것을 발견하였다. 두 항목 중 실내용 온도계 수치를 예측할 때 가장 적절한 것은?

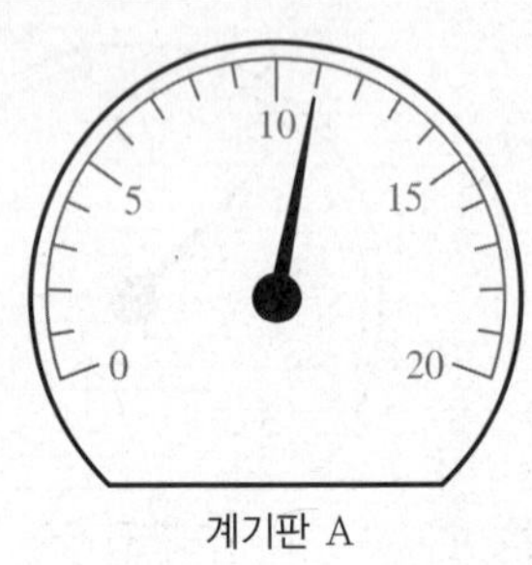

계기판 A

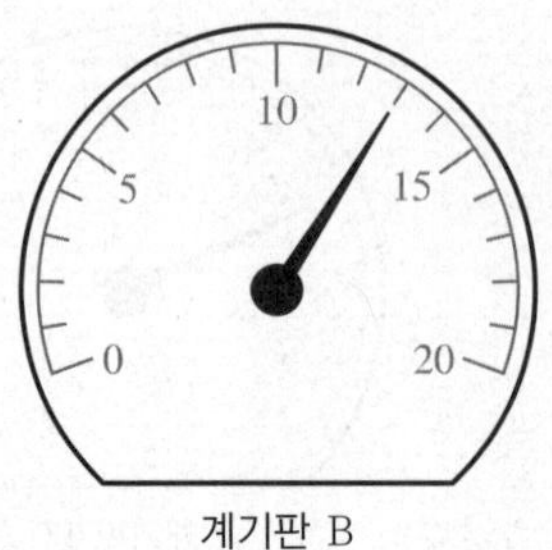

계기판 B

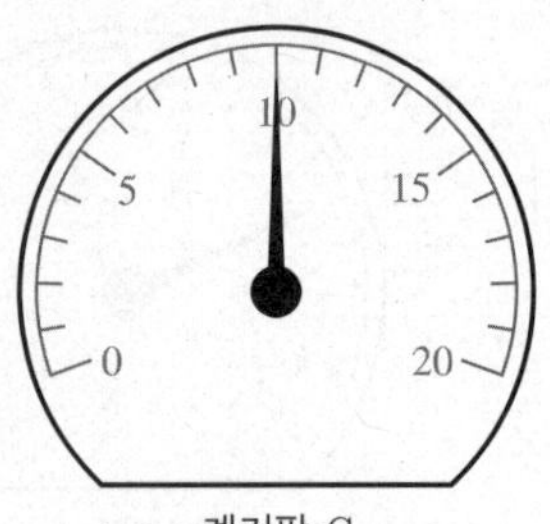

계기판 C

〈검침 일지〉

검침 일자 : 2018년 4월 30일 화요일 검침 시각 : am 09:00

점검자 : 기계조작실 M, 상황통제실 H 실외 온도계 수치 : 5℃

실내 온도계 수치 : [ ]

계기판 수치

계기판 A	계기판 B	계기판 C
11	13	10

PSD 수치 : [ ]

버튼 : 비정상

경고등 : 빨간색

조치

계기판 검침 안내사항에 따라 공장 안의 모든 직원들을 대피시키고 주민들이 가까이 오지 못하도록 접근제한을 하였습니다. 또한 전문가에게 공장 시설 점검을 요청하여 pm 15:00에 상황을 종료하였습니다.

비고

관리자 서명 ________

① 영상 10℃ 이상 20℃ 미만
② 영하
③ 영상 20℃ 이상
④ 온도와 상관없다.

03 자료해석

※ 다음은 대한민국 공직사회에 대한 부패인식을 조사 및 분석한 통계이다. 자료를 보고 이어지는 물음에 답하시오. [1~2]

〈부패인식 응답비율〉

구분	2011년	2012년	2013년	2014년	2015년	2016년
일반국민	56.7	42.4	54.3	69.4	57.8	51.9
기업인	28.9	36.0	34.5	41.7	37.0	37.7
외국인	21.8	16.8	23.4	48.5	30.2	16.0

〈부패인식 점수 10점 평균〉

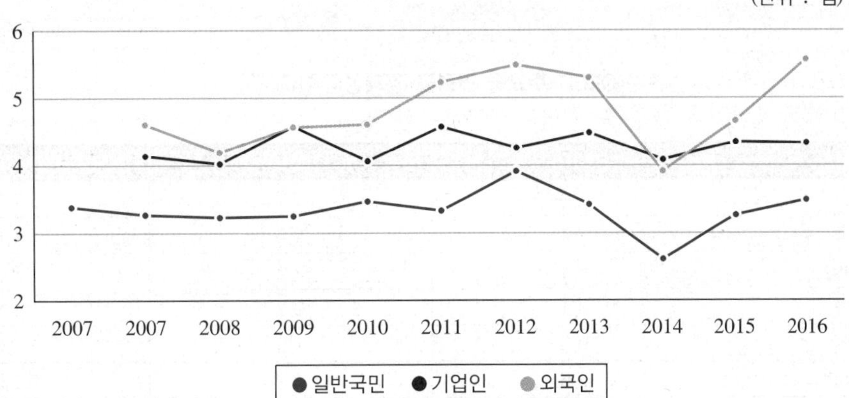

• 부패인식도 수치해석방법

항목별 응답유형	10점 환산점수
매우 부패	0.0
부패한 편	2.5
보통	5.0
부패하지 않음	7.5
거의 부패하지 않음	10.0

Easy

☑ 오답 Check! ○ ✕

01 주어진 자료에서 부패인식 응답비율의 전년 대비 증감 폭이 가장 큰 것은?

① 2014년 일반국민
② 2014년 외국인
③ 2015년 일반국민
④ 2015년 외국인

☑ 오답 Check! ○ ✕

02 주어진 자료를 해석한 것으로 옳지 않은 것은?

① 부패인식 응답비율과 부패인식 점수는 비례 관계이다.
② 부패인식도는 부패에 대한 인식이 높을수록 점수가 낮게 설정되어 있다.
③ 일반국민들은 기업인이나 외국인보다 공직사회가 부패했다고 인식하고 있다.
④ 외국인의 부패인식 응답비율이 가장 높았던 해는 다른 응답군의 응답비율 또한 높았다.

※ 다음은 OECD 주요국가의 연도별 경제성장률(GDP)과 인터넷 이용률 통계이다. 자료를 보고 이어지는 물음에 답하시오. **[3~4]**

〈OECD 주요국 연평균 경제성장률(GDP)〉

(단위 : %)

구분	2015	2016	2017
독일	1.6	1.7	1.9
미국	2.4	2.6	1.6
스페인	1.4	3.2	3.2
영국	3.1	2.2	1.8
일본	0.3	1.2	1.0
캐나다	2.6	0.9	1.5
폴란드	3.3	3.8	2.7
프랑스	0.9	1.1	1.2
한국	3.3	2.8	2.8
호주	2.6	2.4	2.8

〈OECD 주요국 인터넷 이용률〉

(단위 : %)

구분	2015	2016	2017
독일	86.2	87.6	89.6
미국	73.0	74.6	76.2
스페인	76.2	78.7	80.6
영국	91.6	92.0	94.8
일본	89.1	91.1	92.0
캐나다	87.1	88.5	89.8
폴란드	66.6	68.0	73.3
프랑스	83.8	84.7	85.6
한국	87.6	89.6	92.7
호주	84.0	84.6	88.2

☑ 오답Check! ○ ×

03 주어진 자료를 해석한 것으로 옳은 것은?

① 경제성장률과 인터넷 이용률은 반비례 관계이다.
② 2016년과 2017년에 전년 대비 경제성장률이 하락하지 않은 국가는 총 4곳이다.
③ 2015년부터 2017년까지 인터넷 이용률이 감소한 국가는 총 1곳이다.
④ 2017년 2% 이상의 경제성장률과 더불어 90% 이상의 인터넷 이용률을 기록한 국가는 총 1곳이다.

☑ 오답Check! ○ ×

04 다음 중 전년 대비 경제성장률의 증감 폭이 가장 비슷한 나라끼리 묶여있는 것은?

① 2016년 스페인 - 폴란드
② 2016년 영국 - 호주
③ 2017년 독일 - 프랑스
④ 2017년 일본 - 한국

Hard

☑ 오답Check! ○ ×

05 다음 도서기호 생성 방법을 참고하여 부여한 도서기호 중 옳은 것은?

〈도서기호 생성 방법〉

- 도서기호 1번 자리=저자의 성
- 도서기호 2번 숫자=저자 이름 첫 글자의 자음기호 번호
- 도서기호 3번 숫자=저자 이름 첫 글자의 모음기호 번호
- 도서기호 4번 자리=책 제목 첫 글자의 자음

자음기호				모음기호	
ㄱㄲ	1	ㅇ	6	ㅏ	2
ㄴ	19	ㅈㅉ	7	ㅐ(ㅑㅒ)	3
ㄷㄸ	2	ㅊ	8	ㅓ(ㅔㅕㅖ)	4
ㄹ	29	ㅋ	87	ㅗ(ㅘㅙㅚㅛ)	5
ㅁ	3	ㅌ	88	ㅜ(ㅝㅞㅟㅠ)	6
ㅂㅃ	4	ㅍ	89	ㅡ(ㅢ)	7
ㅅㅆ	5	ㅎ	9	ㅣ	8

① 전61ㄱ : 공자를 찾아가는 인문학 여행, 전용주 지음
② 안56ㄴ : 노자와 공자가 만났을 때, 안성재 지음
③ 김54ㅈ : 죽기 전에 논어를 읽으며 장자를 꿈꾸고 맹자를 배워라, 김세중 엮음
④ 김63ㅎ : 한비자, 관계의 기술, 김원중 지음

04 언어논리

※ 다음 문장을 읽고 유추할 수 있는 것을 고르시오. [1~2]

오답 Check! ○ ×

01

- 만화책은 아이들이 읽기 쉽다.
- 아이들이 읽기 쉬운 책은 삽화가 있다.
- 동화책은 아이들이 읽기 쉽다.

① 동화책에는 글도 많다.
② 삽화가 없는 책은 동화책이 아니다.
③ 책은 읽기 쉽다.
④ 만화책은 삽화가 없다.

오답 Check! ○ ×

02

- 기름기가 많은 고기는 돼지고기이다.
- 소고기는 가격이 비싸다.
- 돼지고기에는 비계가 있다.

① 돼지고기는 가격이 싸다.
② 소고기에는 비계가 없다.
③ 기름기가 많은 고기에는 비계가 있다.
④ 소고기에는 기름기가 많다.

오답 Check! ○ ×

03 **A, B, C, D, E, F 여섯 명은 버스에 승차하기 위해 한 줄로 서 있다. 다음의 〈조건〉에 따라 줄을 서서 순서대로 버스에 승차했다고 할 때, 옳은 것은?**

조건

- A와 F 사이에는 세 명이 있다.
- D는 A보다 늦게, E는 D보다 늦게 승차한다.
- B는 E와 F 사이에서 승차한다.
- C와 F는 연속으로 승차하지 않는다.

① E는 세 번째에 승차한다.
② C는 A보다 늦게 승차한다.
③ D는 A 다음으로 승차한다.
④ A가 가장 먼저 승차한다.

☑ 오답 Check! ○ ✕

04 원탁에 사장을 중심으로 부사장, 전무, 상무, 이사, 과장 다섯 명이 둘러앉아 있다. 다음 〈조건〉을 만족할 때 사장의 맞은편에 앉은 사람은?

> **조건**
> • 사장의 바로 옆에는 부사장이 앉아 있다.
> • 이사와 전무는 붙어 앉아 있다.
> • 과장은 전무의 바로 옆 오른편에 앉아 있다.
> • 부사장은 상무의 바로 옆 왼편에 앉아 있다.

① 과장 ② 상무
③ 전무 ④ 이사

※ 다음 제시된 낱말의 대응 관계로 볼 때, 빈칸에 들어가기에 알맞은 것을 고르시오. **[5~7]**

Easy

☑ 오답 Check! ○ ✕

05

( ) : 홍익인간 = 칸트 : 정언명령

① 단군 ② 주몽
③ 고조선 ④ 웅녀

☑ 오답 Check! ○ ✕

06

검사 : ( ) = 창 : 방패

① 판사 ② 변호사
③ 피고인 ④ 배심원

☑ 오답 Check! ○ ✕

07

( ) : 마음껏 = 오리무중 : 미궁

① 경거망동 ② 견물생심
③ 명명백백 ④ 흥청망청

CHAPTER

06 2017년 하반기 최신기출문제

정답 및 해설 p.025

01 언어이해

※ 다음 글을 읽고 물음에 답하시오. [1~3]

(가) 우리는 흔히 예술 작품을 감상한다는 말 대신에 예술 작품을 향유(Enjoyment)한다고 하기도 하며, 예술 작품을 평가(Appreciation)한다고 하기도 한다. 향유한다거나 평가한다는 것은 곧 예술 작품에서 쾌감을 얻거나 예술 작품의 가치를 따지는 것을 의미하는데, 이러한 의미 속에는 예술 작품은 감상의 주체인 감상자의 수용을 기다리는 존재이며, 고정된 채 가치를 측정당하는 대상이라는 인식이 내포되어 있다. 하지만 예술 작품은 그 가치가 확정되어 있거나 감상자의 수용을 기다리기만 하는 존재가 아니다.

(나) 예술 작품은 창작자와 창작된 시간, 문화적 환경과의 관계 속에서 창작되는데, 예술 작품의 창작과 관계되는 이 요소들에는 사회 규범과 예술 전통, 작가의 개성 등이 포함되어 있다. 하지만 그런 것들로 예술 작품의 의미를 확정할 수는 없다. 그런 것들은 창작자에 의해 텍스트로 조직되면서 변형되어 단지 참조 체계로서의 배경으로만 존재할 따름이다.

(다) 예술 작품의 의미는 역사의 특정한 순간에 만나게 되는 감상자에 의해 해석된다. 그런데 의미를 해석하기 위해서는 반드시 일정한 준거 틀이 있어야 한다. 준거 틀이 없다면 해석은 감상자의 주관적 이해를 벗어나기 어렵기 때문이다. 해석의 준거 틀 역할을 하는 것이 바로 참조 체계이다. 감상자가 예술 작품과 만나는 역사적 순간의 참조 체계는 과거와는 다른 새로운 관계를 만들어 내며, 이러한 새로운 관계에 의거해 감상자는 예술 작품으로부터 새로운 의미를 생산해 낸다.

(라) 따라서 예술 작품이 계속 전해지기만 한다면, 그것은 끊임없이 새로운 참조 체계를 통해 변화하며 새로운 의미를 부여받게 된다. 근본적으로 예술 작품의 의미는 무궁하다. 이것은 "㉠ <u>셰익스피어는 모두 다 말하지 않았다.</u>"라는 말과도 같다. 이때 '다 말하지 않았다'는 것은 의미가 예술 작품 그 자체에서 기인한다는 뜻이 아니다. 작품의 의미는 예술 작품 밖에 존재하는 참조 체계의 무궁함에서 기인하는 것이다. 텍스트는 끊임없이 새로운 (ⓐ)를 찾으며 그로부터 새로운 (ⓑ)를 획득하고, 끊임없이 새로운 (ⓒ)를 형성하며 새로운 (ⓓ)를 생산한다.

(마) 감상의 과정은 주체와 주체의 대화이다. 감상 과정에서 예술 작품과 감상자는 서로 다른 관점과 개성을 지닌 두 명의 개인과 마찬가지로 묻고 대답하면서 서로의 관점을 교정해가는 개방적 태도를 갖는다. 자신의 시계 속으로 상대방을 끌어들이는 것이 아니라 대화를 통해 진리로 나아간다. 감상자는 예술 작품 속에 존재하는 진리를 얻는 것이 아니라 대화 방식의 감상을 통해 예술 작품과 소통함으로써 새로운 진리를 만들어 낸다. 예술 작품을 자신이 갖고 있는 전이해(前理解)의 예증으로 삼는 것이 아니라 외재하는 예술 작품을 통해 이를 초월·확대·변화시킴으로써 새로운 시야를 획득한다. 그렇게 함으로써 예술 작품도 자신과는 다른 감상자를 통해 자신의 의미를 초월하게 된다.

(바) 감상은 감상자와 예술 작품이 양방향으로 초월하는 미적 체험의 과정이다. 예술 작품은 감상자를 향하여, 감상자는 예술 작품을 향하여 서로 열려 있는 것이다.

☑ 오답 Check! ○ ✕

01 **밑줄 친 ㉠의 문맥적 의미를 가장 바르게 이해한 것은?**

① 셰익스피어 작품이 지니는 의미는 준거 틀에 따라 변화한다.
② 셰익스피어는 작품에는 명확한 주제가 존재하지 않는다.
③ 셰익스피어의 작품은 새로운 감상자들에게 언제나 한결같은 의미로 다가간다.
④ 셰익스피어는 그의 작품에서 그가 전달하고자 하는 의미를 쉽게 드러내지 않는다.

☑ 오답 Check! ○ ✕

02 **윗글의 주제로 가장 적절한 것은?**

① 예술 작품 감상의 유형
② 예술 작품 감상의 역사적 변화
③ 예술 작품의 창작과 감상
④ 소통으로서의 예술 작품 감상

☑ 오답 Check! ○ ✕

03 **(다) 문단의 내용으로 볼 때 ⓐ ~ ⓓ에 들어갈 내용으로 각각 적절한 것은?**

	ⓐ	ⓑ	ⓒ	ⓓ
①	참조 체계	감상자	의미	관계
②	감상자	참조 체계	관계	의미
③	참조 체계	감상자	관계	의미
④	감상자	참조 체계	의미	관계

※ 다음 글을 읽고 물음에 답하시오. [4~6]

(가) 최근 미국의 한 대학 총장이 "여성은 선천적으로 수학과 과학 능력이 떨어진다."라고 발언했다가 거센 반발을 샀다. 이처럼 일부 사람들은 아직도 남녀 사이의 특성 차이를 거론한다. 지능 지수의 평균 점수는 차이가 없지만, 검사 결과를 유형별로 분석해 보면 의미 있는 차이가 있다는 것이다. 그들은 여성은 언어적 능력에서, 남성은 수학적 능력과 공간 지각 능력에서 우수하다는 증거들을 제시한다. 그리고 지적인 능력은 아니지만 공격성이라는 특성에서도 성차(性差)가 나타난다고 생각한다.

(나) 남녀 간에 성차가 존재한다고 보는 이들은 그 원인을 환경적 요인이나 유전적 요인으로 설명한다. 유전적 설명에서는 남녀가 몇 가지 특성에서 차이를 보이는 것은 유전적인 요인 때문이라고 주장한다. 반면에 환경적 설명에서는 성차가 사회적·교육적 환경 때문에 생긴다고 주장하면서 유전적인 설명 자체에 강하게 반발한다.

(다) 그러나 적어도 평등의 문제와 관련해서는 성차에 대한 유전적 설명이 옳은가 환경적 설명이 옳은가를 따지는 것은 중요하지 않다. 그 대신 이런 설명들이 평등이라는 이상에 대하여 어떤 의미를 가지고 있느냐가 중요한 문제이다. 만약 유전적 설명이 그른 것으로 드러난다면 성차에 근거한 차별은 부당하다고 볼 수 있다. 반면에 유전적 설명이 옳다고 하더라도 이것이 남녀 간의 차별을 옹호하고 평등의 원칙을 거부하는 근거라고 단정할 수는 없다. 물론 유전적 설명이 옳다고 가정한다고 해서 그것이 사실이라고 믿는 것은 아니다. 유전적 설명이 차별을 정당화한다는 이유로 그 시도 자체에 반대할 경우, 뜻밖에도 유전적 증거들이 확인된다면 아주 당황하게 될 것이다. 그래서 유전적 설명이 옳다고 가정해서 그 의미를 검토해 보는 것이다.

(라) 성차의 원인이 무엇이든 간에 차이는 오직 평균적으로 존재할 뿐이다. 남성의 공간 지각 능력의 우월성을 설명하기 위해 제시된 유전적 가설까지도 여성의 4분의 1이 남성의 절반보다 공간 지각 능력이 더 뛰어날 것이라고 설명하고 있다. 실제로 주변에서 남성보다 공간 지각 능력이 뛰어난 여성을 쉽게 찾아볼 수 있다. 그러므로 유전적 설명이 맞든 안 맞든 간에, 너는 여자니까 엔지니어가 될 수 없다든지 너는 남자니까 아기를 돌볼 수 없다든지 하는 단정을 해서는 안 된다.

(마) 우리가 사람들을 제대로 이해하기 위해서는 그들을 '남성'이나 '여성'이라고 한 덩어리로 뭉뚱그려서는 안 된다. ⓐ 우리는 그들 각각을 하나의 개별체로 보고 접근해야 한다. 성차가 유전적으로 존재한다는 과학적인 근거가 입증된다고 해도 그렇다. 하물며 단순히 편견에 의존해서 집단 간에 차이를 부여하는 경우는 더 말할 나위가 없다.

☑ 오답 Check! ○ ✕

04 윗글은 어떤 질문에 대한 답변으로 볼 수 있는가?

① 성별에 따른 차이가 과연 존재하는가?
② 성별에 따른 차이의 원인은 무엇인가?
③ 성별에 따른 차별이 옹호될 수 있는가?
④ 성별에 따른 차별의 과학적 근거는 무엇인가?

☑ 오답 Check! ○ ✕

05 (가) ~ (라)에 대한 설명으로 적절하지 않은 것은?

① (가) : 사례를 인용하여 문제를 제기하고 있다.
② (나) : 문제에 대한 대립적인 두 견해를 소개하고 있다.
③ (다) : 문제에 대한 새로운 관점을 제시하고 있다.
④ (라) : 앞문단의 견해를 반박하는 사례를 제시하면서 논지를 전환하고 있다.

☑ 오답 Check! ○ ✕

06 윗글에서 밑줄 친 ⓐ의 의미로 가장 적절한 것은?

① 개개인의 인격을 동등하게 존중해야 한다.
② 모든 사람은 평등하다는 사실을 인정해야 한다.
③ 소속 집단보다는 개인에 따라 사람을 판단해야 한다.
④ 사람이 어느 한 집단에만 속한다고 보아서는 안 된다.

※ 다음을 읽고 이어지는 물음에 답하시오. [7~8]

4차 산업이라는 단어와 함께 세상의 관심을 끄는 것 중의 하나가 드론이다. 드론이란 다양한 무게와 크기의 무인 비행기를 무선전파로 조종하는 무인비행장치이다. 드론은 배달, 군사, 기상, 농업, 건설 등 여러 분야에서 미래에 중요한 역할을 할 것으로 예측되어 어른 아이 할 것 없이 드론을 배우고자 하는 사람의 수가 급상승하였다. 이에 따라 저렴한 가격의 드론이 출시되어 누구나 드론을 접할 수 있게 되었다.
하지만 쉽게 드론을 구할 수 있다고 해서 덥석 드론을 샀다간 낭패를 볼 수 있다. 우리나라에서는 드론 비행이 규제되고 있기 때문이다. 현재 국내 항공안전법상 드론 비행이 제한되는 지역은 행사장 등 인구밀집지역, 공항 주변이나 군 시설 주변 등이다. 이를 위반할 경우 최대 200만 원의 벌금이 부과된다. 야간 비행과 가시권 밖 비행은 2017년 7월에 항공안전법 개정안이 통과되면서 원천금지에서 허가제로 규제가 완화되었다. 이렇게 규제가 점점 풀리고는 있지만 국가 주요시설이 몰려있는 서울은 대부분 드론 비행이 금지된 구역이다. 그나마 규제 적용을 덜 받을 수 있는 곳은 국내에 드론 시범사업지역 7곳과 드론 전용 비행구역 10곳뿐인데 이마저도 대부분 지방에 위치해 있다. 드론 수요를 충족하기엔 턱없이 부족하다는 지적과 함께, 드론과 관련된 사업이 많아지고 있고 드론 관련 직업이 미래 유망 직업으로 떠오르고 있어 드론 규제를 완화해야 한다는 목소리가 커지고 있다.
해외에서도 드론 비행을 규제하고 있는데 각 나라마다 규제 정도는 다르다. 중국의 경우는 우리나라의 규제와 비슷하지만 베이징을 제외하면 비교적 자유롭게 비행할 수 있는 지역이 많다. 일본은 드론 규제가 점점 완화되고 있는 우리나라와는 반대로 정부청사에 드론을 이용한 테러가 일어나는 등 일본 전역에서 드론 관련 사건이 발생해 규제가 강화되었다. 또한 러시아는 규제가 강한 나라 중 하나인데 러시아 어느 지역이든지 드론을 비행시키려면 사전 허가를 받아야 할 뿐만 아니라 드론 비행을 책임질 조종사와 이를 감시할 사람으로 이루어진 2인 1조로 드론을 운행해야 한다.

☑ 오답 Check! ○ ✕

07 윗글과 일치하지 않는 것을 고르면?

① 드론은 무선전파를 이용하여 조종할 수 있는 무인비행장치이다.
② 드론으로 야간 비행을 할 경우 최대 200만 원의 벌금이 부과된다.
③ 드론 시범사업지역과 드론 전용 비행구역은 대부분 지방에 위치해 있다.
④ 드론 비행을 할 수 있는 장소의 수용량보다 드론의 수요가 훨씬 많다.

☑ 오답 Check! ○ ✕

08 윗글의 설명 방식으로 가장 적절한 것은?

① 대상의 다른 사례를 들어 비교하며 설명하고 있다.
② 대상의 문제점을 파악하고 해결책을 제시해주고 있다.
③ 대상을 다양한 관점에서 소개하면서 여러 의견을 소개해주고 있다.
④ 대상에 대해 찬반으로 나누어 각각의 입장을 설명하고 있다.

02 문제해결

※ 다음은 L회사에서 신입사원에게 배포한 행동강령의 일부와 인사팀에서 일어난 사건이다. 이어지는 물음에 답하시오. [1~5]

〈행동강령〉

– 공과 사의 구별은 철저하게, 기회는 공정하게

- 성별, 연령, 인종, 국적이나 출신지역, 세대, 종교, 장애 등 개인이 노력해서 바꿀 수 없는 고유한 특성과 관련된 차별을 조직에서 추방하십시오. 채용, 승진, 배치, 급여, 보상, 복리후생 및 교육 등에서 개인 고유의 특성을 이유로 차별하지 마십시오.
- 특정한 성별, 연령, 배경을 지닌 사람만이 해당업무를 잘 수행할 수 있다고 주장하는 사람이 있다면 경계하십시오.
- 어떠한 인사 청탁도 거부하십시오. 당장은 이익이 될 수 있으나 장기적으로 우리 공동체에 치명적인 위해가 됩니다.
- 오직 역량과 성과만으로 평가하십시오. 타인으로부터 채용이나 승진을 청탁 받았다면 거부하십시오. 그리고 우리의 원칙에 대하여 적극적으로 설명하십시오.
- 개개인의 고유한 특성을 이유로 특정인을 기피하거나, 조롱, 따돌림 또는 차별이 없는 공동체를 만드십시오.
- 국가마다 근무조건에 관한 법규나 정책이 다를 수 있습니다. 그로 인해 현지 법인의 인사규정이나 정책이 그룹의 방침과 차이가 생긴다면, 그 규정과 정책은 반드시 명문화하고 현지 법규에 위배되지 않는지 확인하십시오.
- 불공정한 대우를 받았거나 혹은 목격, 그에 대한 고충을 들었다면 조직 책임자, 인사 또는 윤리담당과 바로 상의하십시오.

– 우리 모두는 누군가의 소중한 가족입니다.

- 동료들을 언제나 내 가족처럼 존중하고 배려하십시오.
- 사회적으로 수용될 수 없는 본인만의 가치관으로 타인을 판단하지 마십시오. 틀린 것이 아니라 다른 것임을 인정하고 서로 이해하는 문화를 만드십시오.
- '여직원'은 회사에서 불필요한 단어입니다. 또한 여성 인재는 배려와 동정의 대상이 아닙니다. 남성과 여성의 구별 없이 동등하게 대우하십시오.
- 팀원이 있어야 팀장이 존재할 수 있습니다. 팀원은 소중하게 육성해달라고 우리 공동체가 관리자에게 맡긴 인재입니다. 최선을 다하여 육성하십시오.
- 상대에게 거부감을 주거나, 위화감을 주는 말과 행동을 피하십시오. 자신이 생각 없이 한 말이나 행동이 타인에게 상처를 주거나 오해를 불러일으키지 않도록 항상 주의하십시오.
- 말과 행동뿐만 아니라 전화, 메신저, SNS, 이메일 등 통신시스템을 이용하여 부적절한 언어를 사용하거나 내용을 게시 및 전송하는 행위를 조직 내에서 근절하십시오.
- 국가와 지역마다 다른 법・규정・관습・예법 등이 존재합니다. 해외에서 근무하거나 출장 시에는 이점을 항상 주의해서 행동하십시오. 국내에서 문제없는 행동이 해외에서는 문제가 될 수도 있다는 사실을 명심하십시오.
- 위와 같은 행동을 목격했거나 그에 대한 고충을 들었다면, 조직 책임자나 인사 또는 윤리담당과 바로 상의하십시오.
- 위 원칙은 우리 직원뿐만 아니라 고객, 파트너사 및 모든 이해관계자들과의 관계에서도 동일하게 적용됩니다. 항상 신중하게 말하고 행동하십시오.

– 정직한 보고는 우리의 땀과 열정을 더 빛나게 해줍니다.

- 발생하는 모든 비용은 일정한 문서에 의해 증명되어야 합니다. 비용과 관련된 시간 및 경비를 상세히 기록하여 보고서로 제출하십시오.
- 상사의 지시에 따라 담당자가 회계 문서를 조작하였을 경우, 사문서 위조죄 등으로 상사와 담당자 모두에게 민・형사상의 책임이 따르게 됩니다. 상사가 문서 위조 등을 지시할 경우 담당자는 바로 윤리담당과 상의하십시오.

- 문서 위조 등의 혐의가 있거나 거래 관행이 투명하지 않은 개인, 기업 및 국가와의 거래 관계는 조직 책임자와 문제점을 상의하고 거래를 재고하십시오.
- 관리자는 바르고 투명한 회계 정보를 제공하기 위하여 모든 것을 원칙에 따라 철저하게 점검하고, 회계 문서의 위조 및 변조를 예방하기 위하여 주기적으로 모니터링 하십시오.
- 회계 문서 작성 과정에 있어 의문이 생겼을 경우나 문제가 있다고 생각될 경우 조직 책임자, 재무 또는 윤리담당과 바로 상의하십시오.

S#1. L회사 인사팀 사무실 – 8월 7일 월요일

사무실 안에서 이하영 대리와 이지애 주임이 수다를 떨고 있다. 사무실 밖에선 첫 출근을 한 신입사원 임상희가 사무실 문 앞에서 쭈뼛거리고 있다. 이를 발견한 조경현 과장이 임상희를 데리고 사무실로 들어간다.

조경현 과장 : 다 출근했나? 여기 이번에 새로 들어온 신입사원입니다. 인사들 나누세요.

이때 들어온 김정현 대리가 임상희를 힐끔 보고 자리로 가서 앉는다.

임상희 : 안녕하세요. 임상희입니다.
이하영 대리 : 안녕~ 어? 너 그 가방! 이탈리아에서 수입해온 거 아니야? 내가 사고 싶었던 건데! (이지애 주임을 보며) 내가 전에 말했던 거!
이지애 주임 : 아, 저거에요? 저거 비싸다고 하지 않았어요? (임상희를 보며) 얼마주고 샀어?
조경현 과장 : 시끄럽고, (임상희를 보며) 상희 씨는 저기에 앉으면 돼. (큰소리로) 이번 하반기 채용에 관한 팀 프로젝트를 수요일까지 제출해야 되는 거 알지? 30분 후에 각자 준비한 거 가지고 회의실로 모이자고!
모두 : 네!

S#2. 회의실 – 8월 7일 월요일

조경현 과장 : 다들 채용일정에 대해서 생각해 왔지? 언제가 좋을지 토의해서 정하자고. 상희 씨는 회의 내용을 잘 기록해줘.
이하영 대리 : (회사 일정이 적힌 종이를 꺼내며) 12월 22일에 연말행사가 있으니 행사 전까지 모든 채용절차가 마무리 돼야 할 것 같아요.
이지애 주임 : 맞아요. 그러니까 조금 서둘러서 9월 1일에 채용공고가 나가도록 하는 것이 어떨까요? (사람들의 반응을 살핀다)
조경현 과장 : 나도 그게 좋을 것 같은데. 다른 사람은 어때?

끄덕이는 임상희. 무언가를 깊게 다른 생각을 하고 있는 김정현 대리.

김정현 대리 : (생각을 마친 듯 급히) 저도 좋습니다. 그런데…. 그럼 항상 그랬듯이 필기전형은 한 달 뒤 토요일에 실시하나요?
조경현 과장 : 그렇게 되겠지? (임상희를 보며) 아. 상희 씨. 그날 나와서 시험 감독을 해야 해. 그날은 특근으로 처리가 될 거야. (앞에 있는 서류를 정리하며) 모두 동의하면 회의 마치고 확정된 일정으로 채용일정 진행하자고.

끄덕이며 기록하는 임상희. 무언가 마음에 들지 않는 김정현 대리
조경현 과장, 이하영 대리, 이지애 주임 퇴장
회의실에서 나가려는 김정현 대리, 기록지를 정리하는 임상희를 보고 무언가 떠올랐는지 임상희에게 다가간다.

김정현 대리 : 상희 씨라고 했나? (손을 내밀며) 그 기록지 나한테 줘. 오늘 처음 왔는데 뭘 알고 제대로 쓰기나 했겠어. 그냥 들리는 대로 쓴다고 다가 아니라고.

임상희 : 그래도 과장님이 저한테 시키신 건데….
김정현 대리 : 달라면 달라는 거지 무슨 말대꾸야.
임상희 : 네. (기록지를 건네며) 여기요.

회의실을 나가는 임상희
모두가 나가고 회의실에 혼자 남은 김정현 대리. 기록지를 보며 무언가를 펜으로 쓴다. 이를 몰래 지켜보는 임상희

S#3. 탕비실 – 8월 16일 목요일

갑자기 프랑스 출장이 잡힌 과장님을 따라 출장에 함께 하게 되어 걱정하는 임상희를 다독여주는 이지애 주임. 그 옆에서 할 말이 있는 듯 서성이는 이하영 대리

임상희 : 입사한 지 1주일 정도밖에 안됐는데 프랑스 출장이라니 너무 부담돼요.
이지애 주임 : 너무 걱정하지 마. 과장님 일하시는 거 지원해드리면 되니까, 과장님이 하라는 대로만 하면 돼.
이하영 대리 : 맞아. 난 네가 부러워. 이번 프로젝트만 없었으면 내가 간다고 했을 텐데. 거기 화장품이 엄청 싸거든. 그래서 말인데 화장품 몇 개만 사다 줘라. 어려운 부탁도 아니잖아.
임상희 : 제가 그럴 시간이 있을지 모르겠어요. 프랑스도 처음이고, 출장도 처음이라 살 수 있을지….
이하영 대리 : (이지애 주임의 눈치를 보며, 임상희의 귀에 대고 작은 목소리로) ㉠ 이런 작은 부탁도 들어주지 않는다면 이번에 치러지는 인사평가에서 내가 너를 어떻게 평가해야 할지 고민될 것 같은데.

그때 탕비실에 들어오는 김정현 대리
김정현 대리 : 또 모여서 무슨 수다를 그렇게 떨어. 맨날 보면서 무슨 할 이야기가 그렇게 많은지 원. 하여튼 여자들이란 어쩔 수 없다니까.

빠르게 밖으로 나가는 임상희와 이지애 주임, 이하영 대리

S#4. 놀이터 – 8월 16일 목요일

퇴근하여 집으로 돌아가던 임상희. 집 근처 놀이터에 있는 그네에 앉는다. 오늘 갑자기 정해진 프랑스 출장과 김정현 대리가 자신에게 대하는 태도, 이하영 대리의 부탁 등 회사에서 있었던 일들을 떠올리며 한숨을 쉰다. 이때 고모에게서 전화가 온다.

임상희 : (밝게 전화를 받으며) 여보세요? 네, 고모. 잘 지내셨어요? 지수도 이제 졸업이죠? 저야 잘 다니고 있죠. 근데 어쩐 일로…. 네네. (점점 얼굴이 굳어지며) ㉡ 지수가 제가 다니는 회사에 들어갈 수 있게 도와달라는 말씀이신가요?

굳은 표정으로 통화를 마치고 고개를 들어 멍하니 하늘을 쳐다보는 임상희

S#5. 프랑스 호텔 – 한국 시간으로 8월 31일 목요일 오후 8시

각자 호텔 방 앞에 서있는 조경현 과장과 임상희

조경현 과장 : (임상희를 보며) 영수증 잘 챙겨놓고 있지? 한국 가서 제출해야 되니 잘 챙겨둬. 그리고 미리 김정현 대리에게 연락해서 공고 잘 작성했는지, 내일 몇 시에 올릴 건지 확인하는 거 잊지 말고. ㉢ 내일 아침 일찍 현지 거래처 사람과 식사를 해야 하니 일찍 자도록 해.
임상희 : 네. 안녕히 주무세요.

각자 방으로 들어간다.

S#6. L회사 인사팀 사무실 – 9월 4일 월요일

어두운 사무실 분위기. 태연한 김정현 대리와 임상희를 보며 숙덕거리는 이하영 대리와 이지애 주임. 이를 눈치 채지 못하고 출장에서 사용한 영수증을 계산하고 있는 임상희. 계산기를 다시 두드려보지만 프랑스로 출장을 가서 쓴 영수증 두 개를 잃어버린 듯하다.

조경현 과장 : 상희 씨, ㉣ 오늘 내로 영수증이랑 출장보고서 정리해서 회계팀에 보내. 김정현 대리는 채용공고 내용 가지고 와서 나한테 보고해.

자리에서 일어서는 김정현 대리

임상희 : (불안한 표정으로) 네.

김정현 대리와 조경현 과장이 과장실에 들어간다.

(잠시 후 과장실에서 들려오는 조경현 과장의 목소리) 뭐야? 필기시험이 왜 일요일로 되어 있어? 이거 누가 작성했어? 상희 씨가 한 거라고?

놀라는 임상희. 무슨 일이 벌어졌는지 깨닫고 이하영 대리와 이지애 주임의 따가운 시선을 느끼며 고개를 숙인다.

☑ 오답Check! ○ ×

01 행동강령에 따르면 김정현 대리의 언행은 어떤 항목에 위배되는가?

① '우리 모두는 누군가의 소중한 가족입니다' 부문의 두 번째 항목
② '우리 모두는 누군가의 소중한 가족입니다' 부문의 네 번째 항목
③ '우리 모두는 누군가의 소중한 가족입니다' 부문의 다섯 번째 항목
④ '우리 모두는 누군가의 소중한 가족입니다' 부문의 일곱 번째 항목

☑ 오답Check! ○ ×

02 당신이 ㉠의 상황에 처했다면, 행동강령에 따라 어떻게 행동해야 하는가?

① 이하영 대리에게 화장품을 사다 줄테니 인사평가를 잘 해달라고 한다.
② 사내 게시판에 익명으로 이하영 대리에게 협박을 당했다는 글을 올린다.
③ 이지애 주임에게 인사평가가 중요한거냐며 넌지시 물어보며 상황을 판단한다.
④ 인사팀의 책임자인 조경현 과장에게 이를 알리고 상의한다.

☑ 오답Check! ○ ✕

03 **당신이 ㉡의 상황에 처했다면, 행동강령에 따라 어떻게 해야 하는가?**

① 채용 단계 중 서류전형을 통과하게만 도와주고 그 다음 단계는 도와주지 않는다.
② 기록에 남지 않게 도움을 주되 돈은 받지 않으면 된다.
③ L회사의 채용 원칙에 대해 설명하며 거절한다.
④ 채용 담당자 자리에서 물러나고 인사팀의 다른 업무를 수행한다.

Easy

☑ 오답Check! ○ ✕

04 **㉢의 상황에서 행동강령에 위배되는 생각은?**

① 프랑스에서 프랑스인을 만나는 자리이므로 프랑스 예절을 공부해서 내일 실수하지 않아야겠다.
② 나는 한국 사람이므로 우리나라 예절에 맞도록 행동하면 돼.
③ 어떤 행동이 프랑스 예절에 어긋나는 것인지 잘 모르니 가능한 얌전히 있어야겠다.
④ 거래처 사람이 권하는 음식이 입에 맞지 않아도 티내지 않아야겠어.

☑ 오답Check! ○ ✕

05 **당신이 ㉣과 같은 상황에서 행동할 때 행동강령에 위배되는 행동은?**

① 영수증이 모자라니 영수증을 내지 않고 총금액만 회계팀에 보고한다.
② 모자란 영수증의 금액은 본인의 돈으로 채워 넣고 영수증에 있는 금액만 회계팀에 보고한다.
③ 조경현 과장에게 솔직하게 말하고 영수증에 있는 금액만 회계팀에 보고한다.
④ 부서의 다른 선배에게 조언을 구하고 행동한다.

※ 다음은 L공장에서 안전을 위해 정기적으로 하는 검침에 대한 안내사항이다. 이어지는 물음에 답하시오. **[6~7]**

〈계기판 검침 안내사항〉

정기적으로 매일 오전 9시에 다음의 안내사항에 따라 검침을 하고 그에 따른 조치를 취하도록 한다.

〈계기판 A・B・C의 표준 수치〉

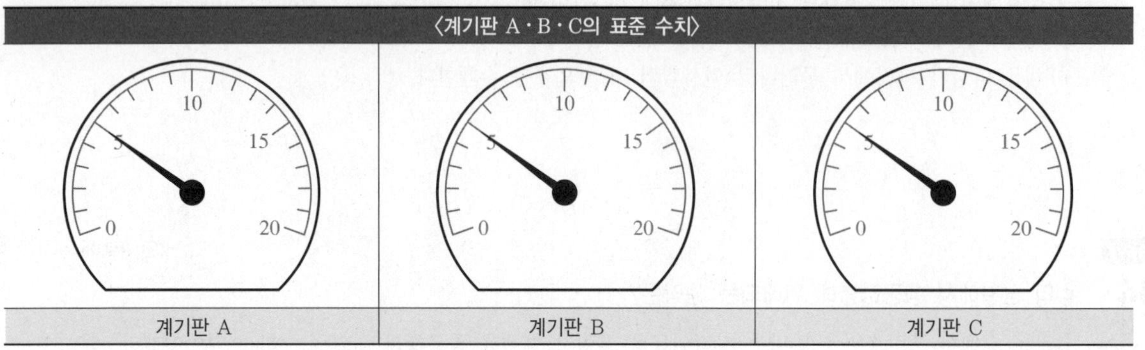

[기계조작실]

1. 계기판을 확인하여 PSD 수치를 구한다.
   ※ 검침하는 시각에 실외 온도계의 온도가 영상이면 B계기판은 고려하지 않는다.
   ※ 검침하는 시각에 실내 온도계의 온도가 20℃ 미만이면 Parallel Mode를, 20℃ 이상이면 Serial Mode를 적용한다.
   - Parallel Mode
     PSD=검침 시각 각 계기판 수치의 평균
   - Serial Mode
     PSD=검침 시각 각 계기판 수치의 합
2. PSD 수치에 따라서 알맞은 버튼을 누른다.

수치	버튼
PSD ≤ 기준치	정상
기준치 < PSD < 기준치+5	경계
기준치+5 ≤ PSD	비정상

※ 화요일과 금요일은 세 계기판의 표준 수치의 합의 1/2을 기준치로 삼고, 나머지 요일은 세 계기판의 표준 수치의 합을 기준치로 삼는다(단, 온도에 영향을 받지 않는다).

3. 기계조작실에서 버튼을 누르면 버튼에 따라 상황통제실의 경고등에 불이 들어온다.

버튼	경고등
정상	녹색
경계	노란색
비정상	빨간색

[상황통제실]

들어온 경고등의 색을 보고 필요한 조치를 취한다.

경고등	조치
녹색	정상 가동
노란색	안전요원 배치
빨간색	접근제한 및 점검

오답Check! ○ ×

06 L공장의 기계조작실에서 근무하는 서희정은 월요일 아침 9시가 되자 계기판을 점검하여 검침일지를 쓰려고 한다. 오늘 실외 온도계 수치는 −2℃이고, 실내 온도계의 수치는 19℃였으며, 계기판의 수치는 다음과 같았다. 서희정이 눌러야 하는 버튼은 무엇이며, 이를 본 상황통제실에서는 어떤 조치를 취해야 하는가?

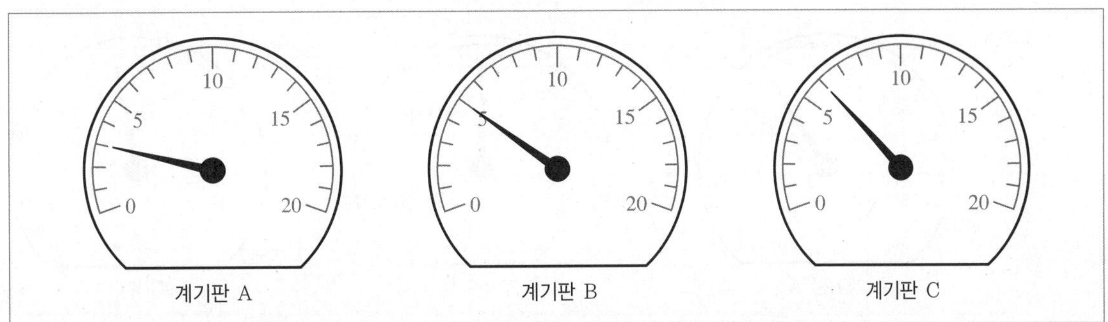

	버튼	조치
①	정상	정상 가동
②	정상	안전요원 배치
③	경계	안전요원 배치
④	비정상	접근제한 및 점검

☑ 오답 Check! ○ ×

07 오늘 L공장의 계기판 수치가 불안정하여 바쁜 하루를 보낸 서희정은 검침 일지를 제출하려고 검토하던 중 실내용 온도계 수치와 PSD 수치가 누락된 것을 발견하였다. 두 항목 중 실내용 온도계 수치를 예측할 때 가장 적절한 것은?

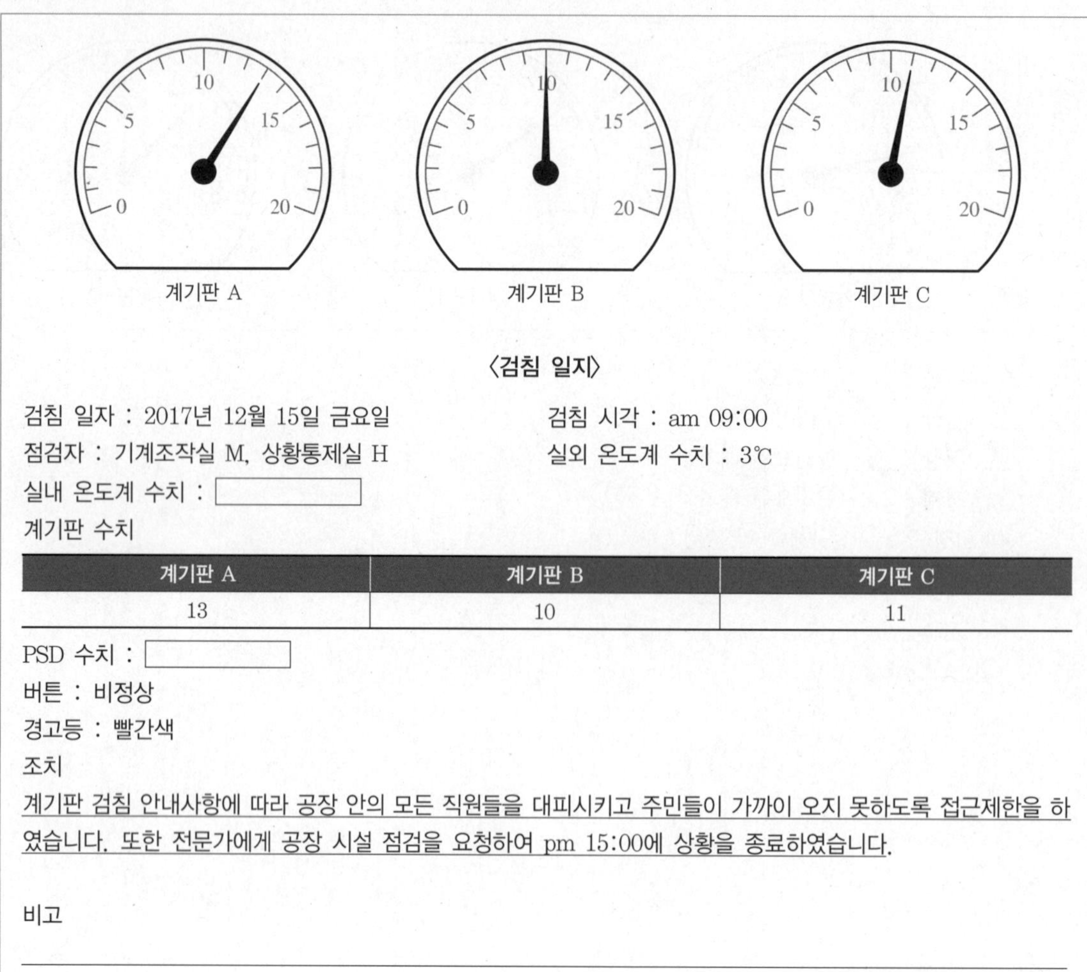

〈검침 일지〉

검침 일자 : 2017년 12월 15일 금요일 검침 시각 : am 09:00

점검자 : 기계조작실 M, 상황통제실 H 실외 온도계 수치 : 3℃

실내 온도계 수치 : [ ]

계기판 수치

계기판 A	계기판 B	계기판 C
13	10	11

PSD 수치 : [ ]

버튼 : 비정상

경고등 : 빨간색

조치

계기판 검침 안내사항에 따라 공장 안의 모든 직원들을 대피시키고 주민들이 가까이 오지 못하도록 접근제한을 하였습니다. 또한 전문가에게 공장 시설 점검을 요청하여 pm 15:00에 상황을 종료하였습니다.

비고

관리자 서명 ______

① 영하
② 영상 10℃ 이상 20℃ 미만
③ 영상 20℃ 이상
④ 온도와 상관없다.

03 자료해석

※ 다음은 한·미·일의 세계무역 수출입 통계이다. 자료를 보고 이어지는 물음에 답하시오. **[1~3]**

〈한·미·일 세계무역 수출입 통계〉

(단위 : 백만 불)

구분	연도＼국가	한국	미국	일본
수입액	2015년	436,499	2,241,663	647,989
	2014년	525,514	2,347,684	812,222
	2013년	515,585	2,268,370	832,343
	2012년	519,584	2,276,267	886,036
	2011년	524,375	2,207,955	854,998
수출액	2015년	526,744	1,504,572	624,801
	2014년	572,651	1,620,483	690,213
	2013년	559,625	1,578,429	714,613
	2012년	547,861	1,545,802	798,620
	2011년	555,400	1,482,483	822,564

※ (무역액)=(수입액)+(수출액)

☑ 오답 Check! ○ ✕

01 주어진 자료에서 수입액과 수출액의 전년 대비 증감 폭이 가장 큰 것은?

① 2015년 일본 수입
② 2015년 미국 수입
③ 2014년 미국 수출
④ 2013년 한국 수출

☑ 오답 Check! ○ ✕

02 2016년 일본의 무역액이 전년 대비 12% 감소했다고 할 때, 2016년 일본의 무역액은 얼마인가?

① 약 1,098,400백만 불
② 약 1,120,055백만 불
③ 약 1,125,250백만 불
④ 약 1,263,760백만 불

☑ 오답 Check! ○ ✕

03 주어진 자료를 해석한 것으로 옳지 않은 것은?

① 매년 미국의 무역액은 한국과 일본의 무역액을 합친 것보다 많다.
② 전년 대비 2015년 한국 수입액의 증감률 절댓값은 전년 대비 2014년 미국 수입액의 증감률 절댓값보다 크다.
③ 미국과 일본은 수입액의 증감추세가 동일하다.
④ 수출 부문에서 매년 수출액이 감소한 나라가 있다.

※ 다음은 세계 3대 신용평가기관인 Moody's와 S&P가 제공한 A회사의 국제 신용등급 현황이다. 이어지는 물음에 답하시오. **[4~5]**

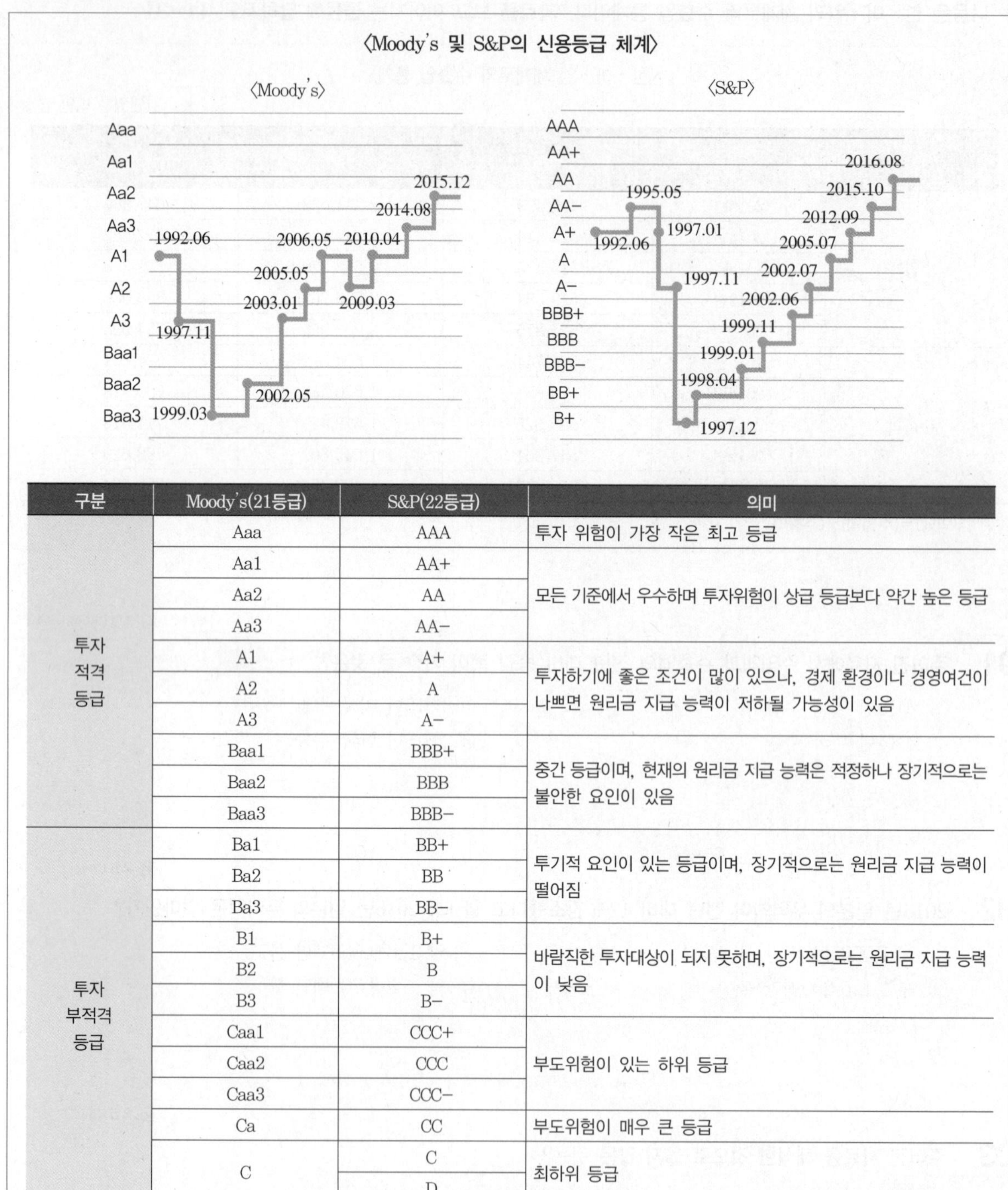

구분	Moody's(21등급)	S&P(22등급)	의미
투자 적격 등급	Aaa	AAA	투자 위험이 가장 작은 최고 등급
	Aa1	AA+	모든 기준에서 우수하며 투자위험이 상급 등급보다 약간 높은 등급
	Aa2	AA	
	Aa3	AA−	
	A1	A+	투자하기에 좋은 조건이 많이 있으나, 경제 환경이나 경영여건이 나쁘면 원리금 지급 능력이 저하될 가능성이 있음
	A2	A	
	A3	A−	
	Baa1	BBB+	중간 등급이며, 현재의 원리금 지급 능력은 적정하나 장기적으로는 불안한 요인이 있음
	Baa2	BBB	
	Baa3	BBB−	
투자 부적격 등급	Ba1	BB+	투기적 요인이 있는 등급이며, 장기적으로는 원리금 지급 능력이 떨어짐
	Ba2	BB	
	Ba3	BB−	
	B1	B+	바람직한 투자대상이 되지 못하며, 장기적으로는 원리금 지급 능력이 낮음
	B2	B	
	B3	B−	
	Caa1	CCC+	부도위험이 있는 하위 등급
	Caa2	CCC	
	Caa3	CCC−	
	Ca	CC	부도위험이 매우 큰 등급
	C	C	최하위 등급
		D	

☑ 오답 Check! ○ ×

04 **다음 중 위 자료에 대한 설명으로 옳은 것은?**

① 1997년 11월 Moody's와 S&P는 A회사의 신용등급을 각각 다르게 평가하였다.
② S&P가 평가한 A회사의 신용등급에서 최고와 최저 등급은 10등급의 차이가 난다.
③ 2000년 이후부터 A회사의 신용등급은 하락한 적이 없다.
④ Moody's가 평가한 A회사의 신용등급을 모든 기준에서 우수하며 투자위험이 상급 등급보다 약간 높은 등급으로 평가한 시점은 2014년 8월부터이다.

☑ 오답 Check! ○ ×

05 **1997년 이후 A회사가 두 회사 모두에서 투자 적격 등급에 진입한 연도는 언제인가?**

① 2014년
② 2005년
③ 2002년
④ 1999년

04 언어논리

※ 다음 문장을 읽고 유추할 수 있는 것을 고르시오. [1~2]

오답 Check! ○ ×

01

- 물에 잘 번지는 잉크의 펜은 수성 펜이다.
- 수성 펜은 뚜껑이 있다.
- 유성 펜은 잉크 찌꺼기가 생긴다.

① 수성 펜은 잉크 찌꺼기가 생기지 않는다.
② 유성 펜은 물에 잘 번지는 잉크의 펜이다.
③ 유성 펜은 뚜껑이 없다.
④ 물에 잘 번지는 잉크의 펜은 뚜껑이 있다.

오답 Check! ○ ×

02

- 라임은 신 맛이 나는 과일이다.
- 신 맛이 나는 과일은 비타민이 많은 과일이다.
- 아로니아는 신 맛이 나는 과일이다.

① 아로니아는 단 맛도 난다.
② 비타민이 많지 않은 과일은 아로니아가 아니다.
③ 과일은 신 맛이 난다.
④ 라임에는 비타민이 많지 않다.

Hard

☑ 오답 Check! ○ ×

03 **구다리, 김지정, 김인자, 이소아, 문성질, 조상욱 여섯 명이 다음과 같이 나란히 서 있을 때 옳지 않은 것은?**

- 김인자와 김지정 사이에는 3명이 서 있다.
- 조상욱과 이소아는 바로 옆에 서 있다.
- 문성질과 구다리는 바로 옆에 서 있지 않다.
- 구다리와 김지정은 양 끝에 서 있다.
- 문성질이 조상욱보다 오른쪽에 서 있다.
- 이소아는 구다리보다 왼쪽에 서 있다.

① 구다리는 오른쪽 끝에 서 있다.
② 김인자는 문성질 바로 옆에 서 있다.
③ 문성질은 이소아보다 오른쪽에 서 있다.
④ 이소아는 조상욱보다 왼쪽에 서 있다.

PART 2 최신기출문제

☑ 오답 Check! ○ ×

04 **다음은 커피 종류별 재료이다. A, B, C, D는 각각 다른 종류의 커피를 시켰고 다음 다섯 명 중 한 명이 거짓을 말하고 있다고 할 때, 카페라테를 시킨 사람은 누구인가?**

구분	에스프레소	물	우유	시나몬 가루	카라멜 시럽
아메리카노	○	○	×	×	×
카페라테	○	×	○	×	×
카푸치노	○	×	○	○	×
카라멜마끼아또	○	×	○	×	○

A : 나는 우유를 못 마셔서 우유가 들어가지 않은 커피를 시켰어.
B : 나는 우유가 들어가고 시나몬 가루가 들어가지 않은 커피를 시켰어.
C : 나는 두 가지 재료만 들어간 커피를 시켰어.
D : 나는 카라멜 시럽으로 장식된 커피를 시켰어.
점원 : B고객님, 주문하신 카푸치노 나왔습니다.

① A ② B
③ C ④ D

CHAPTER

07 2017년 상반기 최신기출문제

정답 및 해설 p.029

01 언어이해

☑ 오답 Check! ○ ✕

01 다음 글을 읽고 논리적 순서에 알맞게 배치한 것을 고르면?

(가) 이처럼 사대부들의 시조는 심성 수양과 백성의 교화라는 두 가지 주제로 나타난다. 이는 사대부들이 재도지기(載道之器), 즉 문학을 도(道)를 싣는 수단으로 보는 효용론적 문학관에 바탕을 두었기 때문이다. 이때 도(道)란 수기의 도와 치인의 도라는 두 가지 의미를 지니는데, 강호가류의 시조는 수기의 도를, 오륜가류의 시조는 치인의 도를 표현한 것이라 할 수 있다.

(나) 한편, 오륜가류는 백성들에게 유교적 덕목인 오륜을 실생활 속에서 실천할 것을 권장하려는 목적으로 창작한 시조이다. 사대부들이 관직에 나아가면 남을 다스리는 치인(治人)을 위해 최선을 다했고, 그 방편으로 오륜가류를 즐겨 지었던 것이다. 오륜가류는 쉬운 일상어를 활용하여 백성들이 일상생활에서 마땅히 행하거나 행하지 말아야 할 것들을 명령이나 청유 등의 어조로 노래하였다. 이처럼 오륜가류는 유교적 덕목인 인륜을 실천함으로써 인간과 인간이 이상적 조화를 이루고, 이를 통해 천하가 평화로운 상태까지 나아가는 것을 주요 내용으로 하였다.

(다) 조선시대 시조 문학의 주된 향유 계층은 사대부들이었다. 그들은 '사(士)'로서 심성을 수양하고 '대부(大夫)'로서 관직에 나아가 정치 현실에 참여하는 것을 이상으로 여겼다. 세속적 현실 속에서 나라와 백성을 위한 이념을 추구하면서 동시에 심성을 닦을 수 있는 자연을 동경했던 것이다. 이러한 의식의 양면성에 기반을 두고 시조 문학은 크게 강호가류(江湖歌類)와 오륜가류(五倫歌類)의 두 가지 경향으로 발전하게 되었다.

(라) 강호가류는 자연 속에서 한가롭게 지내는 삶을 노래한 것으로, 시조 가운데 작품 수가 가장 많다. 강호가류가 크게 성행한 시기는 사화와 당쟁이 끊이질 않았던 16～17세기였다. 세상이 어지러워지자 정치적 이상을 실천하기 어려웠던 사대부들은 정치 현실을 떠나 자연으로 회귀하였다. 이때 사대부들이 지향했던 자연은 세속적 이익과 동떨어진 검소하고 청빈한 삶의 공간이자 안빈낙도(安貧樂道)의 공간이었다. 그 속에서 사대부들은 강호가류를 통해 자연과 인간의 이상적 조화를 추구하며 자신의 심성을 닦는 수기(修己)에 힘썼다.

① (라) – (다) – (나) – (가)
② (라) – (나) – (가) – (다)
③ (다) – (라) – (나) – (가)
④ (다) – (나) – (가) – (라)

※ 다음 글을 읽고 물음에 답하시오. [2~3]

섬유 예술은 실, 직물, 가죽, 짐승의 털 등의 섬유를 오브제로 사용하여 미적 효과를 구현하는 예술을 일컫는다. 오브제란 일상 용품이나 자연물 또는 예술과 무관한 물건을 본래의 용도에서 분리하여 작품에 사용함으로써 새로운 상징적 의미를 불러일으키는 대상을 의미한다. 섬유 예술은 실용성에 초점을 둔 공예와 달리 섬유가 예술성을 지닌 오브제로서 기능할 수 있다는 자각에서 비롯되었다.

섬유 예술이 새로운 조형 예술의 한 장르로 자리매김한 결정적 계기는 1969년 제5회 '로잔느 섬유 예술 비엔날레전'에서 올덴버그가 가죽을 사용하여 만든 「부드러운 타자기」라는 작품을 전시하여 주목을 받은 것이었다. 올덴버그는 이 작품을 통해 공예의 한 재료에 불과했던 가죽을 예술성을 구현하는 오브제로 활용하여 섬유를 심미적 대상으로 인식할 수 있게 하였다. 이후 섬유 예술은 평면성에서 벗어나 조형성을 강조하는 여러 기법들을 활용하여 작가의 개성과 미의식을 구현하는 흐름을 보였는데, 이에는 바스켓트리, 콜라주, 아상블라주 등이 있다. 바스켓 트리는 바구니 공예를 일컫는 말로 섬유의 특성을 활용하여 꼬기, 엮기, 짜기 등의 방식으로 예술적 조형성을 구현하는 기법이다. 콜라주는 이질적인 여러 소재들을 혼합하여 일상성에서 탈피한 미감을 주는 기법이고, 아상블라주는 콜라주의 평면적인 조형성을 넘어 우리 주변에서 흔히 볼 수 있는 물건들과 폐품 등을 혼합하여 3차원적으로 표현하는 기법이다. 콜라주와 아상블라주는 현대의 여러 예술 사조에서 활용되는 기법을 차용한 것으로, 섬유 예술에서는 순수 조형미를 드러내거나 현대 사회의 복합성과 인류 문명의 한 단면을 상징화하는 수단으로 활용되기도 하였다.

섬유를 오브제로 활용한 대표적인 작품으로는 라우센버그의 「침대」가 있다. 이 작품에서 라우센버그는 섬유 자체뿐 아니라 여러 오브제들을 혼합하여 예술적 미감을 표현하기도 했다. 「침대」는 캔버스에 평소 사용하던 커다란 침대보를 부착하고 베개와 퀼트 천으로 된 이불, 신문 조각, 잡지 등을 붙인 다음 그 위에 물감을 흩뿌려 작업한 것으로, 콜라주, 아상블라주 기법을 주로 활용하여 섬유의 조형적 미감을 잘 구현한 작품으로 평가 받고 있다.

☑ 오답 Check! ○ ×

02 윗글에서 알 수 있는 내용이 아닌 것은?

① 섬유 예술의 재료
② 섬유 예술의 발전 과정
③ 섬유 예술 작품의 예
④ 섬유 예술과 타 예술장르의 관계

☑ 오답 Check! ○ ×

03 윗글의 '섬유 예술'에 대한 추론으로 옳지 않은 것은?

① 라우센버그의 「침대」에 쓰인 재료들은 특별한 의미를 추구하지 않는다.
② 올덴버그의 「부드러운 타자기」가 주목받기 이전에는 대체로 섬유 예술을 조형 예술 장르로 보지 않았다.
③ 섬유 예술은 기존의 섬유를 실용성의 측면에서 보던 시각에서 탈피하여 섬유를 심미적 대상으로 보았다.
④ 콜라주와 아상블라주는 섬유 예술 이외에도 다양한 예술 분야에서 사용된다.

※ 다음 글을 읽고 물음에 답하시오. [4~5]

조선시대 유학자들은 도덕적이고 규범적이며 사람다운 삶을 강조하는 성리학을 받아들였다. 성리학은 우주의 근원과 질서, 그리고 인간의 심성과 질서를 '이(理)'와 '기(氣)' 두 가지를 통해 설명하고, 이를 바탕으로 인간과 세계를 연구하는 학문이다. 그래서 성리학을 '이기론' 또는 '이기 철학'이라고도 부른다. 성리학에서 일반적으로 '이'는 만물에 내재하는 원리이고, '기'는 그 원리를 현실에 드러내 주는 방식과 구체적인 현실의 모습이라 할 수 있다. '이'는 '기'를 통해서 드러난다. '이'는 언제나 한결같지만 '기'는 여러 가지 모습으로 존재하므로, 우주 만물의 원리는 그대로지만 형체는 다양하다. 이러한 '이'와 '기'를 어떻게 보는가에 따라 성리학자들이 현실을 해석하고 인식하는 자세가 달라진다.

'기'를 중시했던 대표적인 성리학자로 서경덕을 들 수 있다. 그는 '기'를 우주 만물의 근원이라고 보았다. 서경덕에 의하면, 태초에 '기'가 음기와 양기가 되고, 음기와 양기가 모이고 흩어지고를 반복하면서 하늘과 땅, 해와 달과 별, 불과 물 등의 만물이 만들어졌다. '기'는 어떤 외부의 원리나 힘에 의해 움직이는 것이 아니라 스스로 움직여 만물을 생성하고 변하게 한다. 하지만 '이'는 '기' 속에 있으면서 '기'가 작용하는 원리로 존재할 뿐 독립적으로 드러나거나 작용하지 않는다. 즉, '이'와 '기'는 하나이며, 세계에 드러나는 것은 '기'뿐이라는 것이다. 이와 같은 입장을 '기일원론(氣一元論)'이라 한다. 기일원론의 바탕에는, 현실 세계의 모습은 '기'의 움직임에 의한 것이므로, '기'가 다시 움직이면 현실도 변할 수 있을 것이라는 사고가 깔려 있다.

'이'를 중시했던 대표적인 성리학자는 이황이다. 이황은 서경덕의 논의를 단호하게 비판하면서 '이'와 '기'는 하나가 아니라는 주장을 펼쳤다. 그는 '이'를 우주 만물의 근원이자 변하지 않는 절대적 가치이며 도덕 법칙이라고 보았다. '이'는 하늘의 뜻, 즉천도(天道)이며, 만물이 선천적으로 지니고 태어나는 본성이라고 여겼다. 따라서 인간이 '이'를 깨우치고 실행하면 하늘이 부여한 본성을 회복하고, 인간 사회는 천도에 맞는 이상적이고 도덕적인 질서를 확립한다고 보았다. 현실 사회가 비도덕적이고 타락한 모습을 보이는 이유는 인간이 본성을 잃어버리고 사악한 마음을 따르기 때문인데, 이러한 사악한 마음은 인간의 생체적 욕구, 욕망 등인 '기'에서 나오는 것이다. 따라서 '이'와 '기'가 하나일 수는 없으며, 둘은 철저히 구분되어야 한다는 것이 이황의 주장이다. 이러한 입장을 '이기이원론(理氣二元論)'이라 한다. 이황은 '이'가 원리로서만 존재하는 것이 아니라 발동*한다고 보았다. '이'가 발동하면 그에 따라 '기'도 작용하여 인간이나 사회는 도덕적인 모습이 되지만, '이'가 발동하지 않고 '기'만 작용하면 인간이나 사회는 비도덕적 모습이 될 수 있다. 이황은 인간이 '이'를 깨우치고 실행하기 위해서는 학문과 수양에 힘써야 한다고 생각하였다. 그는 현실의 문제 상황은 학문과 수양을 통해 '이'를 회복함으로써 해결될 수 있다는 점을 강조하였다.

한편, 이이는 서경덕과 이황의 논의가 양극단을 달리는 오류를 범하고 있다고 비판하면서, '이'와 '기'의 관계를 새롭게 규정하였다. 이이는 '이'를 모든 사물의 근원적 원리로, '기'를 그 원리를 담는 그릇으로 보았다. 둥근 그릇에 물을 담으면 물의 모양이 둥글고 모난 그릇에 물을 담으면 물의 모양이 모나 보이지만, 그 속에 담긴 물의 속성은 달라지지 않는다. 이처럼 '기'는 현실에서 다양한 모습으로 존재하지만 그 속에 담겨 있는 '이'는 달라지지 않는다. 물이 그릇에 담겨 있지만 물과 그릇이 다른 존재이듯이, '이'와 '기'도 한 몸처럼 붙어 있지만 '이'와 '기'로 각각 존재한다는 것이다. 이이에 따르면, '이'는 현실에 아무 작용을 하지 않고 '기'만 작용한다. 현실의 모습이 문제를 드러내고 있다면, 이는 '이'가 잘못된 것이 아니라 '기'가 잘못된 것이다. 그러므로 '이'를 회복하기보다는 '기'로 나타난 현실의 모습 자체를 바꾸기 위해 싸워야 한다는 것이 이이의 주장이다. 이이가 조선 사회의 변화를 위한 여러 가지 개혁론을 펼칠 수 있었던 것은 이러한 사고가 바탕을 이루고 있었기 때문이다.

* 발동(發動) : 일어나 움직임

Hard

☑ 오답 Check! ○ ×

04 윗글의 내용과 일치하지 않는 것은?

① '기'는 현실에 존재하는 것이고, '이'는 '기' 속에 내재하는 원리이다.
② '이'는 불변하지만 '기'는 가변적이다.
③ 이황은 '이'의 발동 여부가 '기'의 작용을 좌우한다고 보았다.
④ 이이는 '기'의 변화에 따라 '이'도 변할 수 있다고 주장하였다.

☑ 오답 Check! ○ ×

05 윗글의 설명 방식으로 가장 적절한 것은?

① 어떤 개념에 대한 기존의 통념을 소개한 후, 이를 비판하고 있다.
② 하나의 개념을 바라보는 다양한 관점을 소개하고 있다.
③ 고전 철학적 개념을 소개하고, 오늘날의 적용점을 제시하고 있다.
④ 고전 철학적 개념을 질문하고, 답하는 형식을 통해 소개하고 있다.

02 문제해결

Easy

☑ 오답 Check! ○ ×

01 **다음 달에 있을 이사회에서 신제품 개발안을 발표해야 하는 박 대리가 준비한 발표 자료에 대한 설명이다. 다음 중 가장 적절하지 못한 것은?**

① 파워포인트를 이용하여 자료를 작성하였으며, 관련 동영상 자료를 링크시켜 청중의 시선을 끌게 하였다.
② 신제품 개발에 대해 충분한 설명이 될 수 있게 가능한 많은 양의 자료를 입력하였다.
③ 슬라이드 디자인을 적용하여 각 장의 형식을 통일시켰다.
④ 같은 페이지에는 같은 주제에 관련된 문장과 단락만을 중요 단어 중심으로 간략하게 입력하였다.

☑ 오답 Check! ○ ×

02 **신입사원인 귀하는 사수인 S주임에게 컴퓨터 바탕화면이 지저분하고 어수선하다는 지적을 받았다. 다음과 같이 S주임에게 조언 받은 내용을 바탕으로 컴퓨터 바탕화면 정리를 할 때, 다음 중 가장 적절하지 않은 것은?**

> S주임 : 윈도우 바탕화면에 최소한의 필요요소만 남기고 나머지는 보이지 않도록 하는 것이 좋아요. 업무 중에 자주 사용하는 파일이나 프로그램은 잘 찾을 수 있도록 바탕화면에 놓아두세요. 나머지 프로그램이나 파일들은 폴더를 만들어서 정리해야 해요. 업무 항목별로 폴더를 몇 가지 만들어서, 그 안에 다시 폴더를 만들어서 하위분류를 해 두면 쉽게 찾을 수 있어요. 그런데 항목별로 분류를 했는데도 한 폴더 안에 파일이 많으면 찾는 데 오래 걸리니까, 그럴 땐 가장 최근에 진행한 업무 파일이 맨 앞으로 오게 정리하면 효율적이에요. 마지막으로 폴더 안에서도 최근에 진행한 주요 업무들이 상위 카테고리에 오게 하고, 나머지는 따로 정리해 두세요. 바탕화면 정리가 어려운 거 같아도 막상 시작하면 얼마 안 걸리니까, 얼른 정리하고 다시 업무 시작합시다!

① 엑셀, 한글, 파워포인트 등의 프로그램은 바탕화면에 남겨두었다.
② 오랫동안 진행하지 않은 파일들은 따로 하나의 폴더에 모아두었다.
③ 폴더 안에 파일이 많을 때는 가나다순으로 정렬하여 파일 제목으로 찾기 쉽도록 하였다.
④ 폴더 안에 하위 폴더를 여러 개 두어 소분류 별로 파일을 배치해두었다.

☑ 오답 Check! ○ ✕

03 L마트 △△지점에서 사무보조 아르바이트생을 채용하려고 한다. 귀하는 조건에 부합하는 지원자만 연락하여 면접을 진행할 계획이다. 다음은 L마트 △△지점이 채용 사이트에 게재한 공고문과, 지원자들의 신상정보이다. 다음 중 귀하가 연락할 지원자로 바르게 짝지어진 것은?

〈아르바이트 채용공고〉

L마트 △△지점에서 단기 사무보조 아르바이트생을 모집합니다.

1. 업무내용
   - 문서 작성 및 보조
   - 비품 정리 및 주변 청소
2. 지원자격
   - 연령 : 만 18세 이상 ~ 40세 이하
   - 4년제 대학 재학생 또는 졸업자
   - 엑셀·워드프로세서 숙련자(필수), 파워포인트 사용 가능자(우대)
   - 인근 지역 거주자(30분 이내)
   - 급여 : 시급 8,000원(식사 별도 제공)
3. 근무기간 및 근무시간
   - 기간 : 2017년 5월 25일 ~ 2017년 8월 24일(3개월)
   - 근무시간
     - 월 ~ 금 중 주3일 근무(협의 후 매주 화요일을 포함한 3일 고정 근무, 요일 변경 불가)
     - 근무시간 : 9:00 ~ 16:00(점심시간 1시간 제외)
     - 협의된 요일 중 공휴일 포함 시 휴무(급여 미지급)

※ 지원 방법 : 하단의 '즉시지원' 이용 또는 e-mail(ksm0518@coolmail.net)로 사진과 학력사항이 포함된 이력서, 간단한 자기소개서(1,000자 이내)를 보내주시기 바랍니다.

※ 문의 : 김○○ (01×-××××-××××)

〈지원자 현황〉

구분	A	B	C	D	E	F
연령	39세	19세	32세	21세	39세	24세
직업	주부	재수생	프리랜서	대학생	주부	대학생
학력	고졸	고졸	대졸	고졸	대졸	고졸
사용 가능 프로그램	엑셀, 워드프로세서	워드프로세서, 파워포인트	엑셀, 파워포인트, 워드프로세서	엑셀, 워드프로세서	파워포인트, 워드프로세서	워드프로세서, 파워포인트, 엑셀, 포토샵
근무 가능 시간	월 ~ 금	평일	화, 수 제외	월, 수 제외	월 ~ 목	월요일 제외
출퇴근거리	10분	30분	40분	20분	15분	25분

① A, C　　② B, D
③ C, D　　④ D, F

PART 2 최신기출문제

안심Touch

03 자료해석

☑ 오답 Check! ○ ×

01 다음은 2016년 국내 지역별 백미 생산량을 나타낸 자료이다. 자료에 대한 설명으로 옳지 않은 것은?

〈2016년 국내 백미 생산량〉

(단위 : ha, 톤)

구분	논벼		밭벼	
	면적	생산량	면적	생산량
서울·인천·경기	91,557	468,506	2	4
강원	30,714	166,396	0	0
충북	37,111	201,670	3	5
세종·대전·충남	142,722	803,806	11	21
전북	121,016	687,367	10	31
광주·전남	170,930	871,005	705	1,662
대구·경북	105,894	591,981	3	7
부산·울산·경남	77,918	403,845	11	26
제주	10	41	117	317

① 광주·전남 지역은 백미 생산 면적이 가장 넓고 백미 생산량도 가장 많다.
② 제주 지역의 밭벼 생산량은 제주 지역 백미 생산량의 약 88.6%를 차지한다.
③ 면적당 논벼 생산량이 가장 많은 지역은 세종·대전·충남이다.
④ 전국 밭벼 생산 면적 중 광주·전남 지역의 면적이 차지하는 비율은 80% 이상이다.

☑ 오답Check! ○ ×

02 다음은 2014 ~ 2016년 우리나라의 10대 수출 품목에 대한 자료이다. 이에 대한 설명으로 옳지 않은 것은?

〈우리나라의 10대 수출 품목〉

(단위 : 백만 달러)

구분	2014년		2015년		2016년	
	품목명	금액	품목명	금액	품목명	금액
1위	반도체	62,717	반도체	62,426	반도체	62,005
2위	석유제품	50,784	자동차	45,794	자동차	40,637
3위	자동차	48,924	선박해양구조물 및 부품	40,107	선박해양구조물 및 부품	34,268
4위	선박해양구조물 및 부품	39,886	무선통신기기	32,587	무선통신기기	29,664
5위	무선통신기기	29,573	석유제품	32,002	석유제품	26,472
6위	자동차 부품	26,635	자동차 부품	25,550	자동차 부품	24,415
7위	평판디스플레이 및 센서	26,498	평판디스플레이 및 센서	21,915	합성수지	17,484
8위	합성수지	21,691	합성수지	18,418	평판디스플레이 및 센서	16,582
9위	철강판	19,144	철강판	16,458	철강판	15,379
10위	전자응용기기	9,800	전자응용기기	10,038	플라스틱 제품	9,606

① 2014년 10대 수출 품목 10개 중 1개를 제외한 품목이 모두 2016년까지 수출액이 10위 안에 들었다.
② 3년 연속으로 순위가 같았던 품목들은 순위는 유지했으나 모두 수출액은 계속 줄어들었다.
③ 2014 ~ 2016년 3년간의 총 수출액은 무선통신기기가 석유제품보다 높다.
④ 2015년에 2014년 대비 순위와 수출액이 모두 상승한 것은 2품목이다.

☑ 오답 Check! ○ ✕

03 다음은 우리나라 지역별 가구 수와 1인 가구 수를 나타낸 자료이다. 이에 대한 설명으로 옳은 것은?

〈지역별 가구 수 및 1인 가구 수〉

(단위 : 천 가구)

구분	전체 가구	1인 가구
서울특별시	3,675	1,012
부산광역시	1,316	367
대구광역시	924	241
인천광역시	1,036	254
광주광역시	567	161
대전광역시	596	178
울산광역시	407	97
경기도	4,396	1,045
강원도	616	202
충청북도	632	201
충청남도	866	272
전라북도	709	222
전라남도	722	242
경상북도	1,090	365
경상남도	1,262	363
제주특별자치도	203	57
계	19,018	5,279

① 전체 가구 대비 1인 가구의 비율이 가장 높은 지역은 충청북도이다.

② 서울특별시 · 인천광역시 · 경기도의 1인 가구는 전체 1인 가구의 40% 이상을 차지한다.

③ 도 지역의 가구 수 총합보다 서울시 및 광역시의 가구 수 총합이 더 크다.

④ 경기도를 제외한 도 지역 중 1인 가구 수가 가장 많은 지역이 전체 가구 수도 제일 많다.

☑ 오답Check! ○ ×

04 다음은 OECD 주요 국가의 유기농 경작 면적률을 나타낸 자료이다. 이를 해석한 것으로 옳지 않은 것은?

〈OECD 주요 국가의 유기농 경작 면적률〉

(단위 : %)

구분	2007년	2008년	2009년	2010년	2011년	2012년	2013년	2014년
일본	0.14	0.2	0.2	0.2	0.21	0.23	0.23	0.23
미국	0.42	0.42	0.48	0.48	0.48	0.48	0.54	0.53
한국	0.53	0.66	0.74	0.87	1.1	1.43	1.2	1.05
영국	3.74	4.07	4.16	4.05	3.71	3.42	3.23	3.04
프랑스	1.91	2	2.33	2.92	3.38	3.58	3.69	3.89
호주	2.82	2.87	2.93	2.92	2.73	2.96	2.45	4.22
독일	5.11	5.36	5.61	5.93	6.07	6.2	6.26	6.27
이탈리아	8.12	6.93	7.91	7.78	7.92	8.5	9.66	10.55

① 우리나라가 전년 대비 유기농 경작 면적률이 가장 많이 증가한 것은 2011년이다.

② 2010년 이전까지 프랑스는 호주에 비해 유기농 경작 면적률이 낮았으나, 2011 ~ 2013년에는 호주보다 유기농 경작 면적률이 높았다.

③ 우리나라의 유기농 경작 면적률은 항상 일본의 3배 이상이다.

④ 유기농 경작 면적률이 매년 증가하는 것은 프랑스와 독일뿐이다.

04 언어논리

※ 다음 문장을 읽고 유추할 수 있는 것을 고르시오. [1~2]

오답 Check! ○ ×

01

- 손이 고우면 마음이 예쁘다.
- 손이 곱지 않으면 키가 크다.

① 키가 크지 않으면 마음이 예쁘다.
② 마음이 예쁘면 손이 곱다.
③ 키가 크면 손이 곱지 않다.
④ 손이 고우면 키가 크다.

오답 Check! ○ ×

02

- 모든 L대학교 학생은 영어 또는 작문 수업을 듣는다.
- 어떤 L대학교 학생은 중국어 수업을 듣는다.

① 어떤 L대학교 학생은 영어 수업을 듣는다.
② 어떤 L대학교 학생은 영어와 작문 수업을 듣는다.
③ 어떤 L대학교 학생은 중국어 수업을 듣고 영어 수업을 듣지 않는다.
④ 어떤 L대학교 학생은 중국어와 영어 또는 중국어와 작문 수업을 듣는다.

오답 Check! ○ ×

03 점심식사를 하기 위해 구내식당 배식대 앞에 A, B, C, D, E, F가 한 줄로 줄을 서 있는데, 순서가 다음 〈조건〉과 같을 때 항상 옳은 것은?

조건

- A는 맨 앞 또는 맨 뒤에 서 있다.
- B는 맨 앞 또는 맨 뒤에 서지 않는다.
- D와 F는 앞뒤로 인접해서 서 있다.
- B와 C는 한 사람을 사이에 두고 서 있다.
- D는 B보다 앞쪽에 서 있다.

① A가 맨 뒤에 서 있다면 맨 앞에는 D가 서 있다.
② A가 맨 앞에 서 있다면 E는 다섯 번째에 서 있다.
③ F와 B는 앞뒤로 서 있지 않다.
④ C는 맨 뒤에 서지 않는다.

☑ 오답 Check! ○ ✕

04 어느 사무실에 도둑이 들어서 갑, 을, 병, 정, 무 5명의 용의자를 대상으로 조사를 했다. 이 중 1명만 진실을 말하고 나머지는 거짓을 말한다고 할 때, 범인은 누구인가?

> 갑 : 을이 범인이에요.
> 을 : 정이 범인이 확실해요.
> 병 : 저는 확실히 도둑이 아닙니다.
> 정 : 을은 거짓말쟁이예요.
> 무 : 제가 도둑입니다.

① 갑　　② 병
③ 정　　④ 무

CHAPTER

08 2016년 하반기 최신기출문제

정답 및 해설 p.034

01 언어이해

※ 다음 글을 읽고 물음에 답하시오. [1~2]

우리는 보통 은행이나 농협은 익숙해 하면서, 제1금융권, 제2금융권이라는 말은 왠지 낯설어한다. 상호저축은행, 새마을금고 등 여러 금융 기관이 있다고 하는데, 이러한 금융 기관들은 어떻게 다른 걸까?
먼저 은행에는 중앙은행, 일반은행, 특수은행이 있다. 이 중 중앙은행으로는 금융제도의 중심이 되는 한국은행이 있다. 한국은행은 우리가 사용하는 돈인 한국 은행권을 발행하고, 경제 상태에 따라 시중에 유통되는 돈의 양, 곧 통화량을 조절한다. 일반은행의 종류에는 큰 도시에 본점을 두고 전국적인 지점망을 형성하는 시중은행과 지방 위주로 영업하는 지방은행, 외국은행의 국내지점이 있다. 일반은행은 예금은행 또는 상업은행이라고도 하며, 예금을 주로 받고 그 돈을 빌려주어서 이익을 얻는 상업적 목적으로 운영된다.
특수은행은 정부가 소유한 은행으로서, 일반은행으로서는 수지가 맞지 않아 자금 공급이 어려운 경제 부문에 자금을 공급하는 것이 주요 업무이다. 국가 주요 산업이나 기술 개발용 장기 자금을 공급하는 한국산업은행, 기업이 수출입 거래를 하는 데 필요한 자금을 공급해주는 한국수출입은행, 중소기업 금융을 전문으로 하는 중소기업은행이 이에 해당한다. 농업과 축산업 금융을 다루는 농업협동조합중앙회, 또는 수산업 금융을 다루는 수산업 협동조합중앙회도 특수 은행에 포함된다. 이 중에서 일반적으로 일반은행과 특수은행을 제1금융권이라고 한다.
제2금융권은 은행이 아니지만 은행과 비슷한 예금 업무를 다루는 기관으로, 은행에 비해 규모가 작고 특정한 부문의 금융 업무를 전문으로 한다. 상호저축은행, 신용협동기구, 투자신탁회사, 자산운용회사 등이 이에 해당한다.
상호저축은행은 도시 자영업자를 주요 고객으로 하는 소형 금융 기관이다. 은행처럼 예금 업무가 가능하고 돈을 빌려주기도 하지만 이자가 더 높고, 일반은행과 구별하기 위해서 상호저축은행이라는 이름을 쓴다.
신용협동조합, 새마을금고, 농협과 수협의 지역 조합을 통틀어 신용협동기구라고 하는데, 직장 혹은 지역 단위로 조합원을 모아서 이들의 예금을 받고, 그 돈을 조합원에게 빌려주는 금융 업무를 주로 담당한다.
투자신탁회사, 자산운용회사는 투자자들이 맡긴 돈을 모아 뭉칫돈으로 만들어 증권이나 채권 등에 투자해 수익을 올리지만, 돈을 빌려주지는 않는다.
이외에도 여러 금융 기관들이 있는데, 이를 기타 금융 기관이라고 한다. 기타 금융 기관으로는 여신 전문 금융회사가 있는데, 신용카드회사와 할부 금융회사, 기계 등의 시설을 빌려주는 리스회사 등이 포함된다. 그리고 증권사를 상대로 돈을 빌려주는 증권금융회사도 기타 금융 기관에 해당한다.

☑ 오답 Check! ○ ×

01 윗글을 쓴 목적으로 가장 적절한 것은?

① 대상에 새로운 역할이 부여되어야 함을 주장하기 위해
② 대상의 특성을 설명하여 독자에게 정보를 제공하기 위해
③ 대상의 기능을 강조하여 독자의 인식 전환을 촉구하기 위해
④ 대상의 장점을 부각시켜 대상에 대한 관심을 유도하기 위해

Hard

☑ 오답 Check! ○ ×

02 윗글을 바탕으로 할 때, 〈보기〉의 상황에 대해 제시할 수 있는 의견으로 적절하지 않은 것은?

보기

- 국회의원 A씨는 물가 상승의 원인이 통화량이 지나치게 많기 때문임을 파악하고, 이를 해결할 수 있는 방법을 찾고자 한다.
- 농부 B씨는 이번에 새롭게 버섯농사를 시작하려 했으나, 자금이 부족하여 금융 기관에서 일정 금액을 대출받으려 한다.
- 중소기업의 사장 C씨는 제품의 생산량을 늘리기 위해 새로운 기계를 구입하려 했으나, 그 돈은 예금으로 맡겨 놓고 기계를 임대하는 것이 더욱 이익임을 알게 되었다.

① A씨가 해결 방법을 찾기 위해서는 한국은행 측에 자문을 구해 보는 것이 좋을 거야.
② B씨는 농업과 관련된 금융을 주로 다루는 농업협동조합중앙회에서 대출을 받을 수 있을 거야.
③ B씨가 좀 더 낮은 이자로 대출받기를 원한다면 투자신탁회사를 이용할 수도 있어.
④ C씨는 기타 금융 기관인 리스회사를 통해서 필요한 기계를 빌릴 수 있을 거야.

※ 다음 글을 읽고 물음에 답하시오. [3~4]

DNA는 이미 1896년에 스위스의 생물학자 프리드리히 미셔가 발견했지만, 대다수 과학자들은 1952년까지는 DNA에 별로 관심을 보이지 않았다. 미셔는 고름이 배인 붕대에 끈적끈적한 회색 물질이 남을 때까지 알코올과 돼지 위액을 쏟아 부은 끝에 DNA를 발견했다. 그것을 시험한 미셔는 DNA가 생물학에서 아주 중요한 물질로 밝혀질 것이라고 선언했다. 그러나 불행하게도 화학 분석 결과, 그 물질 속에 인이 다량 함유돼 있는 것으로 드러났다. 그 당시 생화학 분야에서는 오로지 단백질에만 관심을 보였는데, 단백질에는 인이 전혀 포함돼 있지 않으므로 DNA는 분자 세계의 충수처럼 일종의 퇴화 물질로 간주되었다.
그러나 1952년에 바이러스를 대상으로 한 극적인 실험이 그러한 편견을 바꾸어 놓았다. 바이러스는 다른 세포에 무임승차하여 피를 빠는 모기와는 반대로 세포 속에 악당 유전 정보를 주입한다. 하지만 그 유전 정보가 바이러스의 DNA에 들어 있는지 단백질에 들어 있는지는 아무도 몰랐다. 유전학자인 알프레더 허쉬와 마사 체이스는 방사성 동위원소 추적자를 사용해 바이러스에서 인이 풍부한 DNA의 인과, 황이 풍부한 단백질의 황을 추적해 보았다. 이 방법으로 바이러스가 침투한 세포들을 조사한 결과, 방사성 인은 세포에 주입되어 전달된 반면 황이 포함된 단백질은 그렇지 않은 것으로 드러났다. 따라서 유전 정보의 전달자는 단백질이 될 수 없으며 전달자는 DNA인 것으로 밝혀졌다.
그런데 DNA의 정체는 도대체 무엇일까? 과학자들은 그것에 대해 아는 게 거의 없었다. DNA는 기다란 가닥의 형태로 존재했고, 각각의 가닥은 인과 당으로 된 뼈대로 이루어져 있었다. 그리고 마치 가사에 달린 혹처럼 그 뼈대에서 삐죽 돋아 나온 핵산도 있었다. 그렇지만 그러한 가닥의 모양과 그것들이 서로 어떻게 연결돼 있는지는 수수께끼였다. 라이너스 폴링이 헤모글로빈과 알파 나선으로 보여준 것처럼, 분자의 모양은 그 분자의 작용 방식과 밀접한 관계가 있다. 따라서 DNA의 모양을 알아내는 것은 분자 생물학 분야에서 아주 중요한 과제가 되었다.

☑ 오답 Check! ○ ✕

03 윗글의 내용과 일치하지 않는 것은?

① 1952년 이전까지는 DNA의 이중나선 구조의 원리가 알려지지 않았다.
② 단백질은 유전 정보를 전달하지 않는다.
③ 유전 정보는 DNA의 인을 통해 전달된다.
④ 미셔의 발견을 당시 과학자들이 무시했던 이유는 DNA가 단백질이 아닌 것으로 판명되었기 때문이다.

Hard

☑ 오답 Check! ○ ✕

04 허쉬 – 체이스 실험에서 바이러스가 세포에 침투했을 때 일어나는 현상으로 가장 적절한 것은?

① 세포 내에 방사성 황은 존재하지 않지만 비방사성 황은 존재한다.
② 세포 내에서 바이러스가 번식하여 바이러스의 개체수가 늘어난다.
③ 바이러스의 단백질 성분만이 세포에 침투한다.
④ 침투한 바이러스의 DNA가 증식한 세포의 다음 세대에서 발견된다.

※ 다음 글을 읽고 물음에 답하시오. [5~6]

흔히 우리 춤을 손으로 추는 선(線)의 예술이라 한다. 서양 춤은 몸의 선이 잘 드러나는 옷을 입고 추는 데 반해 우리 춤은 옷으로 몸을 가린 채 손만 드러내놓고 추는 경우가 많기 때문이다. 한마디로 말해서 손이 춤을 구성하는 중심축이 되고, 손 이외의 얼굴과 목과 발 등은 손을 보조 하며 춤을 완성하는 역할을 한다.
손이 중심이 되어 만들어 내는 우리 춤의 선은 내내 곡선을 유지한다. 예컨대 승무에서 장삼을 휘저으며 그에 맞추어 발을 내딛는 역동적인 움직임도 곡선이요, 살풀이춤에서 수건의 간드러진 선이 만들어 내는 것도 곡선이다. 해서 지방의 탈춤과 처용무에서도 S자형의 곡선이 연속적으로 이어지면서 춤을 완성해 낸다.
물론 우리 춤에 등장하는 곡선이 다 같은 곡선은 아니다. 힘 있는 선과 유연한 선, 동적인 선과 정적인 선, 무거운 선과 가벼운 선 등 그 형태가 다양하고, 길이로 볼 때도 긴 곡선이 있는가 하면 짧은 곡선도 있다. 이렇게 다양한 선들은 춤을 추는 이가 호흡을 깊이 안으로 들이마실 때에는 힘차게 휘도는 선으로 나타나고, ㉠ 가볍게 숨을 들이마시고 내쉬는 과정을 반복할 때에는 경쾌하고 자잘한 곡선으로 나타나곤 한다.
호흡의 조절을 통해 다양하게 구현되는 곡선들 사이에는 우리 춤의 빼놓을 수 없는 구성 요소인 '정지'가 숨어있다. 정지는 곡선의 흐름과 어울리며 우리 춤을 더욱 아름답고 의미 있게 만들어 주는 역할을 한다. 정지하기 쉬운 동작에서 정지는 별 의미가 없지만, ㉡ 정지하기 어려운 동작에서 정지하는 것은 예술적 기교로 간주된다.
그러나 이때의 정지는 말 그대로의 정지라기보다 ㉢ '움직임의 없음'이며, 그런 점에서 동작의 연장선상에서 이해해야 한다. 음악의 경우 연주가 시작되기 전이나 끝난 후에 일어나는 정지 상태는 별다른 의미가 없지만 연주 도중의 정지, 곧 침묵의 순간은 소리의 연장선상에서 이해되는 것과 마찬가지다. 다시 말해서 이때의 소리의 없음도 엄연히 연주의 일부라는 것이다. 우리 춤에서 정지를 ㉣ 동작의 연장으로 보는 것, 이것은 바로 우리 춤에 담겨 있는 '마음의 몰입'이 발현된 결과이다. 춤추는 이가 호흡을 가다듬으며 다양한 곡선들을 연출하는 과정을 보면 한 순간 움직임을 통해 선을 만들어 내지 않고 멈춰 있는 듯한 장면이 있다. 이런 동작의 정지 상태에도 멈춤 그 자체로 머무는 것이 아니며, 여백의 그 순간에도 상상의 선을 만들어 춤을 이어가는 것을 몰입 현상이라고 말하는 것이다. 우리 춤이 춤의 진행 과정 내내 곡선을 유지한다는 말은 이처럼 실제적인 곡선뿐만 아니라 마음의 몰입까지 포함한다는 의미이며, 이것이 바로 우리 춤을 가장 우리 춤답게 만들어 주는 특성이라고 할 수 있다.

PART 2 최신기출문제

Easy

☑ 오답 Check! ○ ✕

05 윗글의 내용을 통해 알 수 없는 것은?

① 우리 춤은 주로 손을 중심으로 하여 선을 만들어간다.
② 우리 춤은 곡선의 흐름을 유지하면서 내용을 전개한다.
③ 우리 춤은 힘차고 가벼운 동작을 규칙적으로 반복한다.
④ 우리 춤은 호흡 조절을 통해 여러 가지 선을 연출한다.

☑ 오답 Check! ○ ✕

06 ㉠~㉣ 중에서 의미하는 바가 다른 하나는?

① ㉠　② ㉡
③ ㉢　④ ㉣

02 문제해결

Easy

오답 Check! ○ ×

01 다음 제시된 상황에서 J사원의 고객응대 자세의 문제점은?

J사원은 L마트에서 육류제품의 유통 업무를 담당하고 있다. 전화벨이 울리자 신속하게 인사와 함께 전화를 받았는데 채소류에 관련된 업무 문의였다. J사원은 고객에게 자신은 채소류에 관련된 담당자가 아니라고 설명하고, "지금 거신 전화는 육류에 관련된 부서로 연결되어 있습니다. 채소류 관련 부서로 전화를 돌려드릴 테니 잠시만 기다려 주십시오."라고 말하고 타부서로 전화를 돌렸다.

① 신속하게 전화를 받지 않았다.
② 기다려 주신 데 대한 인사를 하지 않았다.
③ 고객의 기다림에 대한 양해를 구하지 않았다.
④ 전화를 다른 부서로 돌려도 괜찮은지 묻지 않았다.

오답 Check! ○ ×

02 다음 글을 읽고 C사원이 해야 할 업무 순서로 올바른 것을 고르면?

상사 : 벌써 2시 50분이네요. 3시에 팀장회의가 있어서 지금 업무지시를 할게요. 업무 보고는 내일 9시 30분에 받을게요. 업무보고 전 아침에 회의실과 마이크 체크를 한 후 내용을 업무보고에 반영해 주세요. 내일 있을 3시 팀장회의도 차질 없이 준비해야 합니다. 아 그리고 오늘 P사원이 아파서 조퇴했으니 P사원 업무도 부탁할게요. 간단한 겁니다. 사업 브로슈어에 사장님의 개회사를 추가하는 건데, 브로슈어 인쇄는 2시간밖에 걸리지 않지만, 인쇄소가 오전 10시부터 6시까지 일하니 비서실에 방문해 파일을 미리 받아 늦지 않게 인쇄소에 넘겨주세요. 비서실은 본관 15층에 있으니 가는 데 15분 정도 걸릴 거예요. 브로슈어는 다음날 10시까지 준비되어야 하는 거 알죠? 팀장회의에 사용할 케이터링 서비스는 매번 시키는 D업체로 예약해주세요. 24시간 전에는 예약해야 하니 서둘러 주세요.

(A) 비서실 연락
(B) 회의실, 마이크 체크
(C) 케이터링 서비스 예약
(D) 인쇄소 방문
(E) 업무보고

① (A) – (D) – (C) – (E) – (B)
② (B) – (A) – (D) – (C) – (E)
③ (C) – (A) – (D) – (B) – (E)
④ (C) – (B) – (A) – (D) – (E)

☑ 오답 Check! ○ ✕

03 인사팀에 근무하는 A팀장은 전 직원을 대상으로 몇 년 동안의 기혼 여부와 업무성과를 연계하여 조사를 실시해왔다. 그 결과 안정적인 가정을 꾸린 직원이 더 높은 성과를 달성한다는 사실을 확인할 수 있었다. 조사 내용 중 특히 신입사원의 혼인율이 급격하게 낮아지고 있으며, 최근 그 수치가 매우 낮아 향후 업무성과에 좋지 못한 영향을 미칠 것으로 예상되었다. 이러한 문제의 근본원인을 찾아 도식화하여 상사에게 보고하려고 할 때, (D) 부분에 입력할 내용으로 적절한 것은 무엇인가?

- 배우자를 만날 시간이 없다.
- 신입사원이어서 업무에 대해 잘 모른다.
- 매일 늦게 퇴근한다.
- 업무를 제때에 못 마친다.

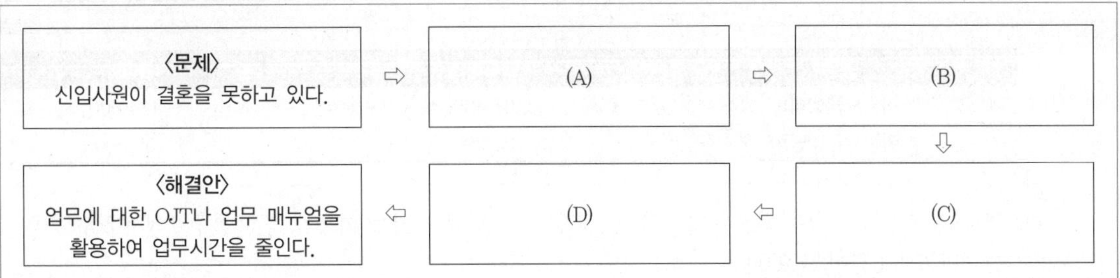

① 배우자를 만날 시간이 없다.
② 신입사원이어서 업무에 대해 잘 모른다.
③ 매일 늦게 퇴근한다.
④ 업무를 제때에 못 마친다.

03 자료해석

☑ 오답 Check! ○ ✕

01 다음은 서울에서 부산으로 귀성할 경우 귀성길 교통수단별 비용을 비교한 것이다. 이 자료에 대한 설명으로 옳지 않은 것은?

〈서울 → 부산 가족 귀성길 교통수단별 비용 비교〉

(단위 : 원)

구분	승용차	
	경차	경차 외
주유비	74,606	74,606
통행료	12,550	25,100

(단위 : 원)

구분	고속버스	KTX
어른요금(2명)	68,400	114,600
아동요금(2명)	34,200	57,200

① 경차 외 승용차로 가는 비용은 총 9만 9,706원이다. 만약 경차를 이용할 경우 통행료에서 50% 할인이 적용돼 총 8만 7,156원이 소요된다.

② 4인 가족(어른 2명, 아동 2명)이 고속버스를 이용하면 승용차를 이용하는 것보다 금액은 저렴해진다.

③ 어른 두 명이 고속버스로 귀성길에 오를 경우 경차를 이용하는 경우보다 저렴해진다.

④ 4인 가족(어른 2명, 아동 2명)이 서울에서 부산으로 귀성할 경우 비용이 가장 많이 드는 교통수단은 KTX이다.

02 다음은 모바일 · 인터넷 쇼핑 소비자 동향과 관련된 정보이다. 다음 자료에 대한 해석으로 옳지 않은 것은?

〈주요 업태별 월평균 이용자 수 추이〉

(단위 : 명)

분야		15년 상반기	15년 하반기	16년 상반기
PC기반 인터넷 쇼핑몰	오픈마켓	21,493,000	21,515,000	21,480,000
	종합쇼핑몰	12,263,000	13,282,000	12,872,000
	소셜커머스	11,266,000	11,158,000	12,377,000
모바일 쇼핑 어플	오픈마켓	2,421,000	3,675,000	5,480,000
	종합쇼핑몰	580,000	868,000	1,530,000
	소셜커머스	2,568,000	4,057,000	6,604,000

① 모바일 쇼핑 어플 이용자 수는 지속적인 증가 추세를 보였다.

② 2016년 상반기의 월평균 모바일 쇼핑 어플 이용자 수는 2015년 하반기 대비 약 58% 증가하였다.

③ 조사기간 동안 모바일 쇼핑 어플 분야에서는 소셜커머스 – 오픈마켓 – 종합쇼핑몰 순서로 월평균 이용자 수가 많았다.

④ 2016년 상반기와 2015년 상반기의 분야별 월평균 이용자 수를 비교했을 때, PC기반 종합쇼핑몰 이용자 수의 증감률이 가장 낮은 것으로 나타났다.

☑ 오답 Check! ○ ✕

03 **다음은 최근 한국과 일본을 찾아오는 외국인 관광객의 국적을 분석한 자료이다. 자료에 대한 설명으로 적절하지 않은 것은?**

〈최근 한국 및 일본의 외국인 관광객 국적별 추이〉

(단위 : 만 명, %)

구분	국적		2010	2011	2012	2013	2014	2015	2016.1～6
방한 관광객	중국		101 (74.1)	131 (29.7)	203 (54.9)	314 (54.4)	477 (52.0)	471 (−1.3)	327 (36.0)
	기타		536 (4.9)	589 (10.0)	662 (12.4)	594 (−10.4)	615 (3.7)	542 (−11.9)	326 (17.2)
		일본	295 (−1.1)	321 (8.9)	342 (6.8)	263 (−23.1)	217 (−17.5)	174 (−19.8)	100 (11.5)
		일본 제외	241 (13.4)	268 (11.4)	320 (19.2)	330 (3.2)	398 (20.6)	368 (−7.6)	227 (19.9)
방일 관광객	중국		83 (72.7)	45 (−45.5)	83 (83.0)	70 (−15.0)	175 (148.8)	424 (141.7)	−
	기타		553 (29.3)	360 (−34.8)	521 (44.6)	726 (39.2)	913 (25.8)	1,273 (39.5)	−

※ ( ) 안은 전년 동기 대비 증가율

① 2010년과 2011년에 일본을 방문한 총 중국인 관광객 수는 같은 기간 한국을 방문한 총 중국인 관광객 수와 동일하다.

② 2010년부터 2014년까지 한국을 방문한 중국인 관광객 수는 꾸준히 증가하였다.

③ 2010년부터 2014년까지 일본을 방문한 중국인 관광객 수는 증감을 반복하고 있다.

④ 한국을 방문한 중국인 관광객의 수가 가장 많은 것은 2014년도이다.

☑ 오답Check! ○ ✕

04 다음은 한국외식산업연구원(K-FIRI)에서 발표한 외식산업통계 자료 중 2016년 1 ~ 8월 평균 식재료 가격에 대한 자료이다. 자료에 대한 해석으로 적절하지 않은 것은?

〈2016년 1 ~ 8월 평균 식재료 가격〉

(단위 : 원)

구분	1월	2월	3월	4월	5월	6월	7월	8월
쌀(kg)	2,132	2,112	2,085	2,027	1,988	1,990	1,992	1,993
양파(kg)	2,358	2,392	2,373	2,383	1,610	1,412	1,385	1,409
배추(포기)	2,183	2,874	3,587	4,125	3,676	2,775	2,967	4,556
무(개)	1,255	1,745	1,712	1,927	2,038	1,664	1,653	1,829
건멸치(kg)	21,210	21,260	21,370	22,030	22,490	22,220	23,760	24,180
물오징어(마리)	2,131	2,228	2,359	2,235	2,153	2,273	2,286	2,207
계란(개)	5,493	5,473	5,260	5,259	5,216	5,260	5,272	5,322
닭(kg)	5,265	5,107	5,545	5,308	5,220	5,529	5,436	5,337
돼지(kg)	14,305	14,465	14,245	14,660	15,020	16,295	16,200	15,485
소_국산(kg)	49,054	50,884	50,918	50,606	49,334	50,802	52,004	52,220
소_미국산(kg)	21,452	23,896	22,468	23,028	21,480	22,334	21,828	22,500
소_호주산(kg)	23,577	24,375	24,087	23,538	24,388	24,060	23,760	23,777

① 계란의 가격은 1 ~ 5월에 감소 추세를 보인 뒤 6월부터 가격이 다시 증가한다.
② 2 ~ 3월 양파 가격 평균의 합은 6 ~ 7월 배추 가격 평균의 합보다 작다.
③ 국산, 미국산, 호주산에 상관없이 소의 가격은 매월 꾸준히 증가한다.
④ 1 ~ 2월 계란 가격 변동 폭은 동월 대비 닭 가격 변동 폭보다 작다.

PART 2 최신기출문제

04 언어논리

☑ 오답 Check! ○ ×

01 **은지, 경순, 주연, 정언, 다은이는 롯데리아를 가서 불고기버거, 치즈버거, 새우버거를 먹고 음료는 콜라, 사이다, 우유, 물을 마셨다. 다음 주어진 〈조건〉을 바탕으로 할 때 항상 옳은 것을 고르면?(단, 모든 사람은 불고기버거, 치즈버거, 새우버거 중 반드시 한 종류의 햄버거를 먹으며, 아무도 마시지 않은 음료는 없다)**

> 조건
> - 2명은 불고기버거를 먹고, 각각 콜라 또는 사이다를 마신다.
> - 치즈버거를 먹는 사람은 콜라 또는 우유를 마신다.
> - 은지와 정언이는 햄버거와 음료 모두 같은 메뉴를 선택한다.
> - 주연이는 혼자 우유를 마신다.
> - 정언이는 물과 새우버거를 먹는다.

① 은지는 치즈버거, 정언이는 새우버거를 먹는다.
② 경순이가 사이다와 불고기버거를 먹으면, 다은이는 콜라와 불고기버거를 먹는다.
③ 은지와 정언이는 불고기버거를 먹는다.
④ 주연이는 우유와 새우버거를 먹는다.

Easy

☑ 오답 Check! ○ ×

02 **정주는 월요일에서 금요일까지 기차여행으로 목포, 전주, 여수, 담양, 순천을 가려고 한다. 다음 주어진 〈조건〉이 모두 참일 때 항상 옳은 것은?**

> 조건
> - 전주를 첫째 날에 가고, 목포를 그 다음 날에 간다.
> - 수요일, 금요일은 비가 내린다.
> - 여수를 비오는 날에 가지만, 맨 마지막에 가는 여행지는 아니다.
> - 담양과 순천은 연속해서 간다.

① 여수와 순천을 갈 때 비가 내린다.
② 목포를 담양보다 먼저 간다.
③ 여행지 순서는 전주 – 목포 – 여수 – 담양 – 순천이다.
④ 담양을 갈 때 비가 내린다.

※ 다음 제시된 낱말의 대응 관계로 볼 때, 빈칸에 들어가기에 알맞은 것을 고르시오. [3~7]

Easy

03

오답 Check! ○ ×

자동차 : 버스 = 전통놀이 : (   )

① 칠판 ② 운동장
③ 윷놀이 ④ 놀이터

Easy

04

오답 Check! ○ ×

감성 : 이성 = (   ) : 휴식

① 음악 ② 예술
③ 노동 ④ 그림

05

오답 Check! ○ ×

소나무 : 잣나무 = (   ) : 장롱

① 침대 ② 숲
③ 법률 ④ 연장

06

오답 Check! ○ ×

영국 : (A) = (B) : 똠양꿍

A ① 피시앤칩스 ② 소시지
③ 피자 ④ 라자냐

B ① 캄보디아 ② 베트남
③ 태국 ④ 라오스

Hard

07

오답 Check! ○ ×

(A) : 임오군란 = 1592 : (B)

A ① 1765 ② 1842
③ 1882 ④ 1910

B ① 갑신정변 ② 임진왜란
③ 갑오개혁 ④ 을미사변

CHAPTER

09 2016년 상반기 최신기출문제

정답 및 해설 p.039

01 언어이해

※ 다음 글을 읽고 물음에 답하시오. [1~3]

(가) 우리는 처음 만난 사람의 외모를 보고, 그를 어떤 방식으로 대우해야 할지를 결정할 때가 많다. 그가 여자인지 남자인지, 얼굴색이 흰지 검은지, 나이가 많은지 적은지 혹은 그의 스타일이 조금은 상류층의 모습을 띠고 있는지 아니면 너무나 흔해서 별 특징이 드러나 보이지 않는 외모를 하고 있는지 등을 통해 그들과 나의 차이를 재빨리 감지한다. 일단 감지가 되면 우리는 둘 사이의 지위 차이를 인식하고 우리가 알고 있는 방식으로 그를 대하게 된다. 한 개인이 특정 집단에 속한다는 것은 단순히 다른 집단의 사람과 다르다는 것뿐만 아니라, 그 집단이 다른 집단보다는 지위가 높거나 우월하다는 믿음을 갖게 한다. 모든 인간은 평등하다는 우리의 신념에도 불구하고 왜 인간들 사이의 이러한 위계화(位階化)를 당연한 것으로 받아들일까? 위계화란 특정 부류의 사람들은 자원과 권력을 소유하고 다른 부류의 사람들은 낮은 사회적 지위를 갖게 되는 사회적이며 문화적인 체계이다. 다음에서 우리는 이러한 불평등이 어떠한 방식으로 경험되고 조직화되는지를 살펴보기로 하자.

(나) 인간이 불평등을 경험하게 되는 방식은 여러 측면으로 나눌 수 있다. 산업 사회에서의 불평 등은 계층과 계급의 차이를 통해서 정당화되는데, 이는 재산, 생산 수단의 소유 여부, 학력, 집안 배경 등등의 요소들의 결합에 의해 사람들 사이의 위계를 만들어 낸다. 또한 모든 사회에서 인간은 태어날 때부터 얻게 되는 인종, 성, 종족 등의 생득적 특성과 나이를 통해 불평등을 경험한다. 이러한 특성들은 단순히 생물학적인 차이를 지칭하는 것이 아니라, 개인의 열등성과 우등성을 가늠하게 만드는 사회적 개념이 되곤 한다.

(다) 한편 불평등이 재생산되는 다양한 사회적 기제들이 때로는 관습이나 전통이라는 이름하에 특정 사회의 본질적인 문화적 특성으로 간주되고 당연시되는 경우가 많다. 불평등은 체계적으로 조직되고 개인에 의해 경험됨으로써 문화의 주요 부분이 되었고, 그 결과 같은 문화권 내의 구성원들 사이에 권력 차이와 그에 따른 폭력이나 비인간적인 행위들이 자연스럽게 수용될 때가 많다.

(라) 문화 인류학자들은 사회 집단의 차이와 불평등, 사회의 관습 또는 전통이라고 얘기되는 문화 현상에 대해 어떤 입장을 취해야 할지 고민을 한다. 문화 인류학자가 이러한 문화 현상은 고유한 역사적 산물이므로 나름대로 가치를 지닌다는 입장만을 반복하거나 단순히 관찰자로서의 입장에 안주한다면, 이러한 차별의 형태를 제거하는 데 도움을 줄 수 없다. 실제로 문화 인류학 연구는 기존의 권력 관계를 유지시켜주는 다양한 문화적 이데올로기를 분석하고, 인간 간의 차이가 우등성과 열등성을 구분하는 지표가 아니라 동등한 다름일 뿐이라는 것을 일깨우는 데 기여해 왔다.

오답 Check! ○ ×

01 윗글의 내용을 포괄하는 제목으로 가장 알맞은 것은?

① 차이와 불평등
② 차이의 감지 능력
③ 문화 인류학의 역사
④ 위계화의 개념과 구조

오답 Check! ○ ×

02 다음 글이 들어가기에 가장 알맞은 곳은?

> 잘 알려진 나치 치하의 유태인 대학살은 아리안 종족의 우월성에 대한 믿음에서 기인했다. 또한 한 사회에서 어떠한 가치와 믿음이 중요하다고 여겨지느냐에 따라, '얼굴이 희다.'는 것은 단순히 개인의 매력을 평가하는 척도로 취급될 수 있으나, 동시에 인종적 우월성을 정당화시키는 문화적 관념으로 기능하기도 한다. '나의 조상이 유럽인이다.'라는 사실은 라틴 아메리카의 다인종 사회에서는 주요한 사회적 의미를 지닌다. 왜냐하면 그 사회에서는 인종적 차이가 보상과 처벌이 분배되는 방식을 결정하기 때문이다.

① (가)의 앞
② (가)와 (나) 사이
③ (나)와 (다) 사이
④ (다)와 (라) 사이

Easy

오답 Check! ○ ×

03 윗글의 내용을 바르게 해석한 것은?

① 자원과 권력만 공평하게 소유하게 된다면 인간은 불평등을 경험하지 않을 것이다.
② 문화 인류학자의 임무는 객관적인 입장에서 인간의 문화 현상을 관찰하는 것으로 끝나야 한다.
③ 관습이나 전통은 때로 구성원끼리의 권력 차이나 폭력을 수용하는 사회적 기제로 이용되기도 한다.
④ 두 사람이 싸우다가 당신의 나이가 몇 살이냐고 묻는 것은 단순히 생물학적 차이를 알고자 하는 것이다.

※ 다음 글을 읽고 물음에 답하시오. [4~6]

법은 사회적 · 경제적 · 정치적 기타 사회 제도들을 반영하는 동시에 이에 대해 영향을 준다. 합의 이론은 사회 규범과 도덕 규범에 대한 전반적 합의와 사회의 모든 요소들과 관련된 공통적 이해 관계를 언급함으로써 법의 내용과 운용을 설명한다. 갈등 이론은 법과 형사 사법 체계가 전체적인 사회의 이해관계나 규범보다는 사회에서 가장 힘 있는 집단의 이해관계와 규범을 구체화시킨다고 주장한다. 그리고 법은 사회에서 힘없는 집단을 부당하게 낙인찍고 처벌하는 형사 사법 체계에 의해 집행되는 것으로 주장한다.

합의 이론과 갈등 이론에 대한 경험적 자료는 법의 제정에 대한 연구, 범죄에 대한 여론 연구, 검거 · 유죄 판결 · 형벌에서의 인종 · 계급 · 성별 · 연령에 의한 불공정성에 대한 연구로부터 나온다. 경험적 연구는 다원적 갈등 이론을 뒷받침하는 경향이 있는데, 그 내용을 보면 핵심적 법 규범에 대해서는 합의가 있지만, 입법과 법의 집행에서는 경쟁적 이익 집단들 사이에 갈등이 있다는 것이다. 경험적 자료를 통해서는 인종 차별주의와 성 차별주의가 형사 사법 체계에서 횡행하고 있는 것으로 나타나지는 않는다. 한편 형사 사법 체계가 편견으로부터 자유롭다는 것도 보여주지 못한다.

그러나 다수의 경험적 연구 결과들은 형사 사법 체계가 법 외적 변수보다는 법적으로 관련된 변수들에 입각하여 운용된다는 결론을 지지하는데 이는 극단적 갈등 이론과는 대조적인 것이며 다원적 갈등 이론과 일치하는 것이다.

갈등 이론은 범죄를 문화적 갈등이나 집단 갈등 속에 휩쓸린 개인의 행동으로 설명한다. 그러나 범죄 행위에 관한 이러한 이론을 검증한 연구는 거의 없다. 정치적 혹은 이데올로기적 동기로 인한 범죄는 갈등 이론과 잘 맞는 것으로 보인다. 하지만 청소년 비행이나 살인, 절도, 방화, 화이트 칼라 범죄, 조직범죄와 같은 대다수의 범죄에는 갈등 이론이 설명력을 갖지 못한다. 갈등 이론은 형사 사법 체계의 운용이나 범죄 행위에 관한 설명으로서보다는 법 제정에 대한 설명으로서 더 큰 경험적 지지를 받는다.

갈등 이론과 합의 이론은 모두 다양한 이해와 가치가 공정하게 대표되고, 법과 형사 사법 체계가 비차별적이라는 점을 암시적으로 지지하지만 갈등 이론이 범죄 행위에 대해 갖는 구체적인 정책적 함의는 찾아보기 어렵다.

☑ 오답Check! ○ ✕

04 '갈등 이론'으로 설명하기 어려운 사례에 해당하는 것은?

① 금품을 빼앗을 목적으로 친구를 협박하는 경우

② 저항이나 혁명이 성공하여 이전의 지배자들이 범죄자로 전락하는 사태

③ 이민자가 모국의 관습에 따라 행동하다가 이주한 나라의 법을 위반하는 것

④ 흑인 차별법을 시행하고 이를 위반한 흑인을 범죄자로 낙인찍은 백인 지상주의자들이 오늘날에는 시민 권리에 관한 법을 위반한 범죄자로 간주되고 있다는 사실

☑ 오답Check! ○ ×

05 윗글로 미루어 성립하기 어려운 진술은?

① 외국인 이주자가 이전에 살던 나라의 관습에 따라 행동함으로써 이주해 온 국가의 법을 위반할 수 있다.
② 다원적 갈등 이론은 경쟁적 이익 집단이 입법과 통치를 통해 그들의 가치를 실현하려는 민주 사회에 적용된다.
③ 합의된 규범과 사회 가치, 사회 체계의 질서 정연한 균형, 사회 통합이라는 법의 궁극적 기능을 강조하는 기능주의는 극단적 갈등 이론의 경험적인 사례를 잘 보여주는 것으로 해석할 수가 있다.
④ 갈등 이론은 입법, 법 위반, 법 집행의 모든 과정이 사회적·경제적·정치적 이익 집단들 사이의 갈등과 권력 차이에 관련되는 것으로 본다.

Hard

☑ 오답Check! ○ ×

06 윗글에 나타난 '합의 이론'의 관점과 거리가 먼 것은?

① 법의 내용과 본질은 사회의 기본적인 특징인 유기적 연대에서 찾을 수가 있을 것이다.
② 사회의 통합이 보다 합리적으로 이루어지게 되면 법의 통제도 합리적으로 이루어질 것이다.
③ 법의 내용은 공식적 법 개정에 의하거나 법원이 행하는 법 적용을 통해서 발전할 수 있을 것이다.
④ 어떤 사람은 죄를 범하고 어떤 사람은 왜 범하지 않는가를 묻기보다 '어떤 행위는 범죄로 정의되지만 어떤 행위는 왜 범죄로 보지 않는가'를 묻는 것이 더 중요할 것이다.

02 문제해결

※ 다음 상황을 보고 이어지는 질문에 답하시오. [1~2]

공기업 자재관리팀에 근무 중인 귀하는 회사 행사 때 사용할 배너를 제작하는 업무를 맡았다.

■ 행사 장소 도면

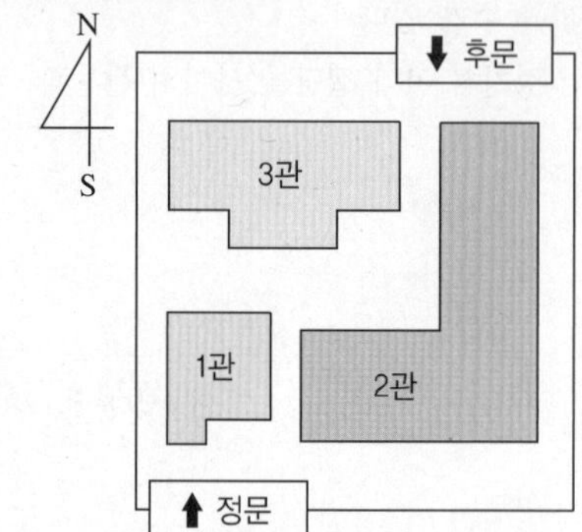

■ 배너 설치 비용(배너 제작비+배너 거치대)
- 배너 제작 비용 : 일반 배너 한 장당 15,000원
  양면 배너 한 장당 20,000원
- 배너 거치대 : 건물 내부용 10,000원, 건물 외부용 15,000원

■ 현수막 제작 비용
- 기본 크기(세로×가로) : 1m×3m → 5,000원
- 기본 크기에서 추가 시 → $1m^2$당 3,000원씩 추가

■ 행사 장소 : 본 건물 3관

오답 Check! ○ ×

01 배너와 관련된 정보가 다음과 같을 때, 배너 설치에 필요한 비용은 총 얼마인가?

1. 배너 설치 장소 : 1관과 2관 사잇길 1장, 2관과 3관 내부 각 1장
2. 추가 요청 사항 : 실외용은 전부 양면 배너로 제작할 것

① 80,000원 ② 85,000원
③ 90,000원 ④ 95,000원

Hard

오답 Check! ○ ×

02 귀하는 배너 비용을 계산한 후 이를 상사에게 보고하였다. 상사의 추가 지시에 따라 계산한 현수막 설치 비용은?

상사 : 행사장 위치를 명확하게 알리려면 현수막도 설치하는 것이 좋을 것 같네요. 정문하고 후문에 하나씩 걸고 2관 건물 입구에도 하나를 답시다. 정문하고 후문에는 3m×8m의 크기로 하고, 2관 건물 입구에는 1m×4m의 크기가 적당할 것 같아요. 견적 좀 부탁할게요.

① 98,000원 ② 108,000원
③ 120,000원 ④ 144,000원

03 무역회사에 근무 중인 귀하는 A과장과 함께 이집트 출장일정을 조율하고 있다. 개괄적인 출장일정을 살펴보면 현지 거래처와의 미팅은 11월 21일 오후 2시부터 시작되며, 11월 23일 저녁식사를 마지막으로 오후 5시에 모든 일정이 마무리된다. 이를 바탕으로 항공편을 알아보던 중 다음과 같은 뉴스를 접하였다. 귀하가 A과장에게 보고해야 할 내용으로 가장 적절하지 않은 것은?

항공편	ICN, 서울(현지 시간 기준)		CAI, 카이로(현지 시간 기준)		경유 여부
150	출발	11/20 09:00	출발	11/21 14:20	2회 (홍콩, 에티오피아)
	도착	11/25 08:20	도착	11/23 13:00	
301	출발	11/20 09:30	출발	11/20 18:00	1회 (이스탄불)
	도착	11/25 09:30	도착	11/24 11:00	
402	출발	11/20 10:00	출발	11/21 11:30	1회 (로마)
	도착	11/25 10:00	도착	11/23 18:30	
501	출발	11/20 10:30	출발	11/20 21:00	1회 (두바이)
	도착	11/25 10:30	도착	11/24 10:00	

- 서울과 카이로 간의 시차는 7시간이며, 서울이 더 빠르다.
- 같은 항공편 안에서 소요되는 비행시간은 동일하다.
- 현지 거래처는 카이로 공항에서 30분 거리에 위치하고 있다.

〈○○○ 보도국〉

속보입니다. 프랑스 파리 연쇄 테러사건이 발생한 이후 각국에서 시리아 내 IS 격퇴에 힘을 보태고 있습니다. 시리아 내 IS에 대한 공습이 예상되는 가운데 주변국을 포함하여 긴장감이 높아지고 있습니다. 이에 따라 시리아 영공 및 그 주변을 지나가는 항공편의 안전이 위협받고 있습니다.

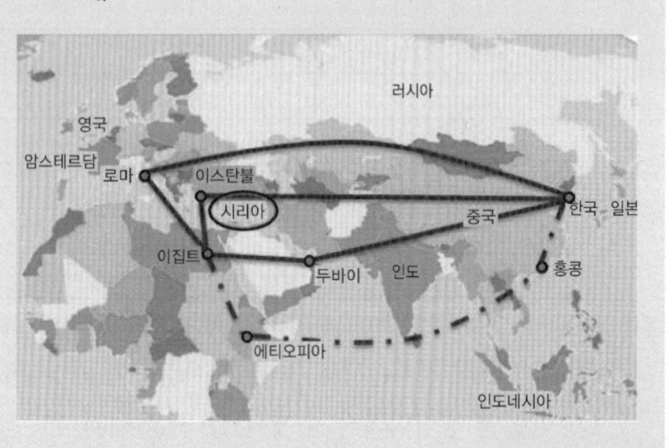

① 150 항공편은 인천공항에서 11월 20일 09:00에 출발해서 이집트 카이로공항에 11월 21일 14:20에 도착하는데, 현지 업체와의 미팅 시간보다 늦게 도착해서 적절하지 않습니다.

② 뉴스를 보니 최근 파리 연쇄 테러사건으로 인하여 시리아 및 인근 지역이 위험하다고 하는데, 301 항공편이 그 지역을 경유하므로 다른 항공편을 찾아보는 것이 더 좋을 것 같습니다.

③ 402 항공편은 현지 거래처와의 업무일정에 아무런 영향을 주지 않아 적합한데, 다른 항공편에 비해서 비행시간이 가장 길어서 고민이 됩니다.

④ 501 항공편은 비행시간이 17시간 30분이 소요되므로 현지 출장업무를 모두 진행하고도 시간이 남아 여유로울 것 같습니다.

03 자료해석

☑ 오답 Check! ○ ×

01 다음은 2011년에 검거된 강력범죄자에 대한 자료이다. 이를 보고 판단한 내용 중 옳지 않은 것은?

〈강력범죄 검거단서〉

(단위 : 명)

구분	살인	강도	강간	방화
계	1,349	5,904	14,902	1,653
피해자 신고	298	2,036	7,456	439
제3자 신고	180	94	444	124
현행범 체포	349	915	4,072	660
수사활동	333	2,323	2,191	250
자수	53	30	26	27
기타	136	506	713	153

〈연령별 강력범죄자 수〉

(단위 : 명)

구분	살인	강도	강간	방화
계	1,208	5,584	14,329	1,443
18세 이하	18	1,414	1,574	176
19 ~ 30세	173	1,543	3,596	153
31 ~ 40세	274	1,033	3,499	277
41 ~ 50세	350	781	3,060	498
51 ~ 60세	210	293	1,407	222
61세 이상	92	68	625	52
미상	91	452	568	65

① 강력범죄 검거단서로 볼 때 수사활동이 가장 큰 비중을 차지하고 있는 것은 강도이고, 가장 작은 것은 방화이다.
② 연령별 강력범죄자 수에서 19 ~ 30세와 41 ~ 50세의 1위 비중은 강간이다.
③ 61세 이상이 강간에서 차지하는 비중은 강도에서 차지하는 비중보다 더 높다.
④ 강력범죄 검거단서 중 피해자 신고의 비중은 강도보다 강간이 더 높다.

☑ 오답 Check! ○ ✕

02 다음은 한국방송공사가 발표한 2011년 연간방송 편성비율이다. 2TV의 재방송시간 중 교양프로그램에 35%를 할애했다면 교양프로그램의 방영시간은 총 얼마인가?

〈연간방송 편성비율〉

(단위 : 분, %)

사업자명	매체	연간 유형별 방송시간과 편성비율									
		보도		교양		오락		본방송		재방송	
		시간	비율	시간	비율	시간	비율	시간	비율	시간	비율
한국방송공사	1TV	141,615	32.2	227,305	51.7	70,440	16	397,075	90.4	42,285	9.6
	2TV	32,400	7.4	208,085	47.8	194,835	44.8	333,320	76.6	102,000	23.4
	1라디오	234,527	44.8	280,430	53.6	8,190	1.6	449,285	85.9	73,862	14.1
	2라디오	34,548	7.2	224,928	46.7	222,314	46.1	459,785	95.4	22,005	4.6
	3라디오	111,327	24.3	285,513	62.4	60,915	13.3	310,695	67.9	147,060	32.1
	1FM	85	0.02	231,114	44	294,264	56	460,260	87.6	65,203	12.4
	2FM	82	0.02	0	0	523,358	100	523,440	100	0	0
	한민족1	71,868	16.4	311,792	71.2	54,340	12.4	302,160	69	135,840	31
	한민족2	44,030	14.3	237,250	77.3	25,550	8.3	230	0.1	306,600	99.9
	국제방송(5개채널)	729,060	22.9	1,832,670	57.6	620,590	19.5	364,150	11.4	2,818,170	88.6

① 27,530분

② 30,467분

③ 35,700분

④ 40,120분

PART 2 최신기출문제

안심Touch

04 언어논리

☑ 오답Check! ○ ✕

01 **어느 도시에 있는 병원의 공휴일 진료 현황은 다음과 같다. 공휴일에 진료하는 병원의 수는?**

- 만약 B병원이 진료를 하지 않으면, A병원은 진료를 한다.
- 만약 B병원이 진료를 하면, D병원은 진료를 하지 않는다.
- 만약 A병원이 진료를 하면, C병원은 진료를 하지 않는다.
- 만약 C병원이 진료를 하지 않으면, E병원이 진료를 한다.
- E병원은 공휴일에 진료를 하지 않는다.

① 1곳　② 2곳
③ 3곳　④ 4곳

☑ 오답Check! ○ ✕

02 **다음 진술이 모두 참이라고 할 때 항상 참이라고 할 수 없는 것은?**

- 등산을 좋아하는 사람은 스케이팅을 좋아하지 않는다.
- 영화 관람을 좋아하지 않는 사람은 독서를 좋아한다.
- 영화 관람을 좋아하지 않는 사람은 조깅 또한 좋아하지 않는다.
- 낮잠 자기를 좋아하는 사람은 스케이팅을 좋아한다.
- 스케이팅을 좋아하는 사람은 독서를 좋아한다.

① 등산을 좋아하는 사람은 낮잠 자기를 좋아하지 않는다.
② 스케이팅을 좋아하는 사람은 등산을 좋아하지 않고, 독서를 좋아한다.
③ 영화 관람을 좋아하는 사람은 독서를 좋아하지 않고, 조깅을 좋아한다.
④ 독서를 좋아하지 않는 사람은 낮잠 자기를 좋아하지 않는다.

☑ 오답 Check! ○ ✕

03 용의자 1 ~ 5호 중 2명만 범인이고, 3명은 범인이 아니다. 범인은 거짓말을 하고, 범인이 아닌 사람은 진실을 말한다고 할 때 범인은 누구인가?

- 1호는 2, 4호 중 한 명이 범인이라고 주장한다.
- 2호는 3호가 범인이라고 주장한다.
- 3호는 2호가 범인이라고 주장한다.
- 4호는 1호가 범인이라고 주장한다.
- 5호는 1호와 2호가 범인이 아니라고 주장한다.

① 1호, 2호 ② 2호, 3호
③ 3호, 4호 ④ 4호, 5호

☑ 오답 Check! ○ ✕

04 A, B, C, D, E, F, G는 게스트하우스에서 1층에 방 3개, 2층에 방 2개를 빌렸다. 다음 〈조건〉에 따르면 1층은 몇 명이 사용하는가?

조건

- 1인용 방은 꼭 혼자 사용해야 하고, 2인용 방은 혼자 또는 두 명이 사용할 수 있다.
- 1인용 방은 각 층에 하나씩 있으며 F, D가 사용한다.
- A와 F는 2층을 사용한다.
- B와 G는 같은 방을 사용한다.
- C와 E는 다른 층에 있다.

① 2명 ② 3명
③ 4명 ④ 5명

CHAPTER 10

2015년 하반기 최신기출문제

정답 및 해설 p.042

01 언어이해

※ 다음 글을 읽고 물음에 답하시오. [1~3]

미술가가 추구하는 효과는 결코 예측할 수 없기 때문에 이러한 종류의 규칙을 설정하기란 사실상 불가능하다. 미술가는 일단 옳다는 생각이 들면 전혀 조화되지 않는 것까지 시도하기를 원할지 모른다. 제대로 된 조각이나 그림에 대한 기준은 없기 때문에 우리가 어떤 작품을 걸작이라고 느끼더라도 그 이유를 정확하게 ㉮ 표현하는 것도 거의 불가능하다.
그렇다고 어느 작품이나 다 마찬가지라거나, 사람들이 취미에 대해 논할 수 없다는 뜻은 아니다. 별 의미가 없는 것이라 하더라도 그러한 논의들은 우리에게 그림을 더 보도록 만들 뿐만 아니라, 전에 발견하지 못했던 점들을 깨닫게 해준다. 그림을 보면서 각 시대의 미술가들이 이룩하려 했던 조화에 대한 감각을 발전시키고, 느낌이 풍부해질수록 더욱 그림 ㉯ 감상을 즐기게 될 것이다. '취미에 관한 문제는 논의의 여지가 없다.'라는 오래된 ㉰ 경구가 진실이라고 해도, 이로 인해 '취미는 개발될 수 있다.'라는 사실이 숨겨져서는 안 된다.
예컨대 ㉠ 차를 자주 마시지 않던 사람들은 여러 가지 차를 혼합해서 만드는 차와 다른 종류의 차가 똑같은 맛을 낸다고 느낄지 모른다. 그러나 만일 여가(餘暇)와 기회가 있어 그러한 맛의 차이를 찾아내려 한다면, 그들은 자기가 좋아하는 혼합된 차의 종류를 정확하게 ㉱ 식별해내는 진정한 감식가가 될 수 있을 것이다.
분명히 미술 작품에 대한 취미는 음식이나 술에 대한 취미보다 매우 복잡하다. 그것은 여러 가지 미묘한 풍미(風味)를 발견하는 문제 이상으로 훨씬 진지하고 중요한 것이다. 요컨대 위대한 미술가들은 작품을 위해 그들의 모든 것을 바치고 그 작품들로 인해 고통을 받고 그들 작품에 심혈을 기울였으므로, 우리에게 최소한 그들이 원하는 방식으로 미술 작품을 이해하도록 노력해야 한다고 요구할 권리가 있다.

☑ 오답 Check! ○ ✕

01 윗글의 집필 의도를 바르게 제시한 것은?

① 미의 표현 방식을 설명하기 위해
② 미술에 대한 관심을 불러일으키기 위해
③ 미술 교육이 나아갈 방향을 제시하기 위해
④ 미술 작품 감상의 올바른 태도를 제시하기 위해

☑ 오답 Check! ○ ✕

02 ㉠이 의미하는 바는?

① 미술에 대해 편견을 갖고 있는 사람
② 미술 작품을 소장하고 있지 않은 사람
③ 미술 작품을 자주 접할 기회가 없는 사람
④ 그림을 그리는 방법을 잘 알지 못하는 사람

Hard

☑ 오답 Check! ○ ✕

03 다음 중 밑줄 친 단어의 한자어로 바르지 않은 것은?

① ㉮ : 표현(表現)
② ㉯ : 감상(感想)
③ ㉰ : 경구(驚句)
④ ㉱ : 식별(識別)

PART 2 최신기출문제

안심Touch

02 문제해결

※ 서울시는 S ~ T구간에 수도관을 매설하려고 한다. 다음 그림에서 각 마디(Node)는 지점을, 가지(Link)는 지점 간의 연결 가능한 구간을, 가지 위의 숫자는 두 지점 간의 거리(m)를 나타내고 있다. 이어지는 물음에 각각 답하시오. **[1~3]**

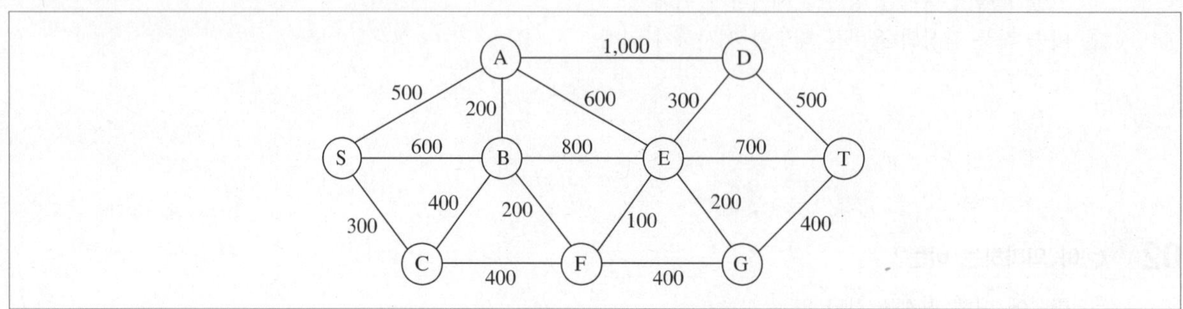

Easy

☑ 오답 Check! ○ ×

01 수도관 매설 공사를 총 지휘하고 있는 서울시 K소장은 S지점부터 T지점까지 최소 거리로 수도관 파이프라인을 설치하여 수도관 재료비용을 절감하려고 한다. 수도관 재료비용이 1m당 1만 원일 때, 최소 수도관 재료비용은?

① 1,200만 원
② 1,300만 원
③ 1,400만 원
④ 1,500만 원

☑ 오답 Check! ○ ×

02 문제 **01**번에서 제시된 수도관 매설 공사를 진행하던 중 F지점 부근에서 청동기 시대 유적지가 발견되어 종전에 세워 둔 수도관 매설 계획에 차질이 빚어졌다. 서울시 K소장은 할 수 없이 공사 계획을 변경하여 F를 경유하지 않는 새로운 최적 경로를 재설정하기로 하였다. 수도관 재료비용이 1m당 1만 원일 때, 종전 F를 경유하는 최적 경로에서 새로 F를 경유하지 않는 최적 경로로 변경함으로써 추가되는 수도관 재료비용은 얼마인가?(단, 종전 공사를 복구하는 과정에서 추가되는 비용 등 다른 조건들은 무시한다)

① 300만 원
② 400만 원
③ 500만 원
④ 600만 원

03 수도관 매설 공사를 총 지휘하고 있는 서울시 K소장은 S지점부터 T지점까지 최소 거리로 수도관 파이프라인을 설치하여 수도관 재료비용을 절감하려고 한다. 매설 가능한 수도관의 종류는 연결 구간의 위치에 따라 세 가지로 구분되며, 각각의 수도관은 직경별로 가격 차이가 있다. 〈자료 1〉은 연결 구간별 매설 가능한 수도관의 종류를 나타내고, 〈자료 2〉는 수도관의 종류별 직경 및 구입가격을 나타내고 있다. 수도관의 최소 구입비용은 얼마인가?

〈자료 1〉 연결 구간별 매설 가능한 수도관의 종류

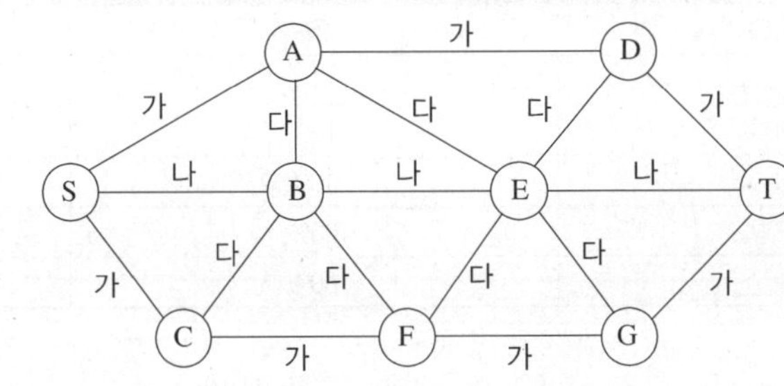

〈자료 2〉 수도관의 종류별 직경 및 구입가격

구분	수도관 직경	길이 m당 구입가격
가	2m	3만 원
나	1m	2만 원
다	0.5m	1만 원

① 2,900만 원
② 3,000만 원
③ 3,100만 원
④ 3,200만 원

03 자료해석

☑ 오답Check! ○ ✕

01 다음은 남녀 500명의 윗몸일으키기 측정 결과표이다. 41 ~ 50회를 기록한 남자 수와 11 ~ 20회를 기록한 여자 수의 차이는 얼마인가?

구분	남	여
0 ~ 10회	2%	15%
11 ~ 20회	11%	17%
21 ~ 30회	12%	33%
31 ~ 40회	40%	21%
41 ~ 50회	35%	14%
전체	60%	40%

① 53명　② 62명
③ 71명　④ 80명

Easy

☑ 오답Check! ○ ✕

02 다음은 치료감호소 수용자 현황에 대해 조사한 표이다. (가) ~ (라)에 해당하는 수를 모두 더한 값은?

〈치료감호소 수용자 현황〉

(단위 : 명)

구분	2007	2008	2009	2010	2011	2012
약물	89	(가)	145	137	114	88
성폭력	77	76	(나)	131	146	174
심신장애자	520	551	579	(다)	688	759
합계	686	723	824	887	(라)	1,021

① 1,524　② 1,639
③ 1,751　④ 1,763

☑ 오답Check! ○ ✕

03 다음은 주요 선진국과 BRICs의 고령화율을 나타낸 표이다. 다음 중 2040년의 고령화율이 2010년 대비 2배 이상 증가하는 나라를 〈보기〉에서 모두 고른 것은?

〈주요 선진국과 BRICs 고령화율〉

(단위 : %)

구분	한국	미국	프랑스	영국	독일	일본	브라질	러시아	인도	중국
1990년	5.1	12.5	14.1	15.7	15	11.9	4.5	10.2	3.9	5.8
2000년	7.2	12.4	16	15.8	16.3	17.2	5.5	12.4	4.4	6.9
2010년	11	13.1	16.8	16.6	20.8	23	7.04	13.1	5.1	8.4
2020년	15.7	16.6	20.3	18.9	23.1	28.6	9.5	14.8	6.3	11.7
2030년	24.3	20.1	23.2	21.7	28.2	30.7	13.6	18.1	8.2	16.2
2040년	33	21.2	25.4	24	31.8	34.5	17.6	18.3	10.2	22.1
2010년 대비 2040년	㉠	㉡	1.5	1.4	1.5	㉢	㉣	1.4	㉤	2.6

보기

㉠ 한국 ㉡ 미국
㉢ 일본 ㉣ 브라질
㉤ 인도

① ㉠, ㉡, ㉢ ② ㉠, ㉣, ㉤
③ ㉡, ㉢, ㉣ ④ ㉡, ㉣, ㉤

04 다음은 보건복지부에서 발표한 2014년 12월 말 기준 어린이집 보육교직원 현황이다. 총계에서 원장을 제외한 나머지 인원이 차지하는 비율은?

〈어린이집 보육교직원 현황〉

(단위 : 명)

구분			계	원장	보육교사	특수교사	치료사	영양사	간호사	사무원	취사부	기타
계(전국)	총계		248,635	39,546	180,247	1,341	550	706	891	934	17,457	6,963
	국·공립		22,229	2,099	15,376	502	132	85	147	132	2,669	1,087
	법인		17,491	1,459	12,037	577	336	91	117	162	1,871	841
	민간	법인외	7,724	867	5,102	54	20	35	50	101	899	596
		민간개인	112,779	14,030	85,079	198	62	415	508	408	8,379	3,700
	가정		82,911	20,557	58,674	5	–	1	8	53	2,997	616
	부모협동		485	88	328	1	–	3	–	3	51	11
	직장		5,016	446	3,651	4	–	76	61	75	591	112

① 75.7% ② 76.4%

③ 80.3% ④ 84.1%

☑ 오답Check! ○ ×

05 다음 자료에 대한 해석 중 옳지 않은 것은?

〈국가별 생산자 물가지수 추이〉

구분	2005년	2006년	2007년	2008년	2009년	2010년	2011년
한국	97.75	98.63	100	108.6	108.41	112.51	119.35
미국	93.46	96.26	100	106.26	103.55	107.94	114.39
독일	93.63	98.69	100	105.52	101.12	102.72	N.A.
중국	94.16	96.99	100	106.87	101.13	106.69	113.09
일본	96.15	98.27	100	104.52	99.04	98.94	100.96
대만	88.89	93.87	100	105.16	95.91	101.16	104.62

※ N.A.(Not Available) – 참고 예상 수치 없음

① 2005년 대비 2011년 생산자 물가지수 상승세가 가장 낮은 나라보다 생산자 물가지수가 4배 이상 높은 나라의 수는 2개이다.
② 우리나라의 생산자 물가지수 상승률은 2008년부터 4년 새 다른 나라에 비해 가장 높은 상승세를 보이고 있다.
③ 2005년에 비해 2011년 물가지수 상승세가 가장 낮은 나라는 일본이다.
④ 미국과 일본, 중국은 다른 경쟁국에 비해 높은 생산자 물가지수 상승세를 보이고 있다.

04 언어논리

Easy

☑ 오답 Check! ○ ✕

01 빨간색, 파란색, 노란색, 초록색의 화분이 있다. 이 화분에 빨강, 파랑, 노랑, 초록 꽃씨를 심으려고 한다. 같은 색깔로는 심지 못한다고 할 때 다음 〈조건〉에 맞지 않는 것은?

> 조건
>
> - 빨강 꽃씨를 노란 화분에 심을 수 없으며, 노랑 꽃씨를 빨간 화분에 심지 못한다.
> - 파랑 꽃씨를 초록 화분에 심을 수 없으며, 초록 꽃씨를 파란 화분에 심지 못한다.

① 빨간 화분에 파랑 꽃씨를 심었다면, 노란 화분에는 초록 꽃씨를 심을 수 있다.
② 파란 화분에 빨강 꽃씨를 심었다면, 초록 화분에는 노랑 꽃씨를 심을 수 있다.
③ 초록 화분과 노란 화분에 심을 수 있는 꽃씨의 종류는 같다.
④ 빨간 화분과 노란 화분에 심을 수 있는 꽃씨의 종류는 같다.

☑ 오답 Check! ○ ✕

02 A, B, C, D, E, F, G 일곱 명이 달리기를 하고 있다. 다음과 같은 〈조건〉에서 꼴찌는 누구인가?

> 조건
>
> - B와 C 사이에는 2명이 뛰고 있다.
> - C와 D 사이에는 1명이 뛰고 있다.
> - C는 D보다는 앞에서 뛰고, B보다는 뒤에서 뛰고 있다.
> - E가 1등으로 뛰고 있다.

① A
② C
③ D
④ E

☑ 오답 Check! ○ ✕

03 시대회사의 건물은 5층 건물이고 회사는 A, B, C, D, E의 5개의 부서가 있다. 각 부서는 한 층에 한 개씩 위치하고 있다. 주어진 〈조건〉에서 항상 옳은 것은?

> 조건
>
> - A부서는 1층과 5층에 위치하고 있지 않다.
> - B부서와 D부서는 인접하고 있다.
> - A부서와 E부서 사이에 C부서가 위치하고 있다.
> - A부서와 D부서는 인접하고 있지 않다.

① B부서는 2층에 있다.
② D부서는 1층에 있다.
③ D부서는 5층에 있다.
④ A부서는 3층에 있다.

Easy

☑ 오답 Check! ○ ×

04 민호는 6개 도시를 여행했다. 다음 〈조건〉을 바탕으로 부산이 4번째 여행지라면 전주는 몇 번째 여행지인가?

조건

- 춘천은 3번째 여행지였다.
- 대구는 6번째 여행지였다.
- 전주는 강릉의 바로 전 여행지였다.
- 부산은 안동의 바로 전 여행지였다.

① 첫 번째
② 두 번째
③ 세 번째
④ 네 번째

PART 2 최신기출문제

☑ 오답 Check! ○ ×

05 월요일부터 금요일까지 소연이를 포함한 5명의 학생이 한 명씩 돌아가며 교실 청소를 하기로 했다. 다음 〈조건〉을 바탕으로 지현이가 월요일에 청소를 한다면 보람이는 언제 청소하는가?

조건

- 은정이는 월, 화, 수요일에는 청소를 할 수 없다.
- 지현이와 보람이는 수요일에 청소를 할 수 없다.
- 지연이는 금요일에 청소를 할 것이다.

① 월요일
② 화요일
③ 수요일
④ 목요일

안심Touch

CHAPTER 11

2015년 상반기 최신기출문제

정답 및 해설 p.047

01 언어이해

※ 다음 글을 읽고 물음에 답하시오. [1~3]

돌이든 나무든 무슨 재료든 ⓐ 조각은 일단 깎아내는 행위에서 출발한다. 무심한 덩이를 깎아 마치 피가 도는 듯한 인물 형상 등을 창조하는 것이 조각의 경이로운 연금술이다. 영국의 추상조각가 헵워스(Hepworth)는 자연의 이런저런 형상들을 단순히 모방하거나 재현하는 ⓑ 조각이 아닌, 인간의 저 깊은 정신을 특정한 꼴로 깎아내는 것이 어떻게 가능한지를 자신의 친구인 문예비평가 허버트 리드(Herbert Read)에게 물었다. 요약하자면 ㉠ '정신을 재료에 일치시키는 조각(彫刻)'에 대한 질문이었다. 그런데 리드는 뜻밖에도 『장자(莊子)』를 인용해 대답했다. 그것은 『장자』의 「달생(達生)」 편에 나오는 재경이란 인물의 우화였다. 이 사람은 요샛말로 목(木)공예가에 해당하는 뛰어난 기술을 지니고 있었다.
그는 자신의 ⓒ 조각에 대해 이렇게 설명한다. 우선 나무를 찾아 깎기 이전에 며칠간 마음을 차분한 상태로 가라앉힌다. 한 사흘 기(氣)를 모으면 남들이 잘 한다 칭찬하거나 상(賞)을 준다는 말에 현혹되지 않는다. 닷새가 지나면 또 남이 형편없다고 헐뜯거나 욕하는 소리에도 무감해진다. 이레가 되는 날은 내 손발이나 모습까지 완전히 잊게 된다. 바로 이때 내가 쓸 나무를 찾아 산으로 간다. 손도 발도 몸뚱이도 다 잊었으니 그저 내 마음만 남아 나무의 마음과 서로 통할 수밖에 없다. (A) 이 정도가 되면 그가 깎는 나무는 벌써 자아와 분리된 대상이 아니다. 제 마음을 술술 빚어내는 무아(無我)의 유희로 몰입한 셈이다. 그러면서 허버트 리드는 "자연 속의 천명(天命)이 인간의 천명과 합일하는 행위"라는 다소 고답적(高踏的)인 말로 조각과 정신의 조화를 설명했다. 조각가가 모자(母子)상을 빚어냈으되 그것이 단순히 어머니와 자식의 형상만이 아니라 사랑이 넘치는 조각이 되거나, 도통 어떤 모양인지 말로 잘 표현되지 않는 추상 조각이 그 작가의 속 깊은 내면을 대변하게 되는 것 역시 그런 과정을 겪고 탄생하는 것이다.
그러고 보니 『장자』에는 조각의 기술과 도를 깨닫게 하는 대목이 더 있다. 바로 '포정해우(庖丁解牛)'라는 잘 알려진 얘기도 깎고 쪼고 잘라내는 ⓓ 조각의 기본 행위를 연상시킨다. 포정(庖丁)은 소 잘 잡는 백정으로 워낙 유명해 국내에서도 개봉된 한 영화에서는 그가 모델이 된 '식도(食刀) 잡이'마저 소개될 정도였다. 포정이 하도 기막힌 솜씨를 보인지라, 누군가가 그런 기술이 어디서 나왔느냐고 캐물었다. 그는 대답했다.
"이것은 기술이 아니라 도(道)다. 괜한 힘으론 안 된다. 소의 가죽과 살, 살과 뼈 사이의 틈이 내겐 보인다. 그 사이를 내 칼이 헤집고 들어가 고기를 발라내니 9년 쓴 칼이든 어제 같지 않으랴. 그게 소를 잡는 정신이다."
현대 조각은 재료 자체가 고유하게 지닌 물성(物性)을 드러내는 경향이 강하다. 재료의 성질이 조각의 인간화를 앞질러가는 것이라면 결국 '정신의 물화(物化)'로 치닫게 되지나 않을지 염려된다.

오답 Check! ○ ×

01 윗글의 제목과 부제로 가장 적절한 것은?

① 현대 조각의 특징 – 인간의 깊은 내면을 조각하는 사람들
② 조각 기술의 선구자 – 재경과 포정에게서 배워야 할 점들
③ 조각과 인간의 정신 – 자기 마음을 빚어낼 수 있는 조각
④ 현대 조각과 동양 사상 – 추상 조각과의 연관성을 살피며

오답 Check! ○ ×

02 <보기>의 '송렴'이 (A)의 관점으로 '곽희'의 그림을 평가하였다고 할 때, 가장 적절한 것은?

> **보기**
> 북송(北宋) 시대의 화가 곽희(郭熙)가 건물 담벼락에 소나무 두 그루를 그렸다. 세월이 흐른 뒤, 송렴(宋濂)이라는 사람이 밤길을 걷다가 문득 소나무 가지에 이는 바람 소리를 듣게 되었다. 그는 바람이 시원하고 산뜻하여 이것이 어디에서 불어오는지 알아보기 위해 등불을 들고 바람이 부는 곳을 비춰보았다. 그랬더니 그곳에는 다름 아닌 곽희의 소나무 그림이 그려져 있었다.

① 예술가가 작품에 생명력을 불어넣었다는 점에서 인간과 자연이 하나가 됨을 보여주는 그림이다.
② 예술에 무지한 일반인들도 쉽게 이해할 수 있는 작품을 창작하는 것이 중요하다는 점을 보여주는 그림이다.
③ 예술은 현실과 동떨어져 홀로 존재하는 것이 아니라, 현실 세계를 적극적으로 반영하고 있음을 보여주는 그림이다.
④ 오랜 세월이 지나도 작품의 색채를 변함없이 전달할 수 있는 재료를 사용하는 것이 중요하다는 것을 보여주는 그림이다.

Hard

오답 Check! ○ ×

03 ⓐ ~ ⓓ 중, 문맥적 의미가 ㉠과 가장 유사한 것은?

① ⓐ ② ⓑ
③ ⓒ ④ ⓓ

02 문제해결

※ 다음 자료를 읽고 주어진 질문의 답을 고르시오. [1~5]

시대회사의 총무부는 5월 3일부터 청량산 트래킹을 시작했다. 총무부는 하루에 이동할 수 있는 최대거리로 이동하여, 최단 시간의 경우로 모든 트래킹 일정을 완료했다.

〈청량산 트래킹 코스〉

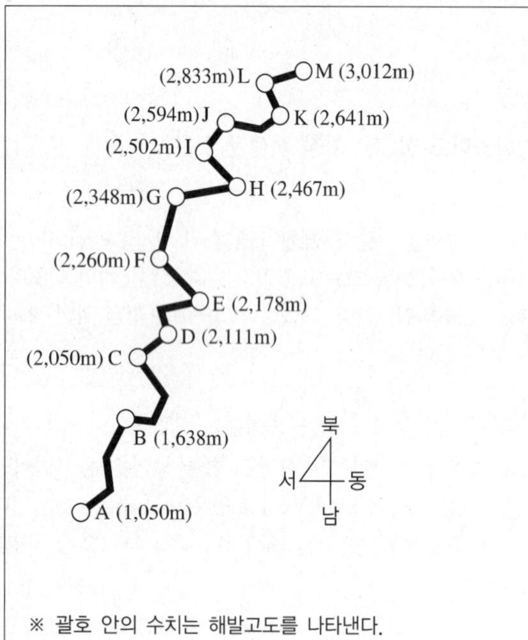

※ 괄호 안의 수치는 해발고도를 나타낸다.

〈조건 1〉

〈구간별 트래킹 소요시간(h : 시간)〉

- 올라가는 경우
  - A → B : 3h
  - B → C : 2h
  - C → D : 1h
  - D → E : 1h
  - E → F : 2h
  - F → G : 3h
  - G → H : 2h
  - H → I : 2h
  - I → J : 1h
  - J → K : 2h
  - K → L : 3h
  - L → M : 3h

※ 내려오는 경우, 구간별 트래킹 소요시간은 50% 단축된다.

〈조건 2〉

- 트래킹 코스는 A지점에서 시작하여 M지점에 도달한 다음 A지점으로 돌아오는 것이다.
- 하루에 가능한 트래킹의 최대시간은 6시간이다.
- 하루 트래킹이 끝나면 반드시 숙박을 해야 하고, 숙박은 A～M지점에서만 가능하다.
- M지점에 도달한 날은 그 날 바로 내려오지 않고, M지점에서 숙박한다.
- 해발 2,500m 이상에서는 고산병의 위험 때문에 당일 수면고도를 전날 수면고도에 비해 200m 이상 높일 수 없다.

※ 수면고도는 숙박하는 지역의 해발고도를 의미한다.

☑ 오답 Check! ○ ✕

01 다음 중 옳지 않은 것은?

① 트래킹 첫째 날 수면고도는 2,111m이다.
② 트래킹 둘째 날 수면고도는 2,400m보다 낮다.
③ 트래킹 둘째 날과 셋째 날의 이동시간은 서로 같다.
④ 트래킹 셋째 날에 해발고도 2,500m 이상의 높이를 올라갔다.

☑ 오답 Check! ○ ✕

02 다음 중 옳지 않은 것은?

① A지점에서 B지점에 도착하는 데 걸리는 시간과 B지점에서 D지점에 도착하는 데 걸리는 시간은 같다.
② F지점에서 G지점으로 가는 것은 E지점에서 F지점으로 가는 것보다 시간이 오래 소요된다.
③ M지점에서 L지점에 도착하는 데 걸리는 시간과 K지점에서 I지점에 도착하는 데 걸리는 시간은 같다.
④ F지점에서 E지점으로 가는 데에는 2시간이 소요된다.

☑ 오답 Check! ○ ✕

03 총무부가 모든 트래킹 일정을 완료한 날짜는?

① 5월 9일　② 5월 10일
③ 5월 11일　④ 5월 12일

☑ 오답 Check! ○ ✕

04 총무부는 5월 9일에 트래킹 일정을 마치고 도착한 숙박지점에 기념 깃발을 꽂아두었다. 그곳은 어느 지점이겠는가?

① I　② H
③ E　④ A

☑ 오답 Check! ○ ✕

05 영업부도 마찬가지로 하루에 이동할 수 있는 최대거리로 이동하여, 최단시간의 경우로 청량산의 모든 트래킹 일정을 완료했다. 영업부는 5월 10일 청량산을 올라가는 도중에 총무부가 5월 9일에 꽂아놓은 깃발을 보았다. 영업부가 M지점에 도착하는 날짜는 언제인가?

① 5월 13일　② 5월 14일
③ 5월 15일　④ 5월 16일

03 자료해석

☑ 오답Check! ○ ✕

01 다음은 우리나라 연령구조의 변화를 나타낸 표이다. 설명 중 옳지 않은 것은?

〈연령구조의 변화(1966 ~ 2000년)〉

연령 \ 연도		1966	1970	1975	1980	1985	1990	1995	2000
인구 (천 명)	0 ~ 14세	12,684	13,241	13,208	12,656	12,095	11,050	10,341	9,647
	15 ~ 29세	7,251	7,816	9,777	11,376	12,632	12,991	12,056	11,701
	30 ~ 44세	4,859	5,509	6,214	6,874	7,884	10,073	11,440	12,331
	45 ~ 59세	2,853	3,164	3,535	4,233	5,052	5,971	6,498	7,287
	60세 이상	1,512	1,750	1,944	2,268	2,756	3,415	4,214	5,165
계		29,159	31,435	34,678	37,407	40,419	43,500	44,549	46,131
구성비 (%)	0 ~ 14세	43.5	42.1	38.1	33.8	29.9	25.4	23.2	20.9
	15 ~ 29세	24.9	24.9	28.2	30.4	31.3	29.9	27.1	25.4
	30 ~ 44세	16.7	17.5	17.9	18.4	19.5	23.2	25.7	26.7
	45 ~ 59세	9.8	10.1	10.2	11.3	12.5	13.7	14.6	15.8
	60세 이상	5.2	5.4	5.6	6.1	6.8	7.9	9.5	11.2
계		100	100	100	100	100	100	100	100

① 1960년대 중반에 구성비가 가장 컸던 0 ~ 14세의 인구는 1970년대 이후 계속 감소하였다.
② 15 ~ 29세의 인구는 1960년대 중반 이후 지속적으로 증가하였다.
③ 1960년대 중반 이후 30세 이상의 각 연령층은 모두 그 수와 구성비가 지속적으로 증가해 왔다.
④ 1960년대 중반에 60%를 상회했던 30세 미만 연령층의 비중이 2000년에는 50% 미만으로 감소하였다.

☑ 오답 Check! ○ ×

02 다음은 1999년에 조사한 각 국가들의 경제활동 참가율과 1인당 GDP의 관계를 산포도로 그린 것이다. 이에 대한 설명으로 틀린 것은?

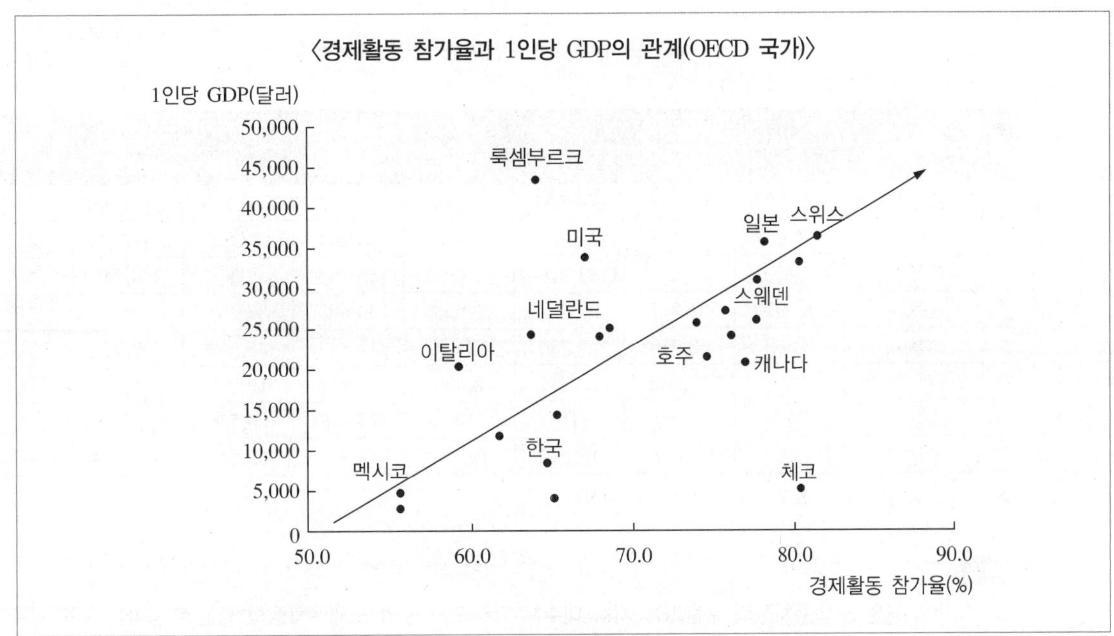

① 대체로 경제활동 참가율이 높은 나라일수록 1인당 GDP도 높은 경향을 갖는다.
② 이탈리아와 멕시코는 한국보다 1인당 GDP는 높지만, 경제활동 참가율은 낮다.
③ 1인당 GDP가 2만 달러를 넘으면서 경제활동 참가율이 70% 이상인 국가들을 보면 그렇지 않은 국가들에 비해서 경제활동 참가율과 1인당 GDP의 상관 관계가 높게 나올 것이다.
④ 체코와 룩셈부르크를 제외하고 상관계수값을 다시 계산하면 상관계수값이 더 크게 나올 것이다.

Hard

☑ 오답Check! ○ ✕

03 다음은 우리나라 7대 도시의 주차장 수용가능 차량 대수 현황이다. A부터 K까지의 자료는 소실된 상태이다. 이에 대한 설명으로 〈보기〉 중 옳은 것을 모두 고르면?

〈7대 도시 주차장 수용가능 차량 대수 현황〉

(단위 : 대)

구분	노상주차장			노외주차장			부설 주차장	전체
	유료	무료	소계	공영	민영	소계		
7대 도시 전체	248,234	206,460	454,694	108,234	232,029	340,263	4,481,351	5,276,308
서울	196,032	0	196,032	39,746	83,144	122,890	2,312,538	2,631,460
부산	A	B	83,278	C	59,468	D	474,241	629,749
대구	8,397	81,917	90,314	9,953	26,535	36,488	E	F
인천	3,362	43,918	47,280	13,660	17,899	31,559	469,977	548,816
광주	815	12,939	13,754	2,885	17,112	19,997	231,977	265,728
대전	I	7,849	H	J	13,907	23,758	K	G
울산	1,192	14,018	15,210	19,377	13,964	33,341	217,794	266,345

※ 전체 주차장은 노상, 노외, 부설주차장으로 구성됨

보기

ㄱ. 대전의 공영 노외주차장의 수용가능 차량 대수는 7대 도시 공영 노외주차장의 평균 수용가능 차량 대수보다 많다.

ㄴ. 대구, 인천, 광주는 각각 노상주차장 중 유료주차장 수용가능 차량 대수가 차지하는 비율이 노외주차장 중 공영주차장 수용가능 차량 대수가 차지하는 비율보다 낮다.

ㄷ. 서울의 부설주차장 수용가능 차량 대수는 전국 부설주차장 수용가능 차량 대수의 50% 이상을 차지한다.

ㄹ. 각 도시의 전체 주차장 수용가능 차량 대수 중 노외주차장 수용가능 차량 대수가 차지하는 비율은 부산이 광주보다 높다.

① ㄱ, ㄴ
② ㄱ, ㄷ
③ ㄴ, ㄷ
④ ㄴ, ㄹ

☑ 오답Check! ○ ×

04 다음은 국민연금관리공단에서 발표한 2001 ~ 2008년까지의 통계이다. 이 자료를 보고 판단한 것 중 옳지 않은 것은?

(단위 : 개소, 명)

구분	총 가입자	사업장	사업장 가입자
2001	16,277,826	250,729	5,951,918
2002	16,498,932	287,092	6,288,014
2003	17,181,778	423,032	6,958,794
2004	17,070,217	573,727	7,580,649
2005	17,124,449	646,805	7,950,493
2006	17,739,939	773,862	8,604,823
2007	18,266,742	856,178	9,149,209
2008	18,335,409	921,597	9,493,444

① 조사기간 동안 사업장과 사업장 가입자의 수는 꾸준히 증가하고 있다.
② 전년 대비 사업장이 가장 많이 증가한 해는 2004년이다.
③ 2008년의 경우 사업장 가입자는 총 가입자의 50%를 넘는다.
④ 전년 대비 총 가입자가 가장 많이 증가한 해는 2007년이다.

04 언어논리

☑ 오답 Check! ○ ×

01 다음은 형사가 혐의자 P, Q, R, S, T를 심문한 후 보고한 내용이다. 다음 중 유죄는 누구인가?

- 유죄는 반드시 두 명이다.
- Q와 R은 함께 유죄이거나 무죄일 것이다.
- P가 무죄라면 Q와 T도 무죄이다.
- S가 유죄라면 T도 유죄이다.
- S가 무죄라면 R도 무죄이다.

① P, T
② P, S
③ Q, R
④ R, S

☑ 오답 Check! ○ ×

02 다음의 명제가 모두 참이라고 가정할 때, 반드시 참인 것은?

㉠ 모든 금속은 전기가 통한다.
㉡ 광택이 난다고 해서 반드시 금속은 아니다.
㉢ 전기가 통하지 않고 광택이 나는 물질이 존재한다.
㉣ 광택이 나지 않으면서 전기가 통하는 물질이 존재한다.
㉤ 어떤 금속은 광택이 난다.

① 금속이 아닌 물질은 모두 전기가 통하지 않는다.
② 전기도 통하고 광택도 나는 물질이 존재한다.
③ 광택이 나지 않고 금속인 물질이 존재한다.
④ 전기가 통하는 물질은 모두 광택이 난다.

Hard

☑ 오답 Check! ○ ×

03 사무관 A ~ E는 각기 다른 행정구역을 담당하고 있다. 이들이 담당하는 구역의 민원과 관련된 정책안이 제시되었다. 이에 대하여 A ~ E는 찬성과 반대 둘 중 하나의 의견을 제시했다고 알려졌다. 다음 정보가 모두 참일 때, 옳은 것은?

- A 또는 D 둘 중 적어도 하나가 반대하면, C는 찬성하고 E는 반대한다.
- B가 반대하면, A는 찬성하고 D는 반대한다.
- D가 반대하면 C도 반대한다.
- E가 반대하면 B도 반대한다.
- 적어도 한 사람이 반대한다.

① A는 찬성하고 B는 반대한다.
② A는 찬성하고 E는 반대한다.
③ B와 D는 반대한다.
④ C는 반대하고 D는 찬성한다.

☑ 오답 Check! ○ ×

04 공금 횡령 사건과 관련해 갑, 을, 병, 정이 참고인으로 소환되었다. 이들 중 갑, 을, 병은 소환에 응하였으나 정은 응하지 않았다. 다음 정보가 모두 참일 때, 귀가 조치된 사람을 모두 고르면?

- 참고인 네 명 가운데 한 명이 단독으로 공금을 횡령했다.
- 소환된 갑, 을, 병 가운데 한 명만 진실을 말했다.
- 갑은 '을이 공금을 횡령했다.', 을은 '내가 공금을 횡령했다.', 병은 '정이 공금을 횡령했다.'라고 진술했다.
- 위의 세 정보로부터 공금을 횡령하지 않았음이 명백히 파악된 사람은 모두 귀가 조치되었다.

① 병 ② 갑, 을
③ 갑, 병 ④ 갑, 을, 병

※ 극장의 입장표 판매 직원은 경수, 철민, 준석, 주희, 가영, 수미 6명이다. 극장은 일주일을 매일 오전과 오후 2회로 나누고, 각 근무 시간에 2명의 직원을 근무시키고 있다. 직원은 1주에 4회 이상 근무를 해야 하며 7회 이상은 근무하지 못한다. 인사 담당자는 근무 계획을 작성할 때 다음과 같은 〈조건〉을 충족시켜야 한다. 다음 물음에 답하시오. **[5~6]**

조건

- 경수는 오전에 근무하지 않는다.
- 철민은 수요일에 근무한다.
- 준석은 수요일을 제외하고는 매일 1회 근무한다.
- 주희는 토요일과 일요일을 제외한 날의 오전에만 근무할 수 있다.
- 가영은 월요일부터 금요일까지는 근무하지 않는다.
- 수미는 준석과 함께 근무해야 한다.

☑ 오답Check! ○ ✕

05 수미가 근무할 수 있는 요일은?

① 월요일, 화요일, 수요일, 목요일
② 월요일, 화요일, 목요일, 금요일
③ 목요일, 금요일, 토요일, 일요일
④ 화요일, 목요일, 금요일, 일요일

Hard

☑ 오답Check! ○ ✕

06 다음 중 옳지 않은 것은?

① 준석이와 수미는 평일 중 하루는 오전에 근무한다.
② 주희는 수요일 오전에 근무한다.
③ 가영이는 주말 오전에는 준석이와, 오후에는 경수와 근무한다.
④ 철민이는 평일에 매일 한 번씩만 근무한다.

PART 03

2020~2019년 주요기업 최신기출문제

CHAPTER

01 언어

정답 및 해설 p.052

Ⅰ삼성

01 **다음 밑줄 친 부분과 같은 의미로 쓰인 것을 고르면?**

> 야근이 끝나고 지친 기색의 남자는 집에 들어와 형광등을 켰다.

① 마라톤 결승점에 도착한 친구는 연신 물을 켰다.
② 동굴 안에서 라이터를 켜니 어두웠던 주위가 밝아졌다.
③ 정전이 나자 아버지는 창고에서 가져온 예비발전기를 켰다.
④ 낡은 바이올린을 켜는 순간 줄이 끊어져버렸다.
⑤ 흥부는 아내와 함께 커다란 박을 켜기 시작했다.

Ⅰ삼성

02 **제시된 문장에서 사용이 적절하지 않은 단어는?**

> • 저 청년은 하늘도 분노할 정도의 (   )을 저질렀다.
> • 과거 군주들은 소재가치가 액면가치보다 낮은 주화를 (   )했다.
> • 해당하는 채무자는 상기의 내용을 (   )해야 한다.
> • 한성순보는 한국인이 최초로 (   )한 한국 최초의 근대 신문이다.
> • 저예산 영화가 이처럼 (   )하는 것은 꽤 드문 일이다.

① 흥행 ② 만행
③ 발행 ④ 이행
⑤ 자행

Ⅰ삼성

03 **다음 중 〈보기〉의 단어가 나타내는 뜻을 모두 포괄할 수 있는 단어를 고른 것은?**

> 보기
> 들다 가다 이르다 유지하다 생기다

① 들다 ② 가다
③ 이르다 ④ 유지하다
⑤ 생기다

| KT

04 다음 빈칸에 공통적으로 들어갈 알맞은 단어를 고르면?

1. 옛날 사람들은 사람도 하늘에 날 수 있다는 [ ]을 가졌다. 그리고 이러한 [ ]을 가진 사람 중에는 라이트 형제도 있었다. 이들은 결국 비행기를 발명했다.
2. 그에게는 더 이상 살아갈 [ ]이 남아 있지 않았다.
3. [ ]이 부족하다.

① 꿈
② 희망
③ 환상
④ 야망
⑤ 염원

| LG

05 다음 글을 통해 글쓴이가 말하고자 하는 것으로 가장 적절한 것은?

프랜시스 베이컨은 사람을 거미와 같은 사람, 개미와 같은 사람, 꿀벌과 같은 사람 세 종류로 나누어 보았다.
첫째, '거미'와 같은 사람이 있다. 거미는 벌레들이 자주 날아다니는 장소에 거미줄을 쳐놓고 숨어 있다가, 벌레가 거미줄에 걸리면 슬그머니 나타나 잡아먹는다. 거미와 같은 사람은 땀 흘려 노력하지 않으며, 누군가 실수하기를 기다렸다가 그것을 약점으로 삼아 그 사람의 모든 것을 빼앗는다.
둘째, '개미'와 같은 사람이 있다. 개미는 부지런함의 상징이 되는 곤충이다. 더운 여름에도 쉬지 않고 땀을 흘리며 먹이를 물어다 굴속에 차곡차곡 저장한다. 그러나 그 개미는 먹이를 남에게 나누어 주지는 않는다. 개미와 같은 사람은 열심히 일하고 노력하여 돈과 재산을 많이 모으지만, 남을 돕는 일에는 아주 인색하여 주변 이웃의 불행을 모른 체하며 살아간다.
셋째, '꿀벌'과 같은 사람이 있다. 꿀벌은 꽃의 꿀을 따면서도 꽃에 상처를 남기지 않고, 이 꽃 저 꽃으로 날아다니며 열매를 맺도록 도와준다. 만약 꿀벌이 없다면 많은 꽃은 열매를 맺지 못할 것이다. 꿀벌과 같은 사람은 책임감을 갖고 열심히 일하면서도 남에게 도움을 준다. 즉, 꿀벌과 같은 사람이야말로 우리 사회에 반드시 있어야 할 이타적 존재이다.

① 노력하지 않으면서 성공을 바라는 사람은 결코 성공할 수 없다.
② 다른 사람의 실수를 모른 체 넘어가 주는 배려를 해야 한다.
③ 자신의 일만 열심히 하다 보면 누군가는 반드시 알아본다.
④ 맡은 바 책임을 다하면서도 남을 돌볼 줄 아는 사람이 되어야 한다.
⑤ 자신의 삶보다 이웃의 삶을 소중하게 돌봐야 한다.

06 다음 글의 논지 전개상 특징으로 적절한 것은?

> 영화는 특정한 인물이나 집단, 나라 등을 주제로 하는 대중문화로, 작품 내적으로 시대상이나 당시의 유행을 반영한다는 사실은 굳이 평론가의 말을 빌리지 않더라도 모두가 공감하는 사실일 것이다. 하지만 영화가 유행에 따라 작품의 외적인 부분, 그중에서도 제목의 글자 수가 변화한다는 사실을 언급하면 고개를 갸웃하는 이들이 대부분일 것이다.
>
> 2000년대에는 한국 최초의 블록버스터 영화로 꼽히는 '쉬리'와 '친구'를 비롯해 두 글자의 간결한 영화 제목이 주류를 이뤘지만 그로부터 5년이 지난 2005년에는 두 글자의 짧은 제목의 영화들이 7%로 급격히 감소하고 평균 제목의 글자 수가 5개에 달하게 되었다. 이는 영화를 한 두 줄의 짧은 스토리로 요약할 수 있는 코미디 작품들이 늘어났기 때문이었는데 '나의 결혼 원정기', '미스터 주부 퀴즈왕', '내 생애 가장 아름다운 일주일' 등이 대표적이다.
>
> 이후 2010년대에는 영화계에서는 오랜 기간 세 글자 영화 제목이 대세였다고 해도 과언이 아니다. '추격자'를 비롯해 '우리 생애 최고의 순간'을 줄인 '우생순'과 '좋은 놈, 나쁜 놈, 이상한 놈'을 '놈놈놈'으로 줄여 부르기도 했으며 '아저씨', '전우치'나 '해운대', '신세계'를 비롯해 '베테랑', '부산행', '강철비', '곤지암'은 물론 최근 '기생충'에 이르기까지 세 글자 영화들의 대박행진은 계속되고 있다. 이에 반해 2018년에는 제작비 100억을 넘은 두 글자 제목의 한국 영화 네 편이 모두 손익분기점을 넘기지 못하는 초라한 성적표를 받기도 했다.
>
> 그렇다면 역대 박스오피스에 등재된 한국영화들의 평균 글자 수는 어떻게 될까? 부제와 시리즈 숫자, 줄임 단어로 주로 불린 영화의 원 음절 등을 제외한 2019년까지의 역대 박스오피스 100위까지의 한국영화 제목 글자 수는 평균 4.12였다. 다만 두 글자 영화는 21편, 세 글자 영화는 29편, 네 글자 영화는 21편으로 세 글자 제목의 영화가 역대 박스오피스 TOP 100에 가장 많이 등재된 것으로 나타났다.

① 특정한 이론을 제시한 뒤 그에 반박하는 의견을 제시하여 대비를 이루고 있다.
② 현상을 언급한 뒤 그에 대한 증거를 순서대로 나열하고 있다.
③ 특정한 현상을 분석하여 추려낸 뒤, 해결 방안을 이끌어내고 있다.
④ 대상을 하위 항목으로 구분하여 논의의 범주를 명시하고 있다.
⑤ 현상의 변천 과정을 고찰한 뒤 앞으로의 발전 방향을 제시하고 있다.

| 포스코

07 다음 글의 중심 내용으로 가장 적절한 것은?

'있어빌리티'는 '있어 보인다.'와 능력을 뜻하는 영어단어 'Ability'를 합쳐 만든 신조어로, 실상은 별거 없지만, 사진이나 영상을 통해 뭔가 있어 보이게 자신을 잘 포장하는 능력을 의미한다. 이처럼 있어빌리티는 허세, 과시욕 등의 부정적인 단어와 함께 사용되어 왔다. 그러나 기업과 마케팅 전문가들은 있어빌리티를 중요한 마케팅 포인트로 생각하고, 있어 보이고 싶은 소비자의 심리를 겨냥해 마케팅 전략을 세운다. 있어 보이기 위한 연출에는 다른 사람이 사용하는 것과는 다른 특별한 상품이 필요하기 때문이다. 과거에는 판매하는 제품이나 서비스가 얼마나 괜찮은지를 강조하기 위한 홍보 전략이 성행했다면, 최근에는 특정 상품을 구매하고 서비스를 이용하는 소비자가 얼마나 특별한지에 대해 강조하는 방식이 많다. VIP 마케팅 또한 있어빌리티를 추구하는 소비자들을 위한 마케팅 전략이다. VIP에 속한다는 것 자체가 자신이 특별한 사람이라는 것을 증명하기 때문이다.

① 자기 과시의 원인
② 자기표현의 중요성
③ 자기 과시 욕구의 문제점
④ 자기 과시를 활용한 마케팅 전략

※ 다음 문단을 논리적인 순서대로 바르게 배열한 것을 고르시오. **[8~10]**

| KT

08

(가) 정해진 극본대로 연기를 하는 연극의 서사는 논리적이고 합리적이다. 그러나 연극 밖의 현실은 비합리적이고, 그 비합리성을 개인의 합리에 맞게 해석한다. 연극 밖에서도 각자의 합리성에 맞춰 연극을 하고 있는 것이다.
(나) 사전적 의미로 불합리한 것, 이치에 맞지 않는 것을 의미하는 부조리는 실존주의 철학에서는 현실에서는 전혀 삶의 의미를 발견할 가능성이 없는 절망적인 한계상황을 나타내는 용어이다.
(다) 이것이 비합리적인 세계에 대한 자신의 합목적적인 희망이라는 사실을 깨달았을 때, 삶은 허망해지고 인간은 부조리를 느끼게 된다.
(라) 부조리라는 개념을 처음 도입한 대표적인 철학자인 알베르 카뮈는 연극에 비유하여 부조리에 대해 설명한다.

① (나) – (다) – (가) – (라)
② (나) – (가) – (다) – (라)
③ (나) – (라) – (가) – (다)
④ (가) – (라) – (나) – (다)
⑤ (가) – (다) – (나) – (라)

09

(가) 사회 관계망 서비스(SNS)는 개인의 알 권리를 충족하거나 사회적 정의 실현을 위해 생각과 정보를 공유할 수 있도록 돕는다는 면에서 긍정적인 가치를 인정받는다.

(나) 특히 사회적 비난이 집중된 사건의 경우, 공익을 위한다는 생각으로 사건의 사실 여부를 제대로 확인하지도 않은 채 개인 신상 정보부터 무분별하게 유출하는 행위가 끊이지 않고 있어 문제의 심각성이 커지고 있다. 그로 인해 개인의 사생활 침해와 인격 훼손은 물론, 개인 정보가 범죄에 악용되는 부작용이 발생하고 있다.

(다) 따라서 사회 관계망 서비스를 이용하여 정보를 공유할 때에는, 개인의 사생활을 침해하거나 인격을 훼손하는 정보를 유출하는 것은 아닌지 각별한 주의를 기울일 필요가 있다.

(라) 그러나 도덕적 응징이라는 미명하에 개인의 신상 정보를 무차별적으로 공개하는 범법 행위가 확산되면서 심각한 사회 문제가 일고 있는 것이 사실이다. 법적 처벌이 어렵다면 도덕적으로 응징해서라도 죄를 물어야 한다는 누리꾼들의 요구가, '모욕죄'나 '사이버 명예 훼손죄' 등으로 처벌될 수 있는 범죄행위 수준의 과도한 행동으로 이어지는 경우를 우려해야 하는 상황인 것이다.

① (가) – (나) – (다) – (라)
② (가) – (다) – (나) – (라)
③ (가) – (라) – (나) – (다)
④ (라) – (다) – (나) – (가)
⑤ (라) – (가) – (나) – (다)

10

(가) 한 연구팀은 1979년부터 2017년 사이 덴먼 빙하의 누적 얼음 손실량이 총 2,680억 톤에 달한다는 것을 밝혀냈고, 이탈리아우주국(ISA) 위성 시스템의 간섭계* 자료를 이용해 빙하가 지반과 분리되어 바닷물에 뜨는 지점인 '지반선(Grounding Line)'을 정확히 측정했다.

(나) 남극대륙에서 얼음의 양이 압도적으로 많은 동남극은 최근 들어 빠르게 녹고 있는 서남극에 비해 지구 온난화의 위협을 덜 받는 것으로 생각되어 왔다.

(다) 그러나 동남극의 덴먼(Denman) 빙하 등에 대한 정밀조사가 이뤄지면서 동남극 역시 지구 온난화의 위협을 받고 있다는 증거가 속속 드러나고 있다.

(라) 이것은 덴먼 빙하의 동쪽 측면에서는 빙하 밑의 융기부가 빙하의 후퇴를 저지하는 역할을 한 반면, 서쪽 측면은 깊고 가파른 골이 경사져 있어 빙하 후퇴를 가속하는 역할을 하는 데 따른 것으로 분석됐다.

(마) 그 결과 1996년부터 2018년 사이 덴먼 빙하의 육지를 덮은 얼음인 빙상(Ice Sheet)의 육지 – 바다 접점 지반선 후퇴가 비대칭성을 보인 것으로 나타났다.

* 간섭계 : 동일한 광원에서 나오는 빛을 두 갈래 이상으로 나눈 후 다시 만났을 때 일어나는 간섭현상을 관찰하는 기구

① (가) – (나) – (다) – (라) – (마)
② (가) – (마) – (라) – (다) – (나)
③ (나) – (다) – (가) – (마) – (라)
④ (나) – (라) – (가) – (다) – (마)

11 제시된 문장을 논리적인 순서대로 알맞게 배열했을 때 다음 순서에 들어갈 문단으로 옳은 것은?

(가) 왜냐하면 일반적으로 외부에서 작용하는 힘이 없다면 운동량은 보존되기 때문이다. 이렇게 하여 결국 달의 공전 궤도는 점점 늘어나고, 달은 지구로부터 점점 멀어지는 것이다.

(나) 실제로 지구의 자전 주기는 매년 100만 분의 17초 정도 느려지고 달은 매년 38mm씩 지구에서 멀어지고 있다. 이처럼 지구의 자전 주기가 점점 느려지기 때문에 지구의 1년의 날수는 점차 줄어들 수밖에 없다.

(다) 한편 지구보다 작고 가벼운 달의 경우에는 지구보다 더 큰 방해를 받아 자전 속도가 더 빨리 줄게 된다.

(라) 그러나 이렇게 느려지더라도 하루가 25시간이 되려면 2억 년은 넘게 시간이 흘러야 한다.

(마) 그리고 이 힘은 지구와 달 사이의 거리에 따라 다르게 작용하여 달과 가까운 쪽에는 크게, 그 반대쪽에는 작게 영향을 미치게 된다.

(바) 이렇게 지구와 달은 서로의 인력 때문에 자전 속도가 줄게 되는데, 이 자전 속도와 관련된 운동량은 '지구 – 달 계' 내에서 달의 공전 궤도가 늘어나는 것으로 보존된다.

(사) 결국 지구 표면은 달의 인력과 지구 – 달의 원운동에 의한 원심력의 영향을 받아 양쪽이 부풀어 오르게 된다. 이때 달과 가까운 쪽 지구의 '부풀어 오른 면'은 지구와 달을 잇는 직선에서 벗어나 지구 자전 방향으로 앞서게 되는데, 그 이유는 지구가 하루 만에 자전을 마치는 데 비해 달은 한 달 동안 공전 궤도를 돌기 때문이다. 달의 인력은 이렇게 지구 자전 방향으로 앞서가는 부풀어 오른 면을 반대 방향으로 다시 당기고, 그로 인해 지구의 자전은 방해를 받아 속도가 느려진다.

(아) 지구의 하루는 왜 길어지는 것일까? 그것은 바로 지구의 자전이 느려지기 때문이다. 지구의 자전은 달과 밀접한 관련을 맺고 있다. 지구가 달을 끌어당기는 힘이 있듯이 달 또한 지구를 끌어당기는 힘이 있다. 달은 태양보다 크기는 작지만 지구와의 거리는 태양보다 훨씬 가깝기 때문에 지구의 자전에 미치는 영향은 달이 더 크다. 달의 인력은 지구의 표면을 부풀어 오르게 한다.

	3번째	6번째
①	(가)	(사)
②	(사)	(가)
③	(나)	(다)
④	(아)	(라)
⑤	(다)	(바)

※ 다음 글을 읽고 일치하지 않는 것을 고르시오. [12~15]

| SK

12

경제학자인 사이먼 뉴컴이 소개한 화폐와 실물 교환의 관계식인 '교환방정식'을 경제학자인 어빙 피셔가 발전시켜 재소개한 것이 바로 '화폐수량설'이다. 사이먼 뉴컴의 교환방정식은 'MV=PQ'로 나타나는데, M(Money)은 화폐의 공급, V(Velocity)는 화폐유통 속도, P(Price)는 상품 및 서비스의 가격, Q(Quantity)는 상품 및 서비스의 수량이다. 즉 화폐 공급과 화폐유통속도의 곱은 상품의 가격과 거래된 상품 수의 곱과 같다는 항등식이다.
어빙 피셔는 이러한 교환방정식을 인플레이션율과 화폐공급의 증가율 간 관계를 나타내는 이론인 화폐수량설로 재탄생시켰다. 이중 기본 모형이 되는 피셔의 거래모형에 따르면 교환방정식은 'MV=PT'로 나타나는데, M은 명목화폐수량, V는 화폐유통 속도, P는 상품 및 서비스의 평균가격, T(Trade)는 거래를 나타낸다. 다만 거래의 수를 측정하기 어렵기 때문에 최근에는 총 거래 수인 T를 총생산량인 Y로 대체하여 소득모형인 'MV=PY'로 사용되고 있다.

① 사이먼 뉴컴의 교환방정식 'MV=PQ'에서 Q는 상품 및 서비스의 수량을 의미한다.
② 어빙 피셔의 화폐수량설은 최근 총 거래 수를 총생산량으로 대체하여 사용되고 있다.
③ 교환방정식 'MV=PT'은 화폐수량설의 기본 모형이 된다.
④ 어빙 피셔의 교환방정식 'MV=PT'의 V는 교환방정식 'MV=PY'에서 Y와 함께 대체되어 사용되고 있다.
⑤ 어빙 피셔는 사이먼 뉴컴의 교환방정식을 인플레이션율과 화폐공급의 증가율 간 관계를 나타내는 이론으로 재탄생시켰다.

| 삼성

13

브이로그(Vlog)란 비디오(Video)와 블로그(Blog)의 합성어로, 블로그처럼 자신의 일상을 영상으로 기록하는 것을 말한다. 이전까지 글과 사진을 중심으로 남기던 일기를 이제는 한 편의 영상으로 남기는 것이다.
1인 미디어 시대는 포털 사이트의 블로그 서비스, 싸이월드가 제공했던 '미니홈피' 서비스 등을 통해 시작되었다. 사람들은 자신만의 공간에서 일상을 기록하거나 특정 주제에 대한 의견을 드러냈다. 그러다 동영상 공유 사이트인 유튜브(Youtube)가 등장하였고, 스마트폰 사용이 보편화됨에 따라 일상생활을 담은 브이로그가 인기를 얻기 시작했다.
'브이로거'는 이러한 브이로그를 하는 사람으로, 이들은 다른 사람들과 같이 공유하고 싶거나 기억하고 싶은 일상의 순간들을 영상으로 남겨 자신의 SNS에 공유한다. 이를 통해 영상을 시청하는 사람들은 '저들도 나와 다르지 않다.'는 공감을 하고, 자신이 경험하지 못한 일을 간접적으로 경험하면서 대리만족을 느낀다.

① 브이로그란 이전에 문자로 기록한 일상을 영상으로 기록하는 것이다.
② 자신의 일상을 기록한 영상을 다른 사람들과 공유하는 사람을 브이로거라고 한다.
③ 유튜브의 등장과 스마트폰의 보편화가 브이로그의 인기를 높였다.
④ 브이로거는 공감과 대리만족을 느끼기 위해 브이로그를 한다.
⑤ 블로그 서비스 등을 통해 1인 미디어 시대가 시작되었다.

14

물에 녹아 단맛이 나는 물질을 일반적으로 '당(糖)'이라 한다. 각종 당은 신체의 에너지원으로 쓰이는 탄수화물의 기초가 된다. 인류는 주로 과일을 통해 당을 섭취해 왔는데, 사탕수수에서 추출한 설탕이 보급된 후에는 설탕을 통한 당 섭취가 일반화되었다. 그런데 최근 수십 년 사이에 설탕의 과다 섭취로 인한 유해성이 부각되면서 식품업계는 설탕의 대체재로 액상과당에 관심을 갖기 시작했다.

포도당이 주성분인 옥수수 시럽에 효소를 넣으면 포도당 중 일부가 과당으로 전환된다. 이때 만들어진 혼합액을 정제한 것이 액상과당(HFCS)이다. 액상과당 중 가장 널리 쓰이는 것은 과당의 비율이 55%인 'HFCS55'이다. 설탕의 단맛을 1.0이라 할 때 포도당의 단맛은 0.6, 과당의 단맛은 1.7이다. 따라서 액상과당은 적은 양으로도 강한 단맛을 낼 수 있다. 그런데 액상과당은 많이 섭취해도 문제가 없는 것일까? 이에 대한 답을 찾기 위해서는 포도당과 과당의 대사를 살펴볼 필요가 있다.

먼저 포도당의 대사를 살펴보자. 음식의 당분이 포도당으로 분해되면 인슐린과 함께 포만감을 느끼게 하는 호르몬인 렙틴(Leptin)이 분비된다. 렙틴이 분비되면 식욕을 촉진하는 호르몬인 그렐린(Ghrelin)의 분비는 억제된다. 그렐린의 분비량은 식사 전에는 증가했다가 식사를 하고 나면 렙틴이 분비되면서 자연스럽게 감소하게 된다. 한편 과당의 대사는 포도당과는 다르다. 과당은 인슐린과 렙틴의 분비를 촉진하지 않으며, 그 결과 그렐린의 분비량이 줄어들지 않는다. 게다가 과당은 세포에서 포도당보다 더 쉽게 지방으로 축적된다. 이런 이유로 사람들은 과당의 비율이 높은 액상과당을 달갑잖게 생각한다.

① 최근에는 과일을 통한 당 섭취가 일반화되었다.
② 액상과당인 HFCS55는 과당의 비율이 55%이다.
③ 과당은 포도당보다 적은 양으로 단맛을 낼 수 있다.
④ 음식의 당분이 포도당으로 분해되면 그렐린(Ghrelin)의 분비는 억제된다.
⑤ 사람들이 과당의 비율이 높은 액상과당을 달갑잖게 생각하는 이유는 지방 축적이 포도당보다 더 쉽기 때문이다.

15

우리는 매일의 날씨를 직접 체감하며 살아간다. 어제는 더웠기 때문에 오늘은 옷을 얇게 입고, 저녁에 비가 내리기 시작했기 때문에 다음날 가방에 우산을 챙기기도 한다. 즉 과거의 날씨를 체험했기 때문에 오늘과 내일의 날씨를 준비하며 살아갈 수 있는 것이다. 때문에 19세기 중반부터 전 세계의 기상 관측소와 선박, 부표에서 온도를 측정해 왔고, 이를 통해 지난 160년간의 온도 변화를 알아낼 수 있었다. 또한 수천 년 동안의 역사기록물을 통하여 기후와 관련된 정보를 파악함은 물론, 위성 체계가 갖춰진 1979년 이후부터는 지상 위 인간의 시야를 벗어나 대류권, 성층권에서도 지구의 기후변화를 감시할 수 있게 되었다.

그렇다면 기록 이전의 기후를 알 수 있는 방법은 무엇일까? 인류는 '기후 대리지표'라고 불리는 바다의 퇴적물이나 산호, 빙하, 나무 등에 나타난 반응을 토대로 과거 기후를 추측하고 있다. 이러한 기후 대리지표를 분석하기 위해서는 물리학, 화학, 생물학 등 기초과학을 필요로 한다.

바다의 퇴적물은 1억 7,000만 년 이상 된 해저가 없어 최대 1억 5,000만 년 전까지의 기후가 산출된다. 특히 고요한 바닷가의 물에서 어떠한 방해 없이 쌓인 퇴적물은 대륙에서만 발견되며 1억 7,000만 년을 넘는 과거의 기후를 알 수 있는데, 퇴적물에 포함된 플랑크톤 껍질에 당시의 기후변화가 담겨 있다.

'얼음 기둥'은 극지방에 쌓인 눈이 얼음으로 변하고, 또 다시 눈이 쌓여 얼음이 되는 과정을 수십만 년 동안 반복해 만들어진 빙하를 막대기 모양으로 시추한 것을 의미한다. 남극 대륙의 빙하 기둥에서는 약 80만 년 전, 그린란드 빙하에서는 12만 5,000년 전 기후를 알 수 있으며, 산악 빙하의 경우에는 최대 1만 년 전까지의 기후 정보를 담고 있다.

한편, 위와 같은 퇴적물이나 빙하기둥 안에 있는 산소동위원소를 이용하여 과거 온도를 알 수도 있다. 빙하의 물 분자는 가벼운 산소로 구성되는 비율이 높고 빙하기에는 바닷물에 무거운 산소 비율이 높아지기 때문에, 온도가 낮은 물에서 무거운 산소는 가벼운 산소보다 탄산칼슘에 더 많이 녹아 들어간다. 이를 이용해 퇴적물의 플랑크톤 껍질 속 탄산칼슘의 산소동위원소 비율로 과거 바닷물 온도를 알 수 있는 것이다. 또한 빙하를 만드는 눈의 경우 기온이 높아질수록 무거운 산소 비율이 높아지는 것을 이용해 과거 온도를 추정하기도 한다.

① 19세기 후반부터 세계 각지에서 온도를 측정하기 시작해 1979년 이후부터는 전 세계가 기후변화를 감시하게 되었다.

② 기후 대리지표를 통하여 인류가 기록하기 전의 기후도 알 수 있게 되었다.

③ 대륙의 퇴적물을 이용하면 바다의 퇴적물로는 알 수 없는 과거의 기후변화를 알 수 있다.

④ 얼음 기둥으로 가장 오래 전 기후를 알기 위해서는 산악 빙하나 그린란드 빙하보다는 남극 대륙의 빙하를 시추해야 한다.

⑤ 빙하를 만드는 눈은 기온이 높아질수록 무거운 산소에 비해 가벼운 산소 비율이 낮아진다.

16 다음 중 레드 와인의 효능으로 볼 수 없는 것은?

> 알코올이 포함된 술은 무조건 건강에 좋지 않다고 생각하는 사람들이 많다. 그러나 포도를 이용하여 담근 레드 와인은 의외로 건강에 도움이 되는 성분들을 다량으로 함유하고 있어 적당량을 섭취할 경우 건강에 효과적일 수 있다.
> 레드 와인은 심혈관 질환을 예방하는 데 특히 효과적이다. 와인에 함유된 식물성 색소인 플라보노이드 성분은 나쁜 콜레스테롤의 수치를 떨어트리고, 좋은 콜레스테롤의 수치를 상대적으로 향상시킨다. 이는 결국 혈액 순환 개선에 도움이 되어 협심증이나 뇌졸중 등의 심혈관 질환 발병률을 낮출 수 있다.
> 레드 와인은 노화 방지에도 효과적이다. 레드 와인은 항산화 물질인 폴리페놀 성분을 다량 함유하고 있는데, 활성산소를 제거하는 항산화 성분이 몸속에 쌓여 노화를 빠르게 촉진시키는 활성산소를 내보냄으로써 노화를 자연스럽게 늦출 수 있는 것이다.
> 또한 레드 와인을 꾸준히 섭취할 경우 섭취하기 이전보다 뇌의 활동량과 암기력이 높아지는 것으로 알려져 있다. 레드 와인에 함유된 레버라트롤이란 성분이 뇌의 노화를 막아주고 활동량을 높이는 데 도움을 주기 때문이다. 이를 통해 인지력과 기억력이 향상되고 나아가 노인성 치매와 편두통 등의 뇌와 관련된 질병을 예방할 수 있다.
> 레드 와인은 면역력을 상승시켜주기도 한다. 면역력이란 외부의 바이러스나 세균 등의 침입을 방어하는 능력을 말하는데, 레드 와인에 포함된 퀘르세틴과 갈산이 체온을 상승시켜 체내의 면역력을 높인다.
> 이외에도 레드 와인은 위액의 분비를 촉진하여 소화를 돕고 식욕을 촉진시키기도 한다. 그러나 와인을 마실 때 상대적으로 떫은맛이 강한 레드 와인부터 마시게 되면 탄닌 성분이 위벽에 부담을 주고 소화를 방해할 수 있다. 따라서 단맛이 적고 신맛이 강한 스파클링 와인이나 화이트 와인부터 마신 후 레드 와인을 마시는 것이 좋다.

① 위벽 보호
② 식욕 촉진
③ 노화 방지
④ 기억력 향상
⑤ 면역력 강화

※ 다음 글의 내용과 일치하는 것을 고르시오. [17~18]

| CJ

17

미국의 사회이론가이자 정치학자인 로버트 액셀로드의 저서『협력의 진화』에서 언급된 팃포탯(Tit for Tat) 전략은 '죄수의 딜레마'를 해결할 가장 유력한 전략으로 더욱 잘 알려져 있는 듯하다.

죄수의 딜레마는 게임 이론에서 가장 유명한 사례 중 하나로, 두 명의 실험자가 참여하는 비제로섬 게임(Non Zero-sum Game)의 일종이다. 두 명의 실험자는 각각 다른 방에 들어가 심문을 받는데, 둘 중 하나가 배신하여 죄를 자백한다면 자백한 사람은 즉시 석방되는 대신 나머지 한 사람이 10년을 복역하게 된다. 다만 두 사람 모두가 배신하여 죄를 자백할 경우는 5년을 복역하며, 두 사람 모두 죄를 자백하지 않는다면 각각 6개월을 복역하게 된다.

죄수의 딜레마에서 실험자들은 개인에게 있어 이익이 최대화된다는 가정 아래 움직이기 때문에 결과적으로는 모든 참가자가 배신을 선택하는 결과가 된다. 즉, 자신의 최대 이익을 노리려던 선택이 오히려 둘 모두에게 배신하지 않는 선택보다 나쁜 결과를 불러오는 것이다.

팃포탯 전략은 1979년 엑셀로드가 죄수의 딜레마를 해결하기 위해 개최한 1·2차 리그 대회에서 우승한 프로그램의 짧고 간단한 핵심전략이다. 캐나다 토론토 대학의 심리학자인 아나톨 라포트 교수가 만든 팃포탯은 상대가 배신한다면 나도 배신을, 상대가 의리를 지킨다면 의리로 대응한다는 내용을 담고 있다. 이 단순한 전략을 통해 팃포탯은 총 200회의 거래에서 유수의 컴퓨터 프로그램을 제치고 우승을 차지할 수 있었다.

대회가 끝난 후 엑셀로드는 참가한 모든 프로그램들의 전략을 '친절한 전략'과 '비열한 전략'으로 나누었는데, 친절한 전략으로 분류된 팃포탯을 포함해 대체적으로 친절한 전략을 사용한 프로그램들이 좋은 성적을 냈다는 사실을 확인할 수 있었다. 그리고 그 중에서도 팃포탯이 두 차례 모두 우승할 수 있었던 것은 비열한 전략을 사용하는 프로그램에게는 마찬가지로 비열한 전략으로 대응했기 때문임을 알게 되었다.

① 엑셀로드가 만든 팃포탯은 죄수의 딜레마에서 우승할 수 있는 가장 유력한 전략이다.

② 죄수의 딜레마에서 자신의 이득이 최대로 나타나는 경우는 죄를 자백하지 않는 것이다.

③ 엑셀로드는 리그 대회를 통해 팃포탯과 같은 대체로 비열한 전략을 사용하는 프로그램이 좋은 성적을 냈다는 사실을 알아냈다.

④ 대회에서 우승한 팃포탯 전략은 비열한 전략을 친절한 전략보다 많이 사용했다.

⑤ 팃포탯 전략이 우승한 것은 비열한 전략에 마찬가지로 비열하게 대응했기 때문이다.

| 삼성

18

만우절의 탄생과 관련해서 많은 이야기가 있지만, 가장 많이 알려진 것은 16세기 프랑스 기원설이다. 16세기 이전부터 프랑스 사람들은 3월 25일부터 일주일 동안 축제를 벌였고, 축제의 마지막 날인 4월 1일에는 모두 함께 모여 축제를 즐겼다. 그러나 16세기 말 프랑스가 그레고리력을 받아들이면서 달력을 새롭게 개정했고, 이에 따라 이전의 3월 25일을 새해 첫날(New Year's Day)인 1월 1일로 맞추어야 했다. 결국 기존의 축제는 달력이 개정됨에 따라 사라지게 되었다. 그러나 몇몇 사람들은 이 사실을 잘 알지 못하거나 기억하지 못했다. 사람들은 그들을 가짜 파티에 초대하거나, 그들에게 조롱 섞인 선물을 하면서 놀리기 시작했다. 프랑스에서는 이렇게 놀림감이 된 사람들을 '4월의 물고기'라는 의미의 '쁘와송 다브릴'이라 불렀다. 갓 태어난 물고기처럼 쉽게 낚였기 때문이다. 18세기에 이르러 프랑스의 관습이 영국으로 전해지면서 영국에서는 이날을 '오래된 바보의 날(All Fool's Day)'이라고 불렀다.

① 만우절은 프랑스에서 기원했다.
② 프랑스는 16세기 이전부터 그레고리력을 사용하였다.
③ 16세기 말 이전 프랑스에서는 3월 25일 ~ 4월 1일까지 축제가 열렸다.
④ 프랑스에서는 만우절을 '4월의 물고기'라 불렀다.
⑤ 영국의 만우절은 18세기 이전 프랑스에서 전해졌다.

19 다음 글을 읽고 〈보기〉에서 글의 내용과 일치하는 것을 모두 고르면?

유럽 최대의 무역항이자 건축 수도인 로테르담에서는 거대한 말발굽, 혹은 연필깎이를 연상시키는 형상의 건축물이 새로운 랜드마크로 각광받고 있다. 길이 120m, 높이 40m에 10만여 m^2 규모로 10년의 건축기간을 거쳐 2014년 준공된 주상복합 전통시장 '마켓홀(Market Hall)'이 바로 그것이다.

네덜란드의 건축 그룹 엔베에르데베(MVRDV)가 건물의 전체 설계를 맡은 마켓홀은 터널처럼 파낸 건물 중앙부에는 약 100여 개의 지역 업체가 들어서 있으며, 시장 위를 둘러싸고 있는 건물에는 228가구의 아파트가 자리 잡고 있다. 양쪽 끝은 대형 유리벽을 설치해 자연광을 받을 수 있도록 하였고, 강한 외풍을 막아내기 위해 테니스 라켓 모양으로 디자인한 뒤 유리를 짜 넣어 건물 내외에서 서로를 감상할 수 있도록 하였다.

마켓홀의 내부에 들어서면 거대하고 화려한 외관 못지않은 거대한 실내 벽화가 손님들을 맞이한다. 1만 1,000m^2에 달하는 천장벽화 '풍요의 뿔'은 곡식과 과일, 물고기 등 화려한 이미지로 가득한데, 이 벽화를 그린 네덜란드의 예술가 아르노 코넨과 이리스 호스캄은 시장에서 판매되는 먹을거리가 하늘에서 떨어지는 모습을 표현하기 위해 4,500개의 알루미늄 패널을 사용했다. 특히 이 패널은 작은 구멍이 뚫려있어 실내의 소리를 흡수, 소음을 줄여주는 기능적인 면 또한 갖춘 것이 특징이다.

이처럼 현대의 건축기술과 미술이 접목되어 탄생한 마켓홀이 지닌 가장 큰 강점은 전통시장의 활성화와 인근 주민과의 상생에 성공했다는 점이다. 마켓홀은 전통시장의 상설화는 물론 1,200대 이상의 차량을 주차할 수 있는 규모의 주차장을 구비해 이용객의 접근을 용이하게 하고, 마켓홀을 찾은 이들이 자연스레 주변 5일장이나 인근 쇼핑거리로 향하게 하여 로테르담의 지역경제를 활성화하는 데 성공했다는 평가를 받고 있다.

보기

ㄱ. 엔베에르데베는 건물 내부에 설치한 4,500개의 알루미늄 패널을 통해 실내의 소리를 흡수하여 소음을 줄일 수 있도록 했다.

ㄴ. 마켓홀은 새로운 랜드마크로 로테르담의 무역 활성화에 크게 기여했다.

ㄷ. 마켓홀의 거대한 천장벽화는 화려한 이미지를 표현한 것은 물론 기능적인 면 또한 갖추었다.

ㄹ. 마켓홀은 이용객들을 유치할 수 있도록 해 로테르담 주민들과의 상생에 성공할 수 있었다.

① ㄱ, ㄴ　② ㄴ, ㄷ
③ ㄱ, ㄷ　④ ㄴ, ㄹ
⑤ ㄷ, ㄹ

※ 다음 글의 내용을 통해 추론할 수 없는 것을 고르시오. **[20~22]**

❙ SK

20

헝가리 출신의 철학자인 마이클 폴라니 교수는 지식(Knowledge)을 크게 명시적 지식(Explicit Knowledge)과 암묵적(Tacit Knowledge) 지식 두 가지로 구분했다. 이러한 구분은 흔히 자전거를 타는 아이에 비유되어, 이론과 실제로 간단히 나뉘어 소개되기도 한다. 하지만 암묵적 지식, 즉 암묵지를 단순히 '말로는 얻어지지 않는 지식'으로 단순화하여 이해하는 것은 오해를 낳을 소지가 있다. 암묵지는 지식의 배후에 반드시 '안다.'는 차원이 있음을 보여주는 개념이다. 이는 학습과 체험으로 습득되지만 겉으로 드러나지 않고 타인에게 말로 설명하기 힘들며, 무엇보다 본인이 지닌 지식이 얼마나 타인에게 유용한지 자각하지 못하는 일도 부지기수다.

일본의 경영학자 노나카 이쿠지로는 이러한 암묵지를 경영학 분야에 적용했다. 그는 암묵지를 크게 기술적 기능(Technical Skill)과 인지적 기능(Cognitive Skill)으로 나누었는데, 이중 기술적 기능은 몸에 체화된 전문성으로 수없이 많은 반복과 연습을 통해 습득된다. 반대로 인지적 기능은 개인의 정신적 틀로 기능하는 관점이나 사고방식으로 설명할 수 있다. 즉, 기업의 입장에서 암묵지는 직원 개개인의 경험이나 육감이며, 이것들이 언어의 형태로 명시화(Articulation)됨으로써 명시적 지식, 즉 형식지로 변환하고, 다시 이를 내면화하는 과정에서 새로운 암묵지가 만들어지는 상호순환작용을 통해 조직의 지식이 증대된다고 보았다.

① 암묵지를 통해 지식에도 다양한 층위의 앎이 존재함을 확인할 수 있다.
② 암묵지를 통해 책만으로 지식을 완전히 습득하기 어려운 이유를 설명할 수 있다.
③ 암묵지를 습득하기 위해선 수없이 많은 반복과 연습이 필수적이다.
④ 암묵지를 통해 장인의 역할이 쉽게 대체될 수 없는 이유를 설명할 수 있다.
⑤ 암묵지와 형식지의 상순환작용을 통해 지식이 발전해왔음을 알 수 있다.

21

평생 소득 이론에 따르면 가계는 현재의 소득뿐 아니라 평생 동안의 소득을 계산하여 효용이 극대화되도록 각 기간의 소비를 배분한다. 이때 평생 소득이란 평생 동안 소비에 사용할 수 있는 소득으로, 이는 근로 소득과 같은 인적 자산뿐만 아니라 금융 자산이나 실물 자산과 같은 비인적 자산을 모두 포함한다.
다음은 평생 소득 이론을 이해하기 위한 식이다. ㉠은 어떤 개인이 죽을 때까지 벌어들이는 소득인 평생 소득을 보여준다. ㉡은 평생 소득을 남은 생애 기간으로 나눈 값으로, 연간 평균 소득에 해당한다. 이때 남은 생애 기간은 사망 나이에서 현재 나이를 뺀 기간이다.

㉠ (평생 소득)=(비인적 자산)+{(은퇴 나이)−(현재 나이)}×(근로 소득)
㉡ (연간 평균 소득)=α×(비인적 자산)+β×(근로 소득)

※ $\alpha=\dfrac{1}{(\text{사망 나이})-(\text{현재 나이})}$, $\beta=\dfrac{(\text{은퇴 나이})-(\text{현재 나이})}{(\text{사망 나이})-(\text{현재 나이})}$

㉡의 양변을 현재의 근로 소득으로 나누면 평균 소비 성향이 되는데, 이를 이용하면 근로 소득이 증가함에 따라 단기 평균 소비 성향이 감소하지만 장기 평균 소비 성향에는 큰 영향을 미치지 않는 이유를 설명할 수 있다. 즉, 근로 소득은 경기 변동에 민감하게 반응하기 때문에 경기가 좋아지면 단기간에 상승하지만, 비인적 자산은 경기에 민감하게 반응하지 않으므로 근로 소득이 상승하는 만큼 단기간에 상승하지 않는다. 하지만 장기적으로는 근로 소득과 비인적 자산이 거의 비슷한 속도로 성장하므로 소득의 증가에도 불구하고 평균 소비 성향은 일정하게 유지된다.

① 개인이 근로를 통해 벌어들인 소득 외에 주식이나 부동산, 자동차 등도 평생 소득에 포함된다.
② 평생 소득은 근로 소득에 은퇴 시점까지의 기간을 곱한 값에 비인적 자산을 합한 값이다.
③ 소비는 근로 소득뿐만 아니라 현재 보유하고 있는 비인적 자산의 규모에 의해서도 결정된다.
④ 평균 기대 수명의 증가로 정년이 증가한다면 평생 소득도 증가한다.
⑤ 연봉 상승으로 인해 근로 소득이 계속해서 증가한다면 평생 동안 평균 소비 성향은 계속해서 감소하게 된다.

22

오골계(烏骨鷄)라는 단어를 들었을 때 머릿속에 떠오르는 이미지는 어떤가? 아마 대부분의 사람들은 볏부터 발끝까지 새까만 닭의 모습을 떠올릴지도 모르겠다. 하지만 사실 이것은 토착종인 오계로, 오골계와는 엄밀히 구분되는 종이다. 그렇다면 오골계와 오계는 정확히 어떠한 차이가 있을까?

흔히 시장에 유통되고 있는 오골계는 정확히는 일제강점기에 유입된 '실키'라는 품종에서 비롯된 혼합종이라고 할 수 있다. 살과 가죽, 뼈 등이 검정에 가까운 자색을 띠지만 흰색이나 붉은 갈색의 털을 지니기도 한다. 병아리 또한 흰 솜털로 덮여 있으며 발가락 수가 5개인 것이 특징이다.

연산오계라고도 불리는 오계는 대한민국 천연기념물 제265호로 지정되어 충남 논산시에 위치한 국내 유일의 오계 사육 농장에서만 사육되고 있다. 살과 가죽, 뼈는 물론 털까지 검으며 야생성이 강하고 사육기간이 길어 기르는 것이 쉽지 않은 것으로 알려져 있다. 병아리 또한 검은색을 띠고 발가락 수가 일반 닭과 같은 4개이기에 구분이 어렵지는 않다.

오계라는 명칭은 동의보감에서 그 이름과 함께 약효와 쓰임새가 기록되어 있는 것을 토대로 최소 선조 이전부터 사육되었던 것으로 추정하고 있다. 하지만 현재는 그 수가 적어 천연기념물로 보호하기 위한 종계 개체 수 1,000마리를 유지하고 있으며, 그 외의 종계로써의 가치가 끝난 퇴역종계와 비 선발 종계후보들만이 식용으로 쓰이고 있다.

① 털의 색을 통해 오골계와 오계를 구분할 수 있을 것이다.
② 손질된 오골계와 오계 고기를 구분하기는 어려울 것이다.
③ 살이 검은 것을 제외하면 오골계와 일반 닭은 큰 차이가 없다고 볼 수 있다.
④ 오계는 병아리 때부터 다른 닭과 구분하기 쉽다고 할 수 있다.
⑤ 오계는 식재보다는 약용으로 더 많이 쓰였을 것으로 짐작할 수 있다.

23 다음 중 밑줄 친 ㉠과 ㉡에 대해 추론한 내용으로 올바른 것은?

> 권리금(權利金)이란 흔히 상가 등을 빌리는 사람, 즉 ㉠ 차주(借主)가 빌려주는 사람, 즉 ㉡ 대주(貸主)에게 내는 임차료 외에, 앞서 대주에게 빌렸던 사람, 즉 전차주(前借主)에게 내는 관행상의 금전을 의미한다. 전차주가 해당 임대상가에 투자한 설비나 상가 개량비용, 기존 고객들과의 인지도, 유대관계 등 유무형의 대가를 차주가 고스란히 물려받는 경우의 가치가 포함된 일종의 이용 대가인 것이다. 하지만 이는 어디까지나 차주와 전차주의 사이에서 발생한 금전 관계로 대주는 해당 권리금과 관련이 없으며, 특별히 법률로 지정된 사항 또한 존재하지 않는다. 2001년, 상가건물 임대차보호법이 제정되기 전에 대주의 횡포에 대한 차주의 보호가 이루어지지 않았고, 이에 임차인들이 스스로 자신의 권리를 찾기 위해 새 차주에게 금전을 받았는데, 이것이 권리금의 시작이다.
> 권리금이 높은 상가일수록 좋은 상가라고 볼 수 있는 지표로 작용하는 데다, 여전히 전차주의 입장에서는 자신의 권리를 지키기 위한 하나의 방안으로 관습처럼 이용되고 있어 이에 대한 평가를 섣불리 하기 힘든 것이 사실이다. 그러나 권리금이 임대료보다 높아지는 경우가 종종 발생하고, 계약기간 만료 후 대주와 차주 사이의 금전적인 문제가 발생하기도 하면서 악습이라고 주장하는 사람도 있다.

① ㉠은 ㉡의 계약불이행으로 인하여 발생한 손해를 보장받을 수 없다.
② 권리금은 본래 상대적 약자인 ㉡이 ㉠으로부터 손해를 보호받기 위해 시작된 관습이다.
③ 장기적으로 권리금은 ㉠과 ㉡이 모두 요구할 수 있다.
④ 상대적으로 적은 권리금을 지불한 상가에서 높은 매출을 기록했다면 ㉡은 직접적으로 이득을 본 셈이다.
⑤ ㉡이 계약기간 만료 후 자신의 권리를 이행할 때 ㉠은 ㉡에게 손해를 보장받을 수 없다.

24 다음 중 (가)와 (나)에 대한 추론으로 옳은 것은?

> 최근 경제신문에는 기업의 사회적 책임을 반영한 마케팅 용어들이 등장하고 있다. 그중 하나인 코즈 마케팅(Cause Marketing)은 기업이 환경, 보건, 빈곤 등과 같은 사회적인 이슈, 즉 코즈(Cause)를 기업의 이익 추구를 위해 활용하는 마케팅 기법으로, 기업이 추구하는 사익과 사회가 추구하는 공익을 동시에 얻는 것을 목표로 한다. 소비자는 사회적인 문제들을 해결하려는 기업의 노력에 호의적인 반응을 보이게 되고, 결국 기업의 선한 이미지가 제품 구매에 영향을 미치는 것이다.
> 미국의 카드 회사인 (가) 아메리칸 익스프레스는 1850년 설립 이후 전 세계에 걸쳐 개인 및 기업에 대한 여행이나 금융 서비스를 제공하고 있다. 1983년 아메리칸 익스프레스사는 기존 고객이 자사의 신용카드로 소비할 때마다 1센트씩, 신규 고객이 가입할 때마다 1달러씩 '자유의 여신상' 보수 공사를 위해 기부하기로 하였다. 해당 기간 동안 기존 고객의 카드 사용률은 전년 동기 대비 28% 증가하였고, 신규 카드의 발급 규모는 45% 증가하였다.
> 현재 코즈 마케팅을 활발하게 펼치고 있는 대표적인 사회적 기업으로는 미국의 신발 회사인 (나) 탐스(TOMS)가 있다. 탐스의 창업자는 여행을 하던 중 가난한 아이들이 신발을 신지도 못한 채로 거친 땅을 밟으면서 각종 감염에 노출되는 것을 보고 그들을 돕기 위해 신발을 만들었고, 신발 하나를 구매하면 아프리카 아이들에게도 신발 하나를 선물한다는 'One for One' 마케팅을 시도했다. 이를 통해 백만 켤레가 넘는 신발이 기부되었고, 소비자는 만족감을 얻는 동시에 어려운 아이들을 도왔다는 충족감을 얻게 되었다. 전 세계의 많은 소비자들이 동참하면서 탐스는 3년 만에 4,000%의 매출을 올렸다.

① (가)는 기업의 사익보다 공익을 우위에 둔 마케팅을 펼침으로써 신규 고객을 확보할 수 있었다.
② (가)가 큰 이익을 얻을 수 있었던 이유는 소비자의 니즈(Needs)를 정확히 파악했기 때문이다.
③ (나)는 기업의 설립 목적과 어울리는 코즈(Cause)를 연계시킴으로써 높은 매출을 올릴 수 있었다.
④ (나)는 높은 매출을 올렸으나, 기업의 일방적인 기부 활동으로 인해 소비자의 공감을 이끌어 내는 데 실패하였다.
⑤ (나)는 기업의 사회적 책임을 강조하기 위해 기업의 실익을 포기하였지만, 오히려 반대의 효과를 얻을 수 있었다.

| 삼성

25 다음 글을 읽고 〈보기〉와 같이 반응했을 때, 빈칸에 들어갈 단어가 바르게 연결된 것은?

> 와인을 마실 때는 와인의 종류에 따라 그에 맞는 적당한 잔을 선택하는 것이 중요하다. 와인 잔은 크게 레드 와인 잔, 화이트 와인 잔, 스파클링 와인 잔으로 나눌 수 있다. 레드 와인 잔은 화이트 와인 잔보다 둘레가 넓어 와인의 향기를 풍성하게 느낄 수 있다. 잔의 둘레가 넓어질수록 와인이 공기와 접촉하는 면적이 넓어지기 때문이다. 화이트 와인 잔은 레드 와인 잔에 비해 크기가 작다. 차게 마시는 화이트 와인의 특성상 온도가 올라가지 않도록 잔의 용량 크기를 작게 만드는 것이다. 마지막으로 스파클링 와인 잔의 길쭉한 튤립 모양은 와인의 탄산을 보존할 수 있도록 해준다. 좋은 스파클링 와인일수록 조그만 기포들이 잔 속에서 끊임없이 솟아오른다. 입구가 좁고 높이가 높은 잔을 사용하면 스파클링 와인의 기포를 감상하며 즐길 수 있다.

보기

레드 와인은 와인의 (㉠)을/를, 화이트 와인은 와인의 (㉡)을/를 중요하게 생각하기 때문에 서로 다른 와인 잔을 사용하는군.

	㉠	㉡
①	향	탄산
②	향	온도
③	온도	향
④	온도	맛
⑤	맛	탄산

| KT

26 제시된 글의 다음에 와야 하는 내용으로 가장 적절한 것은?

> 지금처럼 정보통신기술이 발달하지 않았던 시절에 비둘기는 '전서구'라고 불리며 먼 곳까지 소식을 전해 주었다. 비둘기는 다리에 편지를 묶어 날려 보내면 아무리 멀리 있어도 자기의 집을 찾아오는 습성이 있는 것으로 알려져 있다.
>
> 이러한 비둘기의 습성에 관해 많은 과학자들이 연구한 결과, 비둘기가 자기장을 이용해 집을 찾는다는 것을 밝혀냈다. 비둘기에게 불투명한 콘텍트렌즈를 끼워 시야를 가리고 먼 곳에서 날려 집을 찾아오는지에 대한 실험을 했을 때, 비둘기는 정확하게 집을 찾아왔다. 또한, 비둘기의 머리에 코일을 감아 전기를 통하게 한 후, 지구 자기의 N극 위치와 같이 N극이 비둘기 아래쪽에 형성되도록 한 비둘기는 집을 잘 찾아 갔지만, 머리 위쪽에 형성되도록 한 비둘기는 엉뚱한 방향으로 날아가 집을 찾지 못했다.

① 비둘기의 서식 환경
② 비둘기가 자기장을 느끼는 원인
③ 비둘기와 태양 사이의 관계
④ 비둘기가 철새가 아닌 이유
⑤ 비둘기가 자기장을 느끼지 못하게 하는 방법

27 다음 중 그래프의 (a) ~ (d)에 대한 설명으로 옳지 않은 것은?

1970년, 일본의 로봇공학자인 모리 마사히로 교수는 로봇이나 인간이 아닌 존재가 인간과 닮을수록 오히려 인간은 불쾌함을 느낀다는 '불쾌한 골짜기(Uncanny Valley)' 이론을 소개했다. 모리에 따르면 인간은 로봇이 인간과 비슷한 모양을 하고 있을수록 호감을 느낀다. 인간이 아닌 존재로부터 인간성을 발견하기 때문이다. 하지만 그 정도가 특정 수준에 다다르게 되면 사람들은 오히려 갑작스러운 불쾌감을 느낀다. 인간 같은 로봇에게서 실제의 인간과는 다른 불완전성이 부각되어 이상하다고 느끼기 때문이다. 그러나 그 수준을 넘어 로봇의 외모와 행동이 인간과 구별하기 어려울 만큼 많이 닮는다면 호감도는 다시 상승하여 인간에게 느끼는 감정과 같아진다. 이렇게 인간의 호감도를 그래프로 그렸을 때 호감도가 계속해서 상승하다가 급격하게 하강하는 지점, 다시 말해 불쾌감으로 변화하는 지점이 마치 골짜기 모양과 같아 '불쾌한 골짜기'라는 이름이 붙여졌다.

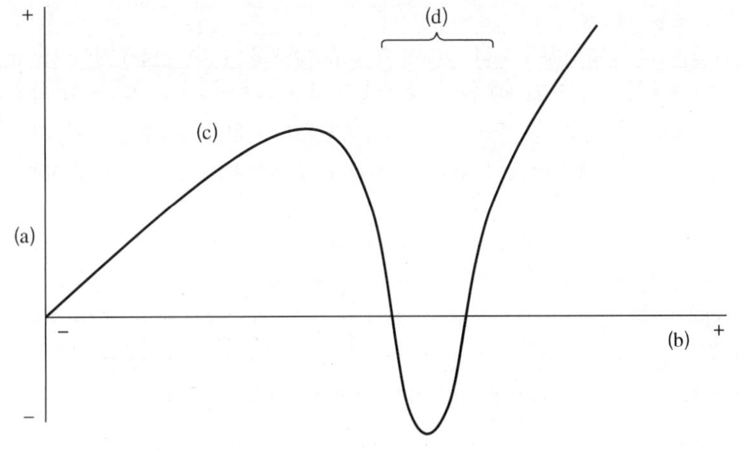

① (a) – 로봇이나 인간이 아닌 존재에 대해 느끼는 인간의 호감도를 의미한다.
② (b) – 휴머노이드 로봇보다 산업용 로봇에서 더 높게 나타난다.
③ (c) – 로봇이나 인간이 아닌 존재로부터 인간성을 발견한다.
④ (d) – '불쾌한 골짜기' 구간에 해당한다.

28 다음 빈칸에 들어갈 말로 가장 적절한 것은?

> 최근 경제·시사분야에서 빈번하게 등장하는 단어인 탄소배출권(CER; Certified Emission Reduction)에 대한 개념을 이해하기 위해서는 먼저 교토메커니즘(Kyoto Mechanism)과 탄소배출권거래제(Emission Trading)를 알아둘 필요가 있다.
> 교토메커니즘은 지구 온난화의 규제 및 방지를 위한 국제 협약인 기후변화협약의 수정안인 교토 의정서에서, 온실가스를 보다 효과적이고 경제적으로 줄이기 위해 도입한 세 유연성체제인 '공동이행제도', '청정개발체제', '탄소배출권거래제'를 묶어 부르는 것이다.
> 이 중 탄소배출권거래제는 교토의정서 6대 온실가스인 이산화탄소, 메테인, 아산화질소, 과불화탄소, 수소불화탄소, 육불화황의 배출량을 줄여야하는 감축의무국가가 의무감축량을 초과 달성하였을 경우에 그 초과분을 다른 국가와 거래할 수 있는 제도로, [   ]
> 결국 탄소배출권이란 현금화가 가능한 일종의 자산이자 가시적인 자연보호성과인 셈이며, 이에 따라 많은 국가 및 기업에서 탄소배출을 줄임과 동시에 탄소감축활동을 통해 탄소배출권을 획득하기 위해 동분서주하고 있다. 특히 기업들은 탄소배출권을 확보하는 주요 수단인 청정개발체제 사업을 확대하는 추세인데, 청정개발체제 사업은 개발도상국에 기술과 자본을 투자해 탄소배출량을 줄였을 경우에 이를 탄소배출량 감축목표달성에 활용할 수 있도록 한 제도이다.

① 다른 국가를 도왔을 때, 그로 인해 줄어든 탄소배출량을 감축목표량에 더할 수 있는 것이 특징이다.
② 교토메커니즘의 세 유연성체제 중에서도 가장 핵심이 되는 제도라고 할 수 있다.
③ 6대 온실가스 중에서도 특히 이산화탄소를 줄이기 위해 만들어진 제도이다.
④ 의무감축량을 준수하지 못한 경우에도 다른 국가로부터 감축량을 구입할 수 있는 것이 특징이다.
⑤ 다른 감축의무국가를 도움으로써 획득한 탄소배출권이 사용되는 배경이 되는 제도이다.

29 다음 중 〈보기〉의 문장이 들어갈 위치로 알맞은 곳은?

사물인터넷(IOT; Internet Of Things)은 각종 사물에 센서와 통신 기능을 내장하여 인터넷에 연결하는 기술. 즉, 무선 통신을 통해 각종 사물을 연결하는 기술을 의미한다. (가) 우리들은 이 같은 사물인터넷의 발전을 상상할 때 더 똑똑해진 가전제품들을 구비한 가정집, 혹은 더 똑똑해진 자동차들을 타고 도시로 향하는 모습 등, 유선형의 인공미 넘치는 근미래 도시를 떠올리곤 한다. 하지만 발달한 과학의 혜택은 인간의 근본적인 삶의 조건인 의식주 또한 풍요롭고 아름답게 만든다. 아쿠아포닉스(Aquaponics)는 이러한 첨단기술이 1차산업에 적용된 대표적인 사례이다. (나)

아쿠아포닉스는 물고기양식(Aquaculture)과 수경재배(Hydro-ponics)가 결합된 합성어로 양어장에 물고기를 키우며 발생한 유기물을 이용하여 식물을 수경 재배하는 순환형 친환경 농법이다. (다) 물고기를 키우는 양어조, 물고기 배설물로 오염된 물을 정화시켜 주는 여과시스템, 정화된 물로 채소를 키워 생산할 수 있는 수경재배 시스템으로 구성되어 있으며, 농약이나 화학비료 없이 물고기와 채소를 동시에 키울 수 있어 환경과 실용 모두를 아우르는 농법으로 주목받고 있다. (라)

이러한 수고로움을 덜어주는 것이 바로 사물인터넷이다. 사물인터넷은 적절한 시기에 물고기 배설물을 미생물로 분해하여 농작물의 영양분으로 활용하고, 최적의 온도를 알아서 맞추는 등 실수 없이 매일매일 세심한 관리가 가능하다. 전기로 가동하여 별도의 환경오염 또한 발생하지 않으므로 가히 농업과 찰떡궁합이라고 할 수 있을 것이다. (마)

보기

물론 단점도 있다. 물고기와 식물이 사는 최적의 조건을 만족시켜야 하며, 실수나 사고로 시스템에 큰 문제가 발생할 수도 있다. 물이 지나치게 오염되지 않도록 매일매일 철저한 관리는 필수이다. 아쿠아포닉스는 그만큼 신경 써야 할 부분이 많고 사람의 손이 많이 가기에 자칫 배보다 배꼽이 더 큰 상황이 발생할 수도 있다.

① (가)
② (나)
③ (다)
④ (라)
⑤ (마)

30 다음 글에서 밑줄 친 ㉠~㉤의 수정 방안으로 적절하지 않은 것은?

> 심폐소생술은 심장과 폐의 활동이 갑자기 멈췄을 때 실시하는 응급조치를 말합니다. 심폐소생술은 크게 '의식 확인 및 119 신고 단계', '가슴 압박 단계', '인공호흡 단계'로 나눌 수 있습니다. 먼저 '의식 확인 및 119 신고 단계'에서는 환자를 바로 ㉠ 누운 후 어깨를 가볍게 치면서 상태를 확인합니다. 만약 의식이나 호흡이 없거나 자발적인 움직임이 없고 헐떡이는 등의 상태가 ㉡ 나타나지 않는다면, 즉시 주변 사람들 중 한 명을 지목해서 119에 신고하도록 하고 주변에 자동제세동기가 있다면 가져올 것을 요청합니다.
> 다음은 '가슴 압박 단계'입니다. 이 단계에서는 환자의 양쪽 젖꼭지 부위를 잇는 선의 정중앙 부분을 깍지 낀 손의 손바닥으로 힘껏 누릅니다. 이때, 팔꿈치는 ㉢ 펴고 팔은 환자의 가슴과 수직이 되어야 합니다. 가슴 압박 깊이는 적어도 5cm 이상으로 하고, 압박 속도는 분당 100회 이상 실시해야 합니다.
> 마지막으로 '인공호흡 단계'에서는 한 손으로는 환자의 이마를 뒤로 젖히고 다른 한 손으로는 턱을 들어 올려 ㉣ 열어줍니다. 그리고 이마를 젖힌 손의 엄지와 검지로 코를 막은 뒤 환자의 입에 숨을 2회 불어 넣습니다. 이때 곁눈질로 환자의 가슴이 상승하는지를 잘 살펴보아야 합니다. ㉤ 119 구급대나 자동제세동기가 도착할 때까지 가 슴 압박과 인공호흡을 30 : 2의 비율로 반복합니다. 이후 환자가 스스로 숨을 쉬거나 움직임이 명확하게 나타난다 면 심폐소생술을 중단할 수 있습니다.

① ㉠ – 목적어와 서술어의 호응 관계를 고려하여 '눕힌'으로 고친다.
② ㉡ – 문맥의 흐름을 고려하여 '나타나면'으로 고친다.
③ ㉢ – 맞춤법에 어긋나므로 '피고'로 고친다.
④ ㉣ – 필요한 문장 성분이 생략되었으므로 목적어 '기도를'을 앞에 추가한다.
⑤ ㉤ – 문장을 자연스럽게 연결하기 위해 문장 앞에 '그리고'를 추가한다.

31 다음 글을 읽고 글을 구조화한 것으로 옳은 것은?

(가) 대기오염 물질의 자연적 배출원은 공간적으로 그리 넓지 않고 밀집된 도시 규모의 오염 지역을 대상으로 할 경우에는 인위적 배출원에 비하여 대기 환경에 미치는 영향이 크지 않다. 하지만 지구 규모 또는 대륙 규모의 오염 지역을 대상으로 할 경우에는 그 영향이 매우 크다.

(나) 자연적 배출원은 생물 배출원과 비생물 배출원으로 구분된다. 생물 배출원에서는 생물의 활동에 의하여 오염 물질의 배출이 일어나는데, 식생의 활동으로 휘발성 유기물질이 배출되거나 토양 미생물의 활동으로 질소산화물이 배출되는 것이 대표적이다. 이렇게 배출된 오염 물질들은 반응성이 크기 때문에 산성비나 스모그와 같은 대기오염 현상을 일으키는 원인이 되기도 한다.

(다) 비생물 배출원에서도 많은 대기오염 물질이 배출되는데, 화산 활동으로 미세 먼지나 황산화물이 발생하거나 번개에 의해 질소산화물이 생성된다. 그 외에 사막이나 황토 지대에서 바람에 의해 미세 먼지가 발생하거나 성층권 오존이 대류권으로 유입되는 것도 이 범주에 넣을 수 있다.

(라) 인위적 배출원은 사람들이 생활이나 산업상의 편익을 위하여 만든 시설이나 장치로서, 대기 중으로 오염 물질을 배출하거나 대기 중에서 유해 물질로 바뀌게 될 원인 물질을 배출한다. 대표적인 인위적 배출원들은 연료의 연소를 통하여 이산화탄소, 일산화탄소, 질소산화물, 황산화물 등을 배출하지만 연소 외의 특수한 과정을 통해 발생하는 폐기물을 대기 중으로 내보내는 경우도 있다.

(마) 인위적 배출원은 점오염원, 면오염원, 선오염원으로 구분된다. 인위적 배출원 중 첫 번째로 점오염원은 발전소, 도시 폐기물 소각로, 대규모 공장과 같이 단독으로 대량의 오염 물질을 배출하는 시설을 지칭한다. 면오염원은 주거 단지와 같이 일정한 면적 내에 밀집된 다수의 소규모 배출원을 지칭한다. 선오염원의 대표적인 것은 자동차로서 이는 도로를 따라 선형으로 오염 물질을 배출시켜 주변에 대기오염 문제를 일으킨다. 높은 굴뚝에서 오염 물질을 배출하는 점오염원은 그 영향 범위가 넓지만, 배출구가 낮은 면오염원과 선오염원은 대기 확산이 잘 이루어지지 않아 오염원 근처의 지표면에 영향을 미친다.

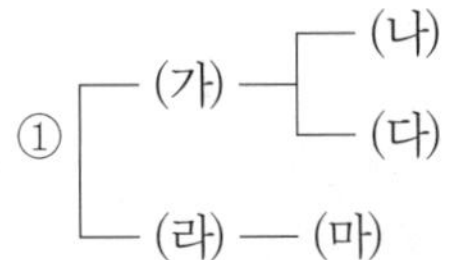

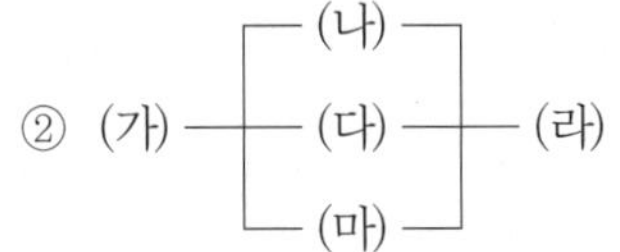

③ (가) — (다) — (나) — (마) / (라)

④ (가) — (나) / (라) — (다) — (마)

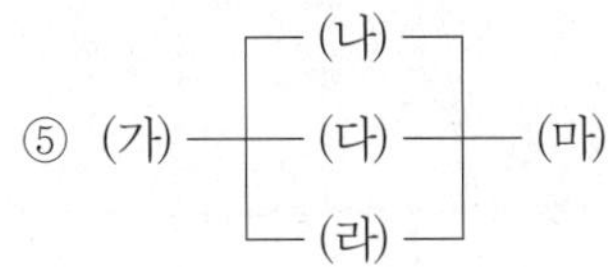

PART 3 2020~2019년 주요기업 최신기출문제

안심Touch

32 다음 글의 순서를 고려하여 구조를 바르게 분석한 것은?

(가) 이로부터 그가 퍼부은 욕설은 손상을 입지 않은 오른쪽 뇌에 저장되어 있었다는 사실을 알게 되었다. 여러 차례 반복된 욕설은 더 이상 의식적인 언어 조작을 필요로 하지 않게 되었고, 따라서 오른쪽 뇌는 마치 녹음기처럼 그 욕설을 틀어 놓은 것이다.

(나) 우리는 일상적으로 몸에 익히게 된 행위의 대부분이 뇌의 구조나 생리학적인 상태에 의해 이미 정해진 방향으로 연결되어 있다는 사실을 알고 있다. 우리는 걷고, 헤엄치고, 구두끈을 매고, 단어를 쓰고, 익숙해진 도로로 차를 모는 일 등을 수행하는 동안에 거의 대부분 그런 과정을 똑똑히 의식하지 않는다.

(다) 언어 사용 행위에 대해서도 비슷한 이야기를 할 수 있다. 마이클 가자니가는 언어활동의 핵심이 되는 왼쪽 뇌의 언어 중추에 심한 손상을 입은 의사의 예를 들고 있다. 사고 후 그 의사는 세 단어로 된 문장도 만들 수 없게 되었다. 그런데 그 의사는 실제로 아무 효과가 없는데도 매우 비싼 값이 매겨진 특허 약에 대한 이야기를 듣자, 문제의 약에 대해 무려 5분 동안이나 욕을 퍼부어 댔다. 그의 욕설은 매우 조리 있고 문법적으로 완벽했다.

(라) 사람의 사유 행위도 마찬가지이다. 우리는 일상적으로 어떻게 새로운 아이디어를 얻게 되는가? 우리는 엉뚱한 생각에 골몰하거나 다른 일을 하고 있는 동안 무의식중에 멋진 아이디어가 떠오르곤 하는 경우를 종종 경험한다. '영감'의 능력으로 간주할 만한 이런 일들은 시간을 보내기 위해 언어로 하는 일종의 그림 맞추기 놀이와 비슷한 것이다. 그런 놀이를 즐길 때면 우리는 의식하지 못하는 사이에 가장 적합한 조합을 찾기도 한다. 이처럼 영감이라는 것도 의식적으로 발생하는 것이 아니라 자동화된 프로그램에 의해 나타나는 것이다.

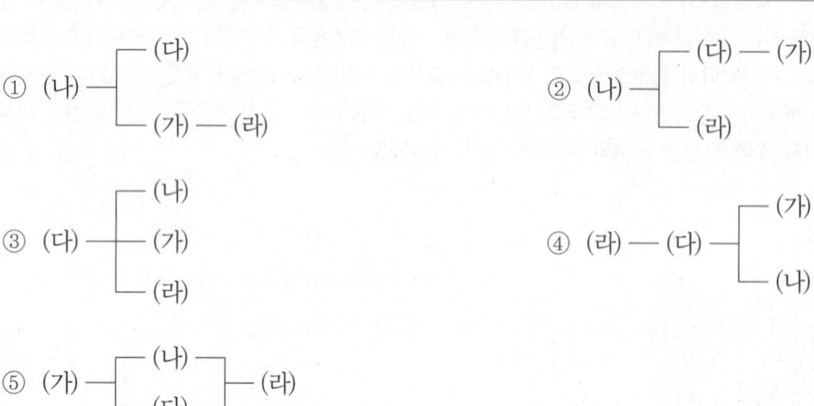

33 다음은 '친환경 자동차'에 관한 글을 쓰기 위해 작성한 개요이다. 다음 개요를 수정·보완할 내용으로 적절하지 않은 것은?

> Ⅰ. 서론 …… ㉠
>
> Ⅱ. 본론
> 1. 친환경 자동차 보급의 필요성
> 가. 환경 개선 효과
> 나. 자동차 산업 활성화 효과
> 2. 친환경 자동차 보급 실태와 문제점 …… ㉡
> 가. 친환경 자동차의 비싼 가격
> 나. 기업의 적극적인 투자와 기술 개발
> 3. 친환경 자동차 보급 확대 방안
> 가. 정부의 구매 지원 제도 …… ㉢
> 나. 관련 기반 시설 구축 미흡 …… ㉣
> 다. 소비자의 친환경 자동차에 대한 인식 전환
>
> Ⅲ. 결론 : 소비자들의 친환경 자동차 구매 활성화를 위한 노력 …… ㉤

① ㉠ – 독자의 이해를 돕기 위해 '친환경 자동차의 개념 소개'를 하위 항목으로 추가한다.
② ㉡ – 'Ⅱ-3-다'의 내용을 고려하여 '소비자의 친환경 자동차에 대한 부정적 인식'을 하위 항목으로 추가한다.
③ ㉢ – 글의 주제를 고려하여 삭제한다.
④ ㉣ – 상위 항목과의 연관성을 고려하여 'Ⅱ-2-나'와 위치를 바꾼다.
⑤ ㉤ – 'Ⅱ-3'의 내용을 고려하여 '친환경 자동차 보급 확대를 위한 정부, 기업, 소비자의 노력 촉구'로 고친다.

CHAPTER

02 수리

정답 및 해설 p.059

| SK

01 길이가 1cm씩 일정하게 길어지는 사각형 n개의 넓이를 모두 더하면 255cm^2이 된다. n개의 사각형을 연결했을 때 전체 둘레는?(단, 정사각형의 길이는 자연수이다)

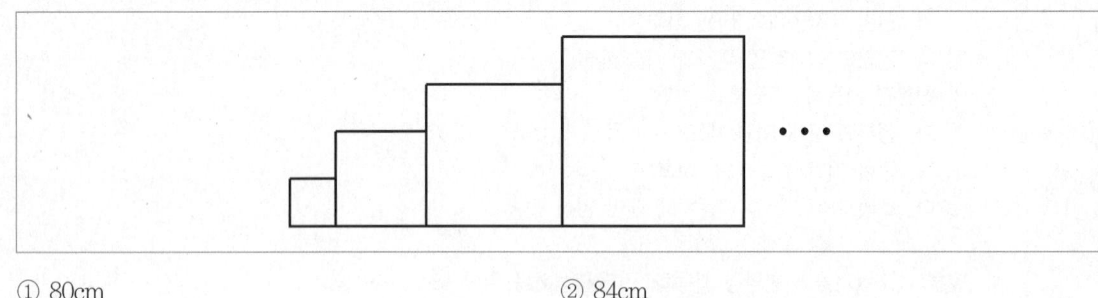

① 80cm
② 84cm
③ 88cm
④ 92cm
⑤ 96cm

| 삼성

02 농도가 15%인 소금물을 5% 증발시킨 후 농도가 30%인 소금물 200g을 섞어서 농도가 20%인 소금물을 만들었다. 증발 전 농도가 15%인 소금물의 양은 얼마인가?

① 350g
② 400g
③ 450g
④ 500g
⑤ 550g

| 삼성

03 5% 소금물에 소금 40g을 넣었더니 25%의 소금물이 됐다. 이때 처음 5% 소금물의 양은?

① 130g
② 140g
③ 150g
④ 160g
⑤ 170g

| CJ

04 B음악회는 길이가 4분, 5분, 6분인 곡이 각각 x, y, z곡으로 구성되었다. 6분짜리 곡은 4분과 5분짜리 곡을 합한 것보다 1곡 더 많이 연주되었고, 각 연주곡 사이의 준비시간은 항상 1분이다. 음악회의 전체 시간이 1시간 32분이 걸렸다고 할 때, 6분짜리 곡은 몇 곡 연주되었는가?(단, 음악회에 연주와 준비 외에 사용한 시간은 없다)

① 6곡　② 7곡
③ 8곡　④ 9곡
⑤ 10곡

| 삼성

05 욕조에 A탱크로 물을 채웠을 때 18분에 75%를 채울 수 있다. 욕조의 물을 전부 뺀 후, 15분간 A탱크로 물을 채우다 B탱크로 채울 때 B탱크로만 물을 채우는 데 걸리는 시간은?(B탱크는 A보다 1.5배 빠르게 채운다)

① 2분　② 3분
③ 4분　④ 5분
⑤ 6분

| 삼성

06 S사 서비스센터의 직원들은 의류 건조기의 모터를 교체하는 업무를 진행하고 있다. 1대의 모터를 교체하는 데 A직원이 혼자 업무를 진행하면 2시간이 걸리고, A와 B직원이 함께 업무를 진행하면 80분이 걸리며, B와 C직원이 함께 진행하면 1시간이 걸린다. A, B, C직원이 모두 함께 건조기 1대의 모터를 교체하는 데 걸리는 시간은?

① 40분　② 1시간
③ 1시간 12분　④ 1시간 20분
⑤ 1시간 35분

| KT

07 경서와 민준이는 1 : 2의 비율로 용돈을 받았고, 4 : 7의 비율로 지출을 했다. 각각 남은 금액이 2,000원, 5,500원이라고 할 때, 민준이가 받은 용돈은 얼마인가?(단, 용돈 외에 추가수입은 없었다)

① 15,000원　② 15,500원
③ 16,000원　④ 16,500원
⑤ 17,000원

I CJ

08 김 대리는 거래처에서 A제품을 구입하기로 했다. 제품 한 개당 가격은 20만 원이고, 200개 미만을 구입할 때의 할인율은 10%, 200개 이상을 구입할 때의 할인율은 15%이다. A제품을 200개 이하로 구입하려고 할 때, 최소 몇 개 이상을 구입하면 200개를 구입하는 것이 더 이익인가?

① 149개
② 159개
③ 169개
④ 179개
⑤ 189개

I LG

09 가현이는 강의 A지점에서 B지점까지 일정한 속력으로 수영하여 왕복하였다. 가현이가 강물이 흐르는 방향으로 수영을 하면서 걸린 시간은 반대방향으로 거슬러 올라가며 걸린 시간의 0.2배라고 한다. 가현이가 수영한 속력은 강물의 속력의 몇 배인가?

① 0.5배
② 1배
③ 1.5배
④ 2배
⑤ 2.5배

I 삼성

10 서울 지사에 근무하는 A와 B는 X와 Y경로를 이용하여 부산 지사로 외근을 갈 예정이다. X경로를 이용하여 이동을 하면 A가 B보다 1시간 늦게 도착한다. A는 X경로로 이동하고 B는 X경로보다 160km 긴 Y경로로 이동하면 A가 B보다 1시간 빨리 도착한다. 이때 B의 속력은?

① 40km/h
② 50km/h
③ 60km/h
④ 70km/h
⑤ 80km/h

I LG

11 둘레가 12m인 원 모양의 운동장의 서로 맞은편에서 A와 B가 달리려고 준비 중이다. A는 0.5m/s의 속력으로 달리고, B는 0.6m/s의 속력으로 달린다고 할 때, A와 B가 3번째로 만나는 시간은 언제인가?(단, A와 B는 같은 방향으로 달린다)

① 220초
② 240초
③ 260초
④ 280초
⑤ 300초

| 삼성

12 다음은 Z세균을 각각 다른 환경인 X와 Y조건에서 방치하는 실험을 하였을 때 번식하는 수를 기록한 자료이다. 번식하는 수는 일정한 규칙으로 변화할 때 10일 차에 Z세균의 번식 수를 구하면?

〈실험 결과〉

(만 개)

구분	1일 차	2일 차	3일 차	4일 차	5일 차	…	10일 차
X조건에서의 Z세균	10	30	50	90	150	…	(A)
Y조건에서의 Z세균	1	2	4	8	16	…	(B)

(A) (B)

① 1,770 512

② 1,770 256

③ 1,770 128

④ 1,440 512

⑤ 1,440 256

| 삼성

13 어항 안에 A금붕어와 B금붕어가 각각 1,675마리, 1,000마리가 있다. 다음과 같이 금붕어가 팔리고 있다면, 10일 차에 남아있는 금붕어는 각각 몇 마리인가?

(단위 : 마리)

구분	1일 차	2일 차	3일 차	4일 차	5일 차
A금붕어	1,675	1,554	1,433	1,312	1,191
B금붕어	1,000	997	992	983	968

A금붕어 B금붕어

① 560마리 733마리

② 586마리 733마리

③ 621마리 758마리

④ 700마리 758마리

⑤ 782마리 783마리

| 삼성

14 A와 B는 제품을 포장하는 아르바이트를 하고 있다. A는 8일마다 남은 물품의 $\frac{1}{2}$씩 포장하고, B는 2일마다 남은 물품의 $\frac{1}{2}$씩 포장한다. A가 처음 512개의 물품을 받아 포장을 시작했는데 24일 후의 A와 B의 남은 물품의 수가 같았다. B는 처음에 몇 개의 물품을 받았는가?

① 2^{16}개
② 2^{17}개
③ 2^{18}개
④ 2^{19}개
⑤ 2^{20}개

| SK

15 S회사에 있는 에스컬레이터는 일정한 속력으로 올라간다. A사원과 B사원은 동시에 에스컬레이터를 타고 올라가면서 서로 일정한 속력으로 한 걸음에 한 계단씩 걸어 올라간다. A사원의 걷는 속력이 B사원의 속력보다 2배 빠르고, A사원은 30걸음으로 B사원은 20걸음으로 에스컬레이터를 올라갔을 때, 이 에스컬레이터의 항상 일정하게 보이는 계단의 수는?

① 38개
② 40개
③ 56개
④ 60개
⑤ 52개

| 삼성

16 S사는 주사위를 굴려 1이 나오면 당첨, 2, 3, 4가 나오면 꽝이고, 5 이상인 경우는 가위바위보를 통해 이겼을 때 당첨이 되는 이벤트를 하였다. 가위바위보에 비겼을 때에는 가위바위보를 한 번 더 할 수 있는 재도전의 기회를 얻으며 재도전은 한 번만 할 수 있다. 이때 당첨될 확률은?

① $\frac{1}{14}$
② $\frac{3}{14}$
③ $\frac{5}{14}$
④ $\frac{7}{14}$
⑤ $\frac{9}{14}$

| SK

17 S팀의 A, B, C, D, E, F는 모여서 회의를 하기로 했다. 회의실에 있는 여섯 자리에는 A, B, C, D, E, F의 순서로 자리가 지정되어 있었는데 이 사실을 모두 모른 채 각자 앉고 싶은 곳에 앉았다. 이때 E를 포함한 4명은 지정석에 앉지 않았고 나머지 2명은 지정석에 앉았을 확률은?

① $\frac{1}{2}$　② $\frac{1}{3}$
③ $\frac{1}{4}$　④ $\frac{1}{8}$
⑤ $\frac{1}{9}$

| KT

18 K사는 전 직원을 대상으로 유연근무제에 대한 찬반투표를 진행하였다. 그 결과 전체 직원의 80%가 찬성하였고, 20%는 반대하였다. 전 직원의 40%는 여직원이고, 유연근무제에 찬성한 직원의 70%는 남직원이었다. 여직원 한 명을 뽑았을 때, 이 직원이 유연근무제에 찬성했을 확률은?(단, 모든 직원은 찬성이나 반대의 의사표시를 하였다)

① $\frac{1}{5}$　② $\frac{2}{5}$
③ $\frac{3}{5}$　④ $\frac{4}{6}$
⑤ $\frac{5}{6}$

| 삼성

19 테니스 경기를 진행하는데 1팀은 6명, 2팀은 7명으로 구성되었고, 팀별 예선을 진행한다. 예선전은 팀에 속한 선수들이 빠지지 않고 모두 한 번씩 경기를 진행한 후 각 팀의 1, 2등이 준결승전에 진출하는 방식이다. 그리고 본선에 진출한 선수 4명을 임의로 2명씩 나눠 준결승전을 진행한 후 이긴 두 선수는 결승전, 진 두 선수는 3·4위전을 진행한다. 예선 경기의 입장권 가격이 20,000원이고, 본선 경기의 입장권 가격이 30,000원이라면 전체경기를 관람하는 데 총 얼마가 필요한가?

① 84만 원　② 85만 원
③ 86만 원　④ 87만 원
⑤ 88만 원

❙ 삼성

20 S사는 작년에 직원이 총 45명이었다. 올해는 작년보다 안경을 쓴 사람은 20%, 안경을 쓰지 않은 사람은 40% 증가하여 총 58명이 되었다. 퇴사한 직원은 없다고 할 때 올해 입사한 사람 중 안경을 쓴 사람의 수는?

① 5명
② 10명
③ 15명
④ 20명
⑤ 25명

❙ SK

21 야구장 티켓 창구에는 N명의 손님이 대기 중이고, 1분에 x명의 손님이 지속적으로 증가하고 있다. 티켓 창구를 1개만 운영했을 때는 손님을 받는 데 40분이 걸렸고, 2개를 운영했을 때는 16분이 걸렸다. 만약 창구를 3개 운영한다면 몇 분이 걸리겠는가?(단, 창구의 업무 능력은 동일하며, 손님을 추가로 기다리지 않고 남은 손님이 없으면 업무를 종료한다)

① 6분
② 7분
③ 8분
④ 9분
⑤ 10분

❙ SK

22 각각 다른 A～E용액이 있다. 이 중 3개의 용액을 각각 10g씩 섞어서 30g의 혼합물을 만들었을 때 가격이 다음과 같았다. 다음 중 가장 비싼 물질은?

A+B+C=1,720원	A+B+E=1,570원
B+C+D=1,670원	B+C+E=1,970원
B+D+E=1,520원	C+D+E=1,800원

① A
② B
③ C
④ D
⑤ E

23 다음과 같은 〈조건〉을 만족하는 100 이하의 자연수를 7로 나눴을 때 나머지로 옳은 것은?

> **조건**
> - 3으로 나누면 1이 남는다.
> - 4로 나누면 2가 남는다.
> - 5로 나누면 3이 남는다.
> - 6으로 나누면 4가 남는다.

① 1　② 2
③ 3　④ 4
⑤ 5

24 S사 필기시험에 합격한 9명의 신입사원 중 7명의 점수는 78점, 86점, 61점, 74점, 62점, 67점, 76점이었다. 50점 이상만이 합격하였고 9명의 평균 점수는 72점이었으며 모두 자연수였다. 9명 중 최고점과 중앙값의 차이가 가장 클 때의 값은?

① 18　② 20
③ 22　④ 24
⑤ 26

25 K사원은 인사평가에서 A, B, C, D 네 가지 항목의 점수를 받았다. 이 점수를 각각 1 : 1 : 1 : 1의 비율로 평균을 구하면 82.5점이고, 2 : 3 : 2 : 3의 비율로 평균을 구하면 83점, 2 : 2 : 3 : 3의 비율로 평균을 구하면 83.5점이다. 각 항목의 만점은 100점이라고 할 때, K사원이 받을 수 있는 최고점과 최저점의 차는?

① 45점　② 40점
③ 30점　④ 25점
⑤ 20점

| 삼성

26 S사 직원은 각자 하나의 프로젝트를 선택하여 진행해야 하며 X, Y, Z프로젝트 중 선택되지 않은 프로젝트는 진행하지 않아도 상관없다. X, Y, Z프로젝트 중 X프로젝트는 대리만, Y프로젝트는 사원만, Z프로젝트는 누구나 진행할 수 있다. 대리 2명, 사원 3명이 프로젝트를 선택하여 진행하는 경우의 수는?

① 16가지
② 32가지
③ 36가지
④ 48가지
⑤ 72가지

| 삼성

27 1 ~ 9까지의 수가 적힌 카드를 철수와 영희가 한 장씩 뽑았을 때 영희가 철수보다 큰 수가 적힌 카드를 뽑는 경우의 수는?

① 16가지
② 32가지
③ 36가지
④ 38가지
⑤ 64가지

| SK

28 6개의 문자 A, B, C, 1, 2, 3로 여섯 자리 조합을 만들려고 한다. 다음 〈조건〉에 따라 여섯 자리의 문자조합을 만든다고 할 때, 가능한 여섯 자리 조합의 경우의 수는?

조건

- 1 ~ 3번째 자리에는 알파벳, 4 ~ 6번째 자리에는 숫자가 와야 한다.
- 각 문자는 중복 사용이 가능하지만 동일한 알파벳은 연속으로 배치할 수 없다.

예 11A(○), 1AA(×), ABA(○)

① 225가지
② 256가지
③ 300가지
④ 324가지
⑤ 365가지

| SK

29 S사는 직원 휴게실의 앞문과 뒷문에 화분을 각각 한 개씩 배치하려고 한다. 가지고 있는 화분을 배치하는 방법이 총 30가지일 때, 전체 화분의 개수는?(단, 화분의 종류는 모두 다르다)

① 6개
② 7개
③ 8개
④ 9개
⑤ 10개

| LG

30 다음 시계는 일정한 규칙을 갖는다. A+B의 값은?

① 8
② 11
③ 14
④ 17
⑤ 20

31 다음 룰렛에 적힌 수는 일정한 규칙을 갖는다. ㉠×㉡×㉢의 값은?

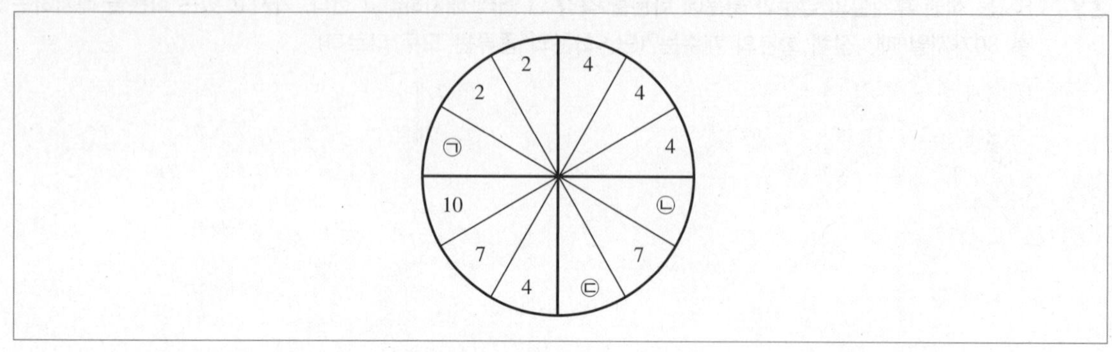

① 48　　② 60
③ 64　　④ 72
⑤ 80

32 다음은 중성세제 브랜드별 용량 및 가격을 정리한 표이다. 각 브랜드마다 용량에 대한 가격을 조정했을 때, 각 브랜드별 판매 가격 및 용량의 변경 전과 변경 후에 대한 판매 금액 차이가 올바르게 연결된 것은?

〈브랜드별 중성세제 판매 가격 및 용량〉

(단위 : 원, L)

구분		1L 당 가격	용량		1L 당 가격	용량
A브랜드	변경 전	8,000	1.3	변경 후	8,200	1.2
B브랜드		7,000	1.4		6,900	1.6
C브랜드		3,960	2.5		4,000	2.0
D브랜드		4,300	2.4		4,500	2.5

	A브랜드	B브랜드	C브랜드	D브랜드
①	550원 증가	1,220원 감소	2,000원 증가	930원 증가
②	550원 감소	1,240원 증가	1,900원 증가	930원 증가
③	560원 감소	1,240원 증가	1,900원 감소	930원 증가
④	560원 증가	1,240원 감소	2,000원 감소	900원 감소
⑤	560원 감소	1,220원 증가	1,900원 감소	900원 감소

33 서울에서 사는 L씨는 휴일에 가족들과 경기도 맛집에 가기 위해 오후 3시에 집 앞으로 중형 콜택시를 불렀다. 집에서 맛집까지 거리는 12.56km이며, 집에서 맛집으로 출발하여 4.64km 이동하면 경기도에 진입한다. 맛집에 도착할 때까지 신호로 인해 택시가 멈췄던 시간은 8분이며, 택시의 속력은 이동 시 항상 60km/h 이상이었다. 다음 자료를 참고할 때, L씨가 지불하게 될 택시요금은 얼마인가?(단, 콜택시의 예약비용은 없으며, 신호로 인한 멈춘 시간은 모두 경기도 진입 후이다)

〈서울시 택시요금 계산표〉

구분			신고요금
중형택시	주간	기본요금	2km까지 3,800원
		거리요금	100원 당 132m
		시간요금	100원 당 30초
	심야	기본요금	2km까지 4,600원
		거리요금	120원 당 132m
		시간요금	120원 당 30초
	공통사항		– 시간·거리 부분 동시병산(15.33km/h 미만 시) – 시계외 할증 20% – 심야(00:00 ~ 04:00)할증 20% – 심야·시계외 중복할증 40%

※ '시간요금'이란 속력이 15.33km/h 미만이거나 멈춰 있을 때 적용된다.

※ 서울시에서 다른 지역으로 진입 후 시계외 할증(심야 거리 및 시간요금)이 적용된다.

① 13,800원
② 14,000원
③ 14,220원
④ 14,500원
⑤ 14,920원

34 다음은 우리나라 건강보험 재정현황에 대한 자료이다. 이에 대한 설명으로 옳지 않은 것은?

〈건강보험 재정현황〉

(단위 : 조 원)

구분		2010년	2011년	2012년	2013년	2014년	2015년	2016년	2017년
수입		33.6	37.9	41.9	45.2	48.5	52.4	55.7	58.0
	보험료 등	28.7	32.9	36.5	39.4	42.2	45.3	48.6	51.2
	정부지원	4.9	5	5.4	5.8	6.3	7.1	7.1	6.8
지출		34.9	37.4	38.8	41.6	43.9	48.2	52.7	57.3
	보험급여비	33.7	36.2	37.6	40.3	42.5	46.5	51.1	55.5
	관리운영비 등	1.2	1.2	1.2	1.3	1.4	1.7	1.6	1.8
수지율(%)		104	98	93	92	91	92	95	99

※ 수지율(%)$=\frac{(\text{지출})}{(\text{수입})}\times 100$

① 2010년 대비 2017년 건강보험 수입의 증가율과 건강보험 지출의 증가율의 차이는 15%p 이상이다.

② 2011년부터 건강보험 수지율이 전년 대비 감소하는 해에는 정부지원 수입이 전년 대비 증가했다.

③ 2015년 보험료 등이 건강보험 수입에서 차지하는 비율은 75% 이상이다.

④ 건강보험 수입과 지출의 전년 대비 증감 추이는 2011년부터 2016년까지 동일하다.

⑤ 2011년부터 2013년까지 건강보험 지출 중 보험급여비가 차지하는 비중은 매년 90%를 초과한다.

35 주어진 도표를 이용해 빈칸을 완성한 후 짝수의 개수를 구하면?(단, 소수점 이하는 절사한다)

〈주요국의 자동차 수출·수입〉

(단위 : 천 대)

국가별		2014년		2015년		2016년	
		수출	수입	수출	수입	수출	수입
아시아	한국	2,920	239	2,822	325	2,507	294
	중국	507	1,411	423	1,091	528	1,062
	일본	3,836	337	3,970	320	4,118	331
북아메리카	미국	1,785	6,715	2,207	7,297	2,115	7,376
유럽	독일	4,303	1,736	4,406	1,833	4,411	2,016

2.	■	■	■
	■	3.	■
1.			
	■		■

〈가로〉

1. 아시아 세 국가가 수출한 자동차 대수가 가장 많은 연도는 몇 천 대인가?

〈세로〉

2. 제시된 자료에서 자동차 수입 대수가 가장 많은 국가는 몇 천 대인가?
3. 제시된 자료에서 자동차 수출 대수가 가장 적은 국가와 자동차 수입 대수가 가장 적은 국가의 합은 몇 대인가?

① 3개 ② 4개
③ 5개 ④ 6개
⑤ 7개

36 다음은 2019년도 귀농, 귀촌, 귀어한 인구 통계 및 성별과 연령대 비율을 나타낸 그래프이다. 표에 대한 해석으로 옳지 않은 것은?(단, 가구 수 및 인원은 소수점 이하에서 버림한다)

〈귀농어 · 귀촌인 통계〉

(단위 : 가구, 명)

구분	가구 수	귀농 · 귀촌 · 귀어인	가구원
귀농	11,961	12,055	17,856
귀촌	328,343	472,474	–
귀어	917	986	1,285

※ 가구원은 귀농인 및 귀어인에 각각 동반가구원을 합한 인원이다.

〈귀농어 · 귀촌인 전년 대비 증감률〉

(단위 : %)

구분	가구 수	귀농 · 귀촌 · 귀어인	가구원
귀농	−5.3	−5.5	−9.0
귀촌	−1.7	−5.0	–
귀어	1.2	−0.5	−5.4

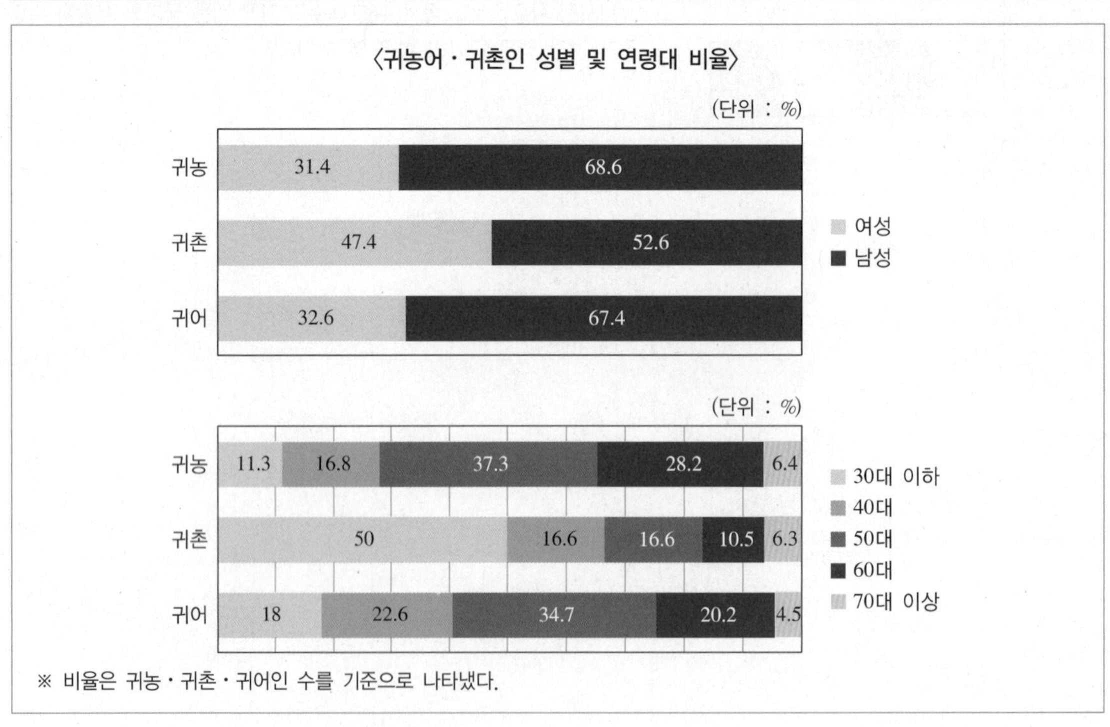

※ 비율은 귀농 · 귀촌 · 귀어인 수를 기준으로 나타냈다.

① 귀농 · 귀촌 · 귀어 중 2018년 대비 2019년에 가구 수가 증가한 부문의 2018년 가구 수는 약 906가구이다.
② 전년 대비 2019년 가구 수의 감소율이 가장 높은 부문의 남성과 여성의 비율 차이는 35.2%p이다.
③ 30대 이하 귀농인 수는 60대 귀촌인 수보다 48,247명 적다.
④ 귀농 · 귀촌 · 귀어에서 각각 연령대별 가장 낮은 비율의 총합은 17.2%이다.

37 다음은 연령별 남녀 의료급여 수급권자 현황을 지역별로 조사한 자료이다. 자료에 대한 설명으로 옳지 않은 것은? (단, 비율은 소수점 이하 둘째 자리에서 반올림한다)

〈연령별 의료급여 수급권자 현황〉

(단위 : 명)

구분		10대	20대	30대	40대	50대	60대	70대	80대 이상
합계		116,542	68,508	43,730	115,118	174,594	157,038	160,050	118,508
서울특별시	남성	13,287	10,277	4,680	12,561	24,874	20,960	15,500	5,628
	여성	13,041	9,205	5,399	15,456	19,641	20,158	25,541	18,782
경기도	남성	13,753	7,982	4,283	11,756	22,337	17,818	13,955	6,405
	여성	13,568	7,859	6,021	14,953	16,930	17,303	25,039	22,002
강원도	남성	3,518	1,971	1,054	3,108	5,834	4,558	3,540	1,741
	여성	3,412	1,730	1,339	3,291	4,264	4,493	6,394	6,000
충청북도	남성	2,956	1,604	1,110	2,782	4,961	4,007	2,811	1,247
	여성	2,911	1,409	1,392	2,945	3,778	3,905	5,030	4,530
충청남도	남성	3,492	1,673	1,129	3,237	5,582	4,594	3,218	1,597
	여성	3,337	1,587	1,521	3,497	4,125	4,351	5,759	5,486
전라북도	남성	6,286	3,617	1,816	4,650	8,378	6,612	4,227	2,010
	여성	6,237	3,499	2,478	6,072	6,480	6,251	8,011	8,045
전라남도	남성	4,945	2,482	1,514	4,208	8,106	6,257	4,346	1,994
	여성	4,715	2,288	1,897	4,182	5,261	5,118	7,661	8,987
경상북도	남성	5,394	3,060	1,949	5,509	9,928	7,412	4,953	2,445
	여성	5,159	2,722	2,297	5,765	7,077	7,859	10,113	10,302
경상남도	남성	5,381	2,888	1,688	5,525	10,154	7,933	4,629	1,989
	여성	5,150	2,655	2,163	5,621	6,884	7,449	9,323	9,318

① 서울특별시 남성 수급권자 수가 네 번째로 적은 연령대와 같은 연령대의 강원도 남성과 여성 총 수급권자는 6,399명이다.
② 40대부터 80대 이상의 모든 수급권자에서 80대 이상이 차지하는 비중은 약 16.3%이다.
③ 10대 여성 수급권자는 10대 전체 수급권자에서 52% 이상을 차지한다.
④ 충청남도 50대 남성 수급권자 대비 60대 여성 수급권자 비율은 충청북도 50대 여성 수급권자 대비 60대 남성 수급권자 비율보다 30%p 미만 낮다.
⑤ 경상남도 70대 이상 수급권자는 경상북도 20～30대 수급권자의 2배 이상이다.

38 다음은 국민연금 자산별 수익률과 연말에 계획하는 다음 년도 자산별 투자 비중에 관한 그래프이다. 그래프에 대한 해석으로 옳지 않은 것은?

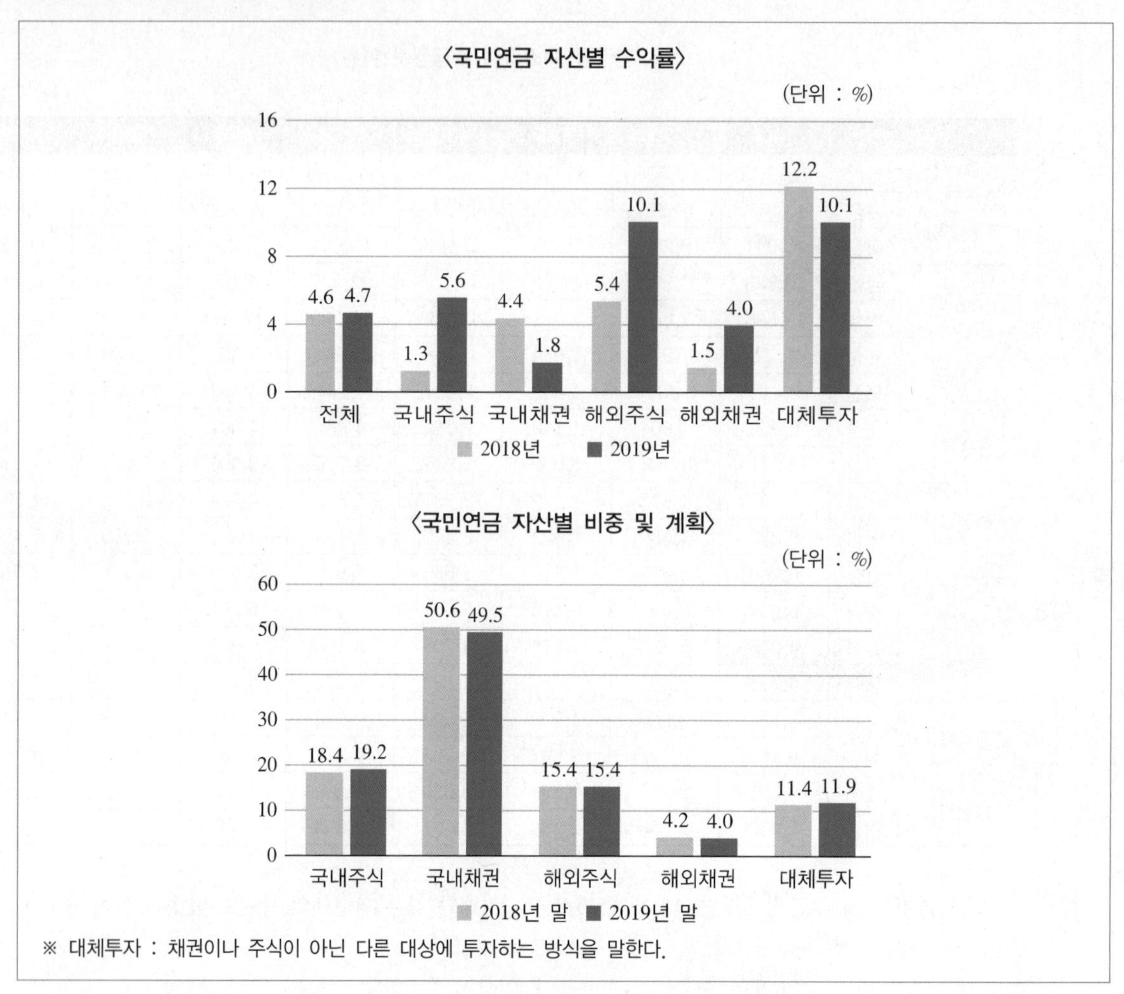

① 2018 ~ 2019년 동안 주식 및 채권 수익률의 합은 국내보다 해외가 항상 높다.
② 자산별 수익률 결과에 비례하여 다음 연도 자산별 투자 비중을 계획하지 않았다.
③ 2019년과 2020년을 대비하여 계획한 자산별 투자 비중이 높은 순서는 동일하다.
④ 2018년도에 해외주식 수익률보다 낮은 자산들의 2019년 말 비중의 합은 68.9%이다.

39 다음은 해외국가별 3월에 1주간 발생한 코로나19 확진자 수와 4월 15일을 기준으로 100만 명당 확진자 수를 정리한 그래프이다. 그래프에 대한 해석으로 옳은 것은?(단, 비율은 소수점 이하 둘째 자리에서 반올림한다)

〈해외국가별 누적 확진자 수 현황〉

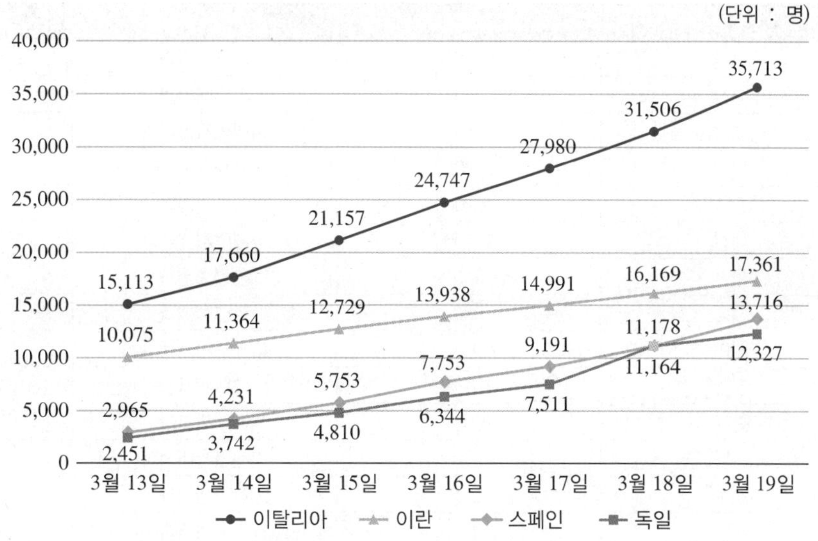

(단위 : 명)

구분	3월 13일	3월 14일	3월 15일	3월 16일	3월 17일	3월 18일	3월 19일
이탈리아	15,113	17,660	21,157	24,747	27,980	31,506	35,713
이란	10,075	11,364	12,729	13,938	14,991	16,169	17,361
스페인	2,965	4,231	5,753	7,753	9,191	11,178	13,716
독일	2,451	3,742	4,810	6,344	7,511	11,164	12,327

〈4월 15일 기준 해외국가별 100만 명당 확진자 수〉

(단위 : 명)

구분	스페인	이란	미국	이탈리아	네덜란드	영국	독일	포르투갈
100만 명당 확진자 수	3,690	891	1,846	2,687	1,600	1,383	1,568	1,711

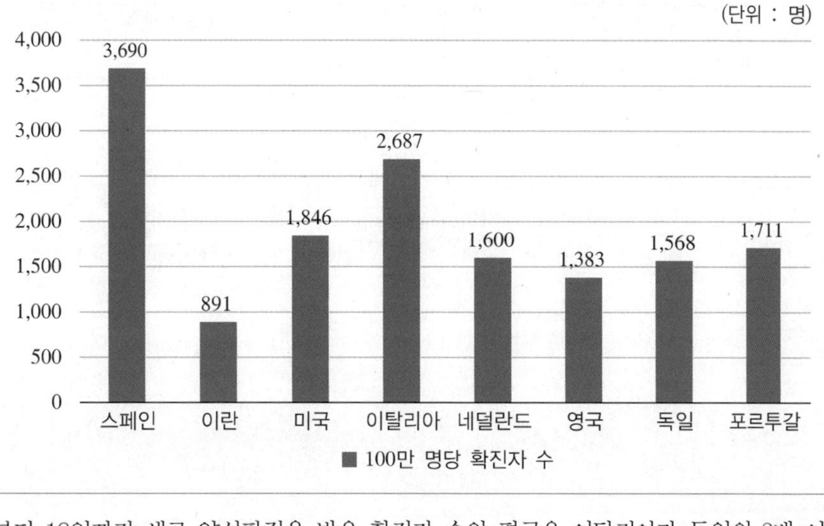

① 3월 14일부터 18일까지 새로 양성판정을 받은 확진자 수의 평균은 이탈리아가 독일의 2배 이상이다.
② 4월 15일 기준 스페인의 100만 명당 확진자 수의 40%보다 적은 국가는 이란, 영국, 독일이다.
③ 이란에서 3월 16일부터 19일까지 발생한 확진자 수가 두 번째로 많은 날은 19일이다.
④ 4월 15일 기준 100만 명당 확진자 수가 세 번째로 적은 국가의 3월 17일에 발생한 확진자 수는 1,534명이다.

40 다음은 2020년 지역별 전기차 보급대수 및 한 대당 지급되는 보조금을 정리한 표이다. 표에 대한 해석으로 옳은 것은?

〈지역별 전기차 보급대수 및 지원금〉

구분	보급대수(대)	지자체 부서명	지방보조금(만 원)
서울	11,254	기후대기과	450
부산	2,000	기후대기과	500
대구	6,500	미래형자동차과	500
인천	2,200	에너지정책과	500
광주	1,200	기후대기과	600
대전	1,500	미세먼지대응과	700
울산	645	환경보전과	600
세종	530	환경정책과	400
경기	6,000	미세먼지대책과	550
강원	1,819	에너지과	650
충북	908	기후대기과	800
충남	2,820	미세먼지대책과	800
전북	921	자연생태과	900
전남	1,832	기후생태과	700
경북	2,481	환경정책과	800
경남	2,390	기후대기과	700
제주	20,000	탄소없는제주정책과	500
합계	65,000	–	–

① 서울지역의 지자체 부서명과 같은 곳은 다섯 개 지역이다.
② 지방보조금이 700만 원 이상인 곳은 전체 지역에서 40% 미만이다.
③ 전기차 보급대수가 두 번째로 많은 지역과 다섯 번째로 적은 지역의 차이는 9,054대이다.
④ 지자체 부서명이 미세먼지대책과인 지역의 총 보급대수는 8,820대이다.

※ 다음은 C사 직원 1,200명을 대상으로 통근현황을 조사한 자료이다. 이를 참고하여 이어지는 질문에 답하시오. **[41~42]**

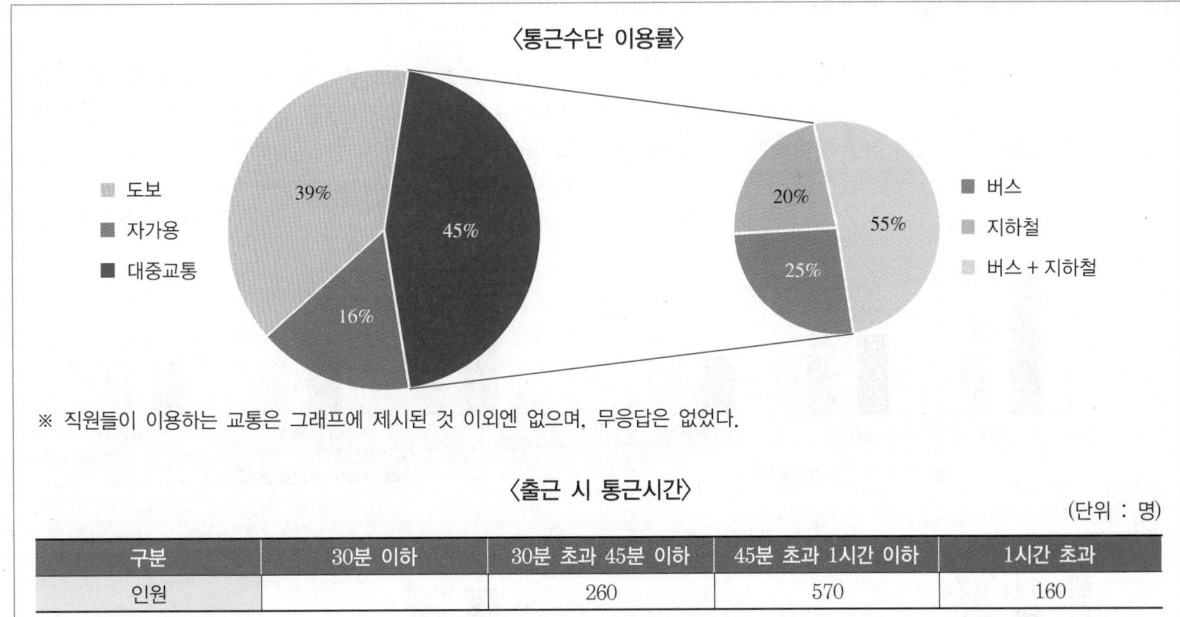

※ 직원들이 이용하는 교통은 그래프에 제시된 것 이외엔 없으며, 무응답은 없었다.

〈출근 시 통근시간〉

(단위 : 명)

구분	30분 이하	30분 초과 45분 이하	45분 초과 1시간 이하	1시간 초과
인원		260	570	160

| CJ

41 **다음 중 자료에 대한 설명으로 옳지 않은 것은?**

① 통근시간이 30분 이하인 직원은 전체의 17.5%이다.

② 통근수단으로 대중교통을 이용하는 인원 모두 통근시간이 45분을 초과하고, 그 중 25%의 통근시간이 60분 초과라고 할 때, 통근수단으로 대중교통을 이용하면서 통근시간이 60분을 초과하는 인원은 통근시간이 60분을 초과하는 전체 인원의 80% 이상을 차지한다.

③ 통근수단으로 버스와 지하철 모두 이용하는 직원 수는 통근수단으로 도보를 이용하는 직원 수보다 174명 적다.

④ 통근시간이 45분 이하인 직원은 1시간 초과인 직원의 3.5배 미만이다.

⑤ 조사에 응한 C사의 A부서 직원이 900명이라고 할 때, 조사에 응한 A부서의 인원 중 통근수단으로 자가용을 이용하는 인원은 192명 이하이다.

| CJ

42 **통근수단으로 도보 또는 버스만 이용하는 직원 중 $\frac{1}{3}$의 통근시간이 30분 초과 45분 이하이다. 통근시간이 30분 초과 45분 이하인 인원에서 통근수단으로 도보 또는 버스만 이용하는 직원 외에는 모두 자가용을 이용한다고 할 때, 이 인원이 자가용으로 출근하는 전체 인원에서 차지하는 비중은 얼마인가?(단, 비율은 소수점 이하 첫째 자리에서 반올림한다)**

① 31%　　② 67%

③ 74%　　④ 80%

⑤ 92%

43 다음 지문의 내용을 그래프로 바르게 옮긴 것은?

> 2019년을 기준으로 신규 투자액은 평균 43.48백만 원으로 나타났으며, 유지보수 비용으로는 평균 32.29백만 원을 사용한 것으로 나타났다. 반면, 2020년 예상 투자액의 경우 신규투자는 10.93백만 원 감소한 ㉠원으로 예상하였으며, 유지보수 비용의 경우 0.11백만 원 증가한 ㉡원으로 예상하고 있다.

①
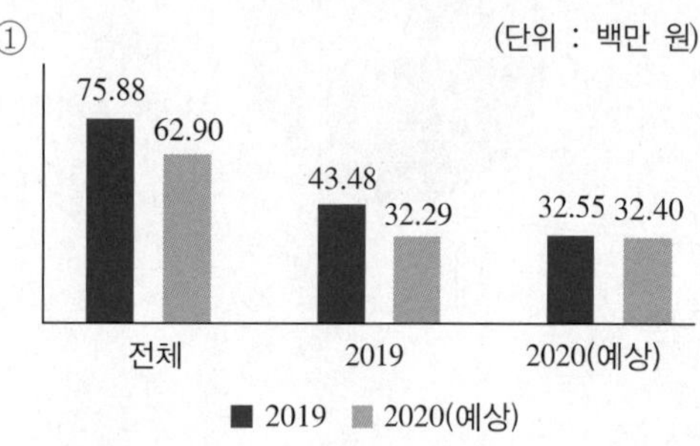

②
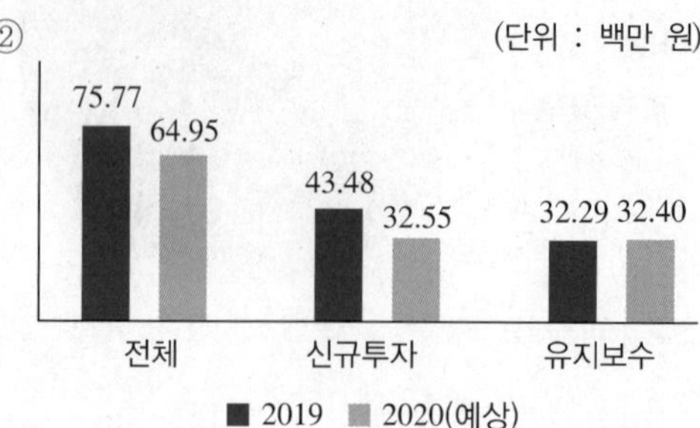

③
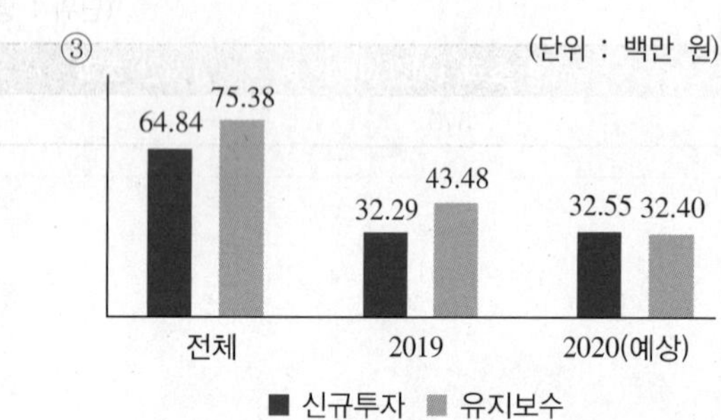

④
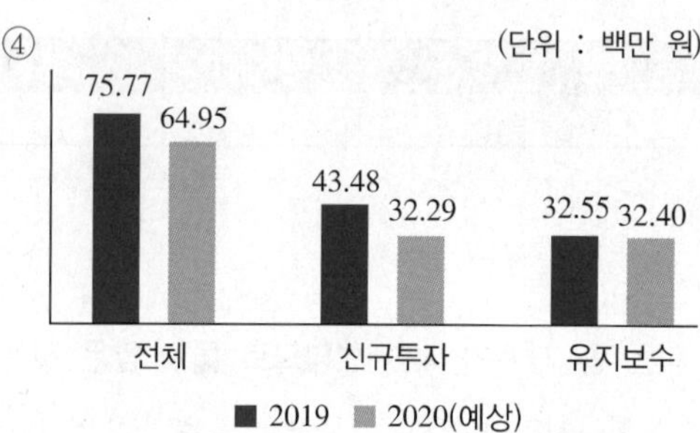

⑤
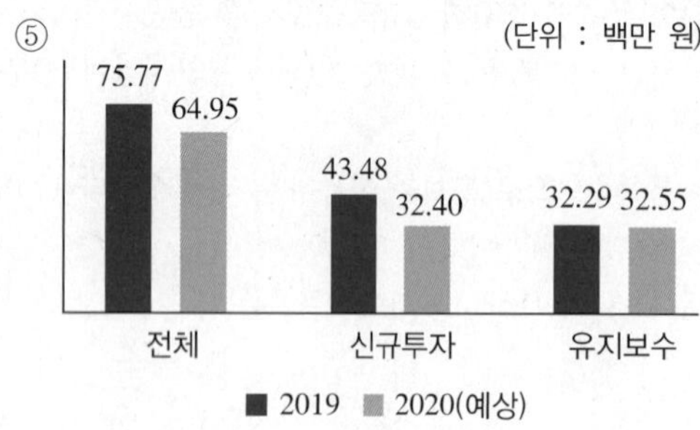

CHAPTER

03 추리

정답 및 해설 p.070

※ 다음 짝지어진 단어 사이의 관계가 나머지와 다른 하나를 고르시오. [1~2]

| 삼성

01 ① 노리다 – 겨냥하다 ② 엄정 – 해이 ③ 성기다 – 뜨다 ④ 자아내다 – 끄집어내다 ⑤ 보편 – 일반

| 삼성

02 ① 득의 – 실의 ② 엎어지다 – 자빠지다 ③ 화해 – 결렬 ④ 판이하다 – 다르다 ⑤ 고상 – 저열

※ 제시된 낱말과 동일한 관계가 되도록 빈칸에 들어갈 가장 적절한 단어를 고르시오. [3~5]

| 삼성

03

뇌까리다 : 지껄이다 = (　　) : 상서롭다

① 망하다 ② 성하다 ③ 길하다 ④ 실하다 ⑤ 달하다

| 삼성

04

초췌하다 : 수척하다 = 함양 : (　　)

① 집합 ② 활용 ③ 결실 ④ 도출 ⑤ 육성

| 삼성

05

응분 : 과분 = 겸양하다 : (　　)

① 강직하다　② 너그럽다
③ 쩨쩨하다　④ 겸손하다
⑤ 젠체하다

※ 제시된 9개의 단어 중 3개의 단어와 공통 연상되는 단어를 고르시오. [6~7]

| KT

06

채소	나무	운송
잘못	호박	정신
단위	감사	도둑

① 귤　② 고구마
③ 가지　④ 포도
⑤ 사과

| KT

07

램프	한라산	껍질
장수	사진	막걸리
용암	강아지	목

① 화산　② 화보
③ 알코올　④ 거북
⑤ 고양이

| 삼성

08 A, B, C, D, E 다섯 사람은 마스크를 사기 위해 차례대로 줄을 서고 있다. 네 사람이 진실을 말한다고 할 때, 다음 중 거짓말을 하는 사람은?

> A : B 다음에 E가 바로 도착해서 줄을 섰어.
> B : D는 내 바로 뒤에 줄을 섰지만 마지막은 아니었어.
> C : 내 앞에 줄을 선 사람은 한 명뿐이야.
> D : 내 뒤에는 두 명이 줄을 서고 있어.
> E : A는 가장 먼저 마스크를 구입할 거야.

① A ② B
③ C ④ D
⑤ E

| CJ

09 민지, 아름, 진희, 희정, 세영은 함께 15시에 상영하는 영화를 예매하였고, 상영시간에 맞춰 영화관에 도착하는 순서대로 각자 상영관에 입장하였다. 다음 대화에서 한 명이 거짓말을 하고 있을 때, 가장 마지막으로 영화관에 도착한 사람은 누구인가?(단, 다섯 명 모두 다른 시간에 도착하였다)

> 민지 : 나는 마지막에 도착하지 않았어. 다음에 분명 누군가가 왔어.
> 아름 : 내가 가장 먼저 영화관에 도착했어. 진희의 말은 진실이야.
> 진희 : 나는 두 번째로 영화관에 도착했어.
> 희정 : 나는 세 번째로 도착했고, 진희는 내가 도착한 다음에서야 왔어.
> 세영 : 나는 영화가 시작한 뒤에야 도착했어. 나는 마지막으로 도착했어.

① 민지 ② 아름
③ 진희 ④ 희정
⑤ 세영

| 삼성

10 **친구 갑, 을, 병, 정은 휴일을 맞아 백화점에서 옷을 고르기로 했다. 〈조건〉이 다음과 같을 때 갑, 을, 병, 정이 고른 옷으로 옳은 것은?**

조건

- 네 사람은 각각 셔츠, 바지, 원피스, 치마를 구입했다.
- 병은 원피스와 치마 중 하나를 구입했다.
- 갑은 셔츠와 치마를 입지 않는다.
- 정은 셔츠를 구입하기로 했다.
- 을은 치마와 원피스를 입지 않는다.

	갑	을	병	정
①	치마	바지	원피스	셔츠
②	바지	치마	원피스	셔츠
③	치마	셔츠	원피스	바지
④	원피스	바지	치마	셔츠
⑤	바지	원피스	치마	셔츠

| CJ

11 **운동선수인 A～D는 각자 하는 운동이 모두 다르다. 농구를 하는 사람은 늘 진실을 말하고, 축구를 하는 선수는 늘 거짓을 말하며, 야구와 배구를 하는 사람은 진실과 거짓을 한 가지씩 말한다. 이들이 다음과 같이 진술했을 때 선수와 운동이 일치하는 것은?**

A : C는 농구, B는 야구를 한다.
B : C는 야구, D는 배구를 한다.
C : A는 농구, D는 배구를 한다.
D : B는 야구, A는 축구를 한다.

① A－야구
② A－배구
③ B－축구
④ C－농구
⑤ D－배구

12 **S기업의 홍보팀에서 근무하고 있는 김 대리, 이 사원, 박 사원, 유 사원, 강 대리 중 1명은 이번 회사 워크숍에 참석하지 않았다. 이들 중 2명이 거짓말을 한다고 할 때, 다음 중 워크숍에 참석하지 않은 사람은 누구인가?**

강 대리 : 나와 김 대리는 워크숍에 참석했다. 나는 누가 워크숍에 참석하지 않았는지 알지 못한다.
박 사원 : 유 사원은 이번 워크숍에 참석하였다. 강 대리님의 말은 모두 사실이다.
유 사원 : 워크숍 불참자의 불참 사유를 세 사람이 들었다. 이 사원은 워크숍에 참석했다.
김 대리 : 나와 강 대리만 워크숍 불참자의 불참 사유를 들었다. 이 사원의 말은 모두 사실이다.
이 사원 : 워크숍에 참석하지 않은 사람은 유 사원이다. 유 사원이 개인 사정으로 인해 워크숍에 참석하지 못한다고 강 대리님에게 전했다.

① 강 대리
② 박 사원
③ 유 사원
④ 김 대리
⑤ 이 사원

13 **다음은 회계팀의 A, B, C, D, E가 근무하는 사무실 배치도와 이들의 대화 내용이다. 이들 중 2명은 거짓만 말하고 나머지는 진실만을 말할 때, 거짓을 말하는 사람으로 옳게 짝지어진 것은?**

〈회계팀 자리배치도〉

자리 1	자리 2	자리 5
자리 3	자리 4	

※ 팀장은 자리 5에 앉으며 팀원 모두를 바라보며 앉는다.
※ 자리 1과 자리 3에 앉은 사람은 서로 마주 보며 앉고 자리 2와 자리 4에 앉은 사람도 서로 마주 보며 앉는다.

A : 나는 모두가 보이는 자리에 앉아 있는데 사실 난 자리 3에 앉아 있는 B가 부러워.
B : 나는 양옆에 팀원이 있어서 불편해.
C : 난 내 바로 왼쪽에 팀장님이 계셔서 오히려 편한 것 같고, A가 내 오른쪽 옆자리여서 좋아.
D : 팀장인 내가 할 소리는 아닌 것 같지만 내 자리가 제일 좋은 것 같아.
E : 내 앞에 B가 보이는데 옆자리 팀원도 1명뿐이잖아? 오히려 내 옆에 앉은 D가 불편해보여.

① A, B
② A, E
③ B, C
④ B, D
⑤ D, E

| LG

14 늑대, 사자, 여우, 치타, 표범, 퓨마, 호랑이가 달리기 시합을 했다. 다음과 같은 결과가 나타났다고 할 때, 항상 참인 것은?

> ㉠ 여우는 치타보다 느리고 퓨마보다는 빠르다.
> ㉡ 늑대는 치타보다 빠르고 호랑이보다 느리다.
> ㉢ 사자와 동시에 도착한 동물이 있고, 치타보다 빠르다.
> ㉣ 치타는 두 마리 동물보다 빠르고 동시에 도착한 동물들보다 느리다.
> ㉤ 호랑이는 표범보다 느리고 동시에 도착한 동물들보다 빠르다.

① 사자는 호랑이보다 빠르다.
② 여우는 늑대보다 빠르다.
③ 호랑이는 늑대보다 느리다.
④ 사자는 늑대보다 느리다.
⑤ 늑대는 사자와 동시에 도착했다.

※ 제시된 명제가 모두 참일 때, 참인 것을 고르시오. [15~16]

| LG

15

> • 창조적인 기업은 융통성이 있다.
> • 오래 가는 기업은 건실하다.
> • 오래 가는 기업이라고 해서 모두가 융통성이 있는 것은 아니다.

① 융통성이 있는 기업은 건실하다.
② 창조적인 기업이 오래 갈지 아닐지 알 수 없다.
③ 융통성이 있는 기업은 오래 간다.
④ 어떤 창조적인 기업은 건실하다.
⑤ 일부 창조적인 기업은 오래 간다.

| LG

16

> • 사람은 빵도 먹고 밥도 먹는다.
> • 사람이 아니면 생각을 하지 않는다.
> • 모든 인공지능은 생각을 한다.
> • T는 인공지능이다.

① 사람이면 T이다.
② 생각을 하면 인공지능이다.
③ 인공지능이 아니면 밥을 먹지 않거나 빵을 먹지 않는다.
④ 빵을 먹지 않거나 밥을 먹지 않으면 생각을 한다.
⑤ T는 빵도 먹고 밥도 먹는다.

※ **주어진 명제가 참일 때, 다음 빈칸에 들어갈 명제로 가장 적절한 것을 고르시오. [17~19]**

| 삼성

17

> 피자를 좋아하는 사람은 치킨을 좋아한다.
> 치킨을 좋아하는 사람은 감자튀김을 좋아한다.
> 나는 피자를 좋아한다.
> 따라서 ______________________

① 나는 피자를 좋아하지만 감자튀김은 좋아하지 않는다.
② 치킨을 좋아하는 사람은 피자를 좋아한다.
③ 감자튀김을 좋아하는 사람은 치킨을 좋아한다.
④ 나는 감자튀김을 좋아한다.
⑤ 감자튀김을 좋아하는 사람은 피자를 좋아한다.

| 삼성

18

> 갈매기는 육식을 하는 새이다.
> ______________________
> 바닷가에 사는 새는 갈매기이다.
> 따라서 헤엄을 치는 새는 육식을 한다.

① 바닷가에 살지 않는 새는 헤엄을 치지 않는다.
② 갈매기는 헤엄을 친다.
③ 육식을 하는 새는 바닷가에 살지 않는다.
④ 헤엄을 치는 새는 육식을 하지 않는다.
⑤ 갈매기가 아니어도 육식을 하는 새는 있다.

| SK

19 **마지막 명제가 참일 때, 다음 빈칸에 들어갈 명제로 가장 적절한 것은?**

> 아이스크림을 좋아하면 피자를 좋아하지 않는다.
> 갈비탕을 좋아하지 않으면 피자를 좋아한다.
> ______________________
> 그러므로 아이스크림을 좋아하면 짜장면을 좋아한다.

① 피자를 좋아하면 짜장면을 좋아한다.
② 짜장면을 좋아하면 갈비탕을 좋아한다.
③ 갈비탕을 좋아하면 짜장면을 좋아한다.
④ 짜장면을 좋아하지 않으면 피자를 좋아하지 않는다.
⑤ 피자와 갈비탕을 좋아하면 짜장면을 좋아한다.

| 현대자동차

20 H사는 다음과 같이 통근버스를 운행하고 있다. H사 직원과 이용하는 통근버스로 바르게 짝지어진 것은?

- 본사에 근무하는 A과장, B대리와 본사 근처 지사에 근무하는 C주임, D사원은 통근버스를 이용한다.
- 본사와 본사 근처 지사에서 운행하는 통근버스는 빨간색 버스, 노란색 버스, 파란색 버스 총 3대이다.
- 빨간색 버스는 본사와 본사 근처 지사의 직원이 모두 이용할 수 있고, 노란색 버스는 본사 직원만, 파란색 버스는 본사 근처 지사의 직원만 이용할 수 있다.
- 빨간색 버스는 본사의 직원들을 먼저 내려준다.
- 빨간색 버스와 노란색 버스가 본사에 도착하는 시각과 파란색 버스가 본사 근처 지사에 도착하는 시각은 같다.
- A과장과 B대리는 서로 다른 통근버스를 이용한다.
- B대리가 이용하는 통근버스는 D사원의 이용이 불가능한 버스이다.
- A과장이 C주임보다 회사에 빨리 도착한다.
- 각 통근버스는 A과장, B대리, C주임, D사원 중 최소 1명씩은 이용한다.

① A과장 – 빨간색 버스
② A과장 – 노란색 버스
③ B대리 – 빨간색 버스
④ C주임 – 파란색 버스
⑤ D사원 – 빨간색 버스

| 삼성

21 고등학교 동창인 A, B, C, D, E, F는 중국음식점에서 식사를 하기 위해 원형 테이블에 앉았다. 〈조건〉이 다음과 같을 때, 항상 옳은 것은?

조건
- E와 F는 서로 마주보고 앉아 있다.
- C와 B는 붙어있다.
- A는 F와 한 칸 떨어져 앉아 있다.
- D는 F의 바로 오른쪽에 앉아 있다.

① A와 B는 마주보고 있다.
② A와 D는 붙어있다.
③ B는 F와 붙어있다.
④ C는 F와 붙어있다.
⑤ D는 C와 마주보고 있다.

| LG

22 A, B, C, D, E, F 6명은 L카페에서 일을 하고 있다. L카페는 일주일을 매일 오전과 오후 2회로 나누고, 각 근무시간에 2명의 직원을 근무시키고 있다. 각 직원은 일주일 중에 최소 4회에서 최대 5회 근무를 해야 한다고 할 때, 다음 〈조건〉을 충족시키도록 근무 계획을 짜려고 한다. 항상 옳은 것은?

조건

- A는 오전에 근무하지 않으며 E와 2회 함께 근무한다.
- B는 수요일에 오전, 오후를 전부 근무한다.
- C는 월요일과 수요일을 제외하고는 매일 1회 근무한다.
- D와 F는 주말을 제외한 날의 오전에만 근무할 수 있다.
- E는 월요일부터 금요일까지는 근무하지 않는다.
- D는 F가 근무하는 시간에 근무했다.

① A는 C와 함께 일하지 않는다.
② B는 월요일에 일하지 않는다.
③ F는 오후에 한 번 근무한다.
④ 주말에는 E가 A, C와 근무를 한다.
⑤ D는 일주일에 총 5회 근무한다.

| 삼성

23 경제학과, 물리학과, 통계학과, 지리학과 학생인 A ~ D는 검은색, 빨간색, 흰색의 세 가지 색 중 최소 1가지 이상의 색을 좋아한다. 다음 〈조건〉에 따라 항상 참이 되는 것은?

조건

- 경제학과 학생은 검은색과 빨간색만 좋아한다.
- 경제학과 학생과 물리학과 학생은 좋아하는 색이 서로 다르다.
- 통계학과 학생은 빨간색만 좋아한다.
- 지리학과 학생은 물리학과 학생과 통계학과 학생이 좋아하는 색만 좋아한다.
- C는 검은색을 좋아하고, B는 빨간색을 좋아하지 않는다.

① A는 통계학과이다.
② B는 물리학과이다.
③ C는 지리학과이다.
④ D는 경제학과이다.
⑤ B와 C는 빨간색을 좋아한다.

| 삼성

24 S전자 마케팅부 직원 A ~ J 10명이 점심식사를 하러 가서, 다음 조건에 따라 6인용 원형테이블 2개에 각각 4명, 6명씩 나눠 앉았다. 다음 중 항상 거짓인 것을 고르면?

- A와 I는 빈 자리 하나만 사이에 두고 앉아 있다.
- C와 D는 1명을 사이에 두고 앉아 있다.
- F의 양 옆 중 오른쪽 자리만 비어 있다.
- E는 C나 D의 옆자리가 아니다.
- H의 바로 옆에 G가 앉아 있다.
- H는 J와 마주보고 앉아 있다.

① A와 B는 같은 테이블이다.
② H와 I는 다른 테이블이다.
③ C와 G는 마주보고 앉아 있다.
④ A의 양 옆은 모두 빈자리이다.
⑤ D의 옆에 J가 앉아 있다.

| SK

25 갑, 을, 병 3명의 사람이 다트게임을 하고 있다. 다트 과녁은 색깔에 따라 다음과 같이 점수가 나눠진다. 〈조건〉과 같이 세 명이 다트게임을 했을 때 점수 결과로 나올 수 있는 경우의 수는?

〈다트 과녁 점수〉

(단위 : 점)

구분	빨강	노랑	파랑	검정
점수	10	8	5	0

조건

- 모든 다트는 네 가지 색깔 중 한 가지를 맞힌다.
- 각자 다트를 5번씩 던진다.
- 을은 40점 이상을 획득하여 가장 높은 점수를 얻었다.
- 병의 점수는 5점 이상 10점 이하이고, 갑의 점수는 36점이다.
- 검정을 제외한 똑같은 색깔은 3번 이상 맞힌 적이 없다.

① 9가지
② 8가지
③ 6가지
④ 5가지
⑤ 4가지

※ 다음 제시문을 읽고, 각 문제가 항상 참이면 ①, 거짓이면 ②, 알 수 없으면 ③을 고르시오. [26~27]

- K사 인사팀은 총 15명으로 구성되어 있고, 모두 아침 회의에 참석했다.
- 회의에 참석한 남직원과 여직원의 비는 3 : 2이다.
- 회의 시간에 커피를 마신 사람은 9명이다.
- 인사팀 직원의 $\frac{2}{5}$는 커피를 전혀 마시지 않는다.

| KT

26 회의 중 여직원 2명이 커피를 마셨다면, 남은 커피는 모두 남직원이 마셨다.

① 참　　② 거짓　　③ 알 수 없음

| KT

27 여직원 중 3명은 커피를 마셨고, 2명은 전혀 마시지 않는다면 남직원은 최소 6명 이상이 커피를 마신다.

① 참　　② 거짓　　③ 알 수 없음

※ 다음 도식에서 기호들은 일정한 규칙에 따라 문자를 변화시킨다. 이어지는 물음에 답하시오. [28~29]

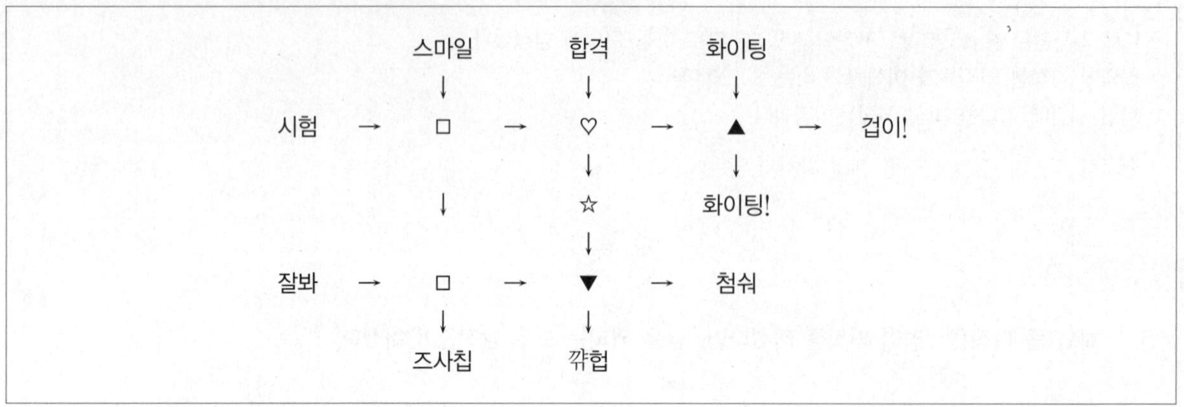

| KT

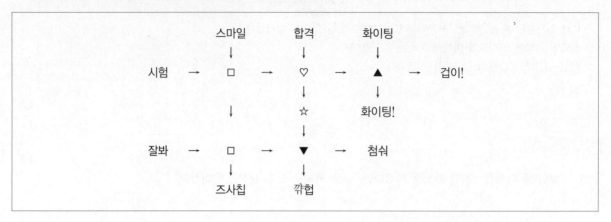

28 다음 중 ?에 들어갈 알맞은 문자를 고르면?

돌려차기 → ☆ → ♡ → ▲ → ?

① 니카며옴
② 옴며카니
③ 려차기돌
④ 끼차려똘!
⑤ 끼차려돌!

| KT

29 다음은 제시된 문자에 따라 변화된 문자이다. 사용되지 않은 규칙 기호를 고르면?

확인 → 인확 → 인훡 → 인훡 → 인훡!

① ▲
② ▼
③ □
④ ♡
⑤ ☆

I wish you the best of luck!

I wish you the best of luck!
AI면접은 win 시대로 www.winsidaero.com

앞선 정보 제공! 도서 업데이트

언제, 왜 업데이트될까?

도서의 학습 효율을 높이기 위해 자료를 추가로 제공할 때!
기업체 인적성검사의 변동사항 발생 시 정보 공유를 위해!
기업체 채용 및 시험 관련 중요 이슈가 생겼을 때!

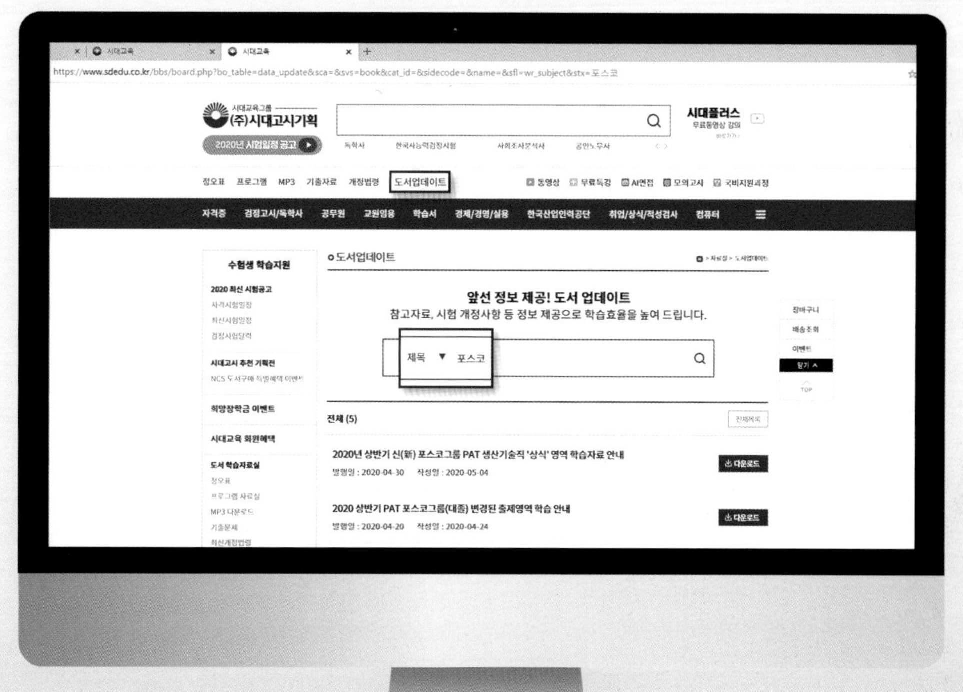

01 시대에듀 도서 www.sdedu.co.kr/book 홈페이지 접속

02 상단 카테고리 「도서업데이트」 클릭

03 해당 기업명으로 검색

참고자료, 시험 개정사항 등 정보 제공으로 학습효율을 높여 드립니다.

2021 상반기 채용 대비

합격의 공식 시대에듀 | www.edusd.co.kr

L-TAB

기출이 답이다

롯데그룹 인문계

조직 · 직무적합도검사

2020년 하반기 기출 + 6개년 기출

정답 및 해설

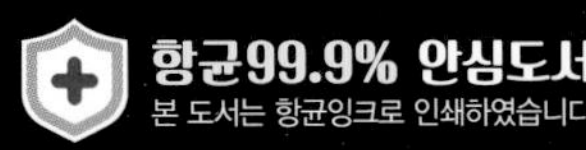

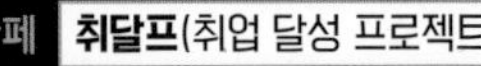

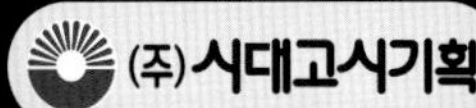

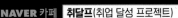

PART 02

최신기출문제

정답 및 해설

CHAPTER 01

2020년 상반기 정답 및 해설

01 언어이해

01	02	03	04						
③	②	③	①						

01 정답 ③

할랄식품 시장의 확대로 많은 유통업계들이 할랄식품을 위한 생산라인을 설치 중이다.

오답분석

①·② 할랄식품은 엄격하게 생산·유통되기 때문에 일반 소비자들에게도 평이 좋다.
④ 세계 할랄 인증 기준은 200종에 달하고 수출하는 무슬림 국가마다 별도의 인증을 받아야 한다.

02 정답 ②

첫 번째 문장에서는 신비적 경험이 살아갈 수 있는 힘으로 밝혀진다면 그가 다른 방식으로 살아야 한다고 주장할 근거는 어디에도 없다고 하였으며, 이어지는 내용은 신비적 경험이 신비주의자들에게 살아갈 힘이 된다는 근거를 제시하고 있다. 따라서 보기 중 빈칸에 들어갈 내용으로 '신비주의자들의 삶의 방식이 수정되어야 할 불합리한 것이라고 주장할 수는 없다.'가 가장 적절하다.

03 정답 ③

제시된 글은 치매의 정의, 증상, 특성 등에 대한 내용이다. 따라서 '치매의 의미'가 글의 주제로 적절하다.

04 정답 ①

'미국 사회에서 동양계 ~ 구성된다.'에서 '모범적 소수 인종'의 인종적 정체성은 백인의 특성이 장점이라고 생각하는 것과 동양인의 특성이 단점이라고 생각하는 것의 사이에서 구성된다. 따라서 '모범적 소수 인종'은 특유의 인종적 정체성을 내면화하고 있음을 추론할 수 있다.

오답분석

② 제시문의 논점은 '동양계 미국인 학생들(모범적 소수 인종)'이 성공적인 학교생활을 통해 주류 사회에 동화되고 있는 것이 사실인지 여부이다. 그에 따라 사회적 삶에서 인종주의의 영향이 약화될 수 있는지에 대한 문제이다. 따라서 '모범적 소수 인종'의 성공이 일시적·허구적인지에 대한 논점은 확인할 수 없다.
③ 동양계 미국인 학생들은 인종적인 차별을 의식하고 있다고 말할 수 있지만 소수 인종 모두가 의식하고 있는지는 제시문을 통해서 추측할 수 없다.
④ 인종차별을 의식하는 것은 알 수 있지만 한정된 자원의 배분을 놓고 갈등하는지는 알 수 없다.

02 문제해결

01	02	03	04	05	06				
-	-	③	①	③	②				

01~02

정답이 따로 없는 문제 유형입니다.

03 정답 ③

11월 18일 중간보고에는 보고자인 J대리를 포함해 A팀장, B주임, C주임, D책임연구원까지 총 5명이 참석하므로 J대리는 적어도 5인 이상을 수용할 수 있는 세미나실을 대여해야 한다. 그런데 '호텔 아뜰리에'는 보수공사로 인해 4인실만 이용가능하며, '경주 베일리쉬'의 세미나실은 4인실이므로 '호텔 아뜰리에'와 '경주 베일리쉬'는 고려하지 않는다.
나머지 호텔들의 총비용을 계산하면 다음과 같다.

호텔명	총비용
글래드 경주	(78,000×2)+48,000=204,000
스카이뷰 호텔	(80,000×0.90×2)+50,000=194,000
이데아 호텔	(85,000×0.95×2)+30,000=191,500
경주 하운드	(80,000×2)+(80,000×0.60)=208,000

'글래드 경주'과 '경주 하운드'의 경우 예산범위인 200,000원을 초과하므로 J대리가 예약 가능한 호텔은 '스카이뷰 호텔'과 '이데아 호텔'이다.

04 정답 ①

오늘 검침 일지에 기입되는 사항을 보면 실내 온도는 9℃이므로 PSD 수치는 Parallel Mode를 적용하고, 오후 1시부터 5시까지 매 정각의 각 계기판 수치 중 가장 높은 수치의 평균은 $\frac{10+9+11}{3}=10$이 된다. 기준치는 수요일일 때 세 계기판의 표준수치 합이므로 8+2+6=16이 된다.
따라서 PSD 수치가 포함된 버튼 범위는 PSD≤16−3 → PSD≤13으로 '정상'이며, 경고등은 파란색, 이에 대한 조치는 '정상가동'이다.

05 정답 ③

04번 문제에서 실내 온도가 16℃로 수정되면 PSD 수치는 B계기판을 제외한 Serial Mode가 적용되고, 오후 6시 정각 각 계기판 수치의 합으로 6+4=10이 된다. 기준치는 수요일로 세 계기판의 표준수치 합이므로 8+2+6=16이 된다.
따라서 PSD 수치가 포함된 버튼 범위는 PSD≤16−3 → PSD≤13으로 '정상'이며, 경고등은 파란색, 이에 대한 조치는 '정상가동'이다.

06 정답 ②

먼저 작성일은 금요일이므로 기준치는 세 계기판의 표준수치 합의 $\frac{1}{2}$로 $\frac{8+2+6}{2}=8$이다. 버튼에 따라 PSD 수치 범위를 구하면 다음 표와 같다.

수치	버튼
PSD ≤ 5	정상
5 < PSD < 13	주의
13 ≤ PSD	비정상

선택지에서 온도 범위에 따라 〈수정된 Mode별 PSD 수치 계산방법〉을 이용하여 PSD 수치를 구하면 다음과 같다.

• 8℃일 경우

온도가 10℃ 미만이면 Parallel Mode가 적용되고 수정된 계산방법에 의해 오후 6시 정각 각 계기판 수치의 평균인 $\frac{9+7+3}{3}=\frac{19}{3}$으로 해당되는 버튼은 '주의'이다.

• 10℃일 경우

온도가 10℃ 이상이면 Serial Mode가 적용되고 수정된 계산방법에 의해 오후 1시부터 5시까지 매 정각의 B계기판 수치가 가장 높은 시각의 각 계기판 수치의 합으로 오후 1시 수치가 된다. 따라서 PSD 수치는 11+5+4=20으로 해당되는 버튼은 '비정상'이다.

• 16℃, 17℃ 일 경우

온도가 10℃ 이상이면 Serial Mode가 적용되고, 16℃ 이상이면 B계기판 수치는 제외되므로 PSD 수치는 5+4=9이며, 해당되는 버튼은 '주의'이다.

따라서 T대리가 작성한 검침 일지에서 버튼이 '비정상'에 해당하는 온도는 10℃이다.

03 자료해석

01	02	03	04						
①	④	①	③						

01 정답 ①

이메일 스팸 수신량이 가장 높은 시기는 2017년 하반기이지만, 휴대폰 스팸 수신량이 가장 높은 시기는 2016년 하반기이다.

오답분석

② 제시된 자료를 통해 모든 기간 이메일 스팸 수신량이 휴대폰 스팸 수신량보다 많음을 확인할 수 있다.

③ 이메일 스팸 수신량의 증가·감소 추이와 휴대폰 스팸 수신량의 증가·감소 추이가 일치하지 않으므로 서로 밀접한 관련이 있다고 보기 어렵다.

④ 이메일 스팸 총수신량의 평균은 약 0.6통이고 휴대폰 스팸 총수신량의 평균은 약 0.19통이다. 따라서 $\frac{0.6}{0.19}≒3.16$으로 3배 이상이다.

02 정답 ④

2019년 소포우편 분야의 2015년 대비 매출액 증가율은 $\frac{5,017-3,390}{3,390}\times100≒48.0\%$이므로 옳지 않은 설명이다.

오답분석

① 제시된 자료를 통해 매년 매출액이 가장 높은 분야는 일반통상 분야인 것을 확인할 수 있다.

② 일반통상 분야의 매출액은 2016년, 2017년, 2019년, 특수통상 분야의 매출액은 2018년, 2019년에 감소했고, 소포우편 분야는 매년 매출액이 꾸준히 증가한다.

③ 2019년 1분기 특수통상 분야의 매출액이 차지하고 있는 비율은 $\frac{1,406}{5,354}\times100≒26.3\%$이므로 20% 이상이다.

03 정답 ①

해상 교통서비스 수입액이 많은 국가부터 차례대로 나열하면 '인도 – 미국 – 한국 – 브라질 – 멕시코 – 이탈리아 – 터키' 순서이다.

04 정답 ③

해상 교통서비스 수입보다 항공 교통서비스 수입이 더 높은 국가는 미국과 이탈리아이다.

오답분석

① 터키의 교통서비스 수입에서 항공 수입이 차지하는 비중은 $\frac{4,003}{10,157} \times 100 \fallingdotseq 39.4\%$이다.
② 교통서비스 수입액이 첫 번째(미국)와 두 번째(인도)로 높은 국가의 차이는 94,344−77,256=17,088백만 달러이다.
④ 제시된 자료를 통해 확인할 수 있다.

04 언어논리

01	02	03	04	05	06				
④	④	④	②	③	①				

01 정답 ④

두 번째 조건에 의해, B는 항상 1과 5 사이에 앉는다. E가 4와 5 사이에 앉으면 2와 3 사이에는 A, C, D 중 누구나 앉을 수 있다.

오답분석

① A가 1과 2 사이에 앉으면 네 번째 조건에 의해, E는 4와 5 사이에 앉는다. 그러면 C는 3 옆에 앉고 D는 1 옆에 앉을 수 없게 된다. 이는 세 번째 조건과 모순이 된다.
② D가 4와 5 사이에 앉으면 네 번째 조건에 의해, E는 1과 2 사이에 앉는다. 그러면 C는 3 옆에 앉고 D는 1 옆에 앉을 수 없게 된다. 이는 세 번째 조건과 모순이 된다.
③ C가 2와 3 사이에 앉으면 세 번째 조건에 의해, D는 1과 2 사이에 앉는다. 또한 네 번째 조건에 의해, E는 3과 4 사이에 앉을 수 없다. 따라서 A는 반드시 3과 4 사이에 앉는다.

02 정답 ④

규칙에 따라 사용할 수 있는 숫자는 1, 5, 6을 제외한 나머지 2, 3, 4, 7, 8, 9의 총 6개이다. (한 자리 수)×(두 자리 수)=156이 되는 수를 알기 위해서는 156의 소인수를 구해보면 된다. 156의 소인수는 3, 2^2, 13으로 여기서 156이 되는 수의 곱 중에 조건을 만족하는 것은 2×78과 4×39이다. 따라서 선택지 중에 A팀 또는 B팀에 들어갈 수 있는 암호배열은 39밖에 없으므로 정답은 ④이다.

03 정답 ④

제시된 명제와 그 대우 명제를 정리하면 다음과 같다.
[ ]는 대우 명제이다.

- 액션영화 ○ → 팝콘 ○ [팝콘 × → 액션영화 ×]
- 커피 × → 콜라 × [콜라 ○ → 커피 ○]
- 콜라 × → 액션영화 ○ [액션영화 × → 콜라 ○]
- 팝콘 ○ → 나쵸 × [나쵸 ○ → 팝콘 ×]
- 애니메이션 ○ → 커피 × [커피 ○ → 애니메이션 ×]

따라서 위 조건을 정리하면 '애니메이션 ○ → 커피 × → 콜라 × → 액션영화 ○ → 팝콘 ○'이다.

04 정답 ②

행위와 결과의 관계이다.
'소독'은 '세균'을 없애고, '탈취'는 '냄새'를 없앤다.

05 정답 ③

한 개인이 그 집단에 소속되어 구성원 간에 우리라는 공동체 의식이 강한 집단을 내집단(우리 집단)이라고 한다. 반면에 한 개인이 소속감을 갖지 않으며 이질감이나 적대 의식을 가지는 집단을 외집단(타인 집단)이라고 한다. 따라서 할머니를 기준으로 '소녀'는 내집단(우리 집단)에 속해있는 '내부인'이고, '늑대'는 외집단(그들 집단)에 속해있는 '외부인'이다.

06 정답 ①

제시문의 a다리와 b다리는 포함 관계이다.
게의 'a다리'는 'b다리'의 상위어이고, '매체'는 '신문'의 상위어이다.

오답분석

②·③·④는 유의 관계이다.

CHAPTER

02 2019년 하반기 정답 및 해설

01 언어이해

01	02	03	04						
④	③	①	④						

01 정답 ④

첫 번째 문단은 임신 중 고지방식 섭취로 인한 자식의 생식기에 종양 발생 가능성에 대한 연구결과를 이야기 하고 있고, 두 번째 문단은 사지 절단 수술로 인해 심장병으로 사망할 가능성에 대한 조사 결과를 이야기하고 있다. 따라서 제시문의 주제는 '의외의 질병 원인과 질병 사이의 상관관계'이다.

02 정답 ③

세 번째 문단에서 이용후생 학파들이 제시한 주요 정책들의 바탕에는 '사농공상으로 서열화된 직업의 귀천을 최대한 배제하고 상공업의 중흥을 강조해야 한다는 생각이 자리 잡고 있었다.'고 하였다. 따라서 농업의 중요성이 아닌 상공업의 중흥을 강조했다.

03 정답 ①

- 비약적(飛躍的) : 지위나 수준 따위가 갑자기 빠른 속도로 높아지거나 향상되는 것
- 급진적(急進的) : 변화나 발전의 속도가 급하게 이루어지는 것

04 정답 ④

제시문의 마지막 문장을 보면 '무엇인가를 상상하고 그것을 만들어 가는 기술을 개발하는' 것은 과거의 시대들이고, 21세기는 '상상하는 것을 곧 이루어 낼 수 있는 시대'라고 이야기하고 있다.

02 문제해결

01	02	03	04						
①	④	③	④						

01 정답 ①

맛과 음식 구성 그리고 가격의 점수를 환산하면 다음과 같다.

구분	맛	음식 구성	계
A호텔	3×5=15점	3×5+1×3=18점	33점
B호텔	2×5+1×3=13점	3×5=15점	28점
C호텔	2×5=10점	3×5+1×3=18점	28점
D호텔	3×5+1×3=18점	2×5+1×3=13점	31점

맛과 음식 구성의 합산 점수가 1위인 곳은 A호텔로 33점, 2위인 곳은 D호텔로 31점이므로 그 차(2점)가 3점 이하이다. 따라서 가격 점수를 비교하면 A호텔은 18점, D호텔은 15점으로 A호텔이 선택된다.

02 정답 ④

200만 원 내에서 25명의 식사비용을 내려면 한 사람당 식대가 200÷25=8만 원 이하여야 한다. 이 조건을 만족하는 곳은 A, D호텔이고 각 호텔에서의 총 식사비용은 다음과 같다.

- A호텔 : 73,000×25=1,825,000원
- D호텔 : 75,000×25=1,875,000원

가장 저렴한 A호텔과 D호텔의 가격 차이는 모두 10만 원 이하이므로 맛 점수가 높은 곳으로 선정한다. 01번 해설에서 D호텔이 18점으로 맛 점수가 가장 높으므로 D호텔이 선정된다.

03 정답 ③

80타는 (72+8)타이므로 9오버 파인 72+9=81타 이하이다. 따라서 싱글에 해당한다.

오답분석

① 파 4인 홀에서는 8타까지 칠 수 있고, 9타 이상 칠 수 없다.
② 모든 홀을 버디로 끝냈다면 72+(−1)×18=72−18=54타가 되고, 이는 72타보다 작으므로 언더 파에 해당한다.
④ 홀인원은 1타를 쳐서 공을 홀에 넣은 것을 의미한다.

04 정답 ④

A과장의 점수를 계산하면 다음과 같다.

HOLE	1	2	3	4	5	6	7	8	9	합계
PAR	4	4	3	4	5	3	5	4	4	36
타수	5	3	1	4	5	6	3	2	3	32
점수	+1	−1	−2	0	0	+3	−2	−2	−1	−4
HOLE	10	11	12	13	14	15	16	17	18	합계
PAR	5	4	4	3	4	4	4	3	5	36
타수	5	2	2	3	4	4	2	6	8	36
점수	0	−2	−2	0	0	0	−2	+3	+3	0

따라서 A과장의 점수는 72−4=68타이므로 4언더 파이다.

03 자료해석

01	02	03	04						
②	④	②	①						

01 정답 ②

매출평균이 22억 원이므로 3분기까지의 총 매출은 22×9=198억 원이다. 전체 총 매출이 246억 원이므로 4분기의 매출은 246−198=48억 원이고, 따라서 4분기의 평균은 $\frac{48}{3}$=16억 원이 된다.

02 정답 ④

매월 갑, 을 팀의 총득점과 병, 정 팀의 총득점이 같다. 따라서 빈칸에 들어갈 알맞은 수는 1,156+2000−1,658=1,498이다.

03 정답 ②

2017 ~ 2018년 동안 농업 분야와 긴급구호 분야의 지원금은 다음과 같다.

• 농업 : 1,275+147.28=1,422.28억 원

• 긴급구호 : 951+275.52=1,226.52억 원

따라서 농업 분야가 더 많다.

오답분석

① 제시된 자료를 통해 알 수 있다.

③ 2017 ~ 2018년 동안 가장 많은 금액을 지원한 분야는 보건의료 분야로 동일하다.

④ 2017년의 산림분야 지원금은 100억 원이고, 2018년은 73.58억 원이다. 따라서 100−73.58=26.42억 원 감소했으므로 25억 원 이상 감소했다.

04 정답 ①

2017년에 가장 많은 금액을 지원한 세 가지 분야는 보건의료, 식량차관, 농업 분야이고 지원금의 합은 2,134+1,505+1,275=4,914억 원이다. 2018년에 가장 많은 금액을 지원한 세 가지 분야는 보건의료, 사회복지, 긴급구호 분야이고 지원금의 합은 1,655.96+745.69+275.52=2,677.17억 원이다. 따라서 지원금의 차는 4,914−2,677.17≒2,237억 원이다.

04 언어논리

01	02	03	04	05	06				
④	④	①	④	②	①				

01 정답 ④

주어진 조건에 따라 부서별 위치를 정리하면 다음과 같다.

구분	1층	2층	3층	4층	5층	6층
경우 1	해외사업부	인사 교육부	기획부	디자인부	서비스개선부	연구・개발부
경우 2	해외사업부	인사 교육부	기획부	서비스개선부	디자인부	연구・개발부

따라서 3층에 위치한 기획부의 직원은 출근 시 반드시 계단을 이용해야 하므로 ④는 항상 옳다.

오답분석

① 경우 1일 때 김 대리는 출근 시 엘리베이터를 타고 4층에서 내린다.
② 경우 2일 때 디자인부의 김 대리는 서비스개선부의 조 대리보다 엘리베이터에서 나중에 내린다.
③ 커피숍과 같은 층에 위치한 부서는 해외사업부이다.

02 정답 ④

제시문에서 C대표는 본인 아들의 건강 상태를 이유로 자신의 공판기일을 연기해 줄 것을 요청하였으므로 타당한 논거를 제시하지 않고 상대방의 동정에 호소하는 오류를 범하고 있다. 이와 동일한 오류를 보이는 것은 사람들의 동정에 호소하여 기부 행사의 참여를 끌어내고자 하는 ④이다.

오답분석

① 논점 일탈의 오류
② 흑백 사고의 오류
③ 인신공격의 오류

03 정답 ①

제시문에서는 단순히 두 선수의 연봉 차이를 성과 차이에 대한 근거로 삼아 고액의 연봉이 선수들의 동기를 약화하기 때문에 선수들의 연봉을 낮춰야 한다고 주장한다. 따라서 특정 사례만을 근거로 전체를 일반화하는 성급한 일반화의 오류에 해당한다.

04 정답 ④

구리는 전선의 재료가 되므로 재료와 가공품의 관계에 해당한다. ④는 계란이 마요네즈의 재료가 되므로 제시된 단어의 관계와 동일하다.

05 정답 ②

건강악화는 음주로 인한 결과에 해당하므로 원인과 결과의 관계이다. ②의 추위와 동상은 원인과 결과의 관계이므로 제시된 단어의 관계와 동일하다.

06 정답 ①

제시문은 대등 관계이다.
'옹기'와 '자기'는 대등 관계이며, '눈'과 '코'는 대등 관계이다.

CHAPTER
03 2019년 상반기 정답 및 해설

01 언어이해

01	02	03	04						
④	①	③	①						

01 정답 ④

상투는 관례나 결혼 후 머리카락을 틀어 높이 세우는 성인 남자의 대표적인 머리모양으로, 전통사회에서는 나이가 어리더라도 장가를 들면 상투를 틀고 존대를 받았다. 따라서 '상투를 틀었다.'는 뜻에 '성인이 되었다.', 혹은 '장가를 들었다.'는 의미가 내포되어 있다는 것을 유추할 수 있다.

02 정답 ①

제시문에서는 말이나 행동의 동일성이 느낌의 동일성을 보장한다는 논증에는 결정적인 단점이 있다고 하였는데, 그 단점이 나의 경험에만 의지하여 다른 사람도 나와 같은 아픔을 느낀다고 판단하는 것이라고 하였다. 그러므로 ①에서 나의 경험이 다른 사람의 느낌을 파악하는 데 무엇보다 중요한 요소라고 말한 것은 글쓴이의 생각과 거리가 멀다.

03 정답 ③

관우는 촌락에서 믿던 수호신을 대신하거나 불교의 민간 포교활동의 일환으로 포섭되는 등 백성들에게 인기를 얻은 신이었으나 지배층에게 인기를 얻은 신이었다는 사실은 확인할 수 없다.

오답분석

① 관우가 신으로 추앙받기 시작한 시대는 수, 당대라는 견해가 일반적이지만, 몇몇 학자들은 위진남북조 시대에서 기원을 찾고 있어 의견이 엇갈리고 있다.
② 관우는 민간신앙 외에도 불교의 민간 포섭활동이나 도교와의 융합 등 다양한 종교와 연관이 있다.
④ 관우는 높은 의리와 충의의 이미지 덕분에 상인들 사이에서 중요한 역할을 하는 재물의 신으로 널리 알려졌다.

04 정답 ①

글쓴이는 현대 회화의 새로운 경향을 설명하고 있는데, 대상의 사실적 재현에서 벗어나고자 하는 경향이 형태와 색채의 해방을 가져온다는 점에 주목하여 서술하고 있다. 그리고 마지막 문단에서 의미 정보와 미적 정보의 개념을 끌어들여, 현대 회화는 형식 요소 자체가 지닌 아름다움을 중시하는 미적 정보 전달을 위주로 한다는 것을 밝히고 있다.

02 문제해결

01	02	03	04						
③	④	②	②						

01 정답 ③

회의 목적은 신제품 홍보 방안 수립 및 제품명 개발이며 회의 이후 이러한 목적을 달성할 수 있도록 업무를 진행해야 한다. 기획팀의 D대리는 신제품의 특성에 적합하고 소비자의 흥미를 유발하는 제품명을 개발해야 하는 업무를 맡고 있으므로, 자사의 제품과 관계없는 타사 제품의 이름을 조사하는 것은 적절하지 않다.

02 정답 ④

④의 경우 오프라인에서의 제품 접근성에 대한 소비자의 반응으로, 온라인 홍보팀이 필요로 하는 온라인에서의 타사 여드름 화장품에 대한 소비자 반응으로 적절하지 않다.

03 정답 ②

업무 순서를 나열하면 '회사 홈페이지, 관리자 페이지 및 업무용 메일 확인 – 외주업체로부터 브로슈어 샘플 디자인 받기 – 회의실 예약 후 마이크 및 프로젝터 체크 – 팀 회의 참석 – 지출결의서 총무부 제출'이다. 따라서 출근 후 두 번째로 해야 할 일은 ② '외주업체로부터 판촉 행사 브로슈어 샘플 디자인 받기'이다.

04 정답 ②

조사결과를 살펴보면 각 시간대별 이용률 상위 3개 미디어에 대해서 순서대로 제시되어 있다. 그리고 조사대상 미디어 중 잡지는 모든 시간대에 3순위 안에 들지 않는다. 따라서 자료에 제시된 3순위 미디어의 이용률보다 낮다는 것을 알 수 있다. 그러나 잡지가 각 시간대별 이용률이 10% 미만이라는 설명은 오전, 점심, 오후 시간대의 잡지 이용률을 추측해보면 옳지 않다는 것을 알 수 있다.

- 오전 시간대=30.8%+24.1%+23.5%=78.4% → 100%−78.4%=21.6%
  ∴ 잡지 이용률이 최대 21.6%까지 가능[$21.6\% < 23.5\%$(스마트 기기)]
- 점심 시간대=47.7%+23.6%+13.4%=84.7% → 100%−84.7%=15.3%
  ∴ 잡지 이용률이 최대 13.4%까지 가능[$15.3\% > 13.4\%$(TV)]
- 오후 시간대=36.5%+25.2%+23.7%=85.4% → 100%−85.4%=14.6%
  ∴ 잡지 이용률이 최대 14.6%까지 가능[$14.6\% < 23.7\%$(TV)]

오답분석

① 각 시간대별로 이용률이 높은 미디어를 올바르게 나열하였다.
③ 저녁 시간대 TV 이용률이 70.9%로 가장 높기 때문에 적절한 설명이다.
④ 출퇴근 및 등하교는 이동 시간대를 살펴보면 되는데, 두 시간대 모두 스마트 기기 이용률이 50% 이상이므로 올바른 설명이다.

03 자료해석

01	02	03							
④	③	④							

01 정답 ④

ㄱ. 영어 관광통역 안내사 자격증 취득자는 2015년에 2014년 대비 감소하였으며, 스페인어 관광통역 안내사 자격증 취득자는 2016년에 2015년 대비 감소하였다.

ㄷ. 2013～2015년까지 태국어 관광통역 안내사 자격증 취득자 수 대비 베트남어 취득자 수 비율은 다음과 같다.

- 2013년 : $\frac{4}{8} \times 100 = 50.0\%$
- 2014년 : $\frac{15}{35} \times 100 \fallingdotseq 42.9\%$
- 2015년 : $\frac{5}{17} \times 100 \fallingdotseq 29.4\%$

따라서 매년 감소하고 있다.

ㄹ. 2014년에 불어 관광통역 안내사 자격증 취득자 수는 전년 대비 불변인 반면, 스페인어 관광통역 안내사 자격증 취득자 수는 전년 대비 증가하였다.

오답분석

ㄴ. 2014～2016년의 일어 관광통역 안내사 자격증 취득자 수의 8배는 각각 266×8=2,128, 137×8=1,096, 153×8=1,224이다. 중국어 관광통역 안내사 자격증 취득자 수는 각각 2,468, 1,963, 1,418로 이보다 많으므로 8배 이상이다.

02 정답 ③

ㄱ. 그리스가 4.4명, 한국은 1.4명이다. 1.4×4=5.6>4.4이므로 4배가 넘지 않는다.

ㄴ. 한국은 2006년부터 2016년까지 십만 명당 0.6천 명 증가한 반면, 캐나다는 십만 명당 0.1천 명 증가했다. 따라서 이 추이대로라면 10년 이내에 한국이 캐나다의 수치를 넘어선다는 것을 알 수 없다.

오답분석

ㄷ. 그리스가 십만 명당 5.4천 명으로 가장 많고, 한국이 십만 명당 1.7천 명으로 가장 적다. 1.7×3=5.1<5.4이므로 3배 이상이다.

03 정답 ④

한국이 십만 명당 1.6천 명으로 가장 적고, 그리스가 십만 명당 4.9천 명으로 가장 많다.

오답분석

① 네덜란드는 십만 명당 3.7천 명이고, 그리스가 십만 명당 5.0천 명으로 가장 많다. 따라서 그리스에 비해 십만 명당 1.3천 명 적다.
② 한국이 매년 수치가 가장 적다는 사실을 볼 때, 한국의 의료 서비스 지수가 멕시코보다 더 열악하다고 할 수 있다.
③ 2006년, 2010년, 2011년에는 그리스가 미국의 두 배에 못 미친다.

04 언어논리

01	02	03	04	05	06				
④	③	④	①	③	①				

01 정답 ④

먼저, 갑이나 병이 짜장면을 시켰다면 진실만 말해야 하는데, 다른 사람이 짜장면을 먹었다고 말할 경우 거짓을 말한 것이 되므로 모순이 된다. 따라서 짜장면을 시킨 사람은 을 또는 정이다.

- 을이 짜장면을 주문한 경우 : 병은 짬뽕, 정은 우동을 시키고 남은 갑이 볶음밥을 시킨다. 이 경우 갑이 한 말은 모두 거짓이고, 병과 정은 진실과 거짓을 한 개씩 말하므로 모든 조건이 충족된다.
- 정이 짜장면을 주문한 경우 : 을은 짬뽕, 갑은 볶음밥, 병은 우동을 시킨다. 이 경우 갑은 진실과 거짓을 함께 말하고, 을과 병은 거짓만 말한 것이 되므로 모순이 된다. 따라서 정은 짜장면을 주문하지 않았다.

따라서 갑은 볶음밥을, 을은 짜장면을, 병은 짬뽕을, 정은 우동을 주문했다.

02 정답 ③

'승용차를 탄다.'를 p, '연봉이 높아진다.'를 q, '야근을 많이 한다.'를 r, '서울에 거주한다.'를 s라고 했을 때, 첫 번째 명제는 '$p \rightarrow s$', 세 번째 명제는 '$q \rightarrow r$', 네 번째 명제는 '$q \rightarrow s$'이므로 마지막 명제가 참이 되기 위해서는 '$r \rightarrow p$'라는 명제가 필요하다. 따라서 '$r \rightarrow p$'의 대우명제인 ③이 답이 된다.

03 정답 ④

'예술가'를 p, '조각상을 좋아한다.'를 q, '철학자'를 r, '귀족'을 s, '부유하다.'를 t라고 했을 때, 명제를 나열하면 '$p \rightarrow q$', '$r \rightarrow \sim q$', '$q \rightarrow s$', '$\sim p \rightarrow t$'이다.

이를 정리하면 '$p \rightarrow q \rightarrow \sim r$', '$p \rightarrow q \rightarrow \rightarrow s$'이고, '$r \rightarrow \sim q \rightarrow \sim p \rightarrow t$'임을 알 수 있다. 여기서 부유한 사람이 귀족인지는 알 수 없다.

오답분석

① 1번째 명제, 2번째 명제 대우를 통해 추론할 수 있다.
② 1번째 명제, 3번째 명제를 통해 추론할 수 있다.
③ 2번째 명제, 1번째 명제 대우, 4번째 명제를 통해 추론할 수 있다.

04 정답 ①

제시문은 포함 관계이다.
'커피'에는 '카페인' 성분이 함유되어 있으며, '레몬'에는 '비타민' 성분이 함유되어 있다.

05 정답 ③

제시문은 목적어와 서술어의 관계이다.
'소리'를 '듣고', '불'을 '켠다'.

06 정답 ①

제시문은 반의어 관계이다.

• 목불식정(目不識丁) : 아주 간단한 글자인 '丁' 자를 보고도 그것이 '고무래'인 줄을 알지 못한다는 뜻으로, 아주 까막눈임을 이르는 말
• 문일지십(聞一知十) : 한 가지를 들으면 열 가지를 미루어 안다는 뜻으로, 총명(聰明)함을 이르는 말
• 세한송백(歲寒松柏) : 추운 계절에도 소나무와 잣나무는 잎이 지지 않는다는 뜻으로, 어떤 역경 속에서도 변하지 않는 굳은 절개를 의미함

① 상전벽해(桑田碧海) : 뽕나무밭이 변하여 푸른 바다가 된다는 뜻으로, 세상일의 변천이 심함을 비유적으로 이르는 말

오답분석

② 만고불변(萬古不變) : 아주 오랜 세월 동안 변하지 아니함
③ 일편단심(一片丹心) : 한 조각의 붉은 마음이라는 뜻으로, 진심에서 우러나오는 변치 아니하는 마음을 이르는 말
④ 초지일관(初志一貫) : 처음에 세운 뜻을 끝까지 밀고 나감

CHAPTER 04

2018년 하반기 정답 및 해설

01 언어이해

01	02	03	04						
③	④	③	④						

01 정답 ③

보험료율이 사고 발생 확률보다 높으면 구성원 전체의 보험료 총액이 보험금 총액보다 더 많고 그 반대의 경우, 즉 사고 발생 확률이 보험료율보다 높은 경우에는 구성원 전체의 보험료 총액이 보험금 총액보다 더 적게 된다.

02 정답 ④

• 보전(補塡) : 부족한 부분을 보태어 채움
④ 보존(保存) : 잘 보호하고 간수하여 남김

오답분석

① 대처(對處) : 어떤 정세나 사건에 대하여 알맞은 조치를 취함
② 인접(隣接) : 이웃하여 있음. 또는 옆에 닿아 있음
③ 상당(相當) : 일정한 액수나 수치 따위에 해당함

03 정답 ③

첫 번째 문단에서 '지방이 단백질이나 탄수화물보다 단위 질량당 더 많은 칼로리를 내기 때문'이라고 언급하고 있다.

오답분석

① 네 번째 문단에서 확인할 수 있다.
② 두 번째 문단에서 확인할 수 있다.
④ 다섯 번째 문단에서 지방이 각종 건강상의 문제를 야기하는 것은 지방을 섭취하는 인간의 자기 관리가 허술했기 때문이라고 하였다.

04 정답 ④

제시된 글은 지방에 대해 사실과 다르게 알려진 내용을 지적하고 건강에 유익한 지방을 분별하여 섭취하도록 권장하고 있다.

02 문제해결

01	02	03	04						
②	④	②	③						

01 정답 ②

중간에 D과장이 화요일에 급한 업무가 많다고 하였으므로 수요일에만 회의가 가능하다. 수요일만 살펴보면 오전 9시부터 오전 11시까지는 B대리가 안 되고, 오후 12시부터 오후 1시까지는 점심시간이며, 오후 1시부터 오후 4시까지는 A사원의 외근으로 불가능하고, E사원이 오후 4시 전까지만 가능하다고 했으므로 수요일 오전 11시에 회의를 할 수 있다.

02 정답 ④

화요일 3시부터 4시까지 외근을 하려면 2시부터 5시까지 스케줄이 없어야 하므로 화요일에 급한 업무가 많은 D과장과 스케줄이 겹치는 B대리, A사원은 불가능하다. 따라서 2시부터 5시까지 스케줄이 없는 E사원이 적절하다.

03 정답 ②

A호텔 연꽃실은 2시간 이상 사용할 경우 추가비용이 발생하고, 수용 인원도 적절하지 않다. B호텔 백합실은 1시간 초과 대여가 불가능하며, C호텔 매화실은 이동수단을 제공하지만 수용 인원이 적절하지 않다.

나머지 C호텔 튤립실과 D호텔 장미실을 비교했을 때, C호텔의 튤립실은 예산초과로 예약할 수 없고, D호텔 장미실은 대여료와 수용 인원의 조건이 맞으므로 이 대리는 D호텔의 연회장을 예약하면 된다. 따라서 이 대리가 지불해야 하는 예약금은 D호텔 대여료 150만 원의 10%인 15만 원임을 알 수 있다.

04 정답 ③

예산이 200만 원으로 증액되었을 때, 조건에 맞는 연회장은 C호텔 튤립실과 D호텔 장미실이다. 예산 내에서 더 저렴한 연회장을 선택해야 한다는 조건은 없고, 이동수단이 제공되는 연회장을 우선적으로 고려해야 하므로 이 대리는 C호텔 튤립실을 예약할 것이다.

03 자료해석

01	02	03							
④	②	④							

01 정답 ④

- 남성 : $11.1 \times 3 = 33.3 > 32.2$
- 여성 : $10.9 \times 3 = 32.7 < 34.7$

따라서 남성의 경우 국가기관에 대한 선호 비율이 공기업 선호 비율의 3배보다 작다.

오답분석

① 3%, 2.6%, 2.5%, 2.1%, 1.9%, 1.7%로 가구소득이 많을수록 중소기업을 선호하는 비율이 줄어들고 있음을 알 수 있다.
② 15 ~ 18세 청소년이 3번째로 선호하는 직장과, 19 ~ 24세 청소년이 3번째로 선호하는 직장은 모두 전문직 기업이다.
③ 국가기관은 모든 기준에서 선호 비율이 가장 높은 모습을 보여주고 있다.

02 정답 ②

부산광역시와 인천광역시는 2015년에 2010년 대비 어가인구가 각각 약 23%, 27% 감소하였으므로 맞는 설명이다.

오답분석

① 2015년 울산광역시, 충청남도, 경상북도, 제주특별자치도에서는 어가인구 중 여성이 남성보다 많았으므로 틀린 설명이다.
③ 2010년에는 $\frac{3,039}{844} \fallingdotseq 3.6$배, 2015년에는 $\frac{2,292}{762} \fallingdotseq 3.0$배이므로, 2010년과 2015년 모두 강원도의 어가 수는 경기도의 어가 수의 4배 이하이다.
④ 2010년에 어가 수가 두 번째로 많은 지역은 충청남도이며, 어가인구가 두 번째로 많은 지역은 경상남도이다.

03 정답 ④

㉢ 대전의 경우 어가가 소멸하였으므로 틀린 설명이다.
㉣ 서울특별시만 어가인구가 증가하였으므로 틀린 설명이다.

오답분석

㉠ 2010년 해수면어업 종사 가구가 가장 많은 구역은 전라남도이므로 옳은 내용이다.
㉡ 가구 수가 가장 적은 행정구역은 대전이 맞으며, 가구, 인구 측면에서 모두 최저이다.

04 언어논리

01	02	03	04	05					
③	①	②	④	①					

01 정답 ③

사과를 먹음$=p$, 볼이 빨감$=q$, 원숭이$=r$, 나무에 잘 매달림$=s$라고 하면, 각각 '$p \rightarrow q$', '$\sim s \rightarrow \sim r$', '$q \rightarrow \sim r$'이다. 따라서 '$p \rightarrow q \rightarrow \sim r$'이므로 '$p \rightarrow \sim r$'이 성립하고, 그 대우인 ③이 답이 된다.

02 정답 ①

첫 번째 문장의 대우와 두 번째 문장을 통해 '가재는 게 편이다.'를 유추할 수 있다. 또한 혼합가언 삼단논법을 통해 다음과 같이 ①이 답이 됨을 알 수 있다.

가재는 게 편이다(A → B).

소라는 게 편이 아니다(~B).

따라서 소라는 가재가 아니다(~A).

03 정답 ②

만약 준민이가 진실을 말할 때, 준민이는 팀장이고 서경이 역시 진실을 말하므로 슬비와 정현은 모두 거짓을 말해야 한다. 따라서 서경이와 슬비는 부팀장이 아니고, 정현이가 부팀장이 되어야 하는데, 그러면 슬비의 말이 진실이 되므로 주어진 조건에 어긋난다.

따라서 준민이는 거짓을 말하고, 이때 준민이가 부팀장인 경우와 일반 팀원인 경우로 나누어볼 수 있다.

- 준민이가 일반 팀원인 경우 : 서경이는 거짓을 말하고, 슬비와 정현은 진실을 말한다. 따라서 슬비가 부팀장, 정현이가 팀장인데 이 경우, 자신이 일반 팀원이라고 말한 서경이의 말도 진실이 되어야 하므로 주어진 조건에 어긋난다.
- 준민이가 부팀장인 경우 : 서경이는 진실을 말하고, 정현이가 거짓을 말하고 있으므로 정현이는 거짓, 슬비는 진실을 말한다. 따라서 정현이가 팀장이다.

04 정답 ④

'포도당'은 체내에서 변환되어 '글리코겐'이 되고, '글리코겐'은 다시 '포도당'이 될 수 있다. '물'을 얼리면 '얼음'이 되고, '얼음'을 녹이면 '물'이 된다.

05 정답 ①

'핵가족'과 '1인가구'는 모두 가구 형태에 포함되고, '소나무'와 '메타세쿼이아'는 모두 나무에 포함된다.

- 핵가족 : 부모와 미혼의 자녀로 구성된 가구 형태
- 1인가구 : 가구원이 한 명인 가구 형태

CHAPTER

05 2018년 상반기 정답 및 해설

01 언어이해

01	02	03	04	05	06	07	08		
①	②	②	④	①	④	③	②		

01 정답 ①

제시된 글은 과학이 단순한 발견의 과정이 아니듯이 예술도 순수한 창조와 구성의 과정이 아니며, 과학에는 상상력을 이용하는 주체의 창의적 과정이, 예술 활동에는 논리적 요소가 포함된다고 주장하고 있다. 그런데 ①은 발견과 창작에서의 과정이 아닌 각각의 결과에 대해서만 언급하고 있으므로 글의 논지를 지지한다고 볼 수 없다.

02 정답 ②

(나) 문단은 (가) 문단에 이어 기존의 관점에 대한 근거를 제시하고 있다.

03 정답 ②

(다) 문단은 (나) 문단의 마지막 문장인 '과학은 인간 외부에 실재하는 자연의 사실과 법칙을 다루기에 과학자는 사실과 법칙을 발견하지만, 예술은 인간의 내면에 존재하는 심성을 탐구하며, 미적 가치를 창작하고 구성하는 활동이라고 본다.'에 반박하는 내용이다. 따라서 ⓐ～ⓓ를 포함하는 문장은 과학(ⓐ)이 단순한 발견(ⓑ)의 과정이 아니듯이 예술(ⓒ)도 순수한 창조(ⓓ)와 구성의 과정이 아님을 알 수 있다.

04 정답 ④

'메디치 효과는 개별 학문의 탐구 결과를 통해 자칫 단편적이고 일면적인 현상으로 이해하기 쉬운 사회 문화 현상을 복합적으로 파악함은 물론 기존에 없던 전혀 새로운 결과물을 탄생시키기도 한다.'는 (나) 문단과, '또한 메디치 효과는 지나치게 복잡하고 다양해진 오늘날의 사회문제를 해결할 수 있는 실마리로 언급되고 있다.'는 (라) 문단을 통해 제시된 글의 주제로 '메디치 효과의 특징'이 가장 적절함을 알 수 있다.

05 정답 ①

메디치 효과는 서로 다른 영역의 지식인들이 아이디어를 공유하며 모인 교차점에서 예상치 못한 혁신이 일어나는 현상을 의미한다. 개별 학문의 탐구 결과를 통해 자칫 단편적이고 일면적인 현상으로 이해하기 쉬운 사회문제를 여러 부분으로 파악하기 때문에 복합적이며 거시적이라고 할 수 있다.

06 정답 ④

의문당은 추사 김정희의 스승인 완원의 호로 김정희의 학문적 체계수립에 영향을 준 것은 사실이나, 김정희가 완원을 기리며 의문당의 현판을 써주었다는 정보는 확인할 수 없다.

07 정답 ③

추사 김정희는 타향에서의 유배생활이라는 악조건 속에서도 멈추지 않고 학문에 정진하여 추사체라는 성취를 이루어냈다. ③의 '매는 굶겨야 사냥을 한다.'는 '매가 자신의 배가 부르면 사냥을 하지 않듯이, 사람도 배가 부르면 일은 안하고 게으름을 피우게 된다.'는 뜻인데, 김정희가 처한 상황이 좋지 않아 학문의 성취를 이루었다고 볼 수 없으므로 ⓐ와 가장 거리가 멀다.

오답분석

①·②는 김정희의 학문에 대한 꾸준함과, ④는 험한 상황에서도 묵묵히 자신의 학문을 해나가는 김정희와 관련이 있다.

08 정답 ②

의문당은 김정희의 실사구시설을 비롯한 고증학의 학문적 체계수립에 영향을 끼친 스승 완원의 호이다. 실사구시설은 과학적이며 객관적인 방법으로 진리를 탐구해야 한다는 글로, 참으로 올바른 행위가 무엇인지 인식하여 실천해야 한다는 뜻을 내포하고 있다.

02 문제해결

01	02	03	04	05	06	07			
-	①	-	②	③	①	③			

01

이 문제는 실제 업무에서 발생할 수 있는 상황을 제시하여 지원자의 상황판단능력을 확인하고자 하는 문제이다. 따라서 정해진 답은 없으며, 상황에 가장 적절하다고 판단되는 선택지를 고르면 된다.

한끝 TIP

업무 중 상호 간의 의견이 충돌하는 과정에서 무례하거나 감정적인 행동은 자칫 갈등을 심화시킬 수 있다. 늘 상사를 존중하는 태도를 취하되 의견이 다를 경우에는 정중하고 논리적으로 그 이유를 밝히도록 해야 한다.

02 정답 ①

B대리는 C과장의 나이가 많다는 이유로 업무 역량이 없을 것이라고 무시했다. 이는 '공과 사의 구별은 철저하게, 기회는 공정하게' 부문의 첫 번째 항목과 두 번째 항목에 위배되는 언행이다.

03

이 문제는 실제 업무에서 발생할 수 있는 상황을 제시하여 지원자의 상황판단능력을 확인하고자 하는 문제이다. 따라서 정해진 답은 없으며, 상황에 가장 적절하다고 판단되는 선택지를 고르면 된다.

한끝 TIP

갈등해결에서 중요한 것은 상대방에 대한 이해심과 관심, 약속의 이행과 진지한 사과 등이다. 비록 사전에 통보된 행사라고는 하나 논쟁은 갈등을 더욱 부추길 수 있다. 갈등을 즉각적으로 다루지 않으면 문제가 더욱 심화되지만 이미 진행 중인 행사를 함부로 변경할 수도 없기 때문에 타협이 가능한 선에서 해결해야 한다.

04 정답 ②

이동 경로 중 최소의 경로가 되는 것만 확인하여 정리해보면 다음과 같다.

①

경로	E → C	C → A	A → B	B → D	합계
정거장(개)	10	1	3	6	20
환승(회)	1(고속터미널)	1(강남)	0	1(잠실)	3

②

경로	E → D	D → B	B → A	A → C	합계
정거장(개)	7	6	3	1	17
환승(회)	1(잠실)	1(잠실)	0	1(강남)	3

③

경로	E → B	B → A	A → C	C → D	합계
정거장(개)	7	3	1	10	21
환승(회)	0	0	1(강남)	2(강남, 잠실)	3

④

경로	E → A	A → C	C → B	B → D	합계
정거장(개)	10	1	4	6	21
환승(회)	0	1(강남)	1(강남)	1(잠실)	3

따라서 가장 효율적으로 이동할 수 있는 순서는 ②이다.

05 정답 ③

04의 해설에 따라 가장 효율적으로 이동할 수 있는 순서는 건대입구역(E) – 천호역(D) – 삼성역(B) – 강남역(A) – 양재역(C) 순서로 총 69분이 소요된다.

- 건대입구역(E) – 천호역(D) : 7정거장×3분+1환승×6분=27분
- 천호역(D) – 삼성역(B) : 6정거장×3분+1환승×6분=24분
- 삼성역(B) – 강남역(A) : 3정거장×3분=9분
- 강남역(A) – 양재역(C) : 1환승×6분+1정거장×3분=9분

06 정답 ①

제시된 문제에서 실외 온도는 영하이므로 세 계기판의 수치를 모두 고려해야 하며, 실내 온도는 20℃ 이상이므로 Serial Mode를 적용한다. 따라서 PSD는 계기판 숫자의 합인 14이다. 이때 검침일이 월요일이므로 기준치는 세 계기판 표준 수치의 합인 15가 된다. 따라서 PSD가 기준치에 미치지 못하므로 B사원이 눌러야 할 버튼은 정상 버튼이고, 상황통제실의 경고등에는 녹색불이 들어오므로 정상 가동을 하면 된다.

07 정답 ③

검침일이 화요일이고 비정상 버튼을 눌렀으므로 PSD는 '기준치+5'인 12.5(=15/2+5)와 수치가 같거나 더 높아야 한다. 검침 당시 실외 온도계의 온도는 영상이었으므로 B계기판의 수치를 제외한 계기판 숫자의 평균은 10.5(=(11+10)/2)이다. 이것은 12.5에 미치지 못하므로 PSD 수치를 검침 시각 계기판 숫자의 합으로 취급하는 Serial Mode가 적용되었을 것이며, 이는 검침하는 시각에 실내 온도계의 온도가 20℃ 이상일 때 적용되는 모드이므로 실내용 온도계의 수치는 영상 20℃ 이상이었을 것이라 예상할 수 있다.

03 자료해석

01	02	03	04	05					
②	①	④	③	③					

01 정답 ②

주어진 자료에서 부패인식 응답비율의 전년 대비 증감 폭이 가장 큰 것은 2014년 외국인으로 2013년 23.4%에서 2014년 48.5%로 25.1%p 증가했다.

02 정답 ①

부패인식 점수는 응답자가 생각하는 공직사회의 부패도가 높을수록 낮아진다. 설문조사의 응답비율이 높을수록 부패도가 높다고 응답하며 부패인식 점수는 낮아지기 때문에 부패인식 응답비율과 부패인식 점수는 반비례 관계이다.

03 정답 ④

2017년 2% 이상의 경제성장률을 기록한 국가는 스페인, 폴란드, 한국, 호주로 총 4곳이고, 그중에서 90% 이상의 인터넷 이용률을 기록한 국가는 한국뿐이다.

오답분석

① 자료 중에서 경제성장률과 인터넷 이용률의 반비례 관계는 확인되지 않는다.
② 2016년과 2017년에 전년 대비 경제성장률이 하락하지 않은 국가는 독일과 스페인, 프랑스로 총 3곳이다.
③ 조사기간 중 인터넷 이용률이 감소한 국가는 존재하지 않는다.

04 정답 ③

2017년 독일은 전년 대비 0.2%p, 프랑스는 0.1%p의 경제성장률 증가로 두 국가는 0.1%p의 증감 폭의 차를 기록했다.

오답분석

① 2016년 스페인은 전년 대비 1.8%p, 폴란드는 0.5%p의 증감 폭으로 두 국가는 1.3%p의 증감 폭의 차를 기록했다.
② 2016년 영국은 전년 대비 0.9%p, 호주는 0.2%p의 증감 폭으로 두 국가는 0.7%p의 증감 폭의 차를 기록했다.
④ 2017년 일본은 전년 대비 0.2%p의 증감 폭을, 한국은 지난해와 동일한 경제성장률을 보여 두 국가는 0.2%p의 증감 폭의 차를 기록했다.

05 정답 ③

김54ㅈ-1번 : 김/2번 : 5(ㅅ)/3번 : 4(ㅔ)/4번 : ㅈ

오답분석

① 전65ㄱ-1번 : 전/2번 : 6(ㅇ)/3번 : 5(ㅛ)/4번 : ㄱ
② 안54ㄴ-1번 : 안/2번 : 5(ㅅ)/3번 : 4(ㅓ)/4번 : ㄴ
④ 김66ㅎ-1번 : 김/2번 : 6(ㅇ)/3번 : 6(ㅟ)/4번 : ㅎ

04 언어논리

01	02	03	04	05	06	07			
②	③	③	④	①	②	④			

01 정답 ②

두 번째와 세 번째 문장의 삼단논법에 의해 '동화책은 삽화가 있는 책이다.'가 되고, 이 문장을 통해 대우인 '삽화가 없는 책은 동화책이 아니다.'를 유추할 수 있다.

02 정답 ③

첫 번째와 세 번째 문장의 삼단논법에 의해 '기름기가 많은 고기에는 비계가 있다.'를 유추할 수 있다.

03 정답 ③

두 번째 조건에 의해 A－D－E 순서로 승차하는 것과 첫 번째 조건과 세 번째 조건에 의해, A－D－E－B－F 순서로 승차하는 것을 알 수 있다. 또한 네 번째 조건대로 C와 F는 연속으로 승차하지 않기 때문에 C－A－D－E－B－F 순서로 승차함을 알 수 있다.

04 정답 ④

부사장은 사장의 옆, 상무의 왼편에 앉아 있기 때문에 자연스럽게 사장의 오른편에 앉게 된다. 남은 세 자리 중 과장은 전무의 오른편에 있기 때문에 전무와 붙어 있는 이사는 자연스레 전무의 왼편, 사장의 맞은편에 앉게 된다.

05 정답 ①

제시문은 연관 관계이다.
'단군'은 '홍익인간'의 이념을 기초로 고조선을 건국했으며, '칸트'는 '정언명령'을 원칙으로 한 도덕법칙을 주장했다.

06 정답 ②

제시문은 대립 관계이다.
'창'과 대립되는 것은 '방패'이며, '검사'와 대립 관계에 있는 사람은 '변호사'이다.

07 정답 ④

제시문은 유의어 관계이다.
'오리무중(五里霧中)'은 '어떤 일의 상황이나 방향을 알 수 없음'을 뜻하여 '미궁'과 유의어 관계이고, '마음에 흡족하도록'을 뜻하는 '마음껏'의 유의어는 '흥에 겨워 마음대로 즐기는 모양'을 뜻하는 '흥청망청'이다.

CHAPTER

06 2017년 하반기 정답 및 해설

01 언어이해

01	02	03	04	05	06	07	08		
①	④	②	③	④	③	②	①		

01 정답 ①

(라) 문단에서 ㉠ 앞의 '예술 작품이 계속 전해지기만 한다면, 그것은 끊임없이 새로운 참조 체계를 통해 변화하며 새로운 의미를 부여받게 된다. 근본적으로 예술 작품의 의미는 무궁하다.'라는 문장을 통해 ㉠은 셰익스피어 작품의 의미가 준거 틀, 즉 참조 체계가 달라짐에 따라 변화한다는 의미임을 짐작해 볼 수 있다.

02 정답 ④

'감상자는 대화 방식의 감상을 통해 예술 작품과 소통함으로써 새로운 진리를 만들어 낸다.'라고 한 (마) 문단과, '감상은 감상자와 예술 작품이 양방향으로 초월하는 미적 체험의 과정'이며 '예술 작품은 감상자를 향하여, 감상자는 예술 작품을 향하여 서로 열려 있는 것'이라는 (바) 문단을 통해 제시된 글의 주제로 '소통으로서의 예술 작품 감상'이 가장 적절함을 알 수 있다.

03 정답 ②

(다) 문단의 마지막 문장인 '감상자가 예술 작품과 만나는 역사적 순간의 참조 체계는 과거와는 다른 새로운 관계를 만들어 내며, 이러한 새로운 관계에 의거해 감상자는 예술 작품으로부터 새로운 의미를 생산해 낸다.'는 내용을 통해 텍스트는 끊임없이 새로운 감상자를 찾으며, 새로운 감상자로부터 새로운 참조 체계를 획득하고, 끊임없이 새로운 관계를 형성하며 새로운 의미를 생산함을 알 수 있다.

04 정답 ③

제시된 글은 남녀의 성차와 평등의 문제를 주제로 하고 있다. 글쓴이는 (나) 문단에서 성차에 대한 유전적 입장과 환경적 입장을 소개한 후 (라) 문단에서 성차의 원인이 무엇이든 간에 차이는 오직 평균적으로 존재할 뿐이므로 성별로 인해 사람을 단정하지 말아야 한다고 주장한다. 또한 (마) 문단에서는 사람들을 제대로 이해하기 위해서는 그들을 '남성'이나 '여성'이라고 한 덩어리로 뭉뚱그려서는 안 되며, 각각을 하나의 개별체로 보고 접근해야 한다고 말한다. 즉, 성차가 있다고 할지라도 평등의 입장에서 옹호될 수 없다고 주장하고 있는 것이다.

05 정답 ④

(라) 문단은 (다) 문단을 뒷받침하는 사례를 제시함으로써 논지를 강화하고 있다.

06 정답 ③

ⓐ는 한 개인을 남성이나 여성이라는 집단의 일부로 여기지 말고, 각각 하나의 개별체로 보아야 한다는 것으로, 이는 집단의 속성이 아니라 개인의 특성에 따라 사람을 판단하라는 뜻이다. 따라서 소속 집단보다는 개인에 따라 사람을 판단해야 한다는 의미로 보는 것이 타당하다.

07 정답 ②

드론의 야간 비행은 2017년 7월에 항공안전법 개정안이 통과되면서 허가를 받을 경우 야간 비행이 가능하도록 규제가 완화됐다.

08 정답 ①

제시된 글은 드론에 대해 설명하면서 다른 나라의 예를 들어 우리나라의 실태와 비교하며 설명하고 있다.

02 문제해결

01	02	03	04	05	06	07			
③	④	③	②	①	①	③			

01 정답 ③

김정현 대리는 신입이라는 이유로 임상희를 무시하거나, 여자라는 이유로 여성 직원들을 폄하하고 있다. 이는 '우리 모두는 누군가의 소중한 가족입니다.' 부문의 세 번째 항목과 다섯 번째 항목에 위배되는 언행이다.

02 정답 ④

행동강령의 '공과 사의 구별은 철저하게, 기회는 공정하게' 부문에서 마지막 항목에 '불공정한 대우를 받았거나 혹은 목격, 그에 대한 고충을 들었다면 조직 책임자, 인사 또는 윤리담당과 바로 상의하십시오.'라고 제시되어 있으므로 조직의 책임자인 조경현 과장에게 알리는 내용인 ④가 옳다.

03 정답 ③

행동강령의 '공과 사의 구별은 철저하게, 기회는 공정하게' 부문에서 네 번째 항목에 '오직 역량과 성과만으로 평가하십시오. 타인으로부터 채용이나 승진을 청탁 받았다면 거부하십시오. 그리고 우리의 원칙에 대하여 적극적으로 설명하십시오.'라고 제시되어 있으므로 원칙을 설명하고 거절한다는 내용의 ③이 옳다.

04 정답 ②

행동강령의 '우리 모두는 누군가의 소중한 가족입니다.' 부문에서 일곱 번째 항목에 따르면 '국가와 지역마다 다른 법 · 규정 · 관습 · 예법 등이 존재합니다. 해외에서 근무하거나 출장 시에는 이점을 항상 주의해서 행동하십시오. 국내에서 문제없는 행동이 해외에서는 문제가 될 수도 있다는 사실을 명심하십시오.'라고 제시되어 있으므로 ②는 적절하지 않다.

05 정답 ①

행동강령의 '정직한 보고는 우리의 땀과 열정을 더 빛나게 해줍니다.' 부문에서 첫 번째 항목의 '발생하는 모든 비용은 일정한 문서에 의해 증명되어야 합니다. 비용과 관련된 시간 및 경비를 상세히 기록하여 보고서로 제출하십시오.'에 따라 영수증 없이 보고한다고 한 ①이 위배되는 행동이다.

06 정답 ①

제시된 문제에서 실외 온도는 영하이므로 세 계기판의 수치를 모두 고려해야 하며, 실내 온도는 20℃ 미만이므로 Parallel Mode를 적용한다. 따라서 PSD는 계기판 숫자의 평균인 4.7(≒14/3)이다. 이때 검침일이 월요일이므로 기준치는 세 계기판의 표준 수치의 합인 15가 된다. 따라서 PSD가 기준치에 미치지 못하므로 눌러야 할 버튼은 정상 버튼이고, 상황통제실의 경고등에는 녹색불이 들어오므로 필요한 조치는 정상 가동이다.

07 정답 ③

검침일이 금요일이고 비정상 버튼을 눌렀으므로 PSD는 '기준치+5'인 12.5(=15/2+5)와 수치가 같거나 더 높아야 한다. 검침 당시 실외 온도계의 온도는 영상이었으므로 중간 계기판의 수치를 제외한 계기판 숫자의 평균은 12(=(13+11)/2)이다. 이것은 12.5에 미치지 못하므로 PSD 수치를 검침 시각 계기판 숫자의 합으로 취급하는 Serial Mode가 적용되었을 것이며, 이는 검침하는 시각에 실내 온도계의 온도가 20℃ 이상일 때 적용되는 모드이므로 실내용 온도계의 수치는 영상 20℃ 이상이었을 것이라 예상할 수 있다.

03 자료해석

01	02	03	04	05					
①	②	③	④	④					

01 정답 ①

2015년 일본의 수입이 2014년 일본 수입보다 164,233(=812,222−647,989)백만 불만큼 줄었다.

02 정답 ②

2016년 일본의 무역액을 x라 하면, 2015년 일본 무역액은 1,272,790(=647,989+624,801)백만 불이므로 식을 세우면,

$$\frac{x-1,272,790}{1,272,790}\times100=-12\%$$

$x=1,120,055.2$

따라서 가장 근사치인 ②가 답이다.

03 정답 ③

미국 수입액의 증감추세는 '증가 → 감소 → 증가 → 감소'이고, 일본 수입액의 증감추세는 '증가 → 감소 → 감소 → 감소'로 동일하지 않다.

오답분석

① 미국의 수입액은 한국과 일본의 수입액 합보다 매년 많고, 미국의 수출액 또한 한국과 일본의 수출액 합보다 매년 많으므로 미국의 무역액은 한국과 일본의 무역액 합보다 매년 많다.

② 전년 대비 2015년 한국 수입의 증감액과 전년 대비 2014년 미국 수입의 증감액은 비슷하지만 증감률을 구할 때 분모에 들어갈 전년도 수입액은 미국이 훨씬 크다. 따라서 전년 대비 2015년 한국 수입액의 증감률 절댓값은 전년 대비 2014년 미국 수입의 증감률 절댓값보다 크다.

④ 일본의 수출액은 매년 감소하고 있다.

04 정답 ④

오답분석

① 1997년 11월 Moody's와 S&P가 평가한 A회사의 신용등급은 같다.

② S&P가 평가한 A회사의 신용등급의 최고 등급은 'AA'이고, 최저 등급은 'B+'로, 11등급의 차이가 난다.

③ 2000년 이후 S&P가 평가한 A회사의 신용등급은 꾸준히 상승하였지만, Moody's가 평가한 신용등급은 2009년 3월에 하락하였다.

05 정답 ④

Moody's가 평가한 A회사의 신용등급은 항상 투자 적격 등급에 해당한 반면, S&P가 평가한 A회사의 신용등급은 1997년 11월과 12월 사이에 신용등급이 투자 부적격 등급으로 하락한 다음 1999년 1월에 투자 적격 등급에 진입하였다.

04 언어논리

01	02	03	04						
④	②	④	③						

01 정답 ④

첫 번째와 두 번째 문장의 삼단논법에 의해 '물에 잘 번지는 잉크의 펜은 뚜껑이 있다.'를 유추할 수 있다.

02 정답 ②

두 번째와 세 번째 문장의 삼단논법에 의해 '아로니아는 비타민이 많은 과일이다.'가 되고, 이 문장을 통해 대우인 ②를 유추할 수 있다.

03 정답 ④

먼저 네 번째 조건에서 구다리와 김지정은 양 끝에 서 있음을 확인하고, 여섯 번째 조건에서 이소아는 구다리보다 왼쪽에 서 있다고 하였으므로, 구다리는 가장 오른쪽에 서 있고, 김지정은 가장 왼쪽에 서 있는 것을 알 수 있다. 또한 첫 번째 조건에 따라 김인자는 왼쪽에서 다섯 번째 자리에 서 있고, 두 번째 조건과 다섯 번째 조건에 따라 문성질은 네 번째 자리, 이소아와 조상욱은 두 번째 자리와 세 번째 자리에 서게 되지만 정확한 자리의 순서는 알 수 없다. 따라서 ④는 옳지 않다.

04 정답 ③

B는 시나몬 가루가 들어간 커피인 카푸치노를 시키지 않았다고 했는데, 점원은 B가 카푸치노를 주문했다고 하였으므로 둘 중 한 명은 거짓을 말하고 있다. 만약 점원이 거짓을 말하고 있다고 하면 나머지 사람들은 참을 말하고 있으므로 A는 아메리카노, D는 카라멜마끼아또, B는 카페라테를 주문한 것이 된다. 그러면 카푸치노만 남게 되는데 C는 두 가지 재료만 들어간 커피, 즉 아메리카노 또는 카페라테를 주문했다고 하였으므로 모순이 된다. 따라서 거짓을 말하고 있는 사람은 B이고, A는 아메리카노, B는 카푸치노, C는 카페라테, D는 카라멜마끼아또를 주문하였으므로, 카페라테를 시킨 사람은 C이다.

CHAPTER
07 2017년 상반기 정답 및 해설

01 언어이해

01	02	03	04	05					
③	④	①	④	②					

01 정답 ③

시조문학이 발전한 배경 설명과 함께, 두 경향인 강호가류(江湖歌類)와 오륜가류(五倫歌類)를 소개하고 있는 (다)가 맨 처음에 와야 한다. 다음으로 강호가류에 대하여 설명하는 (라)나 오륜가류에 대하여 설명하는 (나)가 와야 하는데, (나)가 전환 기능의 접속어 '한편'으로 시작하므로 (라) – (나)가 되고, 강호가류와 오륜가류에 대한 설명을 마무리하며 사대부들의 문학관을 설명하는 (가)가 마지막으로 온다.

02 정답 ④

섬유 예술과 타 예술장르와의 관계에 대해서는 제시된 바가 없다.

오답분석

① 첫 번째 문단에서 섬유 예술의 재료인 실, 직물, 가죽, 짐승의 털 등이 제시되어 있다.
② 두 번째, 세 번째 문단에서 섬유 예술이 조형 예술 장르로 자리매김한 계기와, 이후 조형성을 강조하는 방향으로 발전한 과정을 설명하고 있다.
③ 대표적인 섬유 예술 작품으로 올덴버그의 「부드러운 타자기」와 라우센버그의 「침대」를 들고 있다.

03 정답 ①

첫 번째 문단에 의하면 섬유 예술에 쓰이는 재료들은 상징적 의미를 불러일으키는 '오브제'로 쓰인다. 따라서 라우센버그의 「침대」에 쓰인 모든 재료들 역시 이러한 의미를 지니고 있을 것임을 유추해볼 수 있으므로, 특별한 의미를 추구하지 않는다는 것은 옳지 않은 설명이다.

오답분석

② 올덴버그의 「부드러운 타자기」가 주목받은 것이 섬유 예술이 새로운 조형 예술의 한 장르로 자리매김한 결정적 계기라고 하였으므로, 이전에는 대체로 섬유 예술을 조형 예술 장르로 보지 않았음을 알 수 있다.
③ 두 번째 문단에 따르면 올덴버그가 「부드러운 타자기」를 통해 섬유를 심미적 대상으로 인식할 수 있게 하였다.
④ 세 번째 문단에서 콜라주와 아상블라주는 현대의 여러 예술 사조에서 활용되는 기법을 차용한 것이라고 하였으므로, 섬유 예술 이외에도 다양한 예술 분야에서 활용됨을 알 수 있다.

04 정답 ④

이이에 따르면 '기'는 현실에서 다양한 모습으로 존재하지만 그 속에 담겨 있는 '이'는 달라지지 않는다.

오답분석

①·② 첫 번째 문단을 통해 알 수 있다.

③ 세 번째 문단에 따르면 이황은 '이'가 발동하면 그에 따라 '기'도 작용하여 인간이나 사회는 도덕적인 모습이 되지만, '이'가 발동 하지 않고 '기'만 작용하면 인간이나 사회는 비도덕적 모습이 될 수 있다고 보았다. 따라서 이황에 따르면 '이'의 발동 여부가 '기'가 어떻게 작용할지를 좌우한다고 할 수 있다.

05 정답 ②

성리학의 '이'와 '기' 개념에 대해 서경덕, 이황, 이이의 서로 다른 관점을 소개하고 있다.

02 문제해결

01	02	03							
②	③	④							

01 정답 ②

발표 자료 작성 시 무조건적으로 많은 양의 자료를 입력하는 것은 청자의 집중력을 분산시킬 수 있다. 따라서 꼭 필요한 검증된 자료만 사용하는 것이 바람직하다.

02 정답 ③

S주임은 한 폴더 안에 파일이 많으면 가장 최근에 진행한 업무 파일이 맨 앞에 오게 정리하라고 조언하였다. 따라서 가나다순이 아닌 날짜순으로 정렬해야 한다.

03 정답 ④

각 항목별로 채용조건과 대조해 보면, 4년제 대학 재학생 또는 졸업자여야 하므로 고졸의 주부인 A와 재수생인 B는 제외된다. 또한, 사용 가능 프로그램은 엑셀과 워드프로세서가 필수이므로 엑셀이 포함되지 않은 E가 제외되며, 화요일 근무가 불가하고 출퇴근 시간이 30분 이상인 C가 제외된다. 따라서 연락할 지원자는 D, F이다.

03 자료해석

01	02	03	04						
③	③	②	①						

01 정답 ③

자료를 대략적으로만 살펴보아도 서울·인천·경기, 광주·전남, 부산·울산·경남, 제주 네 지역은 면적당 논벼 생산량이 타 지역에 비해 많지 않다는 것을 알 수 있으므로, 나머지 다섯 지역만 구해보아도 답을 구할 수 있다. 전체 지역의 면적당 논벼 생산량을 구해 보면,

- 서울·인천·경기 : $\frac{468,506}{91,557}=5.11\cdots$톤/ha
- 강원 : $\frac{166,396}{30,714}=5.41\cdots$톤/ha
- 충북 : $\frac{201,670}{37,111}=5.43\cdots$톤/ha
- 세종·대전·충남 : $\frac{803,806}{142,722}=5.63\cdots$톤/ha
- 전북 : $\frac{687,367}{121,016}=5.67\cdots$톤/ha
- 광주·전남 : $\frac{871,005}{170,930}=5.09\cdots$톤/ha
- 대구·경북 : $\frac{591,981}{105,894}=5.59\cdots$톤/ha
- 부산·울산·경남 : $\frac{403,845}{77,918}=5.18\cdots$톤/ha
- 제주 : $\frac{41}{10}=4.1$톤/ha

따라서 면적당 논벼 생산량이 가장 많은 지역은 전북 지역이다.

오답분석

① 광주·전남 지역의 논벼 면적과 밭벼 면적은 각각 가장 넓고, 논벼와 밭벼 생산량도 각각 가장 많다.
② 제주 지역의 백미 생산량 중 밭벼 생산량이 차지하는 비율을 구하면,
$\frac{317}{41+317}\times100=88.54\cdots\fallingdotseq88.6\%$
④ 전국 밭벼 생산량 면적 중 광주·전남 지역의 밭벼 생산 면적이 차지하는 비율은
$\frac{705}{2+3+11+10+705+3+11+117}\times100=81.78\cdots\%$
따라서 80% 이상이다.

02 정답 ③

- 2014 ~ 2016년 석유제품의 총 수출액 : 50,784+32,002+26,472=109,258백만 달러
- 2014 ~ 2016년 무선통신기기의 총 수출액 : 29,573+32,587+29,664=91,824백만 달러

따라서 석유제품의 총 수출액이 무선통신기기보다 높다.

오답분석

① 2014 ~ 2015년 10위를 유지하던 전자응용기기가 2016년 10위권 밖으로 밀려나고 대신 플라스틱 제품이 10위를 기록했다.
② 1위 반도체, 6위 자동차 부품, 9위 철강판은 3년 연속 순위를 유지했으나 수출액은 모두 점차 줄어들고 있다.
④ 순위와 수출액 모두 상승한 것은 선박해양구조물 및 부품과 무선통신기기로 총 두 품목이다.

03 정답 ②

전체 1인 가구 중 서울 · 인천 · 경기의 1인 가구가 차지하는 비율을 구하면,

$\frac{1,012+254+1,045}{5,279}\times100=43.77\cdots\%$

따라서 전체 1인 가구 중 서울 · 인천 · 경기의 1인 가구가 차지하는 비율은 40%가 넘는다.

오답분석

① 강원도와 충청북도의 전체 가구 및 1인 가구 수를 대략 비교만 해봐도 전체 가구 대비 1인 가구의 비율이 강원도가 더 높다는 것을 쉽게 알 수 있다.

- 강원도의 1인 가구 비율 : $\frac{202}{616}\times100=32.79\cdots\%$
- 충청북도의 1인 가구 비율 : $\frac{201}{632}\times100=31.80\cdots\%$

따라서 강원도의 1인 가구 비율이 더 높다.

③ 도 지역 가구 수 총합을 구하면,

4,396+616+632+866+709+722+1,090+1,262+203=10,496가구

따라서 서울시 및 광역시 가구 수는 19,018−10,496=8,522가구이므로, 도 지역의 가구 수 총합이 더 크다.

④ 경기도를 제외한 도 지역 중 1인 가구 수가 가장 많은 지역은 경상북도이지만, 전체 가구 수가 가장 많은 지역은 경상남도이다.

04 정답 ①

수치가 전년도 대비 증가한 연도만 살펴보면, 2008년에는 0.66−0.53=0.13%p, 2009년에는 0.74−0.66=0.08%p, 2010년에는 0.87−0.74=0.13%p, 2011년에는 1.1−0.87=0.23%p, 2012년에는 1.43−1.1=0.33%p 증가했다. 따라서 전년 대비 유기농 경작 면적률이 가장 많이 증가한 것은 2012년이다.

04 언어논리

01	02	03	04						
①	④	②	②						

01 정답 ①

'손이 고움' : p, '마음이 예쁨' : q, '키가 큼' : r이라고 하면, '$p \rightarrow q$', '$\sim p \rightarrow r$'이다. 어떤 명제가 참이면 그 명제의 대우도 참이므로 '$\sim r \rightarrow p$'가 성립하고, '$\sim r \rightarrow p \rightarrow q$'가 되어 '$\sim r \rightarrow q$'가 성립하므로 ①이 답이 된다.

02 정답 ④

어떤 L대학교 학생은 중국어 수업을 들으므로, 중국어 수업을 듣는 학생이 적어도 1명 이상이다. 모든 L대학교 학생은 영어 또는 작문 수업을 들으므로, 이 학생은 중국어와 영어 수업을 듣거나, 중국어와 작문 수업을 듣는다. 따라서 ④가 답이다.

03 정답 ②

조건에 따라 정리해 보면 다음과 같다.

첫 번째	두 번째	세 번째	네 번째	다섯 번째	여섯 번째
A	D	F	B	E	C
A	F	D	B	E	C
D	F	B	E	C	A
F	D	B	E	C	A
D	F	C	E	B	A
F	D	C	E	B	A

A가 맨 앞에 서면 E는 다섯 번째에 설 수밖에 없으므로 ②가 답이다.

오답분석

① A가 맨 뒤에 서 있는 경우 맨 앞에는 D가 서 있을 수도, F가 서 있을 수도 있다.
③ 첫 번째, 세 번째 경우 F와 B가 앞뒤로 서 있다.
④ 첫 번째, 두 번째 경우 C가 맨 뒤에 서 있다.

04 정답 ②

만약 갑의 말이 진실이면 을의 말은 거짓, 병의 말은 진실, 정의 말도 진실, 무의 말은 거짓이 되어 진실을 말한 사람이 3명이 되므로 1명만 진실을 말한다는 조건에 맞지 않다. 따라서 갑의 말은 거짓이다. 또한, 을이나 무의 말이 진실이라면 병의 말이 진실이 되므로 이 역시 1명만 진실을 말한다는 조건에 위배되어 을과 무의 말 역시 거짓이다. 병의 말이 진실이라면 을의 말은 거짓, 정의 말은 진실이 되므로 병의 말도 거짓이다. 따라서 진실을 말한 사람은 정이고, 갑, 을, 병, 무의 말은 모두 거짓이며, 병이 범인이 된다.

CHAPTER

08 2016년 하반기 정답 및 해설

01 언어이해

01	02	03	04	05	06				
②	③	③	④	③	①				

01 정답 ②

제시문은 은행의 종류와 역할에 대한 설명을 통해 독자에게 새로운 정보를 제공하고 있다.

02 정답 ③

제시문에 따르면 투자신탁회사, 자산운용회사는 투자자들이 맡긴 돈을 모아 뭉칫돈으로 만들어 증권이나 채권 등에 투자해 수익을 올리지만, 돈을 빌려주지는 않는다.

03 정답 ③

방사성 인을 사용한 것은 인을 구성요소로 하는 DNA를 추적하기 위한 것일 뿐이고 인 원자 자체가 유전 정보를 전달하는 것은 아니다. 또한 방사성 동위원소 추적자를 사용한 바이러스 실험을 통해 유전 정보의 전달자는 단백질이 될 수 없으며 전달자는 DNA인 것으로 밝혀졌다. 따라서 유전 정보가 인을 통해 전달된다는 것은 제시된 글의 내용과 일치하지 않는다.

04 정답 ④

허쉬 – 체이스 실험에 의하면, 바이러스가 세포에 침투했을 때 바이러스는 다른 세포에 무임승차하여 세포에 악당 유전 정보를 주입한다는 것을 알 수 있다. 그러나 그 유전 정보가 바이러스의 DNA에 들어 있는지 단백질에 들어 있는지는 알 수 없었다. 방사성 동위원소 추적자를 사용해서 바이러스가 침투한 세포들을 추적한 결과, 침투한 바이러스의 DNA는 증식된 세포의 다음 세대에서 발견된다는 것을 발견하였으며 또한 DNA만이 세포 내로 침투하여 유전에 관여함을 알 수 있었다.

오답분석

① 방사성과 무관하게 황이 세포 내에 존재할 수 없다.
② 글의 내용과 무관하다.
③ 바이러스가 침투한 세포들을 조사한 결과, 방사성 인은 세포에 주입되어 전달된 반면 황이 포함된 단백질은 그렇지 않은 것으로 드러났다.

05 정답 ③

우리 춤은 '곡선'을 위주로 진행되는 과정 중에 '정지'가 나타나곤 하는데, 정지의 상태에도 상상이 선을 느낄 수 있는 경지를 구현하는 것이 우리 춤의 특성이라고 할 수 있다. 우리 춤의 힘찬 선 및 부드러운 선 등 다양한 곡선은 호흡 조절을 통해 구현되는데, 그렇다고 해서 힘차고 가벼운 동작이 규칙적으로 반복되는 것은 아니다.

오답분석

① 첫 번째 문단에서 '흔히 우리 춤을 손으로 추는 선의 예술이라 한다.'라고 하였다.
② 두 번째 문단의 첫 문장에서 '우리 춤의 선은 내내 곡선을 유지한다.'라고 하였다.
④ 네 번째 문단 첫 문장의 '호흡의 조절을 통해 다양하게 구현되는 곡선'이라는 내용에서 확인할 수 있다.

06 정답 ①

우리 춤은 내내 '곡선'을 유지하면서 진행된다. 이 말은 춤이 시종일관 곡선만으로 진행된다는 말이 아니라, '정지'의 순간에도 상상의 선을 만들어 춤을 이어갈 수 있다는 것을 의미한다. 이는 몰입 현상에 의해 완성되는 우리 춤의 특성을 보여 주는 것으로, '곡선'과 더불어 '정지'의 순간에도 유지되는 선까지 느낄 수 있어야 우리 춤을 제대로 감상하는 것임을 알 수 있게 해준다. 이때 ㉠은 '실제로 보이는 곡선'을 의미하고, ㉡・㉢・㉣는 '정지'의 상태를 의미한다.

02 문제해결

01	02	03							
④	③	②							

01 정답 ④

전화를 다른 부서로 연결할 때 고객에게 양해를 구하지 않았으며, 다른 부서의 사람이 전화를 받을 수 있는 상황인지를 사전에 확인하지 않은 것도 잘못된 태도이다.

02 정답 ③

(A) 비서실 연락은 브로슈어 인쇄를 위해 미리 파일을 받아야 하므로 (D) 인쇄소 방문보다는 먼저 이루어져야 한다. (B) 회의실, 마이크 체크는 내일 오전 (E) 업무 보고 전에 준비해야 할 사항이다. (C) 케이터링 서비스 예약은 내일 3시 팀장회의를 위해 준비하는 것이므로 24시간 전인 오늘 3시 이전에 실시하여야 한다.
따라서 순서를 정리하면 (C) – (A) – (D) – (B) – (E)가 되는데, 여기서 (C)가 (A)보다 먼저 이루어져야 하는 이유는 현재 시간이 2시 50분이며, 비서실까지 가는 데 걸리는 시간이 15분이므로 3시가 지나기 때문이다. 따라서 먼저 케이터링 서비스 예약을 하는 것이 옳다.

03 정답 ②

주어진 문제에 대해서 계속해서 원인을 물어 가장 근본이 되는 원인을 찾는 5Why의 사고법을 활용하여 푸는 문제이다. 주어진 내용을 토대로 인과관계를 나열하면, 신입사원이 결혼을 못하는 이유는 (A) 배우자를 만날 시간이 없는 것이며, (B) 이는 매일 늦게 퇴근하기 때문이다. 또한 늦게 퇴근하는 원인은 (C) 업무를 제때 못 마치기 때문이며, 이는 (D) 신입사원이어서 업무에 대해 잘 모르기 때문이다. 따라서 그 해결방안으로 업무에 대한 OJT나 업무 매뉴얼을 활용하여 업무시간을 줄이도록 할 수 있다.

03 자료해석

01	02	03	04						
②	④	①	③						

01 정답 ②

고속버스를 이용할 경우 : 68,400(어른요금 2명)+34,200(아동요금 2명)=102,600원
승용차를 이용할 경우 : 87,156원(경차), 99,706원(경차 외)

오답분석

① 경차를 이용할 경우 : 74,606+12,550=87,156원
승용차를 이용할 경우 : 74,606+25,100=99,706원
③ 어른 두 명이 고속버스 이용할 경우 : 68,400원
어른 두 명이 경차를 이용할 경우 : 74,606+12,550=87,156원
④ KTX를 이용할 경우 : 114,600+57,200=171,800원

02 정답 ④

해당 기간 동안 이용자 수의 증감률이 가장 낮은 분야는 PC기반 오픈마켓(전년 상반기 대비 증감률 : 약 −0.06%)이다.

오답분석

① 모바일 쇼핑앱 월평균 이용자 수는 조사기간 동안 계속 증가하였다.
② {(5,480,000+1,530,000+6,604,000)−(3,675,000+868,000+4,057,000)}÷(3,675,000+868,000+4,057,000)×100≒58.3%
③ 표를 통해 확인할 수 있다.

03 정답 ①

2010년과 2011년에 일본을 방문한 총 중국인 관광객 수 : 830,000+450,000=1,280,000명
2010년과 2011년에 한국을 방문한 총 중국인 관광객 수 : 1,010,000+1,310,000=2,320,000명

오답분석

② 2011년부터 2014년까지는 계속 증가하였다.
③ 2010~2011년 감소, 2011~2012년 증가, 2012~2013년 감소, 2013~2014년 증가
④ 2014년 방한 중국 국적 관광객은 477만 명으로 가장 많다.

04 정답 ③

국산, 미국산, 호주산의 소 가격은 각각 모두 증가와 감소가 함께 나타나고 있다.

오답분석

① 표를 통해 알 수 있다.
② 2~3월 양파 가격 평균의 합 : 2,392+2,373=4,765
6~7월 배추 가격 평균의 합 : 2,775+2,967=5,742
④ 1~2월 계란 가격 변동 폭 : 5,473−5,493=−20
1~2월 닭 가격 변동 폭 : 5,107−5,265=−158

04 언어논리

01	02	03	04	05	06	07			
②	②	③	③	①	①, ③	③, ②			

01 정답 ②

주어진 조건을 표로 정리하면 다음과 같다.

구분	불고기버거	치즈버거	새우버거
사이다	경순 or 다은		
콜라	경순 or 다은		
우유		주연	
물			은지, 정언

오답분석

①·③ 은지와 정언이는 둘 다 물과 새우버거를 먹는다.

④ 주연이는 우유와 치즈버거를 먹는다.

02 정답 ②

주어진 조건을 표로 정리하면 다음과 같다.

구분	월	화	수	목	금
경우1	전주	목포	여수	담양	순천
경우2	전주	목포	여수	순천	담양

오답분석

①·④ 여수는 수요일에 가기 때문에 비가 오는 것이 확실하지만, 비가 오는 금요일에 방문하는 곳은 순천과 담양 두 가지의 경우의 수가 나오기 때문에 항상 참이 될 수 없다.

③ 여행지 순서는 '전주 – 목포 – 여수 – 담양 – 순천'과 '전주 – 목포 – 여수 – 순천 – 담양' 두 가지가 있다.

03 정답 ③

제시문은 상하 관계이다.

'버스'는 '자동차'의 하의어고, '전통놀이'의 하의어는 '윷놀이'이다.

04 정답 ③

제시문은 반의 관계이다.

'휴식'과 반의 관계에 있는 낱말은 '노동'이다.

05 정답 ①

제시문은 대등 관계이다.

'장롱'과 대등 관계에 있는 낱말은 '침대'이다.

06 정답 ①, ③

제시문은 각국의 대표 음식을 나타낸다.
'영국'의 대표 음식은 '피시앤칩스'이고, '똠양꿍'은 '태국'의 대표 음식이다.

07 정답 ③, ②

제시문은 역사적 사건이 발생한 연도이다.
'임오군란'은 '1882'년에 발생했으며, '1592'년에 발생한 역사적 사건은 '임진왜란'이다.

CHAPTER

09 2016년 상반기 정답 및 해설

01 언어이해

01	02	03	04	05	06				
④	③	③	①	③	④				

01 정답 ④

글의 첫 문단에서 위계화의 개념을 설명하고 이러한 불평등의 원인과 구조에 대해 살펴보고 있다.

02 정답 ③

제시된 글은 나치 치하의 유태인 대학살과 라틴 아메리카의 다인종 사회의 예는 민족이나 인종의 차이가 단순한 차이가 아닌 차별과 불평등을 정당화하는 근거로 이용되고 있다는 내용이므로 (나)의 '개인의 열등성과 우등성을 가늠하게 만드는 사회적 개념이 되곤 한다.' 다음에 들어가는 것이 적절하다.

03 정답 ③

(다)의 '불평등은 체계적으로 ~ 수용될 때가 많다.'를 통해 알 수 있다.

04 정답 ①

'하지만 청소년 비행이나 살인, 절도, 방화, 화이트 칼라 범죄, 조직범죄와 같은 대다수의 범죄에는 갈등 이론이 설명력을 갖지 못한다.'를 통해 ①이 사례로 옳지 않다는 것을 알 수 있다.

05 정답 ③

갈등 이론은 법과 형사 사법 체계가 전체적인 사회의 이해관계나 규범보다는 사회에서 가장 힘 있는 집단의 이해관계와 규범을 구체화시킨다고 주장한다. ③은 합의 이론과 관련된 내용이다.

06 정답 ④

합의 이론은 '사회 규범과 도덕 규범에 대한 전반적 합의와 사회의 모든 요소들과 관련된 공통적 이해관계를 언급함으로써 법의 내용과 운용을 설명'하는 것이므로 ④는 이와 거리가 멀다.

02 문제해결

01	02	03							
②	④	③							

01 정답 ②

배너 설치 장소는 총 3곳이며, 외부용 1장과 내부용 2장이 필요하고 실외용은 전부 양면 배너로 제작한다. 따라서 일반 배너 2장, 양면 배너 1장 그리고 내부용 거치대 2개, 외부용 거치대 1개가 필요하다.

∴ 15,000원×2장+20,000원×1장+10,000원×2개+15,000원×1개=85,000원

02 정답 ④

현수막의 기본 크기는 1m×3m($3m^2$)이고 5,000원이다. 그리고 $1m^2$만큼 추가될 때 3,000원씩 비용이 추가된다. 상사가 추가로 요청한 현수막을 살펴보면 '3m×8m' 2개, '1m×4m' 1개이다.

'3m×8m'는 $24m^2$로 기본금 5,000원+(24−3)×3,000원=68,000원이다. '1m×4m'는 $4m^2$로 기본금 5,000원+(4−3)×3,000원=8,000원이다. 따라서 현수막 설치 총비용은 68,000원×2+8,000원=144,000원이다.

03 정답 ③

402 항공편의 비행시간은 32시간 30분이다. 반면 150 항공편은 36시간 20분이다. 그러므로 402 항공편의 비행시간이 가장 길다는 ③의 설명은 옳지 못하다.

03 자료해석

01	02								
①	③								

01 정답 ①

방화는 250/1,653×100≒15.1%, 강간은 2,191/14,902×100≒14.7%로 강간이 가장 작다.

오답분석

②·④ 표를 통해 쉽게 확인할 수 있다.

③ 61세 이상이 강간에서 차지하는 비중은 625/14,329×100≒4.3%, 강도에서 차지하는 비중은 68/5,584×100≒1.2%이다.

02 정답 ③

2TV의 재방송시간은 총 102,000분인데 이에 대한 35%이므로 102,000×0.35=35,700분이다.

04 언어논리

01	02	03	04						
②	③	③	③						

01 정답 ②

제시된 진료 현황을 각각의 명제로 보고 이들을 수식으로 설명하면 다음과 같다(단, 명제가 참일 경우 그 대우도 참이다).

- B병원이 진료를 하지 않을 때 A병원이 진료한다(~B → A / ~A → B).
- B병원이 진료를 하면 D병원은 진료를 하지 않는다(B → ~D / D → ~B).
- A병원이 진료를 하면 C병원은 진료를 하지 않는다(A → ~C / C → ~A).
- C병원이 진료를 하지 않을 때 E병원이 진료한다(~C → E / ~E → C).

이를 하나로 연결하면, D병원이 진료를 하면 B병원이 진료를 하지 않고, B병원이 진료를 하지 않으면 A병원은 진료를 한다. A병원이 진료를 하는 경우 C병원은 진료를 하지 않고, C병원이 진료를 하지 않으면 E병원은 진료를 한다(D → ~B → A → ~C → E).

명제가 참일 경우 그 대우도 참이므로 ~E → C → ~A → B → ~D이다.

공휴일일 경우는 E병원이 진료를 하지 않을 때이므로 위의 명제를 참고하면 C와 B병원만이 진료를 하는 경우가 된다. 따라서 공휴일에 진료를 하는 병원은 2곳이다.

02 정답 ③

두 번째 명제의 대우는 '독서를 좋아하지 않는 사람은 영화 관람을 좋아한다.'이고, 세 번째 명제의 대우는 '조깅을 좋아하는 사람은 영화 관람을 좋아한다.'이다. 그러나 이 두 문장을 가지고 ③을 추론하는 것은 적절하지 않다.

오답분석

① 첫 번째 명제와 네 번째 명제의 대우를 연결하면 참임을 알 수 있다.
② 첫 번째 명제의 대우와 다섯 번째 명제를 통해서 알 수 있다.
④ 다섯 번째 명제의 대우와 네 번째 명제의 대우를 연결하면 참임을 알 수 있다.

03 정답 ③

- 5호 : 진실 → 3호, 4호 : 거짓말 → 1호, 2호 : 진실
  따라서 3호, 4호가 범인이다.
- 5호 : 거짓말 → 3호 또는 4호 : 거짓말 → 1호, 2호 : 진실
  이 경우에는 범인과 거짓말 한 사람이 일치하지 않는다.

04 정답 ③

주어진 조건에 따르면 다음과 같은 경우가 나온다.

〈경우 1〉

F	A, C	
D	B, G	E

〈경우 2〉

F	A, E	
D	B, G	C

이와 같이 어느 경우라도 1층에는 4명이 있다.

CHAPTER

10 2015년 하반기 정답 및 해설

01 언어이해

01	02	03							
④	③	③							

01 정답 ④

이 글은 미술 작품을 올바르게 감상하기 위해 우리들이 지녀야 할 태도에 대해 언급하고 있다. 작품을 올바르게 이해하기 위해서는 기존의 편협한 사고방식이나 태도에 얽매이지 말고 나름대로의 날카로운 안목과 감수성을 길러야 함을 강조하고 있다.

02 정답 ③

차를 자주 마셔 보지 않던 사람들은 여러 종류의 차가 지닌 독특한 맛을 구분할 수 없다. 마찬가지로 미술 작품을 자주 접할 기회가 없는 사람은 미의 본질에 대한 이해가 부족하여 여러 종류의 미술 작품에 대한 안목과 감상 능력이 부족하다.

03 정답 ③

본문에서 쓰인 경구의 한자어는 '어떤 사상이나 진리를 간결하고 날카롭게 표현할 글귀'를 뜻하는 경구(警句)이다. 경구(驚句)란 사람을 놀라게 할 만큼 뛰어나게 잘 지은 시구를 의미한다.

02 문제해결

01	02	03							
③	①	①							

01 정답 ③

최단 경로는 굵은 선으로 표시된 'S → C → F → E → G → T'이다.
최단 경로의 이동 거리는 300+400+100+200+400=1,400m이다.
따라서 최소 수도관 재료비용은 1,400m×1만 원=1,400만 원이다.

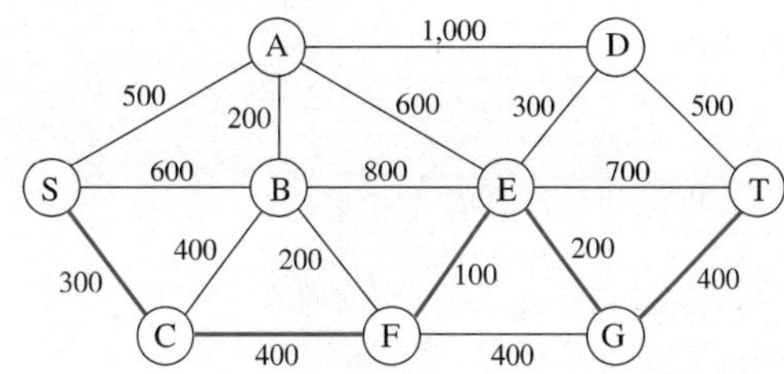

02 정답 ①

종전 최단 경로의 이동 거리는 1,400m이고, 수도관 재료비용은 1,400만 원이다.
새로운 최단 경로는 굵은 선으로 표시된 'S → A → E → G → T'이다. 새로운 최단 경로는 1,700m이고, 수도관 재료비용은 1,700만 원이다. 최단 경로를 찾는 방법은 복잡해 보이지만, 아래 그림에 B에 표시된 S600, E에 표시된 A1100, T에 표시된 G1700과 같이 표시하면서 경로를 찾으면 혼동 없이 최단 경로를 찾을 수 있다. 여기서 'S600'이란 'S → B'의 600m가 최단 경로라는 뜻이다. 이런 식으로 중간중간 표시를 하면 빠뜨리지 않고 경로를 좀 더 쉽게 찾을 수 있다.
∴ 1,700만 원−1,400만 원=300만 원

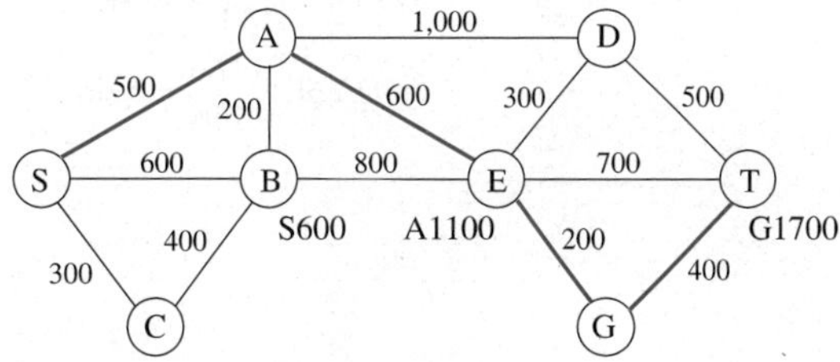

03 정답 ①

이 문제를 풀기 위해서는 수도관 연결 구간의 숫자를 구입비용으로 바꾸어야 한다. 그래야만 쉽게 최소 구입비용을 구할 수 있다. 연결 구간별 수도관의 종류는 외곽은 직경 2m 수도관, 중간은 직경 1m 수도관, 나머지 구간은 모두 직경 0.5m 수도관이다. 굵은 선으로 표시한 부분이 최소 구입비용이 되는 이동 경로이다. 끝부분에서 E → T로 가는 경로와 E → G → T로 가는 경로가 구입가격이 같은데, 묻고 있는 것이 구입비용이므로 결과는 같다.
∴ 1,200만 원+200만 원+100만 원+1,400만 원=2,900만 원

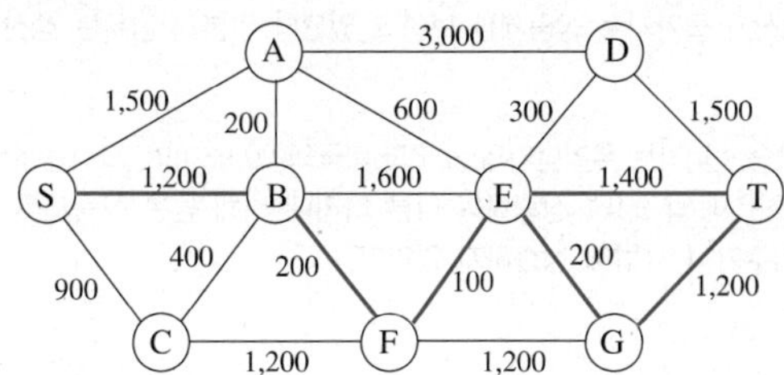

03 자료해석

01	02	03	04	05					
③	④	②	④	④					

01 정답 ③

남자 수는 전체의 60%이므로 300명, 여자 수는 200명이다.

• 41 ~ 50회를 기록한 남자 수 : $\frac{35}{100}\times300=105$명

• 11 ~ 20회를 기록한 여자 수 : $\frac{17}{100}\times200=34$명

∴ $105-34=71$명

02 정답 ④

(가)=723−76−551=96

(나)=824−145−579=100

(다)=887−131−137=619

(라)=114+146+688=948

∴ (가)+(나)+(다)+(라)=96+100+619+948=1,763

03 정답 ②

2040년의 고령화율이 2010년 대비 2배 이상 증가하는 나라는 ㉠ 한국(3.0배), ㉣ 브라질(2.5배), ㉤ 인도(2.0배)이다.

㉠ 한국 : $\frac{33.0}{11.0}=3.0$배

㉡ 미국 : $\frac{21.2}{13.1}=1.6$배

㉢ 일본 : $\frac{34.5}{23.0}=1.5$배

㉣ 브라질 : $\frac{17.6}{7.04}=2.5$배

㉤ 인도 : $\frac{10.2}{5.1}=2.0$배

04 정답 ④

전체 보육교직원 중 원장이 차지하는 비율을 구하면 $\frac{39,546}{248,635}\times100\fallingdotseq15.9$%이다.

따라서 나머지 인원이 차지하는 비율은 100−15.9=84.1%이다.

05 정답 ④

미국과 중국은 다른 경쟁국에 비해 높은 생산자 물가지수 상승세를 보이고 있으나 일본의 경우는 생산자 물가지수의 변동이 크지 않다.

오답분석

① 일본의 4.81에 비해 4배 이상(19.24)이 상승한 나라는 우리나라의 21.6과 미국의 20.93이며, 그다음 순위인 중국은 18.93이므로 해당하지 않는다.

② 우리나라의 생산자 물가지수 상승률은 4년 새 약 9.9% 상승하여 다른 나라에 비해 높은 상승세를 보이고 있다.

③ 일본은 2005년에 비해 2011년의 물가지수가 4.81밖에 상승하지 않았다.

04 언어논리

01	02	03	04	05					
③	③	④	①	②					

01 정답 ③

같은 색깔로는 심지 못한다고 할 때 아래의 경우로 꽃씨를 심을 수 있다.
1) 빨간 화분 : 파랑, 노랑, 초록
2) 파란 화분 : 빨강, 노랑, 초록
3) 노란 화분 : 빨강, 파랑, 초록
4) 초록 화분 : 빨강, 파랑, 노랑
주어진 조건을 적용하면 아래와 같은 경우로 꽃씨를 심을 수 있다.
1) 빨간 화분 : 파랑, 초록
2) 파란 화분 : 빨강, 노랑
3) 노란 화분 : 파랑, 초록
4) 초록 화분 : 빨강, 노랑
초록 화분과 노란 화분에 심을 수 있는 꽃씨의 종류는 다르므로 ③은 틀린 설명이다.

02 정답 ③

주어진 조건에 따르면 E－B－( )－( )－C－( )－D이다. 그러므로 꼴찌는 D가 된다.

03 정답 ④

주어진 조건에 따르면 두 가지의 경우가 있다.

1)

5층	D
4층	B
3층	A
2층	C
1층	E

2)

5층	E
4층	C
3층	A
2층	B
1층	D

따라서 A부서는 항상 3층에 위치한다.

04 정답 ①

부산이 4번째 여행지일 때, 민호가 여행한 순서는 다음과 같다.

전주	강릉	춘천	부산	안동	대구

따라서 전주는 첫 번째 여행지이다.

05 정답 ②

주어진 조건을 표로 나타내면 다음과 같다.

구분	월	화	수	목	금
은정	×	×	×	○	
소연			○		
지현	○		×		
보람		○	×		
지연					○

CHAPTER

11 2015년 상반기 정답 및 해설

01 언어이해

01	02	03							
③	①	③							

01 정답 ③

글쓴이는 현대의 조각이 물아일체(物我一體)의 경지가 아닌, 재료 자체가 고유하게 지닌 물성(物性)을 드러내는 경향이 강하다고 보았다. 따라서 '정신의 물화(物化)'로 치닫게 되지나 않을지 염려하고 있으며, 자기의 마음을 빚어내었던 재경과 포정의 예를 통해 조각과 인간의 정신이 하나 되어야 함을 이야기하고 있다.

02 정답 ①

(A)는 무아(無我)의 경지에서 조각의 재료와 자신의 마음을 일치시키는 물아일체(物我一體)의 조각 정신을 강조한 부분이다.

03 정답 ③

㉠의 조각은 정신을 재료에 일치시키는 물아일체(物我一體)의 경지를 의미한다. ⓐ는 재료를 깎는 행위, ⓑ는 형상을 단순 모방하거나 재현하여 깎는 행위, ⓓ는 깎고 쪼고 잘라내는 행위로 모두 단순한 사전적 의미의 조각일 뿐 물아일체(物我一體)의 경지와는 거리가 멀다. ⓒ는 재경의 조각으로 물아일체(物我一體)의 경지에 오른 조각을 의미한다.

02 문제해결

01	02	03	04	05					
③	④	③	②	①					

01 정답 ③

조건에 따르면, 총무부의 트래킹 시간은 둘째 날에는 6시간, 셋째 날에는 5시간으로 서로 다르다.

02 정답 ④

내려오는 경우, 소요시간은 50% 단축되므로 F지점에서 E지점으로 가는 데에는 1시간이 소요된다.

03 정답 ③

총무부의 트래킹 일정은 다음과 같다.

5월 3일	A → D	5월 8일	L → M
5월 4일	D → G	5월 9일	M → H
5월 5일	G → J	5월 10일	H → B
5월 6일	J → K	5월 11일	B → A
5월 7일	K → L		

04 정답 ②

5월 9일은 트래킹 7번째 날로, M지점에서부터 내려오기 시작하는 날이다. 따라서 1.5+1.5+1+0.5+1=5.5시간이 걸리는 H지점이 숙박지점이다.

05 정답 ①

영업부의 트래킹 일정은 다음과 같다.

5월 8일	A → D	5월 13일	L → M
5월 9일	D → G	5월 14일	M → H
5월 10일	G → J	5월 15일	H → B
5월 11일	J → K	5월 16일	B → A
5월 12일	K → L		

03 자료해석

01	02	03	04						
②	②	④	④						

01 정답 ②

15 ~ 29세 인구는 1995년 이후로 감소하고 있으므로 옳지 않다.

02 정답 ②

멕시코의 1인당 GDP는 한국보다 낮다.

03 정답 ④

ㄴ. 대구와 인천은 노상주차장 수용가능 차량 대수가 노외주차장 수용가능 차량 대수보다 많다. 그러나 노상주차장 중 유료주차장 수용가능 차량 대수가 노외주차장 중 공영주차장 수용가능 차량 대수보다 적다. 따라서 직접 계산하지 않아도 비율이 낮음을 알 수 있다.

광주 : $\frac{815}{13,754} \fallingdotseq \frac{1}{17} < \frac{2,885}{19,997} \fallingdotseq \frac{1}{7}$

ㄹ. 부산 : $\frac{629,749-474,241-83,278}{629,749} = \frac{72,230}{629,749} \fallingdotseq \frac{1}{8}$

광주 : $\frac{19,997}{265,728} \fallingdotseq \frac{1}{13}$

따라서 부산이 광주보다 비율이 높다.

오답분석

ㄱ. J=23,758−13,907=9,851이고, 7대 도시 공영 노외주차장의 평균 수용가능 차량 대수는 $\frac{108,234}{7}$=15,462이다.

ㄷ. 주어진 표로는 전국 부설주차장 수용가능 차량 대수를 알 수 없다.

04 정답 ④

2007년 가입자 증가 수는 526,803명인 데 비해 2003년은 682,846명이다.

04 언어논리

01	02	03	04	05	06				
①	②	④	④	②	④				

01 정답 ①

먼저 Q, R이 유죄라고 가정하면 P, S, T가 무죄가 되어야 한다. 하지만 S가 무죄일 경우 R이 무죄라는 조건이 성립하지 않는다. Q, R이 무죄라고 가정하고 P가 무죄라면 Q, T도 무죄여야 하기 때문에 P, R, Q, T가 모두 무죄가 되어 조건에 어긋난다. 따라서 Q, R이 무죄이고 P가 유죄, S가 무죄일 때 모든 조건을 만족하기 때문에 P, T가 유죄, Q, R, S가 무죄임을 알 수 있다.

02 정답 ②

㉠·㉢에 의해 전기도 통하고 광택도 나는 물질이 존재함을 알 수 있으므로 반드시 참이다.

오답분석

① 모든 금속이 전기가 통한다고 해서 금속이 아닌 물질이 모두 전기가 통하지 않는다고 할 수 없으므로 반드시 참은 아니다.
③ 광택이 나지 않고 금속인 물질이 존재할 수도 안 할 수도 있으므로 반드시 참은 아니다.
④ 전기가 통하는 물질이 모두 광택이 난다고 할 수 없으므로 반드시 참은 아니다.

03 정답 ④

A가 반대한 경우 C 찬성, E 반대, B 반대가 되며, 이는 다시 A 찬성이 되어 모순이 발생한다. 따라서 A는 찬성이다. 또한 B가 반대한 경우 A 찬성, D 반대, C 반대인데 D가 반대하면 C가 찬성이 되어 모순이 발생하므로 B도 찬성이다. B가 찬성하면 E 찬성, D 찬성이 된다. 따라서 정리하면 A, B, D, E 찬성이고, 적어도 한 사람은 반대이므로 C가 반대이다.

04 정답 ④

갑, 을, 병 가운데 한 명만 진실을 말했으므로, 갑과 을이 진실을 말했다면 병과 모순이기 때문에 병의 말이 진실이 된다. 따라서 횡령자는 정이다.

05 정답 ②

수미는 준석이와 함께 근무해야 한다. 수요일은 준석이 근무할 수 없으므로 불가능하고, 토요일과 일요일은 가영이 오전과 오후에 근무하므로 2명씩 근무한다는 조건에 따라 근무할 수 없다.

06 정답 ④

월요일, 화요일, 목요일, 금요일 근무자는 주희, 준석, 수민이고, 남은 한 자리에 들어갈 수 있는 사람은 철민이밖에 없다. 수요일 오전에는 주희, 오후에는 경수가 근무하고, 나머지 자리는 비어있는데, 마찬가지로 들어갈 수 있는 사람이 철민이밖에 없다. 따라서 철민이는 수요일에 오전, 오후 모두 근무한다.

오답분석

② 준석이와 수미가 월요일, 화요일, 목요일, 금요일 중 하루를 오전에 일하므로, 주희는 남은 평일 오전에 근무를 다 해야 기본 근무조건을 만족한다. 따라서 주희는 수요일 오전에 근무한다.
③ 가영이가 주말 오전, 오후 모두 근무를 하고, 경수는 수요일, 토요일, 일요일 오후, 나머지 평일 중 하루의 오후에 근무한다. 따라서 준석이는 토요일, 일요일 오전에 근무한다.

PART 03 2020~2019년 주요기업 기출문제

정답 및 해설

CHAPTER

01 언어 정답 및 해설

01	02	03	04	05	06	07	08	09	10	11	12	13	14	15	16	17	18	19	20
③	⑤	②	②	④	②	④	③	③	③	②	④	④	①	①	①	⑤	③	⑤	③
21	22	23	24	25	26	27	28	29	30	31	32	33							
⑤	③	⑤	③	②	②	②	④	④	③	①	②	③							

01 정답 ③

전기나 동력이 통하게 하여, 전기 제품 따위를 작동하게 만들다.

오답분석

① 갈증이 나서 물을 자꾸 마시다.
② 등잔이나 양초 따위에 불을 붙이거나 성냥이나 라이터 따위에 불을 일으키다.
④ 현악기의 줄을 활 따위로 문질러 소리를 내다.
⑤ 나무를 세로로 톱질하여 쪼개다.

02 정답 ⑤

- 저 청년은 하늘도 분노할 정도의 (만행)을 저질렀다.
- 과거 군주들은 소재가치가 액면가치보다 낮은 주화를 (발행)했다.
- 해당하는 채무자는 상기의 내용을 (이행)해야 한다.
- 한성순보는 한국인이 최초로 (발행)한 한국 최초의 근대 신문이다.
- 저예산 영화가 이처럼 (흥행)하는 것은 꽤 드문 일이다.

- 자행 : 제멋대로 해 나감. 또는 삼가는 태도가 없이 건방지게 행동함

오답분석

① 흥행 : 공연 상영 따위가 상업적으로 큰 수익을 거둠
② 만행 : 야만스러운 행위
③ 발행 : 1. 출판물이나 인쇄물을 찍어서 세상에 펴냄
　　　　 2. 화폐, 증권, 증명서 따위를 만들어 세상에 내놓아 널리 쓰도록 함
④ 이행 : 실제로 행함

03 정답 ②

제시된 단어들 중 뜻을 모두 포괄할 수 있는 단어는 '가다'이다.

오답분석

① 집안일은 생각보다 손이 많이 가는(드는) 일이야. → ('손', '품' 따위와 함께 쓰여) 어떤 일을 하는 데 수고가 많이 들다.
③ 어제 발송된 택배는 다음 주 화요일에 가서야(이르러서야) 온대. → 일정한 시간이 되거나 일정한 곳에 이르다.

④ 너의 그 다짐이 며칠이나 가겠어(유지되겠어). → 어떤 현상이나 상태가 유지되다.
⑤ 계단에서 발을 헛디뎌 뼈에 금이 갔다(생겼다). → 금, 줄, 주름살, 흠집 따위가 생기다.

04 정답 ②

희망(希望)은 '어떤 일을 이루거나 하기를 바람' 또는 '앞으로 잘될 수 있는 가능성'을 뜻한다. 따라서 빈칸에 들어갈 알맞은 단어는 '희망'이 적절하다.

오답분석

① 꿈
  1. 잠자는 동안에 깨어 있을 때와 마찬가지로 여러 가지 사물을 보고 듣는 정신 현상
  2. 실현하고 싶은 희망이나 이상
  3. 실현될 가능성이 아주 적거나 전혀 없는 헛된 기대나 생각
③ 환상 : 현실적인 기초나 가능성이 없는 헛된 생각이나 공상
④ 야망 : 크게 무엇을 이루어 보겠다는 희망
⑤ 염원 : 마음에 간절히 생각하고 기원함

05 정답 ④

제시문에서는 사람을 삶의 방식에 따라 거미와 같은 사람, 개미와 같은 사람, 꿀벌과 같은 사람의 세 종류로 나누어 설명하고 있다. 거미와 같은 사람은 노력하지 않으면서도 남의 실수를 바라는 사람이며, 개미와 같은 사람은 자신의 일은 열심히 하지만 주변을 돌보지 못하는 사람이다. 이와 반대로 꿀벌과 같은 사람은 자신의 일을 열심히 하면서, 남도 돕는 이타적 존재이다. 이를 통해 글쓴이는 가장 이상적인 인간형으로 거미나 개미와 같은 사람이 아닌 꿀벌과 같은 이타적인 존재라고 이야기한다. 따라서 글쓴이가 말하고자 하는 바로 가장 적절한 것은 ④이다.

06 정답 ②

제시문은 첫 문단에서 유행에 따라 변화하는 흥행영화 제목의 글자 수에 대한 이야기를 언급한 뒤 다음 문단에서 2000년대에 유행했던 영화의 제목 글자 수와 그 예시를, 그 다음 문단에서는 2010년대에 유행했던 영화의 제목 글자 수와 그 사례, 그리고 흥행에 실패한 사례를 예시로 들고 있다.

07 정답 ④

제시된 글에서는 자기 과시의 사회적 현상을 통해 등장한 신조어 '있어빌리티'와 '있어빌리티'를 활용한 마케팅 전략에 관해 설명하고 있다.

08 정답 ③

제시된 글은 철학에서의 '부조리'에 대한 개념을 설명하는 글이다. 부조리의 개념을 소개하는 (나) 문단이 나오고, 부조리라는 개념을 도입하고 설명한 알베르 카뮈에 대해 설명하고 있는 (라) 문단이 나오는 것이 적절한다. 다음으로 앞 문단의 연극의 비유에 관해 설명하고 있는 (가) 문단이 오고, 이에 대한 결론을 제시하는 (다) 문단 순서로 나열하는 것이 적절하다.

09 정답 ③

제시문은 SNS가 긍정적인 면을 가지고 있지만, 부정적인 부분과 이에 따른 부작용도 크기 때문에 주의해야 한다는 내용의 글이다. 따라서 (가) 사회관계망 서비스(SNS)의 긍정적인 면 → (라) 무차별적인 개인 신상 공개로 인한 SNS의 부정적인 면 → (나) 범죄에까지 악용되는 부작용 → (다) SNS를 이용할 때에 각별한 주의가 필요함의 순서로 배열되어야 한다.

10 정답 ③

제시된 글은 지구 온난화의 위협을 비교적 덜 받는 것으로 여겨졌던 동남극의 덴먼 빙하가 지구 온난화의 위협을 받고 있다는 연구 결과를 이야기한다. 따라서 (나) 비교적 지구 온난화의 위협을 덜 받는 것으로 생각되어 온 동남극 → (다) 동남극 덴먼 빙하에 대한 조사를 통해 드러난 지구 온난화 위협의 증거 → (가) 한 연구팀의 덴먼 빙하 누적 얼음 손실량 조사와 지반선 측정 → (마) 비대칭성을 보이는 빙상의 육지 – 바다 접점 지반선 후퇴 → (라) 빙하의 동쪽 측면과 서쪽 측면의 다른 역할에 따른 결과의 순서로 연결되어야 한다.

11 정답 ②

제시된 지문은 지구의 하루가 길어지는 이유에 대해서 설명하는 글이다. 지구의 하루가 길어지는 이유는 달의 인력 때문이라고 설명하는 (아) → 달의 인력을 지칭하는 '이 힘'이 지구에 미치는 영향을 설명하는 (마) → 달의 인력으로 인해 지구의 자전이 느려지는 원리를 설명하는 (사) → 한편 달의 경우에는 자전이 더 느려진다는 (다) → 지구와 달의 자전 속도가 줄어드는 것을 공전 궤도가 늘어나는 것으로 보존한다는 (바) → 공전 궤도는 늘어나고 달은 지구로부터 점점 멀어진다는 (가) → 지구의 자전 주기와 달의 공전 궤도가 실제로 어떻게 변화되고 있는지 설명하는 (나) → 그러나 아주 미세하게 변화하고 있어 엄청난 시간이 흘러야 눈에 띄는 변화가 있다는 (라) 순서가 옳다.

따라서 (아) → (마) → (사) → (다) → (바) → (가) → (나) → (라) 순서이므로 3번째와 6번째에 오는 문단은 (사)와 (가)이다.

12 정답 ④

어빙 피셔의 교환방정식 'MV=PT'에서 V는 화폐유통 속도를 나타낸다. 따라서 사이먼 뉴컴의 교환방정식인 'MV=PQ'에서 사용하는 V(Velocity), 즉 화폐유통 속도와 동일하며 대체되어 사용되지 않는다.

오답분석

① 사이먼 뉴컴의 교환방정식 'MV=PQ'에서 Q(Quantity)는 상품 및 서비스의 수량이다.
② 어빙 피셔의 화폐수량설은 최근 총 거래 수 T(Trade)를 총생산량 Y로 대체하여 사용하고 있다.
③ 교환방정식 'MV=PT'은 화폐수량설의 기본 모형인 거래모형이며, 'MV=PY'은 소득모형으로 사용된다.
⑤ 어빙 피셔는 사이먼 뉴컴의 교환방정식을 인플레이션율과 화폐공급의 증가율 간 관계를 나타내는 이론인 화폐수량설로 재탄생시켰다.

13 정답 ④

브이로거는 영상으로 기록한 자신의 일상을 다른 사람들과 공유하는 사람으로, 브이로거가 아닌 브이로그를 보는 사람들이 브이로거의 영상을 통해 공감과 대리만족을 느낀다.

14 정답 ①

첫 번째 문단에서 인류는 주로 과일을 통해 당을 섭취하였지만 사탕수수에서 추출한 설탕이 보급된 후에는 설탕을 통한 당 섭취가 일반화되었다고 설명하고 있다.

15 정답 ①

전 세계의 기상 관측소와 선박, 부표에서 온도를 측정한 것은 19세기 중반부터이며, 1979년 이후부터는 지상을 벗어나 대류권과 성층권에서도 지구의 기후변화를 감시하게 되었다.

16 정답 ①

제시문의 마지막 문단에 따르면 레드 와인의 탄닌 성분이 위벽에 부담을 줄 수 있으므로 스파클링 와인이나 화이트 와인을 먼저 마신 후 레드 와인을 마시는 것이 좋다. 따라서 레드 와인의 효능으로 위벽 보호는 적절하지 않다.

오답분석

② 마지막 문단에 따르면 레드 와인은 위액의 분비를 촉진하여 식욕을 촉진시킨다.
③ 세 번째 문단에 따르면 레드 와인에 함유된 항산화 성분이 노화 방지에 도움을 준다.
④ 네 번째 문단에 따르면 레드 와인에 함유된 레버라트롤 성분을 통해 기억력이 향상될 수 있다.
⑤ 다섯 번째 문단에 따르면 레드 와인에 함유된 퀘르세틴과 갈산이 체내의 면역력을 높인다.

17 정답 ⑤

엑셀로드는 팃포탯 전략이 두 차례 모두 우승할 수 있었던 이유가 비열한 전략에는 비열한 전략으로 대응했기 때문임을 알게 되었다고 마지막 문단에서 언급하고 있다.

오답분석

① 네 번째 문단에 의하면, 팃포탯을 만든 것은 심리학자인 아나톨 라포트 교수이다.
② 두 번째 문단에 의하면 죄수의 딜레마에서 자신의 이득이 최대로 나타나는 경우는 내가 죄를 자백하고 상대방이 죄를 자백하지 않는 것이다.
③·④ 다섯 번째 문단에서 엑셀로드는 팃포탯을 친절한 전략으로 분류했음을 확인할 수 있다.

18 정답 ③

16세기 말 그레고리력이 도입되기 전 프랑스 사람들은 3월 25일부터 4월 1일까지 일주일 동안 축제를 벌였다.

오답분석

① 만우절이 프랑스에서 기원했다는 이야기는 많은 기원설 중의 하나일 뿐, 정확한 기원은 알려지지 않았다.
② 프랑스는 16세기 말 그레고리력을 받아들이면서 달력을 새롭게 개정하였다.
④ 프랑스에서는 만우절에 놀림감이 된 사람들을 '4월의 물고기'라고 불렀다.
⑤ 프랑스의 관습이 18세기에 이르러 영국으로 전해지면서 영국의 만우절이 생겨났다.

19 정답 ⑤

ㄷ. 마켓홀의 천장벽화인 '풍요의 뿔'은 시장에서 판매되는 먹을거리가 하늘에서 떨어지는 모습을 표현하기 위해 4,500개의 알루미늄 패널을 사용했으며, 이 패널은 실내의 소리를 흡수, 소음을 줄여주는 기능적인 면 또한 갖추고 있다.
ㄹ. 마켓홀은 전통시장의 상설화와 동시에 1,200대 이상의 차량을 주차할 수 있는 규모의 주차장을 구비해 그들이 자연스레 로테르담의 다른 상권의 활성화에 기여하였다.

오답분석

ㄱ. 마켓홀 내부에 4,500개의 알루미늄 패널을 설치한 것은 네덜란드의 예술가 아르노 코넨과 이리스 호스캄이다.
ㄴ. 마켓홀이 로테르담의 무역 활성화에 기여했다는 내용은 제시문에서 찾아볼 수 없다.

20 정답 ③

일본의 경영학자 노나카 이쿠지로는 암묵지를 크게 기술적 기능과 인지적 기능으로 나누었는데, 이 중 기술적 기능은 체화된 전문성으로 수없이 많은 반복과 연습을 통해 습득된다고 설명하고 있지만 인지적 기능의 경우 개개인의 경험이나 육감이 다시 언어의 형태로 명시화되어 형식지로 변화하고, 이 과정에서 다시 새로운 암묵지가 만들어지는 상호순환작용을 통해 조직의 지식이 증대된다고 하였으므로 암묵지를 습득하는 데 있어 수없이 많은 반복과 연습이 필수적이라고는 확신할 수 없다.

21 정답 ⑤

근로 소득이 증가하면 단기 평균 소비 성향은 감소하지만, 장기적으로는 근로 소득과 비인적 자산이 비슷한 속도로 성장하므로 소득의 증가에도 불구하고 평균 소비 성향은 일정하게 유지된다.

오답분석

① 평생 소득은 근로 소득뿐만 아니라 금융 자산이나 실물 자산과 같은 비인적 자산을 모두 포함한다.
② ㉠의 식을 통해 알 수 있다.
③ ㉠과 ㉡의 식을 통해 근로 소득뿐만 아니라 비인적 자산에 의해 평생 소득과 평균 소득, 소비가 결정됨을 알 수 있다.
④ 평균 기대 수명의 증가로 정년이 증가한다면 은퇴 나이가 증가하므로 평생 소득 역시 증가하게 된다.

22 정답 ③

오골계는 살과 가죽, 뼈 등이 검은 것 외에도 일반 닭에 비해 발가락 수가 5개로 하나 더 많기 때문에 일반 닭과 큰 차이가 없다고 보기는 어렵다.

오답분석

① 검은색 털을 지닌 오계와 달리 오골계는 흰색이나 붉은 갈색의 털을 지니고 있어 털의 색으로도 구분이 가능하다.
② 손질된 오골계와 오계 고기는 살과 가죽, 뼈가 모두 검정이기 때문에 구분이 쉽지 않을 것이다.
④ 오계의 병아리는 일반 병아리와 달리 털이 검은색이며 발가락 수가 다르기 때문에 구분하기가 쉽다고 할 수 있다.
⑤ 오계는 야생성이 강하고 사육기간이 길어 기르는 것이 쉽지 않은 데다 동의보감에서 약효와 쓰임새가 기록되어 있는 것을 통해 식재보다는 약용으로 더 많이 쓰였을 것으로 짐작할 수 있다.

23 정답 ⑤

대주가 계약기간이 만료된 뒤 자신의 권리를 이행할 때, 차주는 대주에게 손해를 보장받을 수 없다. 권리금은 전차주와 차주 사이에서 발생한 관행상의 금전으로 법률을 통해 보호받을 수 없으며, 대주는 권리금과 직접적으로 연관되지 않으므로 해당 금액을 지불할 책임 또한 지지 않는다.

오답분석

① 2001년에 상가건물 임대차보호법이 지정되기 전에 대주의 횡포에 대한 차주의 보호가 이루어지지 않았었으므로 현재는 보호받을 수 있다는 것을 알 수 있다.
② 권리금은 본래 상대적 약자인 차주가 스스로의 권리를 지키기 위하여 이용하는 일종의 관습으로 평가받고 있다.
③ 권리금은 전차주가 차주에게 권리를 보장받는 관행상의 금전으로, 장기적으로 차주가 상가를 다음 차주에게 이양할 경우 전차주로서 권리금을 요구할 수 있다. 대주는 임차료 외의 권리금과는 관련이 없다.
④ 상대적으로 적은 권리금을 지불하고 높은 매출을 기록했을 때, 직접적인 이득을 보는 사람은 새로운 차주이다. 권리금은 전차주가 해당 임대상가에 투자한 것에 대한 유무형의 대가를 차주가 고스란히 물려받는 경우, 가치가 포함된 일종의 이용 대가이기 때문이다.

24 정답 ③

(나)의 설립 목적은 신발을 신지 못한 채 살아가는 아이들을 돕기 위한 것이었고, 이러한 설립 목적은 가난으로 고통 받는 제3세계의 아이들이라는 코즈(Cause)와 연계되어 소비자들은 제품 구매 시 만족감과 충족감을 얻을 수 있었다.

오답분석

①·⑤ 코즈 마케팅은 기업이 추구하는 사익과 사회가 추구하는 공익을 동시에 얻는 것을 목표로 하므로 기업의 실익을 얻으면서 공익과의 접점을 찾는 마케팅 기법으로 볼 수 있다.
②·④ 코즈 마케팅은 기업의 노력에 대한 소비자의 호의적인 반응과 그로 인한 기업의 이미지가 제품 구매에 영향을 미친다. 즉, 기업과 소비자의 관계가 중요한 역할을 하므로 소비자의 공감을 얻어낼 수 있어야 성공적으로 적용할 수 있다.

25 정답 ②

레드 와인 잔의 넓은 둘레는 와인의 향기를 풍성하게 느끼도록 해주고, 화이트 와인 잔의 작은 크기는 와인의 온도 상승을 막아준다. 따라서 와인을 마실 때 레드 와인은 와인의 향(㉠)을, 화이트 와인은 와인의 온도(㉡)를 고려하여 와인 잔을 선택하는 것을 알 수 있다.

26 정답 ②

제시문은 실험결과를 통해 비둘기가 자기장을 가지고 있다는 것을 설명하는 글이다. 따라서 이 글의 다음 내용으로는 비둘기가 자기장을 느끼는 원인에 대해 설명하는 글이 나와야 한다.

오답분석

① · ③ · ④ 제시문의 자기장에 대한 설명과 연관이 없는 주제이다.
⑤ 비둘기가 자기장을 느끼는 원인에 대한 설명이 제시되어 있지 않으므로 적절하지 않다.

27 정답 ②

그래프는 로봇이나 인간이 아닌 존재의 인간과의 유사성과 그에 대한 인간의 호감도 사이의 상관관계를 나타내므로 (a)는 인간의 호감도, (b)는 인간과의 유사성을 의미한다. 따라서 인간과의 유사성은 산업용 로봇보다 인간의 신체와 유사한 형태를 지닌 휴머노이드 로봇에서 더 높게 나타난다.

오답분석

① (a) : 인간의 호감도
③ (c) : 처음에는 로봇이 인간과 비슷한 모양을 하고 있을수록 인간이 아닌 존재로부터 인간성을 발견하기 때문에 인간은 호감을 느낀다.
④ (d) : 불쾌한 골짜기 구간

28 정답 ④

탄소배출권거래제는 의무감축량을 초과 달성했을 경우 초과분을 거래할 수 있는 제도이다. 따라서 온실가스의 초과 달성분을 구입 혹은 매매할 수 있음을 추측할 수 있으며, 빈칸 이후 문단에서도 탄소배출권을 일종의 현금화가 가능한 자산으로 언급함으로써 이러한 추측을 돕고 있다. 따라서 ④가 빈칸에 들어갈 말로 가장 적절하다.

오답분석

① 청정개발체제에 대한 설명이다.
② 제시문에는 탄소배출권거래제가 가장 핵심적인 유연성체제라고는 언급되어 있지 않다.
③ 제시문에서 탄소배출권거래제가 6대 온실가스 중 이산화탄소를 줄이는 것을 특히 중요시한다는 내용은 확인할 수 없다.
⑤ 탄소배출권거래제가 탄소배출권이 사용되는 배경이라고는 볼 수 있으나, 다른 감축의무국가를 도움으로써 탄소배출권을 얻을 수 있다는 내용은 제시문에서 확인할 수 없다.

29 정답 ④

〈보기〉의 단락은 아쿠아포닉스의 단점에 대해 설명하고 있다. 따라서 〈보기〉의 단락 앞에는 아쿠아포닉스의 장점이 설명되고, 단락 뒤에는 단점을 해결하는 방법이나 추가적인 단점 등이 오는 것이 옳다. 또한, 세 번째 문단의 '이러한 수고로움'이 앞에 제시되어야 하므로, 〈보기〉가 들어갈 곳으로 가장 알맞은 것은 (라)이다.

30 정답 ③

'펴다'는 '굽은 것을 곧게 하다. 또는 움츠리거나 구부리거나 오므라든 것을 벌리다.'의 의미를 지닌 타동사이다. 반면 '피다'는 '꽃봉오리 따위가 벌어지다.' 등의 의미를 지닌 자동사이다. 따라서 ㉢에는 '펴고'가 적절하다.

31 정답 ①

(가)는 대기오염 물질의 배출원 중 자연적 배출원에 대해 이야기하고 있고, (나)와 (다)는 각각 자연적 배출원의 종류인 생물 배출원과 비생물 배출원에 대해 설명하고 있다.
(라)는 대기오염 물질의 또 다른 배출원인 인위적 배출원에 대해 이야기하고, (마)는 인위적 배출원의 종류인 점오염원, 면오염원, 선오염원에 대해 설명하고 있으므로 정답은 ①이다.

32 정답 ②

(나)는 우리가 몸에 익히게 된 일상적 행위의 대부분을 의식하지 않고도 수행할 수 있음을 설명하며, (다)와 (가)를 통해 이러한 현상이 우리의 언어 사용 행위에서도 나타남을 설명한다. (라)는 언어 사용 행위뿐만 아니라 사유 행위도 일상적 행위와 같이 의식하지 않고도 수행할 수 있음을 설명한다. 따라서 글의 순서는 (나) – (다) – (가) – (라)이며, 글의 구조로는 ②가 가장 적절하다.

33 정답 ③

'Ⅱ-2'에서는 친환경 자동차 보급 실태와 문제점을, 'Ⅱ-3'에서는 친환경 자동차 보급 확대 방안을 제시하고 있다. 따라서 'Ⅱ-3-가'에는 글의 논리적 흐름에 따라 'Ⅱ-2-가'와 연결하여 친환경 자동차 구매 시 정부가 지원해 주는 방안을 제시하는 내용의 ⓒ은 삭제하지 않아야 한다.

CHAPTER 02 수리 정답 및 해설

01	02	03	04	05	06	07	08	09	10	11	12	13	14	15	16	17	18	19	20
③	④	③	③	⑤	①	③	⑤	③	⑤	⑤	①	②	③	④	③	④	③	①	①
21	22	23	24	25	26	27	28	29	30	31	32	33	34	35	36	37	38	39	40
⑤	③	②	②	②	②	③	④	①	④	⑤	③	⑤	①	③	②	③	④	③	④
41	42	43																	
③	①	②																	

01 정답 ③

가장 큰 정각형의 한 변의 길이를 $a$cm라고 하자. 가장 큰 정사각형의 넓이가 255cm^{2}을 넘으면 안되므로 $a<16$cm이다. 다음으로 가장 큰 $a$cm 정사각형과 그 다음으로 큰 $(a-1)$cm 정사각형의 넓이를 더했을 때, 255cm^{2}을 넘지 않아야 한다.

$15^2+14^2=225+196=421\text{cm}^2 \rightarrow \times$

$14^2+13^2=196+169=365\text{cm}^2 \rightarrow \times$

$13^2+12^2=169+144=313\text{cm}^2 \rightarrow \times$

$12^2+11^2=144+121=265\text{cm}^2 \rightarrow \times$

$11^2+10^2=121+100=221\text{cm}^2 \rightarrow \bigcirc$

이런 방법으로 개수를 늘리면서 a, $(a-1)$, $(a-2)$, …의 넓이 합을 구하면 다음과 같다.

$11^2+10^2+9^2=121+100+81=302\text{cm}^2 \rightarrow \times$

$10^2+9^2+8^2+7^2=100+81+64+49=294\text{cm}^2 \rightarrow \times$

$9^2+8^2+7^2+6^2+5^2=81+64+49+36+25=255\text{cm}^2 \rightarrow \bigcirc$

정사각형의 한 변의 길이는 각각 5, 6, 7, 8, 9cm이다.

이 사각형의 둘레를 구하면 세로 길이는 9cm이고, 가로 길이는 $5+6+7+8+9=35$cm이다.

따라서 $(35+9)\times2=44\times2=88$cm이다.

02 정답 ④

증발하기 전 농도가 15%인 소금물의 양을 xg이라고 하자. 이 소금물의 소금의 양은 $0.15x$이고, 5% 증발했으므로 증발한 후의 소금물의 양은 $0.95x$g이다. 또한, 농도가 30%인 소금물의 소금의 양은 $200\times0.3=60$g이다.

$$\frac{0.15x+60}{0.95x+200}=0.2 \rightarrow 0.15x+60=0.2(0.95x+200) \rightarrow 0.15x+60=0.19x+40 \rightarrow 0.04x=20 \rightarrow x=500$$

따라서 증발 전 농도가 15%인 소금물의 양은 500g이다.

03 정답 ③

처음 5% 소금물의 양을 xg이라고 하자.

$$\frac{\frac{5}{100}\times x+40}{x+40}\times100=25 \rightarrow 5x+4,000=25x+1,000 \rightarrow 20x=3,000$$

$\rightarrow x=150$

04 정답 ③

길이가 6분인 곡이 길이가 4분, 5분인 곡을 합한 것보다 1곡 더 많이 연주되었으므로

$z=x+y+1 \cdots$ ㉠

음악회 전체에 걸린 시간은 총 92분이고 연주곡 사이의 준비시간은 가장 마지막 곡에는 포함되지 않는다.

$4x+5y+6z+(x+y+z-1)=92 \cdots$ ㉡

㉠과 ㉡을 연립하면 $12x+13y=86$이가 되는데, x와 y는 자연수이므로 $x=5$, $y=2$이다.

따라서 길이가 6분인 곡은 $z=5+2+1=8$곡이 연주되었다.

05 정답 ⑤

욕조에 물을 가득 채웠을 때 물의 양을 1이라고 하면 A는 1분에 $\frac{1\times75\%}{18}=\frac{0.75}{18}$만큼 채울 수 있고 B는 1분에 $\frac{0.75}{18}\times1.5$만큼 채울 수 있다.

A가 15분간 욕조를 채운 양은 $\frac{0.75}{18}\times15$이다. 욕조를 가득 채우기까지 남은 양은 $1-\frac{0.75}{18}\times15$이다.

따라서 남은 양을 B가 채웠을 때 걸리는 시간은 $\frac{1-\frac{0.75}{18}\times15}{\frac{0.75}{18}\times1.5}=\frac{18-0.75\times15}{0.75\times1.5}=\frac{18-11.25}{1.125}=\frac{6.75}{1.125}=6$분이다.

06 정답 ①

전체 일의 양을 1이라고 할 때 A, B, C직원이 각각 1분 동안 혼자 할 수 있는 일의 양을 각각 a, b, c라고 하자.

$a=\frac{1}{120}$

$a+b=\frac{1}{80} \rightarrow b=\frac{1}{80}-\frac{1}{120}=\frac{1}{240}$

$b+c=\frac{1}{60} \rightarrow c=\frac{1}{60}-\frac{1}{240}=\frac{1}{80}$

$a+b+c=\frac{1}{120}+\frac{1}{240}+\frac{1}{80}=\frac{2+1+3}{240}=\frac{1}{40}$이므로 A, B, C직원이 함께 건조기 1대의 모터를 교체하는 데 걸리는 시간은 40분이다.

07 정답 ③

경서와 민준이가 받은 용돈의 금액을 각각 x, $2x$원이라 하고, 지출한 금액을 각각 $4y$, $7y$원이라고 하자.

$x-4y=2{,}000 \cdots$ ㉠

$2x-7y=5{,}500 \cdots$ ㉡

㉠과 ㉡을 연립하면 $x=8{,}000$, $y=1{,}500$이다.

따라서 민준이가 받은 용돈은 $2\times8{,}000=16{,}000$원이다.

08 정답 ⑤

물건을 200개 구입했을 때 A제품의 가격은 $200\times0.85\times20=3{,}400$만 원이다.

구입하려는 A제품의 개수를 n개라고 하자. 10%를 할인했을 때의 가격은 $n\times0.9\times20=18n$만 원이다.

$18n>3{,}400 \rightarrow n>188.9$

따라서 189개 이상을 구입하면 200개의 가격으로 사는 것이 이익이다.

09 정답 ③

가현이가 수영하는 속력을 xm/s, A지점에서 B지점까지의 거리를 ym, 강물의 속력을 zm/s라고 하자.
가현이가 강물이 흐르는 방향으로 가는 속력은 $(x+z)$m/s, 거슬러 올라가는 속력은 $(x-z)$m/s이다.

$$\frac{y}{x+z}=\frac{y}{x-z}\times 0.2 \rightarrow 10(x-z)=2(x+z) \rightarrow 2x=3z$$

따라서 가현이가 수영한 속력 xm/s는 강물의 속력 zm/s의 $x=\frac{3}{2}z$, 즉 1.5배이다.

10 정답 ⑤

X경로의 거리를 $x$km, Y경로의 거리를 $y$km, A의 이동속력을 $r$km/h, B의 이동속력은 $z$km/h라 하자.

$$\frac{x}{r}=\frac{x}{z}+1 \cdots (\text{i})$$

$$\frac{x}{r}+1=\frac{y}{z} \cdots (\text{ii})$$

$x+160=y$이므로 (ii)에 대입하면 $\frac{x}{r}+1=\frac{x+160}{z}$이고 (i)와 연립하면 $\frac{x}{z}+1+1=\frac{x+160}{z} \rightarrow \frac{x}{z}+2=\frac{x}{z}+\frac{160}{z} \rightarrow 2=\frac{160}{z} \rightarrow z=80$이다.

11 정답 ⑤

A가 B와 3번 마주치려면 B가 A를 두 바퀴 반을 앞질러야 한다. 즉, B는 A를 $2.5\times 12=30$m 앞서야 한다. A와 B가 달린 시간을 x초라고 하자. A와 B의 속력 차는 0.1m/s이므로 $0.1x=30$이다. 따라서 A와 B가 3번째로 만나는 시간은 300초이다.

12 정답 ①

X조건에서 Z세균은 계차가 피보나치 수열로 번식한다. 따라서 (A)=1,090+680=1,770이다.

구분	1일 차	2일 차	3일 차	4일 차	5일 차	6일 차	7일 차	8일 차	9일 차	10일 차
X조건에서의 Z세균	10	30	50	90	150	250	410	670	1,090	(A)
계차		20	20	40	60	100	160	260	420	680

Y조건에서 Z세균은 전날의 2배로 번식한다. 따라서 (B)=1×2^9 =512이다.

구분	1일 차	2일 차	3일 차	4일 차	5일 차	6일 차	7일 차	8일 차	9일 차	10일 차
Y조건에서의 Z세균	1	1×2^1	1×2^2	1×2^3	1×2^4	1×2^5	1×2^6	1×2^7	1×2^8	(B)

13 정답 ②

A금붕어, B금붕어가 팔리는 일을 n일이라고 하고, 남은 금붕어의 수를 각각 a_n, b_n이라고 하자.
A금붕어는 하루에 121마리씩 감소하고 있으므로 $a_n=1,675-121(n-1)=1,796-121n$이다.
$1,796-121\times 10=1,796-1,210=586$
10일 차에 남은 A금붕어는 586마리이다.
B금붕어는 매일 3, 5, 9, 15, …씩 감소하고 있고, 계차의 차는 2, 4, 6, …이다.

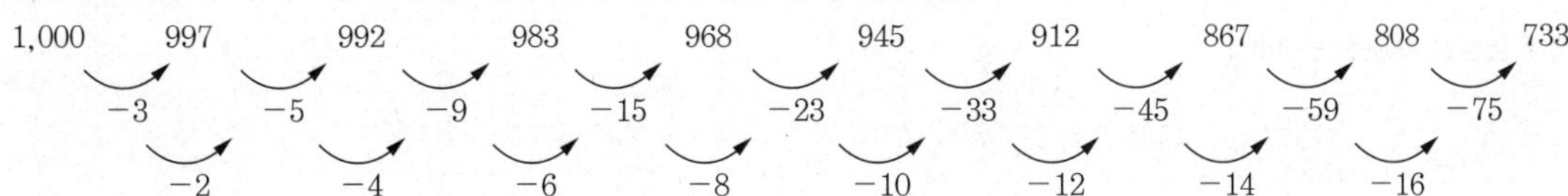

10일 차에 남은 B금붕어는 733마리이다.
따라서 A금붕어는 586마리, B금붕어는 733마리가 남았다.

14 정답 ③

A는 8일마다 $\frac{1}{2}$씩 포장할 수 있으므로 24일 후에 남은 물품의 수는 다음과 같다.

처음	8일 후	16일 후	24일 후
512개	256개	128개	64개

B가 처음 받은 물품의 개수를 x개라고 하자. 24일 후에 B에게 남은 물품의 개수는 64개이고 2일마다 $\frac{1}{2}$씩 포장하므로 24일 동안 12번을 포장한다.

$x\times\left(\frac{1}{2}\right)^{12}=64 \rightarrow x\times2^{-12}=2^{6} \rightarrow x=2^{6+12}$

따라서 B는 처음에 2^{18}개의 물품을 받았다.

15 정답 ④

B사원의 속력보다 2배 빠른 A사원이 30걸음 걸었을 때 B사원은 $30\div2=15$걸음을 걸었다. 그런데 B사원은 20걸음을 걸어 올라갔다고 했으므로 A사원보다 $(20\div15)$배의 시간이 걸렸다. 에스컬레이터는 일정한 속력으로 올라간다고 했으므로 A사원이 올라갈 때 에스컬레이터가 일정한 속력으로 올라간 계단의 수를 x개라고 하면 올라가는 시간이 $(20\div15)$배가 걸린 B사원이 올라갈 때 에스컬레이터가 일정한 속력으로 올라간 계단의 수는 $(20\div15)x$개다. 에스컬레이터가 일정한 속력으로 올라간 계단의 수와 사원이 걸어 올라간 계단의 수를 합하면 에스컬레이터의 항상 일정하게 보이는 계단의 수이다.

$30+x=20+(20\div15)x \rightarrow x=30$

따라서 에스컬레이터의 항상 일정하게 보이는 계단의 수는 $30+30=60$개이다.

16 정답 ③

이벤트를 정리해보면 다음과 같다.

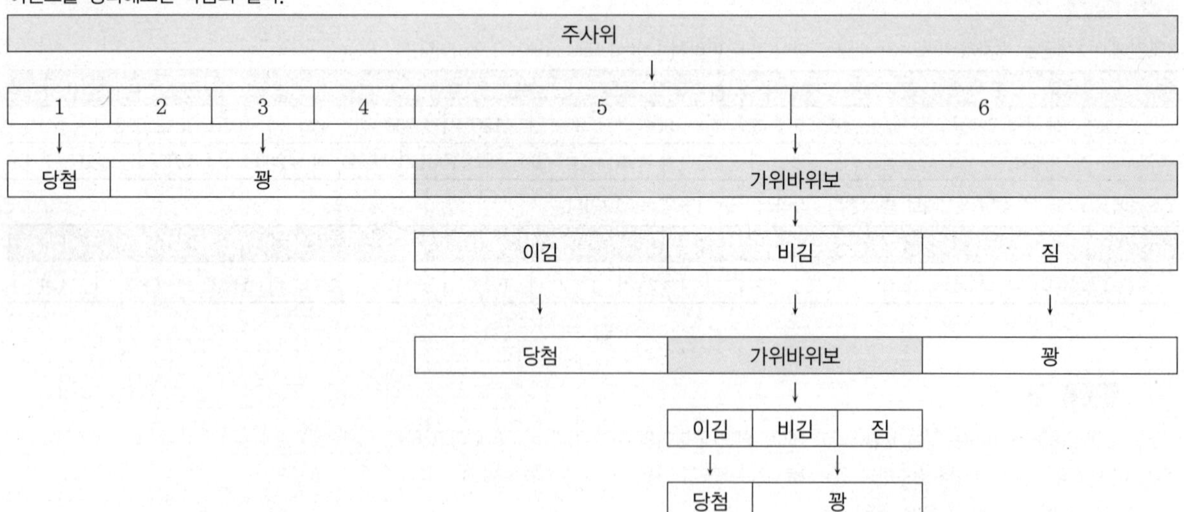

- 전체 경우의 수 : $4+2\times2+2\times1\times3=14$
- 당첨 경우의 수 : $1+2\times1+2\times1\times1=5$

따라서 이벤트에 당첨될 확률은 $\frac{5}{14}$이다.

17 정답 ④

• 자리에 앉는 경우의 수 : 6!가지

• E를 포함한 4명은 지정석에 앉지 않고 나머지 2명은 지정석에 앉을 경우의 수 : 먼저 E를 제외한 나머지 5명 중 2명이 지정석에 앉을 경우의 수는 ${}_5C_2$가지이다.

A, B가 지정석에 앉았다고 가정하고 나머지 E를 포함한 4명이 지정석에 앉지 않는 경우의 수를 구하면 다음과 같다.

구분	C 지정석	D 지정석	E 지정석	F 지정석
경우 1	D	C	F	E
경우 2		E	F	C
경우 3		F	C	E
경우 4	E	C	F	D
경우 5		F	C	D
경우 6			D	C
경우 7	F	C	D	E
경우 8		E	C	D
경우 9			D	C

따라서 E를 포함한 4명은 지정석에 앉지 않고 나머지 2명은 지정석에 앉을 경우의 수는 ${}_5C_2\times9$가지이다.

$$\therefore \frac{{}_5C_2\times9}{6!}=\frac{5\times4\div2\times9}{6\times5\times4\times3\times2\times1}=\frac{1}{8}$$

18 정답 ③

K사의 전 직원을 x명이라고 하자. 찬성한 직원은 $0.8x$명이고, 그 중 남직원은 $0.8x\times0.7=0.56x$명이다.

구분	찬성	반대	합계
남자	$0.56x$	$0.04x$	$0.6x$
여자	$0.24x$	$0.16x$	$0.4x$
합계	$0.8x$	$0.2x$	x

따라서 여직원을 뽑았을 때, 이 사람이 유연근무제에 찬성한 사람일 확률은 $\frac{0.24x}{0.4x}=\frac{3}{5}$이다.

19 정답 ①

1팀에 속한 사람이 모두 만나 한 번씩 경기하는 횟수는 5+4+3+2+1=15번이고, 마찬가지로 2팀에 속한 사람이 경기하는 횟수는 6+5+4+3+2+1=21번이다.

각 팀의 1, 2위가 본선에 진출하여 경기하는 횟수는 2명씩 준결승 경기 각각 2번, 결승전 1번, 3·4위전 1번으로 총 4번이다.

따라서 경기를 관람하는 데 필요한 총 비용은 (21+15)×20,000+4×30,000=720,000+120,000=840,000원이다.

20 정답 ①

작년 직원 중 안경을 쓴 사람을 x명, 안경을 쓰지 않은 사람을 y명이라고 하면 $x+y=45$이므로 $y=45-x$이다.

또한 올해는 작년보다 58−45=13명 증가하였으므로 다음과 같다.

$x\times0.2+(45-x)\times0.4=13$

$\rightarrow -0.2x=13-45\times0.4$

$\rightarrow -0.2x=-5$

$\rightarrow x=25$

따라서 올해 입사한 사람 중 안경을 쓴 사람의 수는 $x\times0.2=25\times0.2=5$명이다.

21 정답 ⑤

창구를 3개 운영했을 때, 티켓을 판매에 걸리는 시간을 a분이라고 하자.

창구 수(개)	처리 시간(분)	손님 수(명)
1	40	$N+40x$
2	16	$N+16x$
3	a	$N+ax$

창구 수가 2개일 때, 한 창구마다 사용한 시간이 각각 16분이므로 두 창구가 일하는 데 사용한 전체 시간은 32분이다. 이를 활용하여 각 창구가 손님을 받아서 처리하는 데 걸린 시간은 다음과 같다.

$N+40x=40 \cdots ㉠$

$N+16x=32 \cdots ㉡$

㉠과 ㉡을 연립하면 $N=\frac{80}{3}$, $x=\frac{1}{3}$

창구 3개를 운영하여 손님을 받는 데 걸리는 시간은 $3a$분이다.

$N+ax=3a \rightarrow \frac{80}{3}+\frac{1}{3}a=3a \rightarrow \frac{8}{3}a=\frac{80}{3}$

$\therefore a=10$

22 정답 ③

두 개씩 같은 용액이 들어있는 혼합물을 계산하면 다음과 같다.

A+B+C=1,720원	A+B+E=1,570원	C−E=150원	C>E
B+C+D=1,670원	B+C+E=1,970원	D−E=−300원	E>D
B+D+E=1,520원	C+D+E=1,800원	B−C=−280원	C>B
A+B+E=1,570원	B+C+E=1,970원	A−C=−400원	C>A

이를 정리하면 C>E>D, C>A, C>B인 것을 알 수 있다. 따라서 C가 가장 비싼 용액이다.

23 정답 ②

나누는 수보다 남는 수가 2씩 적으므로 3, 4, 5, 6의 공배수보다 2 적은 수가 〈조건〉을 만족하는 자연수이다. 3, 4, 5, 6의 최소공배수는 60이므로 100보다 작은 자연수는 60−2=58이다.

따라서 58=7×8+2이므로 58을 7로 나눴을 때 나머지는 2이다.

24 정답 ②

주어진 7명의 점수 합은 78+86+61+74+62+67+76=504점이고 9명의 총점은 72×9=648점이다. 따라서 나머지 2명의 점수 합은 648−504=144점이다. 50점 이상만이 합격했으므로 2명 중 1명의 최소 점수는 50명이고 나머지 1명의 최대 점수는 144−50=94점이다. 따라서 9명 중 최고점은 94점이고 중앙값은 74점일 때 차이가 20점으로 가장 크다.

25 정답 ②

A, B, C, D항목의 점수를 각각 a, b, c, d점이라고 하자.

각 가중치에 따른 점수는 다음과 같다.

$a+b+c+d=82.5\times4=330 \cdots ㉠$

$2a+3b+2c+3d=83\times10=830 \cdots ㉡$

$2a+2b+3c+3d=83.5\times10=835 \cdots ㉢$

㉠과 ㉡을 연립하면

$a+c=160$ … ⓐ

$b+d=170$ … ⓑ

㉠과 ㉢을 연립하면

$c+d=175$ … ⓒ

$a+b=155$ … ⓓ

각 항목의 만점은 100점이므로 ⓐ와 ⓓ식을 통해 최저점이 55점이나 60점인 것을 알 수 있다. 만약 A항목이나 B항목의 점수가 55점이라면 ⓐ와 ⓑ식에 의해 최고점이 100점 이상이므로 최저점은 60점인 것을 알 수 있다.

따라서 $a=60$, $c=100$이므로 최고점과 최저점의 차는 $100-60=40$점이다.

26 정답 ②

대리는 X프로젝트와 Z프로젝트를 선택할 수 있으며, 사원은 Y프로젝트와 Z프로젝트를 선택할 수 있으므로, 대리와 사원은 한 사람당 2가지의 선택권이 있다. 대리 2명, 사원 3명이 프로젝트를 선택하여 진행하는 경우의 수는 $(2\times2)\times(2\times2\times2)=2^2\times2^3=2^5=32$가지이다.

27 정답 ③

영희가 철수보다 높은 수가 적힌 카드를 뽑는 경우는 다음과 같다.

구분	철수	영희
카드에 적힌 수	1	2 ~ 9
	2	3 ~ 9
	…	…
	8	9

따라서 영희가 철수보다 큰 수가 적힌 카드를 뽑는 모든 경우의 수는 1부터 8까지의 합이므로 $\frac{8\times9}{2}=36$가지이다.

28 정답 ④

- 1 ~ 3번째 자리 조합 경우의 수
  1 ~ 3번째 자리에는 영문자를 배치할 수 있으며, 1번째 자리에 가능한 문자는 주어진 영문자 A, B, C 모두 올 수 있다. 2번째 자리에는 1번째 자리에 배치한 영문자를 제외한 두 개의 영문자가 올 수 있고 3번째 자리에는 2번째 자리에 배치한 영문자를 제외한 두 개의 영문자가 올 수 있으므로 총 $3\times2\times2$가지이다.
- 4 ~ 6번째 자리 조합 경우의 수
  4 ~ 6번째 자리에는 숫자를 배치할 수 있으며, 중복 사용이 가능하고 연속으로 배치할 수 있으므로 $3\times3\times3$가지이다.

$\therefore (3\times2\times2)\times(3\times3\times3)=324$

29 정답 ①

가지고 있는 화분의 개수를 n개라고 하자.

화분을 앞문과 뒷문에 각각 한 개씩 배치한다고 하였으므로 ${}_n\mathrm{P}_2=30$이다.

${}_n\mathrm{P}_2=n\times(n-1)=30$

$\therefore n=6$

30 정답 ④

가운데 숫자는 +1, +3, +5, …인 수열이다.

A : 11+1=12

(시침의 숫자)+(분침의 숫자)+(가운데 숫자)=30

B : 30−20−5=5

∴ $A+B=12+5=17$

31 정답 ⑤

룰렛 각 구간의 x, y, z의 규칙은 다음과 같다.

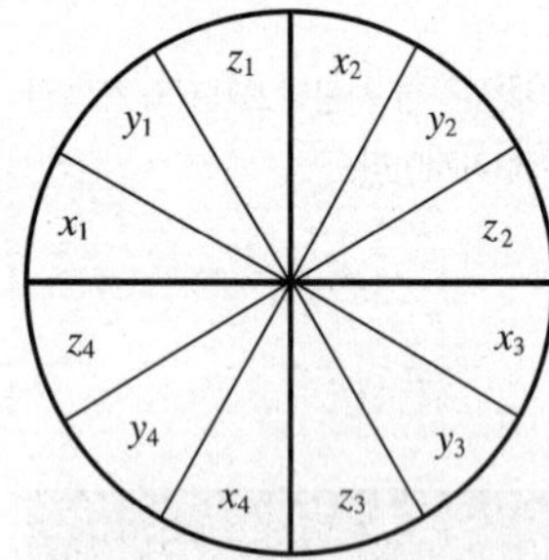

→ $\frac{x+z}{2}=y$

이를 통해 ㉠=2×2−2=2인 것을 알 수 있다.

다음으로 각 구간을 (A B / D C)라고 할 때 A, B, C, D의 규칙은 다음과 같다.

A, B, C, D의 값을 각 구간의 $x+2y+3z$라고 하자.

C를 제외한 A, B, D의 값을 구하면 12, 24, C, 48이다. 이에 따라 C=㉡+2×7+3×㉢=36 → ㉡+3㉢=22이다.

㉡+3㉢=22와 14=㉡+㉢을 연립하면 ㉡=10, ㉢=4이다.

∴ ㉠×㉡×㉢=2×10×4=80

32 정답 ③

각 브랜드별 중성세제의 변경 후 판매 용량에 대한 가격에서 변경 전 가격을 빼면 다음과 같다.

- A브랜드 : (8,200×1.2)−(8,000×1.3)=9,840−10,400=−560원
- B브랜드 : (6,900×1.6)−(7,000×1.4)=11,040−9,800=1,240원
- C브랜드 : (4,000×2.0)−(3,960×2.5)=8,000−9,900=−1,900원
- D브랜드 : (4,500×2.5)−(4,300×2.4)=11,250−10,320=930원

따라서 A브랜드는 560원 감소, B브랜드는 1,240원 증가, C브랜드는 1,900원 감소, D브랜드는 930원 증가로 정답은 ③이다.

33 정답 ⑤

L씨는 휴일 오후 3시에 택시를 타고 서울에서 경기도 맛집으로 이동 중이다. 택시요금 계산표에 따라 경기도 진입 전까지 기본요금으로 2km까지 3,800원이며, 4.64−2=2.64km는 주간 거리요금으로 계산하면 $\frac{2,640}{132}\times 100=2,000$원이 나온다. 경기도에 진입 후 맛집에 도착하기까지 거리는 12.56−4.64=7.92km로 시계외 할증이 적용되어 심야 거리요금으로 계산하면 $\frac{7,920}{132}\times 120=7,200$원이고, 경기도 진입 후 8분의 시간요금은

$\frac{8\times60}{30}\times120=1,920$원이다.

따라서 L씨가 가족과 맛집에 도착하여 지불하는 택시요금은 $3,800+2,000+7,200+1,920=14,920$원이다.

34 정답 ①

2010년 대비 2017년 건강보험 수입의 증가율은 $\frac{58-33.6}{33.6}\times100≒72.6\%$이고, 건강보험 지출의 증가율은 $\frac{57.3-34.9}{34.9}\times100≒64.2\%$이므로 그 차이는 $72.6-64.2=8.4\%p$이다. 따라서 15% 이하이다.

오답분석

② 건강보험 수지율이 전년 대비 감소하는 2011년, 2012년, 2013년, 2014년 모두 정부지원 수입이 전년 대비 증가했다.

③ 2015년 보험료 등이 건강보험 수입에서 차지하는 비율은 $\frac{45.3}{52.4}\times100≒86.5\%$이다.

④ 건강보험 수입과 지출은 매년 전년 대비 증가하고 있으므로 전년 대비 증감 추이는 2011년부터 2016년까지 동일하다.

⑤ 건강보험 지출 중 보험급여비가 차지하는 비중은 2011년에 $\frac{36.2}{37.4}\times100≒96.8\%$, 2012년에 $\frac{37.6}{38.8}\times100≒96.9\%$, 2013년에 $\frac{40.3}{41.6}\times100≒96.9\%$로 매년 90%를 초과한다.

35 정답 ③

〈가로〉

1. 아시아 세 국가의 연도별 자동차 수출 대수는 2014년에 $2,920+507+3,836=7,263$천 대, 2015년에는 $2,822+423+3,970=7,215$천 대, 2016년에는 $2,507+528+4,118=7,153$천 대이므로 2014년에 가장 많았다.

〈세로〉

2. 제시된 자료에서 자동차 수입 대수가 가장 많은 국가는 2016년에 미국이고 7,376천 대를 수입했다.
3. 제시된 자료에서 자동차 수출 대수가 가장 적은 국가는 423천 대로 중국이고, 자동차 수입 대수가 가장 적은 국가는 259대로 한국이다. 따라서 두 국가의 수, 출입 자동차 대수의 합은 $423+239=662$천 대이다.

7			
3		6	
7	2	6	3
6		2	

따라서 짝수의 개수는 5개이다.

36 정답 ②

전년 대비 2019년 가구 수의 감소율이 가장 높은 부문은 귀농(−5.3%)으로 남성과 여성의 비율 차이는 $68.6-31.4=37.2\%p$이다.

오답분석

① 2018년 대비 2019년에 가구 수가 증가한 부문은 '귀어'뿐이며, 증가율이 1.2%이기 때문에 (2018년 가구 수)×1.012=(2019년 가구 수, 917가구)이다. 따라서 2018년 귀어 가구 수는 $\frac{917}{1.012}≒906$가구이다.

③ 30대 이하 귀농인 수는 $12,055\times0.113≒1,362$명이고, 60대 귀촌인 수는 $472,474\times0.105≒49,609$명이다. 귀농인 수는 귀촌인 수보다 $49,609-1,362=48,247$명 적다.

④ 연령대별 비율에서 각각 가장 낮은 비율의 연령대는 모두 70대 이상이며, 비율의 총합은 $6.4+6.3+4.5=17.2\%$이다.

37 정답 ③

10대 전체 수급권자 대비 10대 여성 수급권자의 비율은 $\frac{13,041+13,568+3,412+2,911+3,337+6,237+4,715+5,159+5,150}{116,542}\times100$

$=\frac{57,530}{116,542}\times100≒49.4\%$이다.

오답분석

① 서울특별시 남성 수급권자 중 인원이 네 번째로 적은 연령대는 40대이며, 강원도 40대 남성과 여성 총 수급권자는 3,108+3,291=6,399명이다.

② 40대부터 80대 이상의 모든 수급권자에서 80대 이상이 차지하는 비중은 $\frac{118,508}{115,118+174,594+157,038+160,050+118,508}\times100=\frac{118,508}{725,308}$ $\times100≒16.3\%$이다.

④ 충청남도 50대 남성 수급권자 대비 60대 여성 수급권자 비율은 $\frac{4,351}{5,582}\times100≒77.9\%$이고, 충청북도 50대 여성 수급권자 대비 60대 남성 수급권자 비율은 $\frac{4,007}{3,778}\times100≒106.1\%$이므로 충청남도 50대 남성 수급권자 대비 60대 여성 수급권자 비율은 충청북도 50대 여성 수급권자 대비 60대 남성 수급권자 비율보다 106.1−77.9=28.2%p 낮다.

⑤ 경상남도 70대 이상 수급권자는 4,629+9,323+1,989+9,318=25,259명이고, 경상북도 20 ~ 30대 수급권자의 2배인 (3,060+2,722+1,949+2,297)×2=10,028×2=20,056명보다 많다.

38 정답 ④

2018년 해외주식 수익률(5.4%)보다 낮은 자산은 국내주식(1.3%), 국내채권(4.4%), 해외채권(1.5%)이다. 따라서 2019년 말 자산별 비중 및 계획에서 국내주식, 국내채권, 해외채권의 비중 합은 19.2+49.5+4.0=72.7%이다.

오답분석

① 2018 ~ 2019년 동안 국내와 해외의 주식 및 채권 수익률 합을 구하면 다음과 같다.

구분	2018년	2019년
국내주식+국내채권	1.3+4.4=5.7%	5.6+1.8=7.4%
해외주식+해외채권	5.4+1.5=6.9%	10.1+4=14.1%

매년 주식 및 채권 수익률 합은 국내보다 해외가 높다.

② 해외주식의 경우 2018년도보다 2019년도 수익률이 2배 가까이 올랐지만 자산 비중을 보면 2018년 말에 계획한 비중과 2019년 말에 계획한 비중이 같다. 따라서 수익률에 비례하여 자산 투자 비중을 높이지 않았다.

③ 2018년 말과 2019년 말에 그 다음해를 대비하여 자산별 투자 비중이 높은 순서는 '국내채권 – 국내주식 – 해외주식 – 대체투자 – 해외채권' 순서로 같다.

39 정답 ③

이란에서 3월 16일부터 19일까지 발생한 확진자 수는 다음과 같다.

(단위 : 명)

구분	3월 16일	3월 17일	3월 18일	3월 19일
확진자 수	13,938−12,729=1,209	14,991−13,938=1,053	16,169−14,991=1,178	17,361−16,169=1,192

따라서 발생한 확진자가 가장 많은 날은 16일이고, 두 번째로 많은 날은 19일이다.

오답분석

① 3월 14일부터 18일까지 새로 양성판정을 받은 확진자 수 평균을 구하려면 3월 18일 누적 확진자 수에서 3월 13일 누적 확진자 수를 빼고 5일로 나눠준다. 따라서 이탈리아의 평균은 $\frac{31,506-15,113}{5}$=3,278.6명이고, 독일은 $\frac{11,164-2,451}{5}$=1,742.6명이므로 이탈리아는 독일의 2배 인원(1,742.6×2=3,485.2명)보다 적다.

② 스페인에서 100만 명당 확진자 수의 40%는 3,690×0.4=1,476명이다. 이 인원보다 적은 국가는 이란(891명)과 영국(1,383명), 두 국가이다.

④ 100만 명당 확진자 수가 세 번째로 적은 국가는 독일이며, 3월 17일에 발생한 확진자 수는 7,511−6,344=1,167명이다.

40 정답 ④

지자체 부서명이 '미세먼지대책과'인 곳은 경기와 충남지역이므로 두 지역의 보급대수 합은 6,000+2,820=8,820대이다.

오답분석

① 서울지역의 지자체 부서명은 '기후대기과'이며, 이와 같은 지역은 부산, 광주, 충북, 경남으로 총 네 개 지역이다.

② 지방보조금이 700만 원 이상인 곳은 대전, 충북, 충남, 전북, 전남, 경북, 경남 총 7곳이며, 전체 지역인 17곳의 $\frac{7}{17}\times100≒41.2\%$를 차지한다.

③ 전기차 보급대수가 두 번째로 많은 지역은 서울(11,254대)이고, 다섯 번째로 적은 지역은 광주(1,200대)이다. 두 지역의 보급대수 차이는 11,254−1,200=10,054대이다.

41 정답 ③

통근수단으로 버스와 지하철을 모두 이용하는 직원은 1,200×0.45×0.55=297명이고, 도보를 이용하는 직원 수는 1,200×0.39=468명이다. 따라서 통근수단으로 버스와 지하철 모두 이용하는 직원 수는 통근수단으로 도보를 이용하는 직원 수보다 468−297=171명 적다.

오답분석

① 통근시간이 30분 이하인 직원은 1,200−(260+570+160)=210명으로 전체 직원 수의 $\frac{210}{1,200}\times100=17.5\%$이다.

② 통근수단으로 대중교통을 이용하는 직원 수는 1,200×0.45=540명이고, 이 중의 25%는 135명이다. 통근시간이 60분을 초과하는 인원의 80%는 160×0.8=128명이므로 대중교통을 이용하면서 통근시간이 60분을 초과하는 인원은 통근시간이 60분을 초과하는 전체 인원의 80% 이상을 차지한다.

④ 통근시간이 45분 이하인 직원은 210+260=470명이고 1시간 초과인 직원의 $\frac{470}{160}≒2.9$배이다.

⑤ 전체 직원 중 통근수단으로 자가용을 이용하는 인원은 1,200×0.16=192명이므로 조사에 응한 A부서의 인원 중 통근수단으로 자가용을 이용하는 인원은 192명 이하이다.

42 정답 ①

통근수단으로 도보 또는 버스만 이용하는 직원 중 25%는 $1,200\times(0.39+0.45\times0.25)\times\frac{1}{3}=201$명이다. 30분 초과 45분 이하인 인원에서 통근수단으로 도보 또는 버스만 이용하는 직원을 제외한 인원은 260−201=59명이 된다. 따라서 이 인원이 자가용으로 출근하는 전체 인원에서 차지하는 비중은 $\frac{59}{1,200\times0.16}\times100≒31\%$이다.

43 정답 ②

지문의 내용을 토대로 2020년 신규투자액은 43.48−10.93=32.55백만 원이고, 유지보수 비용은 32.29+0.11=32.40백만 원임을 알 수 있다. 따라서 알맞은 그래프는 ②이다.

오답분석

① 그래프의 막대가 정확히 무엇을 뜻하는지 알 수 없다.
③ 2019년도 신규투자와 유지금액이 바뀌어 나왔다.
④ 2019년 유지보수와 2020년 신규투자금액이 바뀌어 나왔다.
⑤ 2020년 신규투자와 유지보수 금액이 바뀌어 나왔다.

CHAPTER

03 추리 정답 및 해설

01	02	03	04	05	06	07	08	09	10	11	12	13	14	15	16	17	18	19	20
②	④	③	⑤	⑤	③	④	②	⑤	④	⑤	②	②	⑤	②	⑤	④	①	③	①
21	22	23	24	25	26	27	28	29											
②	④	②	①	②	③	②	④	③											

01 정답 ②

②는 '반의 관계'이며 나머지 단어는 '유의 관계'이다.
- 엄정(嚴正) : 엄격하고 바름
- 해이 : 긴장이나 규율 따위가 풀려 마음이 느슨함

02 정답 ④

④는 '유의 관계'이며 나머지 단어는 '반의 관계'이다.
- 판이하다 : 비교 대상의 성질이나 모양, 상태 따위가 아주 다르다.
- 다르다 : 비교가 되는 두 대상이 서로 같지 아니하다.

03 정답 ③

'뇌까리다'와 '지껄이다'는 각각 '아무렇게나 되는대로 마구 지껄이다.'와 '약간 큰 소리로 떠들썩하게 이야기하다.'는 뜻의 유의 관계이다. 따라서 빈칸에는 '복되고 길한 일이 일어날 조짐이 있다.'는 뜻의 '상서롭다'와 유의 관계인 '운이 좋거나 일이 상서롭다.'는 뜻의 '길하다'가 오는 것이 적절하다.

오답분석

① 망하다 : 개인, 가정, 단체 따위가 제 구실을 하지 못하고 끝장이 나다.
② 성하다 : 물건이 본디 모습대로 멀쩡하다.
④ 실하다 : 실속 있고 넉넉하다.
⑤ 달하다 : 일정한 표준, 수량, 정도 따위에 이르다.

04 정답 ⑤

'초췌하다'와 '수척하다'는 각각 '병, 근심, 고생 따위로 얼굴이나 몸이 여위고 파리하다.'와 '몸이 몹시 야위고 마른 듯하다.'는 뜻의 유의 관계이다. 따라서 빈칸에는 '능력이나 품성 따위를 길러 쌓거나 갖춤'이란 뜻의 '함양'과 유의 관계인 '길러 자라게 함'이란 뜻의 '육성'이 오는 것이 적절하다.

오답분석

① 집합 : 사람들을 한곳으로 모으거나 모임
② 활용 : 충분히 잘 이용함
③ 결실 : 일의 결과가 잘 맺어짐
④ 도출 : 어떤 생각이나 결론, 반응 따위를 이끌어냄

05 정답 ⑤

'응분'은 '어떤 정도나 분수에 맞음'을 의미하며, '분수에 넘침'을 의미하는 '과분'과 반의 관계이다. '겸양하다'는 '겸손한 태도로 양보하거나 사양하다.'라는 의미로, '잘난 체하다.'라는 의미의 '젠체하다'와 반의 관계이다.

06 정답 ③

채소, 나무, 단위를 통해 '가지'를 연상할 수 있다.

07 정답 ④

껍질, 장수, 목을 통해 '거북'을 연상할 수 있다.

08 정답 ②

네 사람이 진실을 말하고 있으므로 거짓말을 하는 사람이 한 명만 발생하는 경우를 찾아내면 된다. 확실하게 순서를 파악할 수 있는 C, D, E의 증언대로 자리를 배치할 경우 A는 첫 번째, C는 두 번째, D는 세 번째로 줄을 서게 된다. 이후 A와 B의 증언대로 남은 자리에 배치할 경우 B의 증언에서 모순이 발생하게 된다. 또한 B의 증언은 A의 증언과도 모순이 생기므로 ②가 정답임을 확인할 수 있다.

09 정답 ⑤

먼저 거짓말은 한 사람만 하는데 진희와 희정의 말이 서로 모순이므로, 둘 중 한 명이 거짓말을 하고 있음을 알 수 있다. 이때, 반드시 진실인 아름의 말에 따라 진희의 말은 진실이 되므로 결국 희정이가 거짓말을 하고 있음을 알 수 있다. 따라서 영화관에 아름 – 진희 – 민지 – 희정 – 세영 순서로 도착하였으므로, 가장 마지막으로 영화관에 도착한 사람은 세영이다.

10 정답 ④

셔츠를 구입한 정을 기준으로 제시된 〈조건〉을 풀어내면 다음과 같다.

- 정은 셔츠를 구입했으므로, 치마와 원피스를 입지 않는 을은 바지를 구입하게 된다.
- 갑은 셔츠와 치마를 입지 않으므로 을이 구입한 바지 대신 원피스를 고르게 된다.
- 병은 원피스, 바지, 셔츠 외에 남은 치마를 구입하게 된다.

따라서 정답은 ④이다.

11 정답 ⑤

A나 C가 농구를 한다면 늘 진실만 말해야 하는데, 다른 사람이 농구를 한다고 말할 경우 거짓을 말한 것이 되므로 모순이다. 따라서 농구를 하는 사람은 B 또는 D이다.

- B가 농구를 하는 경우
  C는 야구, D는 배구를 하고 남은 A가 축구를 한다. 이에 따라 A가 한 말은 모두 거짓이고, C와 D는 진실과 거짓을 한 가지씩 말하므로 모든 조건이 충족된다.
- D가 농구를 하는 경우
  B은 야구, A는 축구, C는 배구를 한다. 이 경우 A이 진실과 거짓을 함께 말하고, B와 C는 거짓만 말한 것이 되므로 모순이 된다.

따라서 A는 축구, B는 농구, C는 야구, D는 배구를 한다.

12 정답 ②

강 대리와 이 사원의 진술이 서로 모순이므로, 둘 중 한 사람은 거짓을 말하고 있다.

i) 강 대리의 말이 거짓이라면 워크숍 불참 인원이 2명이므로 조건이 성립하지 않는다.

ii) 강 대리의 말이 참이라면 박 사원의 말도 참이 된다. 이때, 박 사원의 말이 참이라면 유 사원이 워크숍에 참석했다. 이 사원의 말은 거짓이고, 누가 워크숍에 참석하지 않았는지 모른다는 진술에 의해 김 대리의 말 역시 거짓이 된다. 강 대리, 박 사원, 이 사원의 진술에 따라 워크숍에 참석한 사람은 강 대리, 김 대리, 유 사원, 이 사원이므로 워크숍에 참석하지 않은 사람은 박 사원이 된다.

따라서 거짓말을 하는 사람은 이 사원과 김 대리이며, 워크숍에 참석하지 않은 사람은 박 사원이다.

13 정답 ②

A와 D 모두 자신이 팀장이라고 말하고 있으므로 둘 다 진실일 수는 없다. 따라서 A가 진실이고 D가 거짓인 경우, A가 거짓이고 D가 진실인 경우, A와 D가 모두 거짓인 경우로 나눌 수 있다.

i) A와 D가 모두 거짓인 경우

나머지 B, C, E는 모두 진실을 말하고, 셋 중에 한 사람은 반드시 팀장이다. 그런데 B, C, E의 말에 따르면 팀장인 사람은 아무도 없으므로 모순이다. 따라서 A와 D 중 한 명이 반드시 진실을 말하고 있다.

ii) A가 진실, D가 거짓인 경우

A는 팀장이고 자리 5에 앉고, B는 자리 3에 앉으며, 따라서 B의 말은 거짓이다. 나머지 C, E의 말은 모두 진실이 되어야 하므로 C의 말에 따라 C는 자리 2에 앉고, A는 자리 1에 앉는데, 이는 A가 자리 5에 앉고 팀장이라는 조건과 모순이 된다. 따라서 A는 거짓을 말한다.

iii) A가 거짓, D가 진실인 경우

D가 팀장이고 자리 5에 앉으며, 따라서 E의 말은 거짓이다. 나머지 B, C의 말은 모두 진실이 되어야 하므로 C의 말에 따라 C는 자리 2에 앉고 A는 자리 1에 앉으며, B는 자리 4에 앉고 나머지 자리 3에 E가 앉는다.

14 정답 ⑤

- ㉢, ㉣에 의해 치타는 뒤에서 세 번째이며, 동시에 도착한 동물 중 한 마리가 사자임을 알 수 있다.
- ㉤에 의해 호랑이는 치타와 사자를 포함한 5마리보다 빠르지만 표범보다 느린 두 번째이며, 표범이 첫 번째로 도착한 동물임을 알 수 있다.
- ㉠, ㉡을 통해 늑대는 치타와 호랑이 사이의 세 번째임과 동시에 사자와 동시에 도착한 동물이며, 퓨마보다 빠른 여우가 여섯 번째, 가장 마지막 동물이 퓨마임을 확인할 수 있다.

따라서 표범 – 호랑이 – 사자·늑대 – 치타 – 여우 – 퓨마의 순서로 도착했으며 늑대가 사자와 동시에 도착했음을 알 수 있다.

15 정답 ②

창조적인 기업은 융통성이 있고, 융통성이 있는 기업 중의 일부는 오래 간다. 즉, 창조적인 기업이 오래 갈지 아닐지 알 수 없다.

16 정답 ⑤

'사람'을 p, '빵도 먹고 밥도 먹음'을 q, '생각을 함'을 r, '인공지능'을 s, 'T'를 t라 하면, 순서대로 '$p \to q$', '$\sim p \to \sim r$', '$s \to r$', '$t \to s$'이다. 두 번째 명제의 대우와 첫 번째·세 번째·네 번째 명제를 연결하면 '$t \to s \to r \to p \to q$'이므로, '$t \to q$'가 성립한다. 따라서 ⑤는 참이다.

오답분석

① $t \to p$의 역이므로 참인지 거짓인지 알 수 없다.

② $s \to r$의 역이므로 참인지 거짓인지 알 수 없다.

③ $s \to q$의 이이므로 참인지 거짓인지 알 수 없다.

④ $\sim q \to \sim r$이 참이므로 $\sim q \to r$은 거짓이다.

17 정답 ④

'피자를 좋아하는 사람'을 p, '치킨을 좋아하는 사람'을 q, '감자튀김을 좋아하는 사람'을 r, '나'를 s라고 하면, 첫 번째 명제는 $p \rightarrow q$, 두 번째 명제는 $q \rightarrow r$, 세 번째 명제는 $s \rightarrow p$이다. 따라서 $s \rightarrow p \rightarrow q \rightarrow r$이 성립되며, ④의 $s \rightarrow r$이 답임을 확인할 수 있다.

18 정답 ①

'갈매기'를 p, '육식을 하는 새'를 q, '바닷가에 사는 새'를 r , '헤엄을 치는 새'를 s라고 하면, 첫 번째 명제는 $p \rightarrow q$, 세 번째 명제는 $r \rightarrow p$, 네 번째 명제는 $s \rightarrow q$이다. 따라서 $s \rightarrow r$이 빈칸에 들어가야 $s \rightarrow r \rightarrow p \rightarrow q$가 되어 네 번째 명제인 $s \rightarrow q$가 성립된다. 참인 명제의 대우 역시 참이므로 '바닷가에 살지 않는 새는 헤엄을 치지 않는다.'가 답이 된다.

19 정답 ③

아이스크림을 좋아함$=p$, 피자를 좋아함$=q$, 갈비탕을 좋아함$=r$, 짜장면을 좋아함$=s$라 하면, 첫 번째, 두 번째, 네 번째 명제는 각각 '$p \rightarrow \sim q$', '$\sim r \rightarrow q$', '$p \rightarrow s$'이다. 두 번째 명제의 대우와 첫 번째 명제에 따라 '$p \rightarrow \sim q \rightarrow r$'이 되어 '$p \rightarrow r$'이 성립하고, 결론이 '$p \rightarrow s$'가 되기 위해서는 '$r \rightarrow s$'가 추가로 필요하다. 따라서 빈칸에 들어갈 명제는 '갈비탕을 좋아하면 짜장면을 좋아한다.'가 적절하다.

20 정답 ①

본사에 근무하는 B대리가 이용하는 통근버스는 D사원의 이용이 불가능한 버스이므로 B대리는 본사로만 가는 노란색 버스를 이용하 는 것을 알 수 있다. A과장과 B대리는 다른 통근버스를 이용한다고 하였으므로 A과장은 빨간색 버스를 이용한다. 빨간색 버스와 노란색 버스가 본사에 도착하는 시각과 파란색 버스가 본사 근처 지사에 도착하는 시각은 같다고 하였으므로 본사에 근무하는 A과장이 본사 근처 지사에 근무하는 C주임보다 회사에 빨리 도착하려면 C주임은 빨간색 버스를 이용해야 한다. 마지막으로 각 통근버스에는 최소 1명씩은 이용해야 하므로 D사원은 파란색 버스를 이용한다.

21 정답 ②

위 <조건>대로 원탁에 인원을 배치할 경우 A를 기준으로 오른쪽으로 돌았을 때 'A → D → F → B → C → E'와 'A → D → F → C → B → E' 두 가지 경우의 수가 생긴다. 두 경우에서 A와 D는 늘 붙어있으므로 ②가 정답이다.

22 정답 ④

제시된 조건을 정리하면 다음과 같다.

요일 / 시간대	월	화	수	목	금	토	일
오전	D, F	D, F	B, F	D, F	D, F	C, E	C, E
오후	A, B	C, A or B	A, B	C, A or B	C, A or B	A, E	A, E

- B가 수요일 오전, 오후를 전부 근무하는 상황에서 D는 주말을 제외한 오전에만 근무하는데, D는 F가 근무하는 시간에 같이 근무했으므로, B가 있는 수요일을 제외한 월, 화, 목, 금 오전에는 D와 F가 함께 근무함을 알 수 있다.
- E는 평일 근무를 하지 않으므로, 주말 오전, 오후를 모두 근무해야 조건을 만족한다. C는 월요일과 수요일을 제외하고 매일 근무하므로, 주말에도 근무하는데, 오전에 근무하지 않는 A가 E와 함께 2회 근무한다고 했으므로, 오전에는 C와 E가, 오후에는 A와 E가 함께 근무함을 알 수 있다.
- 제시된 조건이 정리된 상황에서 남은 근무시간대는 월요일 오후 2자리, 화요일 오후 1자리, 수요일 오전 및 오후 각 1자리, 목요일 오후 1자리, 금요일 오후 1자리까지 총 7자리이다. 최대 5회 근무가 가능한 상황에서 C가 5회, D와 E가 4회 근무하는 것이 확정되었으므로 평일 오전에만 근무하는 F가 수요일 오전에 1회, A가 월요일과 수요일을 포함한 평일 오후 3회, B가 월요일을 포함한 평일 오후 3회를 근무하게 한다.

23 정답 ②

첫 번째 조건과 두 번째 조건에 따라 물리학과 학생은 흰색만 좋아하는 것을 알 수 있으며, 세 번째 조건과 네 번째 조건에 따라 지리학과 학생은 흰색과 빨간색만 좋아하는 것을 알 수 있다. 전공별로 좋아하는 색을 정리하면 다음과 같다.

경제학과	물리학과	통계학과	지리학과
검은색, 빨간색	흰색	빨간색	흰색, 빨간색

이때 검은색을 좋아하는 학과는 경제학과뿐이므로 C가 경제학과임을 알 수 있으며, 빨간색을 좋아하지 않는 학과는 물리학과뿐이므로 B가 물리학과임을 알 수 있다. 따라서 항상 참이 되는 것은 ②이다.

24 정답 ①

6명이 앉은 테이블은 빈자리가 없고, 4명이 앉은 테이블에만 빈 자리가 있으므로 첫 번째, 세 번째 조건에 따라 A, I, F는 4명이 앉은 테이블에 앉아 있음을 알 수 있다. 4명이 앉은 테이블에서 남은 자리는 1개뿐이므로, 두 번째, 다섯 번째, 여섯 번째 조건에 따라 C, D, G, H, J는 6명이 앉은 테이블에 앉아야 한다. 마주보고 앉는 H와 J를 6명이 앉은 테이블에 먼저 배치하면 G는 H의 왼쪽 또는 오른쪽 자리에 앉고, 따라서 C와 D는 J를 사이에 두고 앉아야 한다. 이때 네 번째 조건에 따라 어떤 경우에도 E는 6명이 앉은 테이블에 앉을 수 없으므로, 4명이 앉은 테이블에 앉아야 한다. 따라서 4명이 앉은 테이블에는 A, E, F, I가, 6명이 앉은 테이블에는 B, C, D, G, H, J가 앉는다. 이를 정리하면 다음과 같다.

- 4명이 앉은 테이블 : A와 I 사이에 빈 자리가 하나 있고, F는 양 옆 중 오른쪽 자리만 비어 있다. 따라서 다음과 같이 4가지 경우의 수가 발생한다.

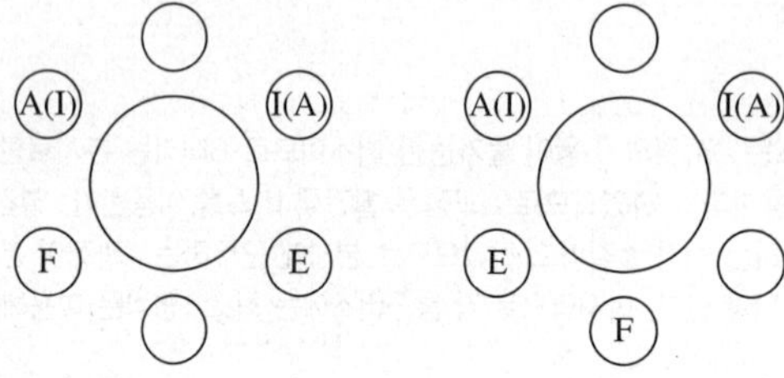

- 6명이 앉은 테이블 : H와 J가 마주본 상태에서 G가 H의 왼쪽 또는 오른쪽 자리에 앉고, C와 D는 J를 사이에 두고 앉는다. 따라서 다음과 같이 4가지 경우의 수가 발생한다.

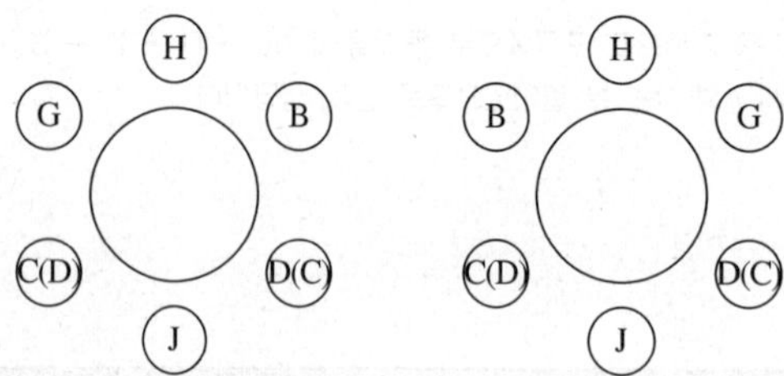

어떤 경우에도 A와 B는 다른 테이블이므로, ①은 항상 거짓이다.

25 정답 ②

네 번째 조건에서 갑의 점수가 될 수 있는 경우는 빨강 2회, 노랑 2회, 검정 1회이거나 빨강 1회, 노랑 2회, 파랑 2회로 2가지이다.
다음으로 병의 점수가 될 수 있는 경우를 정리하면 다음과 같다.

구분	빨강	노랑	파랑	검정
경우 1	–	–	1	4
경우 2	–	1	–	4
경우 3	1	–	–	4
경우 4	–	–	2	3

또한 을의 점수는 갑의 점수보다 높아야 하므로 빨강, 노랑에 각각 2회, 파랑에 1회로 41점인 경우가 된다. 그러나 나머지 경우는 빨강 또는 노랑에 3회를 맞춰야 하므로 다섯 번째 조건에 부합하지 않는다.
따라서 갑, 을, 병의 점수로 가능한 경우의 수는 총 $2\times4\times1=8$가지이다.

26 정답 ③

두 번째 조건에 의해 남직원은 9명, 여직원은 6명인 것을 알 수 있다. 그러나 제시된 조건만으로는 여직원 2명을 제외한 다른 여직원이 커피를 마셨는지 아닌지 알 수 없다.

27 정답 ②

여직원 2명만 전혀 커피를 마시지 않는다고 했으므로 여직원은 3명이나 4명이 커피를 마셨다. 커피를 마시는 직원은 9명이므로 남은 커피는 6잔이나 5잔이다. 따라서 남직원은 최소 5명 이상이 커피를 마신다.

28 정답 ④

▲ : 문자 마지막에 ! 추가
▼ : 모음 180° 회전
ㅁ : 자음 +1(ㅎ → ㄱ)
♡ : 역순으로 나열
☆ : 자음 쌍자음으로(쌍자음이 되는 것만)

돌려차기 → 똘려차끼 → 끼차려똘 → 끼차려똘!
☆ ♡ ▲

29 정답 ③

확인 → 인확 → 인훡 → 인훢 → 인훢!
♡ ▼ ☆ ▲

I wish you the best of luck!

I wish you the best of luck!

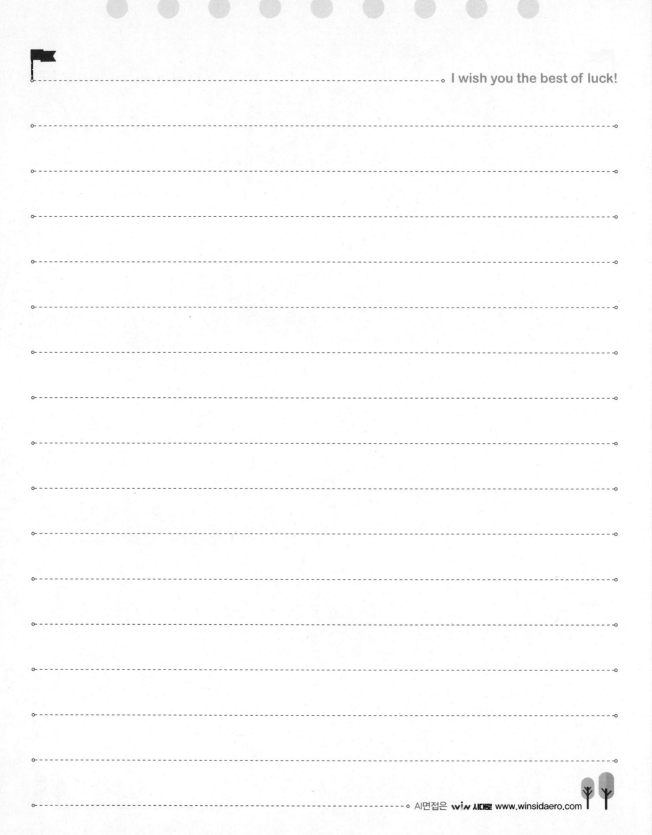
I wish you the best of luck!

좋은 책을 만드는 길
독자님과 함께하겠습니다.

도서나 동영상에 궁금한 점, 아쉬운 점, 만족스러운 점이
있으시다면 어떤 의견이라도 말씀해 주세요.
시대고시기획은 독자님의 의견을 모아 더 좋은 책으로 보답하겠습니다.

www.sidaegosi.com

2021 상반기 채용대비 기출이 답이다 L-TAB 롯데그룹 인문계

개정7판1쇄 발행	2021년 02월 25일 (인쇄 2021년 01월 28일)
초 판 발 행	2017년 10월 10일 (인쇄 2017년 09월 07일)
발 행 인	박영일
책 임 편 집	이해욱
저 자	SD적성검사연구소
편 집 진 행	김민준
표지디자인	박수영
편집디자인	김지수 · 양혜련 · 안아현
발 행 처	(주)시대고시기획
출 판 등 록	제 10-1521호
주 소	서울시 마포구 큰우물로 75 [도화동 538 성지 B/D] 9F
전 화	1600-3600
팩 스	02-701-8823
홈 페 이 지	www.sidaegosi.com
I S B N	979-11-254-9177-4 (13320)
정 가	16,000원

2021 상반기 채용 대비 합격의 공식 시대에듀 | www.edusd.co.kr

L-TAB

기출이 답이다

롯데그룹 인문계

조직 · 직무적합도검사

2020년 하반기 기출 + 6개년 기출

[판매량] 2005년부터 16년간 누적판매 1위
[출간량] 최다 품목 발간 1위(961종)